충북대학교 인문사회 연구 총서

충북의 선거와 지역 정체성

강희경 지음

충북대학교 출판부

• 서문 •

필자는 1982년 봄부터 지금까지 34년간을 충북대학교에서 보내고 있다. 긴 세월이다. 학교는 다른 직장보다 근속 기간이 길다는 것을 감안해도 인생의 절반 이상을 청주와 함께 했으니 청주에서 보낸 기간이 참으로 길다. 1980년대 초반에 청주는 작은 도시에 불과하였다. 연세 드신 교수님들이 우스개소리로 하시던 말씀이 기억난다. 저녁 먹고 당시 도심인 도청 인근의 다방으로 차를 먹으러 가면, '보고 싶은 사람들의 절반을, 그리고 보고 싶지 않은 사람들의 삼분의 일'을 만날 수 있다고 하셨다. 청주가 비록 충북의 도청 소재지이기는 했으나, 이럴 정도로 당시 청주는 '작은 도시'였다. 하긴, 학교 한 가운데에 논이 있어 경운기 소리 때문에 강의를 잠시 중단해야 하기도 했으니 학교도 무척이나 작았다.

충북대학교에 재직하고 있다고 하면, 지금은 좀 덜하지만 학교가 충주에 있느냐고 물어보는 사람들이 제법 있었다. 앞서 말한 것처럼 청주가 큰 도시가 아니었으니 청주 자체를 잘 모르고, 청주와 충주를 헷갈려 한다. 학교 이름이 '충'자로 시작하니 학교가 충주에 있는 것으로 생각하는 모양이다.

청주는 1908년에 관찰사가 충주에서 이전해 오면서 충주를 제치고 충북에서 가장 큰 도시가 되었다. 여기에 비록 직접 지나가는 것은 아니지만, 경부선이 청주 인근을 통과함으로써 청주가 성장할 기반을 갖게 되었다. 그리고 1970년과 1987년에 경부고속도로와 중부고속도로가 청주를 통과함으로써 청주는 비약적으로 성장하기 시작하였다. 또한 2010년에 경부고속철도 오송역이 개통되고, 2012년 6월에 청주시를 달걀의 흰자처럼 감싸고 있던 청원군과 통합이 결정되어 2014년 제6회 지방 선거에서 초대 통합 청주시장 선출을 앞두고 있다. 청주시와 청원군을 합친 인구는 2014년 4월 현재 84만명으로 100만 인구가 멀지 않았다. 이제는 청주가 모든 면에서 충북의 거의 절반에 이를 정도로 충북에서 차지하는 비중이 매우 크다.

그러나 충북에는 청주만 있는 것이 아니다. 충북의 두 번째 도시인 충주는 비록 청주에 인구나 경제력에서 뒤지지만, 독자적인 중원 문화권을 갖고 있어 주민들의 자부심이 대단하다. 그리고 남부 3군이라고 통칭되는 보은과 영동과 옥천 주민들은 청주와 구별되는 생활권을 유지하고 있다. 충북은 다른 도와 마찬가지로 내부적으로 독자적인 지역 정체성을 갖고 있는 하위 실체들로 구성되어 있다.

이들 지역이 문화와 생활권에서 청주와 차이가 나는 것은 틀림없지만, 그렇다고 해서 이들 지역이 충청북도라는 지역사회 경계를 청주와 달리 하는 것은 아니다. 충청북도라는 지역사회 경계를 행정적으로만이 아니라 상징적으로 공유하고 있다. 이들 지역은 각각 고유한 지역 정체성을 갖고 있지만, 충청북도라는 지역사회의 경계를 상징적으로 내면화함으로써 충청북도 소속감을 느끼고, 동시에 충청북도 이외의 지역사회를 외집단으로 규정하는 의식을 공유하고 있다.

지역사회 경계의 상징적 내면화를 가장 잘 보여 주는 것이 투표 행위이다. 투표 행태를 같이 함으로써 내부적인 유대감과 일체감이 확인되고 증진된다. 동시에 투표 행태를 달리 함으로써 다른 지역사회와의 이질성이 확인되고 강화된다. 그리고 때로는 이들 지역사회와 대립하고 갈등 관계에 접어들기도 한다. 투표는 권력 획득을 가능하게 하는 수단이라는 점에서 내집단 유대감과 외집단 배척 의식을 강화시키는 요인으로 작용한다.

일반적으로 충북과 충남(대전 포함)은 지역 정체성이 같을 것이라고 생각하는 사람들이 많다. 충청도 주민들 스스로도 그렇게 생각하는 경우가 많다. 이들은 충북과 대전 · 충남 주민들이 충청도라는 지역사회 경계를 공통으로 인지하여 동일한 지역 정체성을 갖고 있을 것으로 여긴다. 이것이 틀린 것은 아니다. 충청도 사람들은 분명히 영남 사람들과 호남 사람들과 구별되는 독특한 지역적 특성을 공유하고 있다. 남이 싫어하는 말을 직접 하지 못하고 에둘러 표현하는 것이 가장 대표적인 예라고 할 수 있다.

그러나 충청도 사람들의 내부적인 유대감과 소속감은 영남이나 호남 사람들에 비해 현저히 약하다. 청주와 대전 사람들은 서로를 충청도 사람이라고 생각은 하지만, 대구와 부산, 그리고 전주와 광주 사람들에 비해 그 정도가 강하지 않다. 투표 행태에서 이것이 가장 분명하게 드러난다. 충청도 사람들은 영호남 사람들에 비해 투표 행위에서 내집단 단결과 외집단 배척을 두드러지게 표출하지 않는다.

뿐만 아니라 충청도 유권자들은 영남과 호남 유권자들과 달리 내부적으로 이질적이다. 영남과 호남 유권자들은 내부적으로, 즉 대구 · 경북과 부산 · 울산 · 경남 그리고 전북과 광주 · 전남 유권자들 간에 투표 행태의 차이가 거의 없지만, 충청도 유권자들, 즉 충북과 대전 · 충남 유권자들의 투표 행태는 차이가 크다. 어떤 때는 충북과 대전 · 충남 주민들보다 충북과 인천(과 경기도) 유권자들이 비슷한 투표 행태를 보이기도 한다. 한 마디로 말해서 충북 사람들은 지역주의 투표 행태를 거의 하지 않는데 비해서 대전 · 충남 주민들은 지역 정당을 열렬히 지지하고, 나아가서는 대전 · 충남의 지배 정당을 만들어서 영호남과 대립하기도 한다. 대전 · 충남은 충북에 비해 상대적으로 내집단 유대감과 동시에 외집단에 대한 갈등과 배타 의식을 표출하는 지역주의 투표 행태를 서슴없이 드러낸다. 충북은 이런 현상이 일시적으로만 발생하였다. 충북이 지역주의 투표 행태를 보인 기간은 매우 짧았다. 투표 행태 측면에서 보면, 충북과 대전 · 충남의 지역 정체성은 분명히 다르다.

이 책은 충북과 대전 · 충남의 지역 정체성의 차이를 1987년 이후의 투표 행태를 통해서 확인하려고 한다. 충북과 대전 · 충남이 비슷한 정치적 성향을 표출할 때의 이유는 무엇인지, 그리고 다시 두 지역이 원래의 지역 정체성으로 되돌아간 원인은 어디에 있는지를 살펴보려고 한다. 또한 투표 행태를 통해 나타난 충북 지역의 독특한 정치적 정체성의 특징을 알아보려고 한다. 충북이 대전 · 충남과 구별되는 지역 정체성이 분명히 있음에도 불구하고 일반적으로 충청도라는 지역사회 경계에 너무 매몰되는 것에 대하여 투표 행태 분석을 통해 그렇지 않다는 것을 밝힘으로써 충북 고유의 지역 정체성이 자연스럽게 드러나기를 바라는 것이 이 책의 저술 목적이다.

이 책은 자연스럽게 읽히기 위해 가급적 주를 덜 달았다. 아무래도 주가 많으면 학술 서적으로서의 순도는 높아지지만 가독성은 떨어지는데, 이 책은 자연스러운 책읽기를 선택하였다. 그리고 이 글은 중앙선거관리위원회 선거통계시스템이 제공하는 집합 자료를 많이 이용하였다. 되도록 필요한 곳에 출처를 제시하였지만, 그냥 지나친 것도 있다. 본문 중에 특별한 언급이 없더라도 선거 통계 부분은 모두 이 자료를 참고한 것이다. 마지막으로 참고 문헌은 국문 자료, 외국 서적 번역 자료, 외국 문헌의 순서로 제시하였다. 외국 번역 서적을 본문에서 인용할 때는 원저자가 아닌 번역자와 번역 연도를 표기하였다. 필자가 읽은 책은 번역 책이기 때문이다.

2014년 5월

• 목차 •

표 목차

그림 목차

제 1 장

머리말

경상북도 사람들과 경상남도 사람들은 서로를 같은 영남 사람이라고 생각한다. 마찬가지로 전라북도 사람들과 전라남도 사람들도 서로를 호남 사람이라고 여긴다. 당사자들만 그런 것이 아니라 외부 지역 사람들도 대부분 그렇게 생각한다. 그러면, 충청북도 사람들과 충청남도 사람들은 서로를 같은 충청도 사람이라고 생각할까? 대답은 당연히 '그렇다'이다. 그러나 이들의 충청도 소속감의 정도는 영남과 호남 사람들의 지역 소속감에 비해 현저하게 약하다. 특히 충북 사람들이 더 그렇다고 필자는 본다.

그 이유가 무엇일까? 질문을 바꿔 보자. 충청북도 충주 유권자들은 충청남도 태안 유권자들과 비슷한 투표 행위를 할까? 답은 '대체로 그렇지 않다'이다. 서로 다른 투표 행태를 보이는 사람들이 동일한 소속감을 강하게 느낄까? 역시 대답은 '아니다'이다. 그러니까 충북 주민들과 충남 주민들이 서로 동질감을 강하게 갖지 못하는 원인은 바로 상이한 투표 행태 때문이다. 경북 경주 사람들과 경남 진주 사람, 그리고 전북 전주 유권자와 전남 목포 유권자들이 각각 영남과 호남에 강력한 소속감을 느끼는 것도 바로 이들의 투표 행태가 비슷하기 때문이다.

지역주의 투표 행태가 강력하면 지역 구성원들의 지역적 동질감이 강해지고, 그렇지 않으면 지역적 동질감은 약화된다. 이러한 논리에서 비추어 보면 충청도 사람들의 지역 정체성의 생산 조건의 기반은 영호남 지역 주민들에 비해 상대적으로 약하다. 같은 이유로 충북과 대전 · 충남이 동질적인 지역 정체성을 갖고 있다고 볼 수 없다. 왜냐하면, 두 지역의 투표 행태가 다르기 때문이다. 대전 · 충남이 지역주의 투표 행태를 비교적 잘 나타내는 것에 비해, 충북은 거의 그렇지 않다. 이 글은 이 점을 1987년 민주화 이후 실시된 대통령 선거를 비롯한 각급 선거 결과에서 나타난 충북과 대전 · 충남 지역의 상이한 투표 행태를 통해 확인하고, 이것을 지역 정체성의 관점에서 논의한다.

현대 한국 사회의 지역 정체성을 결정하는 가장 중요한 요인은 지역주의 투표 행태이다. 지역주의 투표 행태는 지역 구성원들에게 내부적으로 지역적 소속감을 불러일으키고, 외부적으로 다른 지역사회에 대한 배척 의식을 생산하고 재생산한다. 권력을 생산하는 투표 행위가 각 지역의 정체성을 가장 잘 드러내준다. 영남과 호남의 지역 정체성이 서로 다르다는 것을 가장 잘 알 수 있게 하는 것도 바로 두 지역의 상이한 투표 행태에서이다.

물론 지역의 정체성을 보여 주는 지표에는 지역주의 투표 행태만이 있는 것이 아니다. 우선적으로 지역 언어(사투리)가 있다. 같은 사투리를 쓰는 사람들이 서로 동질감을 느낀다는 것은 말할 필요도 없다. 지역 언어가 다르면, 서로 다른 지역 사람이라고 생각한다. 필자는 20여년전에 속리산을 여행한 적이 있었다. 우연히 어느 마을에 들르게 되었는데, 길 하나를 두고 한 곳은 충청북도 보은이고 다른 곳은 경상북도 상주였다. 그런데 그 길 하나가 두 마을의 지역 언어(사투리)의 경계가 되었다. 길을 건너가자마자 마을 주민들이 경상도 사투리를 구사하였다. 불과 10여m밖에 떨어져 있지 않았지만, 두 마을은 서로 완전히 다른 지역이었다. 반면에 충청북도 청주와 보은은 서로 수십 킬로미터 거리가 떨어져 있지만, 두 지역 주민들은 서로 비슷한 지역 언어를 사용한다. 당연히 충청북도 소속감을 같이 느낀다. 불과 길 하나의 거리밖에 떨어져 있지 않지만 어떤 마을 주민들은 서로 다른 지역 정체성을 갖고 있고, 반면에 수십 킬로미터 떨어져 있어도 지역 정체성을 공유하게 하는 것이 바로 지역 언어이다.

동일한 행정 구역도 지역 정체성을 강화시킨다. 현재 충남 금산군은 1963년에 전라북도에서 충청남도로 편입되었는데, 오늘날 금산군 주민들은 호남(전라북도)이 아니라 충청도(충청남도)를 지역사회 경계로 인식하고 있다. 이들이 충청남도 천안시 주민들과 동질감을 느끼는 것은 모두 충청도(충청남도)라는 지역사회 경계를 마음속으로 내면화했기 때문이다. 행정 구역은 단순히 지리상의 경계가 아니라 지역사회를 상징적으로 경계짓는 역할을 한다. 즉 금산군 주민들은 호남 대신에 충청도를 지역사회의 상징적 경계로 마음속에서 재구성함으로써 지역사회로서의 충청도를 재생산하였다.

행정 구역이 지역사회의 지리적, 상징적 경계가 되어 지역 정체성을 생산하는 현상은 오늘에 국한되는 것이 아니다. 조선 팔도에 거주하는 사람들의 성정이 다르다는 이중환의 택리지는 바로 행정 구역이 사람들의 지역 정체성을 생산하고 재생산하는 주요 요인이라는 것을 말해 준다. 충북과 충남은 조선 시대에 모두 충청도에 속한 지역이었다. 충주, 청주, 공주, 홍주(지금의 홍성)는 조선 시대 이 지역의 주요 도시이었다. 충청도라 불리는 것도 충주와 청주의 앞 글자를 딴 것이다. 만약 청주나 충주 지역 출신 사람 중에서 역모나 반란을 꾀하는 사람이 발생하면 즉각 충청도라는 이름은 회수당하여 역모를 꾸미지 않은 지역의 이름으로 교체되었다. 예컨대, 충청도가 '공청도'나 '공홍도'로 바뀌었다. 지역사회의 지리적 경계는 바뀌지 않았지만, 상징적 경계는 변경되었다. 그러다가 일정한 시간이 지나면 다시 원래의 이름인 충청도로 복원되었다. 이 과정 또한 '충청도'라는 지역사회의 상징적 경계를 복원하는 과정이었다. 수백년 동안 기본적으로 충청도라는 행정 구역이 존치됨으로써 주민들은 자연스럽게 '상징화된 충청도' 지역 정체성을 갖게 되었다. 따라서 이들이 설령 물리적으로 만난 적은 없지만 서로를 같은 충청도 사람이라고 생각하는 것은 지극히 자연스러운 일이다.

동일한 역사 경험도 동질적인 지역 정체성을 형성하는 요인이 된다. 경상도 사람들은 신라, 전라도 주민들은 백제라는 역사를 공유하고 있다. 백제가 신라에 멸망한 지 1,400년, 신라가 고려에 망한지 1,100년이 되어감에도 불구하고 호남과 영남 사람들은 입으로 표명하지는 않지만 머릿속으로 백제가 전라도에, 신라가 경상도에 터를 잡았다는 것을 의식하고 있다. 그러나 충청도는 약간 다르다. 충청남도는 대체로 백제 땅이었지만, 충청북도는 신라, 백제, 고구려 삼국이 서로 교차하여 지배하였다. 지금도 충남 부여에 가면 백제 이름을 단 음식점 이름을 어렵지 않게 볼 수 있다. 그러나 충북 청주에는 특별히 백제나 신라나 고구려를 기리는 정서가 없다. 신라 지명인 '서원경'과 백제 지명인 '상당'과 고구려 지명인 '낭비성'의 흔적이 '서원'대학교, '상당'산성, '낭성'면 등으로 남아 있지만, 이것을 과거 삼국 시대와 연결하여 생각하는 주민들은 거의 없다.

지역 정체성을 생산하고 재생산하는 요인으로서의 경험의 공유는 역사적 사건보다는 현대에서 발생한 사건이 더 크게 작용한다. 1980년 5월 '광주 항쟁'이 바로 대표적인 예이다. 전두환을 수장으로 하는 군부 세력이 광주에 계엄군을 투입하여 민주주의를 주장하는 시민 수백명을 사망시킨 1980년 '5월 항쟁'은 광주 시민만이 아니라 전라남도와 전라북도 사람들을 일체화시켰다. 지금도 이 사건은 호남 사람들이 지역사회 경계를 재생산하는 사건으로 남아 있다. 이보다는 규모가 작지만, 1979년 박정희에 의한 김영삼 신민당 총재 제명 건으로 촉발된 부산과 경남 마산 주민들의 '부마 항쟁'도 이 지역 주민들을 하나로 동질화시켰다. 앞으로 논의하겠지만, 충청도가 하나로 합쳐진 것도 1995년 민주자유당이 1990년 '삼당 합당'의 주역인 김종필을 몰아냈을 때이었다. 이들 사건은 모두 중앙 권력이나 다른 지역사회로부터의 핍박을 받았다는 공통점이 있다. 이것이 해당 주민들에게 그들이 거주하거나 성장했던 지역사회의 경계를 상징적으로 재생산하는 계기로 작용하였다. 그리고 이것은 지역 주민들을 정치적으로 단결시키고, 정치적 단결은 지역주의 투표 행태로 표출되었다. 이런 의미에서 지역주의 투표 행태는 지역사회의 상징적 경계 구성을 통해 형성된 지역 정체성을 정치적으로 가장 잘 드러내는 지표이다.

동일한 지역 언어(사투리)를 구사하고 같은 행정 구역에 속하고, 그리고 지역주의 투표 행태를 같이 하는 것은 모두 지역 정체성을 생산하는 역할을 하지만, 지역주의 투표 행태는 지역 언어와 행정 구역과 결정적으로 다른 점이 있다. 같은 지역 언어를 사용하는 것은 그들 간의 유대감을 강화시키는 요인으로 작용할 뿐으로 다른 지역 언어를 사용하는 사람들에 대한 배타심을 촉발하지는 않는다. 행정 구역도 마찬가지이다. 동일한 행정 구역을 같이 하는 사람들은 서로 소속감을 느끼지만, 그 자체로 다른 행정 구역 사람들을 배척하지는 않는다. 그러나 지역주의 투표 행위는 투표가 권력을 장악하는 수단이기 때문에 내집단 유대감과 외집단 배척 의식을 초래하는 요인으로 작용한다. 여기에 다른 지역 사람들로부터 핍박을 받게 되면 내집단 유대감과 다른 지역 사람들에 대한 배척 의식은 훨씬 강화되고, 지역 정체성은 한층 뚜렷해진다.

지역 정체성은 지역주의 투표 행태의 정도와 중앙 권력의 획득 가능성에 민감하게 반응한다. 지역주의 투표 행태가 강렬할수록 같은 투표 성향을 보이는 사람들 간에 유대감이, 그렇지 않은 사람들에게 강력한 배척 의식이 표출되는 것은 투표가 권력 획득의 수단으로 역할하고, 지역과 자신의 발전과 자긍심을 표현하는 도구가 되기 때문이다. 그리고 주민들이 지역주의 투표 행태로 국가 권력을 장악할 수 있다고 여길 때 이러한 성향은 더욱 강화된다. 영남과 호남 사람들이 각기 내집단 유대감과 외집단 배척 의식을 다른 지역 사람들보다도 더 강력하게 갖게 된 가장 결정적인 원인도 바로 지역주의 투표로 중앙 권력을 장악할 수 있다고 생각하기 때문이다. 대전 · 충남 주민들도 지역 정당을 꾸준히 창당할 정도로 분명한 권력 의지가 있지만, 이들이 영호남 주민들에 비해 강력한 지역 정체성을 갖고 있지 못한 것은 지역주의 투표 행태로 중앙 권력을 획득할 가능성이 낮다고 판단하기 때문이다.

충청도 내부적으로 지역주의 투표 행태의 차이가 있다. 즉 충북 사람들과 대전 · 충남 사람들의 투표 행태는 상당히 다르다. 1987년 절차적 민주주의가 완성된 이후 재개된 모든 선거에서 두 지역 유권자들이 비슷한 투표 행태를 보인 적은 충북이 지역주의 투표 성향을 보인 1995년에서 2000년까지이었다. 나머지 기간은 충북은 대전 · 충남과 달리 지역주의 투표 성향을 보이지 않았다. 대전 · 충남 주민들은 지역주의 투표 행태를 통하여 권력 획득의 가능성을 보았지만, 충북 유권자들은 그렇게 생각하지 않았다. 대전 · 충남 유권자들은 단독으로 권력 장악이 어렵다고 판단하면, 영남과 호남 지역과 선거 연합을 기꺼이 시도하였다. 그러나 충북 유권자들은 이 구도에 흔쾌히 동참하지 않았다. 충북은 대전 · 충남과 달리 권력 장악의 가능성을 낮게 보았고, 설령 권력 획득에 성공하더라도 이것이 계속되기가 어렵다고 보았다. 이 점이 충북이 지역주의 투표 행태를 보인 기간이 대전 · 충남과 달리 짧은 이유 중의 하나이다. 충북은 대부분의 기간을 대전 · 충남과 달리 탈지역주의적 투표 행태를 보였다. 충북 유권자들은 국가 권력의 획득 가능성을 염두에 두지 않았고, 따라서 지역주의 투표 행태에 크게 의존하지 않았다. 이것이 바로 대전 · 충남과 구별되는 충북의 고유한 지역 정체성의 특징이다.

대부분의 한국 사람들은 투표 행태로 본 지역 정체성에서 충북과 대전 · 충남 간에 실질적 차이가 있다는 것을 거의 인지하지 못하고 있다. 심지어는 충북과 대전 · 충남의 지도자와 주민들도 이를 명확하게 인식하고 있지 못하다. 충남 출신의 김종필과 이회창과 그리고 심대평은 선거 때마다 충북 유세를 통해 충북 유권자들이 대전 · 충남 유권자들과 같은 투표 행태를 보일 것을 기대하는 연설을 하나 충북 주민들은 김종필이 자유민주연합을 창당하여 활발하게 활동한 1995년에서 2000년까지를 제외하고는 이에 적극적으로 호응한 적이 없었다. 김종필에 대한 지지는 대전과 충남에서만 충만할 뿐이었다. 대전과 충남 주민들은 확실히 김종필을 그들의 지도자로 여겼다. 그러나 충북에서의 김종필은 앞서 말한 기간을 제외하고는 거의 외지 사람이나 다름없는 취급을 받았다. 이러한 현상은 이회창이 2008년 자유선진당을 창당하였을 때도 마찬가지이었다. 대전 · 충남과 달리 충북에서의 그의 지지는 매우 미미하였다. 심대평이 2006년 국민중심당을 창당하였을 때 이러한 현상은 더욱 두드러졌다. 충북에서의 국민중심당 지지세라는 것은 사실상 전무하였다. 이 모든 사례가 충북과 대전 · 충남이 정치적으로 다른 길을 걷고 있으며, 두 지역의 정치적 지역 정체성이 분명히 다르다는 것을 잘 보여 주고 있다.

충북과 대전 · 충남이 이와 같이 정치적인 지역 정체성이 같지 않은데도 불구하고 많은 사람들은 충북이 대전 · 충남과 동일한 충청도 정체성을 공유하고 있다고 생각한다. 즉 충북과 대전 · 충남은 경북과 경남이 같은 영남에 속하는 것처럼 당연히 충청도에 속한다고 인식한다. 이렇게 생각하는 가장 결정적인 이유는 대부분의 사람들이 충북과 대전 · 충남이 정치적으로 다른 지역 정체성을 갖고 있다는 것을 모르기 때문이다. 또 하나의 이유는 충북의 왜소한 전국 대비 비중 때문이다. 충청북도는 흔히 스스로를 '3%' 지역이라고 부를 정도로 전국 대비 비중이 작다. 인구 규모나 지역내 총생산(GRDP) 규모가 모두 전국 대비 3%대에 있다. 2010년 전국 총인구는 48,580,293명인데, 충북의 인구는 1,512,157명으로 충북의 인구 비중은 3.1%이다(통계청, 국가통계포털, 인구 · 가구). 2013년 9월말 기준으로도 역시 3.1%(전국 인구 51,098,531명, 충북 인구 1,570,486명)이다(충청북도 홈페이지, 인구 현황). 1980년대에는 이 비중이 조금 높아서 1980년 전국 대비 인구 비중은 3.8%이었다(전국 인구 37,436,315명, 충북 인구 1,424,083명). 이후 이 비중이 조금씩 줄어들다가 지금처럼 3%대로 고착되기 시작한 것은 1990년(3.2%)부터이다(통계청, 국가통계포털, 인구 · 가구). 지역내 총생산도 대략 3%대를 유지하고 있다. 충북의 지역내 총생산 비중은 2000년 3.4%로 정점에 달한 이후 조금씩 줄어들기 시작하였다. 2005-2007년은 3.1%, 2008년은 2.9%이었다. 2008년을 저점으로 2009년부터 충북의 지역내 총생산 비중은 다시 증가하기 시작하여, 2009년 3.0%, 2010년 3.1%에 이르고 있다(충청북도 충북통계정보시스템).

대다수 국민들은 충북의 사투리가 충남과 같다고 생각한다. 충청도 사투리 하면 대부분의 사람들이 어미를 길게 끄는 '---유'를 연상한다. 그러나 충북 사람들은 이러한 어투를 전혀 사용하지 않는다. 이 어투는 충남 사람들만이 사용한다. 충북 사람들은 이러한 말투를 전혀 사용하지 않는데도 불구하고 대다수 국민들은 충북 사람들도 당연히 충청도의 대표적인 어투인 '---유'를 사용하는 것으로 착각하고 있다. 청주 말은 '---껴'로 어미가 빠르게 끝난다. 인기 작가인 김수현이 그리는 드라마에서만 정확하게 청주 사투리가 등장한다. 그녀는 청주 출신이기 때문이다. 충북은 여러 가지 면에서 대전 · 충남과 다름에도 불구하고 충북의 비중이 작아서 일반인들은 여전히 충북은 당연히 대전 · 충남과 같을 것이라고 생각한다.

전국에서 충북이 차지하는 비중이 3%대로 크지 않은 관계로 충북이 전국적으로 크게 주목받지 못하고 있다. 국민들만이 아니다. 국가도 충북을 크게 중시한다고 말할 수는 없다. 역대 정부는 충북을 시범 지역으로 삼는 경우가 많았다. 야간 통행금지가 있던 30여년전에도 충북은 예외적으로 통행금지가 실시되지 않았다. 수돗물에 불소 성분을 넣는 사업도 충북이 유일한 시범 실시 지역이었다.

사람들의 생각이 중요하다. 어떻게 생각하느냐에 따라 사물을 보는 시각이 달라지고, 그것에 대한 판단이 달라진다. 예를 들어 같은 해 3월생과 12월생은 9개월 차이가 나지만 학년이 같다. 당연히 두 사람은 친구이고, 서로 반말을 한다. 주변 사람들도 이들을 주저없이 친구로 생각한다. 그러나 전년도 12월생과 다음 해 3월생은 물리적으로는 3개월 차이밖에 나지 않지만 사회적으로 한 학년이 차이가 난다. 두 사람은 선후배 관계로 한 사람은 깍듯하게 다른 사람을 대해야 한다. 이번에도 주변 사람들은 이 둘을 주저없이 선후배 관계로 규정한다. 전자는 9개월의 차이가 나도 동일한 집단에 속하고, 후자는 불과 3개월 차이밖에 나지 않지만 별개의 집단에 속한다고 생각한다. 이러한 생각은 객관적으로는 이상하지만, 주관적으로는 하나도 이상할 것이 없다.

대부분의 한국인들이 충북을 대전 · 충남과 같이 충청도의 일원으로 생각하는 것도 이와 마찬가지이다. 이들은 두 지역이 객관적으로 차이가 있지만, 주관적으로 동일한 범주에 속한다고 생각하고 미리 판단해 버린다. 그들에게 충북과 대전 · 충남이 서로 객관적으로 차이가 존재한다는 것은 중요하지 않다. 그들은 오직 충북은 작은 지역이라 대전 · 충남의 하위 요소에 지나지 않는다고 주관적으로 생각할 뿐이다.

생각은 행동의 원인이 된다. 객관적 사실과 관계없이 주관적으로 동일하다고 판단하면, 행동은 그에 입각하여 자동적으로 이루어진다. 정당이나 학계나 여론조사 회사가 투표 행태를 조사하면서 지역 범주를 구분할 때도 이와 같은 사고방식이 작용한다. 이들은 사회 조사에서 충북을 충청도의 한 부분으로 범주화한다. 그들은 이렇게 분류하여도 오류가 발생하지 않을 뿐만 아니라, 오히려 정확하게 조사하는 것이라고 생각한다. 그러나 이것은 매우 큰 잘못이다. 충북은 분명히 객관적으로 대전 · 충남과 다른 투표 행태를 보이고 있기 때문이다. 이렇게 범주화하는 것은 충북과 대전 · 충남의 특성을 정확하게 파악하지도 못하고, 나아가서 충청도 전체의 실상을 제대로 드러내지도 못하는 원인이 되고 있다. 충북이 비록 전국 대비 비중이 3%에 불과한 작은 지역이지만, 정치적 지역 정체성이 다른 대전 · 충남과 하나로 묶어서 범주화하는 것은 사회과학적으로 올바른 태도가 아니다.

이 글에서는 이것이 타당하지 않다는 것을 실증적으로 밝힌다. 충북이 정치적으로 대전 · 충남과 같이 충청도의 일원이었던 적보다는 서로 다른 투표 행태를 보인 기간이 길었다. 뿐만 아니라 충북이 대전 · 충남과 같이 동일한 투표 행태를 보일 때에도 그 원인은 달랐다. 충북이 정치적으로 충청도의 일원이었던 시기는 김종필이 1995년 영남권으로부터 소위 '토사구팽' 당하고 자유민주연합을 창당하였을 때부터 몇 년간에 지나지 않았다. 대전 · 충남은 이 때 진정으로 자유민주연합의 지도자인 김종필을 지지하였지만, 충북은 정치 지도자 김종필을 지지한 것이 아니었다. 충북은 영남 사람들에 의해 충청도가 '핫바지'로 폄하되는 것에 대한 응징의 수단으로 충청도를 '상징'하는 자유민주연합을 지지하였다. 충북과 대전 · 충남 모두 결과적으로 김종필과 자유민주연합을 지지하였지만, 실제 내용은 달랐다.

충북은 1997년 자유민주연합이 호남과 선거 연합하여 중앙 권력을 획득하였음에도 불구하고 충청도라는 지역사회 경계를 제대로 구현하지 못하고, 충북의 이해관계를 대변하지 못하자 곧 자유민주연합에 대한 지지를 철회하였다. 그러나 대전 · 충남은 그렇지 않았다. 대전 · 충남은 정치 지도자 김종필을 지지하였기 때문에 자유민주연합의 충청도 지역사회 경계 규정과 대전 · 충남의 이해관계 대변과 관계없이 김종필을 상당 기간 지지하였다. 이러한 경향은 이회창이 자유선진당을, 심대평이 국민중심당을 창당할 때에도 계속되었다. 대전 · 충남은 변함없이 자유선진당과 국민중심당이라는 지역 정당을 지지하였지만, 충북은 결코 그렇지 않았다. 투표 행태로 본 지역 정체성면에서 충북을 대전 · 충남과 같이 충청도의 일원으로 간주하는 것은 이처럼 사실에 전혀 부합하지 않는다. 이 책은 이것을 1987년 이후의 각급 선거 집합 자료를 통해 명백하게 밝힌다.

이 책은 지역주의 투표 행태를 살펴보기에 앞서 먼저 지역사회와 지역 정체성이 무엇인지를 제2장에서 논의한다. 지역 정체성을 생산하고 재생산하는데 있어 현대사회에서는 점차적으로 상징을 지역사회의 경계로 사용한다는 것을 살펴본다. 지역사회의 상징적 경계를 생산하고 재생산하는 방법은 여러 가지가 있는데, 특히 1980년 '광주 항쟁'과 같이 중앙 권력이나 다른 지역사회로부터의 핍박에 대한 공통 경험이 상징 생산의 좋은 재료가 되고 있다. 지역 정체성은 공간적으로 정체성을 사회화하는 것을 말하는데, 한국에서는 상징과 연결된 지역주의 투표 행태가 지역 정체성을 형성시키는 가장 강력한 요인이 되고 있다.

제3장에서는 투표 결정 요인을 다룬다. 투표 결정 요인으로는 사회균열 이론에서부터 정당 일체감 이론, 정당 재편성 이론, 쟁점 투표 이론, 현직 효과 이론과 선거 주기론 등이 있다. 이 장은 특히 사회 균열 중에서 지역 균열을 중점적으로 논의한다. 그리고 계급 균열도 분석한다. 계급 균열에서는 노동자들과 하층들이 그들의 경제적 이익과 달리 투표하는 '계급 배반 투표'의 사실 여부를 다룬다. 이 현상은 프레임 이론과 가치관 이론으로도 분석한다. 그리고 권력 생산 인자로서의 사회 조직의 구조적 위치를 강조하는 클레그의 권력 회로 이론으로 투표 결정 요인들을 토의한다.

제4장은 한국 사회에서의 투표 결정 요인을 분석한다. 특히 한국에서

가장 강력한 투표 결정 요인인 지역주의를 지역 균열의 원인과 유형, 그리고 기준 등으로 나누어 논의한다. 최근에 출신지 중심의 지역주의가 거주지 중심의 지역주의로 긍정적으로 변화하기도 하였지만, 동시에 정치 지도자의 출신지에서 후보자가 속한 정당이 상징하는 지역으로 공고화되는 부정적 측면도 존재한다는 것을 논의한다. 누가 투표하는가에 못지않게 투표하지 않는 사람들이 누구인가도 중요하다. 서울 지역을 연구한 손낙구에 의하면, 하층들과 교육 수준이 낮은 사람들이 투표를 하지 않는다. 이들의 이해관계를 기존 정당과 정치 제도가 반영하지 못하기 때문이다. 한국 사회에서 심화되는 불평등이 구조적으로 투표율을 낮추는데, 이 문제를 다룸으로써 정치와 불평등과의 관계를 심각하게 성찰해야 한다는 논점을 제기한다.

제5장에서는 1987년 민주화 이전의 각급 선거를 개괄적으로 다룬다. 한국은 1960년 4월 혁명 이후 1961년 5.16 군사 쿠데타까지 짧은 민주화 기간을 제외하면 줄곧 독재 정부가 민주주의를 억압해 왔다. 희대의 '사사오입' 개헌을 비롯한 비정상적 헌법 개정이 많이 이루어졌는데, 4월 혁명 직후의 내각제 개헌을 제외하고는 대부분 독재자를 위한 것이었다. 지역주의 투표 행태는 1971년 제7대 대통령 선거에서 영호남 간에 시작되었으며, 상대적으로 영남의 지역주의 투표 행태가 더 두드러졌다는 것을 언급한다.

제6장은 1987년 절차적 민주주의 완성 이후 실시된 각급 선거를 분석한다. 이 시기에 실시된 대통령 선거와 국회의원 선거와 그리고 지방 선거의 중요한 특징을 정리한다. 2002년 제16대 대통령 선거에서 '출신지' 중심의 지역주의가 '거주지' 중심의 지역주의로 변화하였으며, 2004년 제17대 국회의원 선거는 정당 명부제 투표 제도가 도입되어 지역 균열 이외에 이념 균열과 계급 균열이 등장하는 계기가 되었다.

제7장은 이 책의 2부격이다. 여기에서는 지역주의 투표 행태가 지역 정체성의 중요한 지표가 되는 이유를 설명한다. 각 지역의 정당 득표율과 지역의 의석 점유율의 차이로 지역주의 투표 행태의 강도를 측정한다. 이 지

표에 의하면, 영남과 호남의 지역주의 투표 행태는 매우 굳건하다. 충청도는 단독으로 권력을 획득하려는 의지를 보이지 않는 지역 정체성을 갖고 있다.

제8장은 충청도, 특히 충북의 구체적인 투표 행태를 지역 균열을 중심으로 살펴본다. 대전 · 충남은 영호남 못지않은 지역주의 투표 행태를 1987년 제13대 대통령 선거부터 2010년 제5회 지방 선거까지 보여 왔다. 물론 자유민주연합이 쇠퇴하거나 사라진 2004년 제17대 국회의원 선거와 2006 제4회 지방 선거에서는 지역 균열은 거의 존재하지 않기도 했다. 충북은 대전 · 충남과 같은 강도의 지역주의 투표 행태를 보인 시기도 있었지만, 대체로 대전 · 충남보다는 지역 균열이 약했거나 아예 지역주의 투표 행태를 보이지 않았다. 충북은 투표 행태의 측면에서 대전 · 충남과 다른 독자적인 지역 정체성을 표출하는 기간이 훨씬 더 길었다는 것을 논의한다.

제9장은 대전 · 충남의 지역주의 투표 행태와 충북의 그것이 다른 원인을 설명한다. 충북은 개인이나 정당에 기반한 지역주의보다는 다른 지역사회로부터 충청도가 핍박받을 때 지역주의 투표 행태를 나타내었다. 충북은 김종필 개인과 자유민주연합을 지지하는 것이 아니라 충청도라는 지역사회의 경계가 손상되었을 때 이것을 상징적으로 재구성하는 작업을 통하여 그 경계를 재생산하였다.

제10장은 2000년 이후 계속되는 충북의 탈지역주의 투표 행태를 지역 균열 이외의 다른 투표 결정 요인으로 논의한다. 먼저 클레그(Clegg)의 권력 회로 이론으로 2008년 제18대 국회의원 충북 선거를 분석한다. 충북은 '의무적 통과 지점'으로서 '수도권 규제 완화'라는 '정책'이 권력 회로로 작용하였다. 반면에 대전 · 충남은 이것 이외에 '지역주의'라는 '의미와 성원 자격의 관계를 규정하는 규칙'이 동시에 작용하였다. '의무적 통과 지점'보다는 '의미와 성원 자격의 관계를 규정하는 규칙'이 권력을 생산하는 더 중요한 회로이기 때문에 대전 · 충남에서는 자유선진당이, '의무적 통과 지

점'만 작용한 충북에서는 통합민주당이 한나라당을 이기고 다수당이 되었다. 2012년 제19대 국회의원 충북 선거는 새누리당이 민주통합당 현직들을 부정적으로 평가하는 '현직 효과' 무력화 전략이 성공하여 4년전과 달리 한나라당이 완승하였음을 논의한다.

제11장 결론 부분에서는 충북이 1987년 이후 선거를 통해 표출한 지역 정체성의 정치적 의미를 분석한다. 충북은 1987년 이후 여섯 번의 대통령 선거와 일곱 번의 국회의원 선거(세 번은 득표율, 네 번은 의석 점유율), 그리고 1995년 이후의 다섯 번의 도지사 선거 등 총 17번의 선거 중 15번을 전국 수위 정당과 같은 투표 결과를 보였다. 반면에 대전 · 충남은 이와 많이 달랐다. 이것은 1987년 이후 가장 결정적인 한국의 투표 결정 요인인 지역 균열로부터 충북이 비껴서 있다는 뜻이기도 하고, 한편으로 충북의 지역 정체성이 '집권당 우선주의'라는 것을 보여 주는 사례이기도 하다. 이처럼 충북과 대전 · 충남의 지역 정체성은 사뭇 다르다. 따라서 충북을 대전 · 충남과 동일한 조사구로 묶어서 조사하는 것은 학술적으로나 정치 전략상으로나 올바르지 못하다. 그리고 최근 들어 한국은 지역보다는 친구와 이웃과 직장과 같은 지역사회와의 상호작용으로 정치적 사회화가 이루어지는 경향이 증가하여 지역주의 투표 행태가 완화될 가능성을 내포하고 있다는 것을 논의한다. 그리고 동시에 일반적으로 도(道)라는 광역 자치단체가 지역사회의 상징적 경계로 작용하고 있어 지역주의 투표 행태가 쉽게 소멸하지 않는다는 것도 토론한다.

제 2 장

지역사회, 지역 정체성, 그리고 지역주의 투표 행태

1 • 지역사회의 개념

2 • 지역사회의 유형

3 • 지역사회 경계의 상징적 구성

4 • 지역주의 투표와 지역 정체성

1. 지역사회의 개념

1) 전통적 지역사회

1980년대까지 지역사회 연구는 오로지 사회학자들의 전유물이었다. 뒤르껭(E. Durkheim)과 베버(M. Weber), 마르크스(K. Marx)와 퇴니스(F. Tonnies)와 같은 고전 사회학자들이 지역사회에 관한 초기 논의를 이끌었다. 퇴니스의 게마인샤프트와 게젤샤프트 개념은 전형적으로 지역사회의 구조에 초점을 맞추었다. 1910년대 이후에는 지역사회 구조론자들인 시카고 학파(Robert Park, Ernst W. Burgess, Lewis Wirth)가 뒤를 이었다 (Blackshaw, 2010: 5).

시카고 학파는 다윈의 영향을 받아 인간의 도시 환경에 대한 사회적 적응을 중시하였다. 동식물들이 자연에 적응하는 것과 같은 방식으로 인간이 도시에 적응한다는 것이다. 시카고 학파의 대표적인 학자인 파크(Park)는 도시의 사회 조직이란 희소한 자원을 놓고 벌이는 경쟁의 산물이고, 이 경쟁 과정에서 복잡한 노동 분업이 탄생한다고 보았다. 또 다른 시카고 학파 학자인 맥켄지(Roderick McKenzie)는 입지(location)의 역할을 강조하고 환경 내에 물리적 위치를 확보하는 것이 생존 경쟁에서 가장 중요하다고 주장하였다. 성공한 개인이나 집단은 도시에서 최고의 입지를 차지하고, 성공하지 못한 사람은 덜 매력적인 장소에 모이게 되는 과정을 거쳐, 인간은 스스로 공간적 분화를 이룬다는 것이다(남영호 · 채윤하 역, 2013: 13-14).

시카고 학파의 또 다른 중요한 논점은 워스(Wirth)가 주장하였다. 워스는 도시 지역사회를 인구의 규모와 밀도, 그리고 다양성이라는 세 가지 핵심 변수들의 결합으로 정의했다. 그는 인구 규모가 클수록 공식적인 이차적, 삼차적 관계가 전통적인 공동체의 일차적 관계를 대체한다고 주장하였다. 그러나 워스는 문화가 도시 지역사회의 발전 경로를 다르게 만들 수 있다는 것을 고려하지 않았다(남영호 · 채윤하 역, 2013: 22).

지금까지 논의한 학자들의 지역사회 개념[1)]은 '지역사회 구성원들이 지리적 위치를 공유하고 있으면서, 서로 강력하고 영속적인 유대를 유지하고 있다는 것을 인식하는 집단'이라고 정의할 수 있다. 이 때 지역사회를 평가하는 척도는 두 가지이다. 첫째, 개인들이 그 집단의 활동에 얼마나 정기적으로 참여하는가이다. 여기서 지역사회 구성원들이 지역사회에 자발적으로 참여하는 것이 매우 중요하다. 둘째, 사회적 유대를 유지하고 있는 구성원들 간의 동일시의 정도이다. 지역사회가 형성되려면 구성원들이 서로 동질적인 감정을 느껴야 한다. 즉 그들은 서로 동일한 지역 정체성을 갖고 있어야 한다. 지역사회는 이러한 점에서 구성원들에게 특정한 공간에 대한 애착과 지역사회에 대한 소속감을 불러일으킨다(남영호 · 채윤하 역, 2013: 29).

한편으로 지역사회는 공간에 대한 주민들의 소속감과 관계없이 그 자체적으로 물리적 공간과 연결되어 사용되는 경우가 많다. 예를 들어, 도시와 농촌은 주민들이 도시와 농촌에 사회적 연대감과 애착을 갖고 있는 것과 관계없이, 그리고 그들이 서로 알고 지내는 것과 관계없이 하나의 생활 단위로서 지역사회가 된다. 이 경우 도시와 농촌 주민들은 종종 그들이 거주하는 지역을 '지역사회'라고 지칭한다. 짐멜이 전통과 확대 가족과 종교 등에 의해 사회적 삶이 조직되는 농촌을 게마인샤프트, 비인격적이며 이차적 관계가 지배적이고 공식적인 행위 규약이 사람들을 규제하는 중심 원리가

---

1) '지역사회'와 '지역'은 개념적으로 구분해야 한다. '지역사회'는 영어로 community이고, '지역'은 region이다. '지역사회'는 그 구성원들이 동일한 소속감을 갖고 있으며, 집단 소속감을 느끼기 때문에 공동체라는 의미를 갖고 있기도 하다. '지역'은 학문적 관심에 따라 매우 다양하게 사용된다. 국제경제학에서 지역 개념은 세계화된 경제 체제의 하위 단위를 의미하여 몇 개 국가가 포함될 정도로 매우 넓다. 예를 들면, 유럽 연합(EU), 동남아국가연합(ASEAN), 북미자유협정(NAFTA) 등을 지역으로 칭한다. 지역발전학에서는 지역을 일반적으로 국가의 하위 공간 단위로 사용한다. 예를 들면, 광역 자치 단체가 여기에 속한다. 비판지리학자인 매시(Massy)는 지역을 정태적으로 주어진 공간으로 보지 않고 생산과 사회 관계가 상호작용하면서 역동적으로 변화하는 개념으로 이해했다(김용웅 · 차미숙 · 강현수, 2009: 15-16). 그러나 현실적으로 지역과 지역사회를 명쾌하게 구분하기는 대단히 어렵다.

되는 도시를 게젤샤프트로 개념화한 것도 이와 같은 의미에서의 지역사회 개념이다.

1980년대 중반 이전에는 지역사회를 장소(locale)와 소속감 공유라는 측면에서만 분석하였다. 즉 주로 지리적 관점에서만 지역사회를 생각하였다. 자연 조건에 의해 형성된 경계이건, 국가가 행정적 목적으로 구획한 경계이건 일정한 공간적 경계 안에 거주하는 구성원들은 이웃과 마을이나 친구들, 일터나 교회나 사찰, 그리고 대학을 포함한 학교나 전문가 단체와 같은 집단이나 조직에서 소속감을 공유하고 서로를 동일시한다고 생각하였다. 예를 들어 로타리 클럽 회원들은 로타리안으로서 소속감을 느끼고 서로를 동일시한다. 특정 교회 신도들은 비슷한 신념과 가치관을 공유한다. 1980년 광주에서 5.18 항쟁을 같이 경험한 사람들이 광주를 하나의 지역사회로 동일시하는 것도 이와 같다. 여기서 중심은 지리적이고 공간적인 경계이다. 물리적으로 같은 경계 내에 있는 사람들끼리 지역사회를 같이 한다고 생각한다.

한편으로 지역사회는 항상 이중적이다. 지역사회는 항상 밝은 면만 있는 것은 아니다. 지역사회는 종종 다른 지역사회에 적대적이다. 다른 지역사회에 속한다고 생각하는 외부인을 열등한 존재로 취급하기도 한다. 지역사회는 구성원들에게 따뜻함과 조화 의식을 제공하는 반면에 동시에 지역사회 경계 밖의 사람을 배제하고 억압하기도 한다(Blackshaw, 2010: 151).

2) 상징적 지역사회

20세기 말에 와서 지역사회 개념은 혁명적 변화를 맞이하였다. 지역사회 개념은 1980년대 중반 이후 다른 어떤 사회과학 개념보다 크게 바뀌었다. 1980년대 중반 이후 지역사회를 해석학적으로 연구하는 것이 등장하였는데, 이것이 지역사회 연구를 활성화시켰다(Blackshaw, 2010: 9). 정치학자 앤더슨(Benedict Andersen)이 "상상 공동체"(*Imagined Communities: Reflections on the Origin and Spread of Nationalism*)를 출판함으로써 지역사회 개념은 획기적인 전환을 이루었다. 이제 지역사회는 더 이상 사회학만이 연구하는 대상이 아니다. 앤더슨은 근대 민족 국가의 성장을 연구하기 위하여 이 개념을 개발하였다. 그는 대부분의 사람들이 민족 국가를 당연시하지만, 사실 민족 국가는 사람들의 상상의 결과라고 주장하였다. 앤더슨은 원시 부족보다 큰 지역사회는 모두 상상된 것이라고 주장하면서, 민족 국가는 민족 정체성의 응집력을 유지하기 위하여 규모를 확장하여 사람들이 상상한 것이라고 보았다. 앤더슨에 의하면, 지역사회는 형체가 계속 변한다. 따라서 사회적 토대가 확고하지 않다(Blackshaw, 2010: 6). 그는 인쇄 자본주의(print capitalism)가 상상 공동체를 만들었다고 주장하였다. 왕조 시대의 관료와 성직자와 달리 인쇄 자본주의 시대에서는 교육받은 사람들이 공중이 되었다. 현대 사회에서는 방송이 공중을 만든다. 영국을 예로 들면 텔레비전으로 중계되는 윔블던 경기, FA 컵 결승전, 의회 개원식, 왕가 생일 등이 상상 공동체의 단초를 제공한다(Barker, 1999: 66).

앤더슨이 '상상 공동체'를 발간한 2년 후인 1985년에 인류학자 코헨(Anthony P. Cohen)이 "지역사회의 상징적 구성"(*The Symbolic Construction of Community*)을 출판하였다. 코헨은 상징을 통해 지역사회의 경계를 구성함으로써 지역사회가 형성된다는 '상징적 구성' 모델을 제시하였다. 그는 지역사회는 행위자들이 지리적 경계가 아닌 의식(rituals)과 같은 상징적 경계를 통해 만들어지는 것이라고 주장하였다. 따라서 코헨은 지역사회 연구의 출발점은 바로 '상징'이라고 주장한다. 코헨의 업적은 장소와 의식(rituals)을 합병한 것이다. 그는 지리적이고 구조적인 경계와 관계없이 지역사회의 실재는 그 구성원들의 문화 역동성을 인식하는 것에 있다고 주장하였다. 사람들은 지역사회를 상징적으로 구성하여 이것을 그들의 정체성의 준거틀로 만든다(Blackshaw, 2010: 126). 지역사회가 상징적으로 구성된다는 것은 지역사회가 물리적 경계가 아니라 지역사회 구성원들의 관습과 의식으로 형성된다는 것을 말한다.

코헨은 소규모 지역사회가 국가나 대규모 지역사회로부터 동질화 압력을 받을수록 오히려 의식과 전통의 '상징적 구성'을 통하여 지역사회를 재창조한다고 본다(Cohen, 1985: 37). 시카고 학파는 농촌 지역사회는 작고 안정적이고 구성원들이 서로 완전히 알고 있는 관계 구조를 이루고 있는데 비하여, 도시 지역사회는 이와 거의 반대 구조를 이루고 있다고 주장하였다. 코헨은 이 논의는 두 가지 점을 오해하고 있다고 보았다. 첫째, 지역사회를 단순한 '면접' 사회라고 잘못 생각하고 있다. 소규모 지역 사회에서의 사람들의 관계가 전면적이라는 것은 지나친 단순화이다. 짐멜(Simmel)이 주장한 것처럼 미시적 수준에서의 사회 생활도 해부하면 매우 복잡하다. 또한 구성원의 수가 많다고 해서 사회 생활이 복잡해지는 것도 아니다. 사회 생활의 질적 차원은 수와 별개이다. 둘째, 소규모 지역사회는 국가나 대규모 지역사회의 문화적 영향력을 받아 점차로 동질화된다고 주장하는 것, 즉 소규모 지역사회에 사는 사람들은 문화를 수용하고 표현하지만 창조하지는 못한다는 것은 오해이다(Cohen, 1985: 28-32). 소규모 지역사회도 상징적 경계를 생산함으로써 지역사회의 독자성을 얼마든지 표현할 수 있다. 한국의 지역 자치 단체가 '축제'를 통하여 지역사회를 재구성하려는 것도 바로 이러한 시도의 한 사례이다.

사람들은 다른 문화와 접촉할 때 자신의 문화를 가장 민감하게 느낀다. 지역사회에 대한 의미는 문화 접촉이 이루어지는 그 경계에서 이루어진다. 지역사회의 경계에서 사람들의 소속감이 분명해진다. 오늘날 지역사회 경계의 구조적 기반은 산업화와 지구화[2]로 인한 사회 변동(예: 도시화, 인구

2) 정보통신 기술의 발달로 세계 경제의 상호 의존성이 증대하는 현상으로, 특히 극소수 초국적 기업들이 장소를 고려하지 않고 전 지구를 상대로 활동하는 것을 말한다.

이동, 그리고 인터넷과 같은 통신 수단의 발달에 의한 공간의 극복)의 결과로 약화되고 있기 때문에, 사람들은 공동의 경험이나 지역사회 경계를 재구성하는 상징적인 사회적 행동(예: 축제)을 통해 지역사회를 재구성하려고 한다. 지역사회의 구성원 자격은 이와 같이 상징에 의해 '상상'됨으로써 구성된다(Jenkins, 1996: 105). 어떤 집합체의 구성원이 된다는 것은 경계를 만든다는 것인데, 이것은 그들 간의 유사성(같은 언어나 종교나 공동경험)과 차이점으로 이루어진다. 인종과 민족, 성과 지역, 종교와 국가로 구성된 집단 구성원은 그들끼리 개인적으로 모르더라도 상징적 경계 구성을 통하여 서로 같은 구성원으로 인지할 수 있다. 집단 정체성을 형성하는데 있어 경계를 상징적으로 구성하는 것이 중요하다. 즉 지역사회의 경계가 '상징'을 통하여 사람들의 마음속에서 재구성됨으로써 지역사회가 재생산된다. 앤더슨과 코헨의 공통점은 지역사회는 상징과 상상을 통하여 '연결'되고, 모든 근대 지역사회는 해석적 지역사회라는 것이다(Blackshaw, 2010: 6). 지역사회는 오로지 해석을 통한 새로운 의미를 발견함으로써 성립한다는 것이 최근의 지역사회 논의의 핵심이다.

3) 이념형으로서의 지역사회

블랙쇼(Blackshaw)는 지역사회를 사회학자들이 말하는 '이념형'으로 보도록 권고하였다. 지역사회는 현실을 기술하는 것이 아니라 현실을 이해하기 위한 분석 도구로 개념화 작업을 해야 한다는 것이다. 지역사회를 역사적 관점에서 보면, 전근대 사회에서는 지역사회가 인간 경험의 토대로서 기능하였다. 이 시기의 지역사회는 '강력한 존재' 그 자체였다. 지역사회 안에서의 인간의 존재는 절대적으로 이미 예정되어 있었다. 전근대 사회는 귀속적인 사회 계층과 가부장적인 사회 관계에 근거한 농업적 생존 세계이었다. 사회 생활은 필요에 토대를 두고 있었다. 지역사회 생활에서의 조화와 질서는 주입된 것이었다. 지역사회에서의 사회 이동은 불가능하였다. 미래는 없고, 오로지 동일한 것의 반복만이 있을 뿐이었다. 이 시기 서구 지역사회의 중심 집단은 교회이었다(Blackshaw, 2010: 10-12).

근대 사회에서의 지역사회는 이와 대조적으로 인간 존재의 토대로서 기능하지 않았다. 왜냐하면 근대 사회의 기반은 자유이었기 때문이었다. 근대의 인간은 지역사회에 속박되는 집단의 일원이 아니라 우선적으로 개인이었다. 그들의 삶은 지역사회가 규정하는 것이 아니라 그들 자신이 선택하였다(Blackshaw, 2010: 11). 근대 사회는 자본에 기반을 두고 있고, 작업 윤리에 근거한 사회적 위계제를 이루고 있었다. 근대 사회는 지역사회보다는 계급이 인간의 삶을 규정하였다. 사회 이동은 가능하였지만, 항상 계급에 의해 제한되었다. 지역사회의 중심 집단은 산업 자본가들이었다(Blackshaw, 2010: 13). 이 시기의 초기 지역사회는 전통적인 노동 계급 밀집 지역(예: 광부들이 밀집해서 거주하는 지역)에서 활발하게 형성되었다. 여기에 살고 있는 노동 계급은 연대 의식 수준이 높았다. 이런 현상은 지역사회의 물리적 고립과 지역사회 구성원들의 지리적, 사회적 이동의 결여로 더욱 촉진되었다. 그러나 대규모 주택 건설 등으로 이와 같은 밀집 지역은 사라졌다. 지역사회 거주자들은 서로 덜 의존하게 되었고, 그들 간의 강력한 유대는 사라졌다(Blackshaw, 2010: 98-99).

소비가 중심인 오늘날의 지역사회는 잘해야 '약한 존재'일 뿐이다. '약한 존재'는 토대가 없다. 그러나 우리는 종종 우리가 세계를 보는 방법에 관하여 근본적인 의미를 부여할 때, 즉 우리가 누구인가를 의식하고, 다른 사람들과 같이 살기를 원할 때 지역사회를 의식하게 된다. 여기서의 인간은 여러 정체성을 가질 수 있다(Blackshaw, 2010: 11). 상이한 문화와 취향과 생활양식에 따른 사회적 위계제가 오늘날 지역사회의 특징이다. 극단적인 불평등이 존재하지만, 계급에 근거한 사회 계층이 중심이 되지 못하므로 다양한 지역사회를 상상할 수 있다. 사회 이동은 하나의 권리로 이해된다. 개인들은 미래에 대해 기대를 하지 않는다. 종종 과거를 되돌아보지만, 현재 여기서의 생활이 우선 목표이다. 오늘날의 지역사회는 '개방적인 관계망' 사회이다. 이 관계망은 한 번도 만난 적이 없는 사람들을 친구나 결사체 구성원으로 만들기도 한다. 자유로운 사람들은 여러 지역사회의 구성원으로 참여한다. '관계망' 지역사회는 과거의 지역사회와 달리 규칙보다는 커뮤니케이션과 '상상'을 통하여 유지된다. 개인이 자신을 중요하다고 여길 때 관계망이 활성화된다(Blackshaw, 2010: 14-15).

캘혼은 지역사회를 장소에 초점을 맞추거나 집합체로만 볼 것이 아니라 사람들의 '관계 양식'으로 보아야 한다고 주장하였다. 사회 관계망으로 연결된 사회 집단이 실제적으로 지역사회라는 것이다(Calhoun, 1998: 381; Blackshaw, 2010: 10에서 재인용). 이 개념은 지리적인 요인보다는 사회학적 '관계'의 중요성을 강조하고 있다(Anderson, 2010: 7). 지역사회를 정의하는데 있어 지리적 요소가 중요하지만, 구성원들 간의 '관계'가 없으면 지역사회는 성립하지 않는다. 예를 들어 이웃과 마을이나 일터나 교회에서 활동하는 사람들은 주위 사람들과 관계를 형성한다. 이 관계는 그들이 하는 일이나 생각이나 여가 활동 등에서 서로 공동의 이해관계를 갖게 하고, 서로 간에 협력을 하도록 하게 한다. 이를 위해서는 그들 간의 신뢰가 중요하다. 이 모든 것들이 합쳐져서 관계망이 형성된다(Anderson, 2010: 56). 최근의 지역사회는 관계망이 중심을 이루고 있다.

2. 지역사회의 유형

지역사회는 물리적으로 가시적인 지역사회와 가상의 지역사회로 나눌 수 있다. 가시적으로 볼 수 있는 지역사회가 우리가 흔히 말하는 지역사회이다. 이 지역사회에 속하는 구성원들은 서로 알고 지낼 뿐만 아니라 공동의 소속감을 느끼고 물리적 경계를 같이 한다. 대표적인 예로는 이웃과 마을과 일터, 그리고 종교 모임과 친구들의 모임 등이다. 좀 더 넓게 보면 도시와 농촌도 여기에 속한다. 반면에 가상 지역사회는 물리적으로 서로 만나는 것이 아니라 인터넷을 통하여 모임을 유지한다. 물론 경우에 따라서는 실제 모임을 갖기도 하지만, 기본적으로는 만나고 헤어지는 모든 관계가 가상 세계에서 이루어진다. 최근 들어서는 이러한 가상 지역사회가 점점 더 많아지고 있다.

1) 물리적 지역사회

'이웃'과 '마을'이 가장 대표적인 물리적 지역사회이다. 면접 관계가 지배하는 지리적 공간 개념이라는 점에서 지역사회 연구에서 중요하다. 이웃과 마을은 장소를 공유하면서 구성원들이 서로 빈번하게 접촉한다. 이웃과 마을은 사는 장소이기도 하지만, 한편으로 다른 사람들과의 관계에서 자존심과 열패감을 느끼는 장소이기도 하다. 일터(사무실이나 공장)도 단순히 작업 장소만이 아니라, 노동자들이 자부심과 충성심을 갖는 장소로서 가족과 같은 역할을 하기도 한다(Anderson, 2010: 4). 공간이 제한된다는 것, 즉 지역사회 경계가 뚜렷하다는 것은 지역사회의 형성과 유지와 밀접한 관련이 있다. 왜냐하면 경계가 분명한 지역사회 공간 안에서 구성원들의 안전 의식과 소속감이 증진되기 때문이다. 이웃과 마을은 구성원들이 경험을 공유한다는 것에 근거하여 소속감과 친구 관계, 그리고 무엇보다도 같은 공간적 생활 세계에서 생활한다는 점에서 지역사회의 원류를 구성한다(Blackshaw, 2010: 99).

그러나 오늘날의 이웃은 지역사회로서의 의미가 줄어들고 있다. 아파트 소유자들은 전형적인 지역사회 결사체를 형성하지 않는다. 그들은 더 많은 사생활과 개인적 공간을 추구하여 이웃들과의 접촉을 꺼린다. 현대 생활 자체가 일시적이고 이동성이 증가하여 지역사회 구성원들 간의 사회 결속을 약화시킨다. 현대인들은 수시로 직업을 바꿈으로써 지리적 이동이 증대된다. 대중교통보다 자가용을 이용하고, 마을 주변 상점보다 교외의 쇼핑 몰을 이용하는 것도 이웃과 접촉할 기회를 감소시킨다. 집도 거주보다는 상품으로 생각한다. 이러한 요인들은 모두 이웃 사람들 간의 결속력을 저해한다. 이제 사람들은 정체성과 소속감을 확립하기 위해 더 이상 '이웃'에 의존하지 않는다(Blackshaw, 2010: 101).

전통적인 이웃과 마을 지역사회는 쇠퇴하지만, 그렇다고 지역사회 자체가 쇠퇴하는 것은 아니다. 사회가 불안정하고 변동하는 속도가 빨라지면, 역설적으로 사람들은 장소에 더 관여하려고 한다. 이런 상황에서는 '지리적' 지역사회에 대한 욕구가 오히려 더 강렬해질 수도 있다(Blackshaw, 2010: 102). 예를 들어 현대 사회 도시민들은 도시를 연고로 하는 프로 스포츠 팀에 강한 지역적 동질감을 느끼고, 모든 지역은 프로 팀을 유치하려고 노력한다. 이 경우 장소는 사람들의 위치를 규정하는 중요한 수단이 된다.

전통적 지역사회가 쇠퇴할수록 한편으로 코헨이 말하는, 상징적 수단을 통한 지역사회가 활발하게 재구성된다. 즉 상징을 통하여 지역사회의 경계를 재구성하려는 욕구가 발생한다. 사람들이 이웃과 마을처럼 근처에 같이 산다는 것으로 연결되는 것이 아니라 새로운 축제를 기획하거나(예: 보령의 머드 축제) 새로운 가치관을 창조함으로써(예: 광주의 '민주화 성지론') 지역사회를 새롭게 창조한다. 아니면, 서울의 강남처럼 고급 소비품을 소비하거나 상계동이나 목동처럼 사회 이동을 위해 학원 밀집 지역을 형성하는 것도 지역사회 경계를 재구성하는 것에 해당한다.

'마을 만들기'도 상징적 경계를 통한 지역사회 재창조 사업이다. 서울시 마포구 성산동을 중심으로 서교동과 연남동 일대에 형성된 '성미산 마을'이 마을 만들기의 대표적 사례이다. 2001년부터 2003년까지 서울시가 성미산을 개발하려는 것에 맞서 주민들이 '성미산 지키기'라는 자발적인 지역 생태 운동을 통해 이를 막아낸 것이 중요한 전기가 되었다. 이 마을은 크고 작은 커뮤니티의 네트워크로 구성되어 있다. 이 마을은 공동 육아를 위한 모임에서 시작하여 점차 생활 문화 관계망을 형성하였다. 현재 약 1,000명의 주민이 관여하고 있다. 국가와 시장이 해결해 주지 못하는 문제를 주민 스스로 찾겠다는 자발성과 대안 의식에서 출발하였다. 2009년 '성미산 마을 극장'이 개장되어 연극을 공연하고 영화를 상영함으로써 말 그대로 문화 공동체가 급속히 형성되었다(라도삼, 2012: 98-100). 마을 자체적으로 대안 학교[3)]를 운영하는 것도 지역사회를 형성하는데 큰 역할을 하였다. 마을 주민들이 1년 내내 '마을 축제'를 비롯하여 다양한 행사를 벌인다. 일종의 상징 만들기이다. 성미산 공동체는 서울과 같은 대도시에서도 '마을' 지역사회를 구성하는 것이 가능하다는 것을 보여 주고 있다는 점에서 그 의미가 크다.

이 이외에도 서울에는 강북구 수유동 일대에 약 400가구가 참여하는 삼각산 '재미난 마을'을 비롯하여, 마포구 염리동 '창조 마을', 동작구 상도동 '성대골 마을', 도봉구 방학동 '방아골 마을' 등이 성공적인 마을 만들기, 즉 지역사회 재창조의 사례가 있다(라도삼, 2012: 34). 마을 만들기는 농촌 지역에서도 활발하게 이루어지고 있다. 전국적으로 가장 열악한 농촌 중의 하나인 전북 진안군(2010년 인구 20,446명)은 행정 기관과 주민들의 공동 협력을 바탕으로 10년 이상 마을 만들기 사업을 벌이고 있다(구자인 · 유정규 · 곽동원 · 최태영, 2011). 그리고 제주도 서귀포시 표선면 '가시리 마을'은 마을 만들기 사업 중에서 매우 독특한 경우이다. 리 단위에 불과한 '가시리 마을'은 말 박물관을 건립하면서 전국적으로 학예사를 공모하였다. 문학, 그림, 음악, 어학 등에 재주가 있는 사람들에게 1년간 무료로 숙박을 제공하고, 대신에 이들로 하여금 주민들에게 그들의 재주를 가

3) 2004년 9월에 개교한 '성미산 학교'는 초 · 중 · 고 통합 12년제 비인가 도시형 대안 학교이다. 2012년 현재 약 170여명의 학생이 재학하고 있다. 정교사 25명을 포함하여 40여명의 교사가 이 학교에 참여하고 있다. 학교 운영은 학교설립위원회 이사회와 학교운영위원회, 교사회가 동등한 위상으로 협력하고 있다(라도삼, 2012: 102).

르치게 하는 '레지던스 프로그램'에 영국 화가가 응모하는 등 도저히 리 단위 사업이라고 상상하기 어려운 일들이 이 마을에서 벌어지고 있다(가시리 신문화 공간 조성 추진위원회, 2010). 마을 만들기 사업 이후 가시리 주민들의 지역사회 참여도와 만족도는 당연히 높아져서, 그들은 제주도 최고 도시인 제주시 시민을 부러워하지 않는다.[4]

진안군과 제주도 가시리 마을의 '마을 만들기' 사업의 공통점 중의 하나는 농업을 통한 마을의 경제력 향상보다는 비농업 직업 소유자들을 통한 '지역사회(농촌 사회) 만들기'를 중시한다는 것이다. 진안군에서는 귀농보다는 비농업 직업 소유자의 귀촌을 더 반가워한다(구자인 · 유정규 · 곽동원 · 최태영, 2011: 119-134). '마을 잘 살기'가 아니라 주민들 간의 소통과 상호작용이 증진되는 '지역사회'를 만들려고 한다. 진안군에서는 2007년부터 매년 마을 주민들이 '마을 축제'를 직접 기획한다(구자인 · 유정규 · 곽동원 · 최태영, 2011: 146-167). 가시리 마을에서는 주민들이 원하는 취미 클럽(예: 학생과 중년들을 위한 댄스 팀과 밴드 반, 노인들을 위한 국궁팀) 등을 조직하여 주민들이 서로 상호작용하도록 한다. 이들 마을 주민들은 주민들 간의 관계망이 진정한 의미에서의 '지역사회'의 토대라는 것을 잘 인식하고 있다.

2) 가상 지역사회

전통적인 '이웃'과 '마을' 지역사회가 한편으로 쇠퇴하지만, 새롭게 등장하는 지역사회가 있다. 인터넷을 통한 가상 지역사회가 그것이다. 인터넷이 사람들을 가상 세계로 연결시켜 준다. 인터넷은 지리적 위치를 뛰어

---

4) 제주도 가시리 마을 만들기 사업 위원장과의 2012년 10월 면접

넘어 '탈공간'적인 새로운 연계망을 만들어 주고 있다(남영호 · 채윤하 역, 2013: 31). 시간과 공간은 더 이상 지역사회 구성의 제약 요인이 되지 못한다. 비슷한 신념과 취향이 가상 지역사회의 구성과 참여의 주요 동기가 된다. 특정 정치인을 지지하거나(예: '노사모') 요리에 관심이 있는 사람들로(예: '82쿡') 형성된 가상 지역사회가 그 예라고 할 수 있다.

가상 지역사회는 정보 기술로 중개되는 관계망 사회이다. 가상 지역사회의 기술적 토대인 정보 기술은 가상 지역사회 구성원들을 전면적으로 참여시키기보다는 다양하면서 부분적으로 참여시킨다. 참여의 정도도 매우 능동적인 참여에서부터 잠행에 이르기까지 다양하다. 가상 지역사회는 지리적 경계가 없으며, 전통적인 지역사회 관계의 중심적 요소인 면접 접촉을 필요로 하지 않는다. 서로 간의 지지와 도움은 물리적 근접성과 역사 공유나 인구학적 유사성과 무관한 가상 세계에서 이루어진다. 가상 지역사회는 장소와 물리적 결속에 근거하는 것이 아니라 특수한 기능에 근거하고 있다(Blackshaw, 2010: 105-106).

가상 지역사회는 물리적으로 존재하는 지역사회가 아니기 때문에 서로 간에 지속적인 관여를 요구하지 않는다. 따라서 결속력이 약하다. 그러나 가상 세계에서 이루어지는 유대가 공간적으로 제약되는 물리적 지역사회의 유대보다 반드시 약한 것은 아니다(남영호 · 채윤하 역, 2013: 31). 휴대전화와 이메일과 그리고 화상 전화는 개인들을 '인접성'(proximity)이 없이도 지탱하게 해 준다(남영호 · 채윤하 역, 2013: 33). 가상 세계에서 장려되는 익명성이 가상 지역사회 구성원들을 극도로 개인화시킨다. 가상 지역사회의 구성원들은 서로 접촉할 때 실명이 아니라 아바타나 제한된 프로필을 사용한다. 가상 지역사회는 갈등적 상황으로부터 쉽게 철수할 수 있다. 면접 접촉에서 필수적인 타자의 반응은 처음부터 관심 대상이 아니다. 가상 지역사회는 '의사소통'의 압박이 적다. 그리고 젠더와 종교와 그리고 국적 등 배경이 다른 사람들도 평등하게 연결된다(Blackshaw, 2010: 106).

가상 지역사회는 때때로 레인골드의 주장처럼 실제 사회에서 면접 접촉을 확대시키거나 근대 이후에 사라진 지역사회의 이상을 되찾게 해 줄 수도 있다(Rheingold, 1993; Blackshaw, 2010: 107에서 재인용). 가상 세계에서 뛰어나와 오프라인 모임을 갖는다거나, 가상 사회에서 활발하게 공동체적인 발언을 하는 것이 그렇다. 화장이나 성형이나 요리에 관심이 있는 사람들의 가상 모임인 '화장발'이나 '쌍코', 그리고 '82쿡' 등이 시국에 관한 발언을 하거나 신문에 의견 광고를 내거나 특정 정치인을 지지하는 것 등이 구체적인 사례이다. 한편으로 가상 지역사회 간에는 극단적인 정치적 견해가 대립하여 갈등이 유발되기도 한다. 또한 정보 격차로 인한 불평등으로 인해 실제 세계에서 발생하는 구성원들 간의 차이와 배제와 그리고 갈등이 가상 세계에서도 나타나기도 한다.

가상 지역사회는 면접 관계를 지역사회의 현실적 목표로 내세우지 않는다. 인터넷이 별개의 새로운 현실을 제공하거나 또는 다른 사람들과의 사회적 접촉을 끊는 것이 아니라, 기존의 관계를 보완하는 기능을 수행한다. 약한 결속으로 조직된 가상 지역사회는 강력한 정체성과 장소에 근거한 실제 지역사회를 보강한다. 페이스북은 지리적으로 떨어져 있어 물리적으로 자주 만날 수 없는 사람들을 연결시켜 준다. 가상 생활에 참여한다고 해서 실제 지역사회의 이상을 침해하지는 않는다. 가상 세계는 정체성과 경험의 공유를 중시하는 실제 지역사회가 이완되는 현실에서 구성원들에게 소속감을 제공하는 하나의 대안으로 기능한다. 가상 지역사회의 약한 결속은 여러 가상 지역사회로의 이동을 증진시키기도 한다. 이런 점에서 가상 지역사회와 실제 지역사회는 상반되는 것이 아니라 서로 다른 형태의 지역사회로서 서로를 보완하고 있다(Blackshaw, 2010: 110-111).

3. 지역사회 경계의 상징적 구성

1) 지역사회의 경계

어떤 사람이 지역사회의 구성원이 된다는 것은 그가 일정한 경계 안에 위치하고 있다는 것을 말한다. 지역사회는 정의상 그 '경계'로 이루어진다. 경계는 지역사회의 시작이고 끝이다. 지역사회의 경계는 산맥이나 바다와 같이 자연적이고 지리적인 요인으로도 결정되고, 인위적인 행정 구역으로 나뉘기도 하고, 또한 인종이나 종교[5]나 언어로 구획되기도 한다. 이 접점에서 지역사회 간의 '경계'가 형성된다. 지역사회는 구성원들 간의 유사성과 그리고 다른 지역사회의 구성원들과 근원적으로 구별되는 차이점을 동시에 갖고 있다. 대개의 경우 지역사회의 경계는 구성원들의 사회 관계가 반영되어 있다.

지역사회의 경계를 인식하는 사람들의 의식(意識), 즉 사람들이 지역사회에 부여하는 의미의 수준과 차원은 다양하다. 지역사회의 경계를 충분히 인식하는 사람도 있지만, 이것을 잘 분간하지 못하는 사람도 있다. 그러나 지역사회의 수준이 내려갈수록 지역사회의 경계가 구체성을 띠는 것은 분명하다. 유럽 공동체를 지역사회로 간주할 때보다는 영국을 지역사회라고 말할 때가 더 구체적이다. 한국을 지역사회로 생각하는 것보다는 충청북도를, 충청북도보다는 청주시를 지역사회라고 생각하는 것이 훨씬 구체적이다. 후자로 내려갈수록 바로 친족과 친구, 이웃과 마을과 그리고 일터와 종교 모임이라는 물리적 실체가 있기 때문이다. 지역사회가 구체화될수록 차이점보다는 유사성으로 경계가 구성된다(이재열 · 강희경 · 설동훈, 2004:

---

5) 구 유고의 크로아티아는 가톨릭, 보스니아는 회교, 세르비아는 정교회로 사회적 경계를 이루고 있었다(Vincent, 1999: 51).

21). 공통점을 확인해야 차이점이 더 분명해지는데, 지역사회가 구체화될수록 공통점을 확실히 체감할 수 있기 때문이다. 소규모 지역사회 구성원들은 말투와 생활양식 측면에서 다른 지역사회 구성원과 다르다는 것을 쉽게 확인할 수 있다.

지역사회의 경계에 대한 사람들의 인식 수준은 다르다. 예를 들어 충청북도를 지역사회의 경계로 삼는 사람도 있지만, 충청북도와 청주를 동시에 지역사회의 경계로 인식하는 사람도 있다. 이런 의미에서 지역사회의 경계는 절대적이기보다는 상대적이고 '다층적'이다. 예컨대 청주와 충주가 충북이라는 지역사회의 경계 내에 있기도 하지만, 구체적 상황에 따라서는 청주와 충주는 전혀 다른 지역사회가 되기도 한다.

물리적 지역사회의 경계는 산업화에 의해 잠식되고 있다. 산업화로 인한 도시화와 대량 생산, 그리고 자본주의적 시장과 대중 매체의 발달은 사회이동과 지리적 이동을 증가시키고, 이것은 비교적 안정적인 지역사회의 경계를 해체시키고 사회의 동질화를 유도한다. 대중 매체와 자본주의 시장은 지역사회와 국가의 경계를 무시하고 활동한다. 2008년 미국의 금융 위기가 한국에 즉각 파급된 것이 이의 단적인 예이다.

정보통신 기술에 바탕을 둔 지구화는 산업화보다도 단위 국가와 지역사회를 약화시키고 세계를 동질화시킨다. 지구적 규모로 진행되는 상품과 자본과 그리고 사람의 폭발적 이동은 단위 국가와 지역사회 간의 문화적 차이를 약화시킨다. 2012년 싸이의 '강남 스타일'에서 그가 선보인 말춤은 순식간에 유투브를 통해 국가와 지역사회의 경계를 뛰어넘어 전세계로 전파되었다. 또한 새로운 정보통신 기술은 사람들의 물리적 위치와 관계없이 그들을 거대한 네트워크에 통합시키기도 한다. 앞에서 언급한 가상 지역사회가 적절한 사례이다.

정보통신 기술을 운용하는 주언어는 영어이다. 이런 면에서 영어는 세계어이다. 나머지 언어는 자국 내에서만 통용되는 주변어일 뿐이다. 영어의 침투는 일상적으로 진행되고 있다. 능동태 위주인 한국어가 영어식으로 수

동태로 바뀌고 있으며, 거리의 간판이 아예 영어로 표기되는 경우도 적지 않다. 방송 프로그램 진행자들은 수시로 영어를 쓴다. 무엇보다도 영어 그 자체가 세속적 성공의 기준이 됨으로써 초등학교에서부터 영어를 배우고 있다. 국가 고시에서도 영어는 필수이다. 영어에 의한 한국 문화의 침식은 이제 전혀 이상한 일이 아니다. 세계어로서의 영어의 득세는 단위 국가와 지역사회와 그리고 개인의 정체성 유지를 점점 어렵게 하고 있다.

2) 지역사회의 상징적 경계

지구화에 의한 세계의 동질화는 쉽게 말하면, 약한 것은 강한 것에 흡수, 동화된다는 논리이다. 그러나 양자 간의 관계가 반드시 일방적이지만은 않다. 지구화에 의한 동질화의 속도와 규모와 충격은 불연속적이다(Barker, 1999: 40). 이런 현상은 특히 문화면에서 두드러진다. 1960년대와 1970년대에 한국 텔레비전의 대다수 프로그램을 점유하였던 미국 드라마가 현재는 거의 방영되지 않는다. 세력이 강하다고 해서 약한 것을 항상 일방적으로 쓸어내지는 못한다. 바커는 지구화는 서구화가 아니며, 서구에서 비서구 세계로 일방적으로 문화 담론이 흐르지도 않으며, 설령 그렇더라도 지배 형태를 띠지 않는다고 주장하였다. 동질화 못지않게 분절화의 힘도 강력하다는 것이다. 남아프리카에서 미국으로 유입된 랩(rap)이 그 예이다(Barker, 1999: 38-39). 이 이외에도 레게(reggae), 힙합(hio-hop), 이슬람교와 불교가 비서구 세계에서 서구 세계로 흘러들어가고 있다. '지구적인 것'(global) 못지않게 '지방적인 것'(local)도 제 모습을 드러내는 상대화가 진행되고 있다(강희경, 2000: 99).

'지방적인 것'이 물론 자동적으로 이루어지는 것은 아니다. 지구화의 중심에 있지 못한 국가와 지역사회가 지구화에 의한 동질화 압력을 그들의 정체성을 위협하는 것으로 적극적으로 인식하였을 때 이것이 가능하다.

지구화로 인한 동질화는 역설적으로 사람들의 삶을 주체적으로 생각하여야 한다는 각성을 불러일으켰다. 코헨이 주장하듯이 동질화는 지역사회로 하여금 고유의 의미를 '상징적으로' 만들어 그 경계를 재주장하게 만들었다. 사람들은 지역사회의 경계의 '구조적' 기반이 모호해질수록 상징적 기반을 강화하여(Cohen, 1985: 44), 상호작용할 수 있는 한계를 넘어[6] 상상을 통해 엔더슨(Anderson)이 말하는 '상상 공동체'와 같은 자기 구성적 공동체를 끊임없이 만들어낸다. 이것은 특히 고유의 독자성을 부활하거나 강화하려는 '정체성 정치' 투쟁으로 나타나기도 한다(Cater & Donald & Squires, 1994: ix-x). 여성해방운동과 동성애 운동, 남아프리카의 반인종차별 운동과 미국 흑인들의 정치 및 문화 운동, 호주의 원주민 운동과 그리고 미국의 민권 운동들이 정체성 정치 투쟁의 사례들이다. 이 이외에도 '자국의 영화를 일정 기간 상영하자'는 '스크린 쿼터제'[7]도 미국 영화(문화)로부터 그 나라의 영화(문화)를 지키려는 일종의 정체성 정치 투쟁의 사례라 할 수 있다.

'정체성 정치 투쟁'을 코헨식으로 말하면 '상징을 통한 지역사회의 재구성' 노력이다. 그는 경계의 재구성을 통하여 지역사회가 형성된다는 '상징적 구성' 모델을 주장하였다. 사람들은 다른 문화와 접촉할 때 자신의 문화를 가장 민감하게 느낀다. 지역사회에 대한 의미 부여는 문화 접촉이 이루어지는 그 경계에서 이루어진다. 지역사회의 경계에서 사람들의 소속감이 분명해진다. 그런데 오늘날 지역사회의 경계의 구조적 기반은 산업화와 지구화로 인한 사회 변동의 결과로 약화되고 있기 때문에, 사람들은 경계를 재구성하려는 상징적인 사회적 행동(예: 축제)이나 정체성 정치 투쟁을 통

---

6) 던바(Dunbar)는 인간들이 최대로 직접 상호작용할 수 있는 한계는 150명이라고 하였다(Salazar, 1998: 120). 그러나 실제로 인간들은 이보다 더 큰 공동체, 즉 즉 상상 공동체를 구성하여 살아간다.

7) 현재 이 제도를 실시하고 있는 나라는 한국, 브라질, 파키스탄, 이탈리아 등이다. 한국에서의 '스크린 쿼터제'의 정확한 용어는 '한국 영화 의무 상영제'이다. 한국은 이 제도를 1967년부터 실시하였다. 2006년 7월 1일부터 한국 영화 의무 상영 일수는 73일이다. 한국은 이 운동에 성공한 몇 안 되는 국가 중의 하나이다.

해 지역사회를 재구성하려고 한다.

한국의 많은 지방자치단체들이 지역 축제를 개최하는 것도 상징을 통한 지역사회의 재구성 작업의 일환이다. '축제'라는 의식을 통해 지역사회는 그 경계를 확인하고 다른 지역사회와의 경계를 재생산한다. 이를 통해 지역사회에 대한 사람들의 인식과 감수성을 고조시킨다. 시장과 대중 매체의 발달로 지역사회의 실질적인 경계가 모호해지면서, 지역사회의 상징적 표현은 역으로 현대사회에서 더 중요해지고 있다(Cohen, 1985: 50). 결론적으로 말해서 현대 사회의 구성원들이 경험하는 지역사회와 그 경계의 실재 여부는 지역사회와 그 경계의 구조적 형태에 있지 않고, 사람들이 그것에 부여하는 '생각', 즉 의미에 있다. 지역사회는 구성원의 마음속에 존재하는 것이지, '사실'에 있지 않다. 지역사회를 구조적 구성물이 아니라 문화적 구성물이라고 말하는 것은 바로 이런 의미에서이다.

사회 구조의 변동을 초래하는 외부적 힘이 강할수록 지리적, 행정적인 지역사회의 경계는 무디어진다. 대신에 문화적 경계가 중요해진다. 지역사회의 경계에 상징이 개입할 수 있는 부분도 바로 여기이다. 지역사회의 경계의 핵심은 지리적 경계 그 자체가 아니라 사람들이 의미를 부여하고 있는 상징적 경계이다(Donnan & Wilson, 1999: 20). 지역사회의 상징적 경계는 사람들마다 다르다. 어떤 사람이 인식하는 경계를 다른 사람은 모를 수 있다. 같은 물리적 경계 안에 살고는 있지만, 그 지역사회에 아무런 관여도 하지 않거나 또는 물리적 경계 밖에 있는 다른 지역사회를 자기의 경계로 인식하고 그 지역사회에 관여할 수도 있다.

같은 지역사회에서 물리적으로 공존한다고 해서 반드시 지역 정체성을 공유하는 것은 아니다. 과거의 이스탄불과 현재의 베이루트가 그 사례이다. 콘스탄티노플 시대의 이스탄불은 기독교인과 유대교인과 회교도 모두의 고향이었다. 레바논의 베이루트도 여러 종족이 비교적 평화스럽게 같이 살고 있다. 이들은 물리적으로 같은 지역사회의 경계 안에 살고 있지만 공동으로 경험하는 것은 없다. 종교 집단별로 별개의 대학을 운영하는 등 비지(飛地)로 분절되어 있다. 따라서 서로 대립하고 있지는 않지만, 그렇다고 공통의 지역 정체성을 갖고 있는 것은 아니다(Calhoun, 1994: 1-2). 한국의 예를 들면, '출신지'에 따라 지역주의 투표를 하는 한국의 유권자들은 '거주지'와 관계없이 그들의 출신지를 지역사회의 경계로 규정하고 있다.

지역사회의 구성원들은 자신의 문화적 관점에서 지역사회를 구성한다. 예를 들어 영국의 트래블러(traveller) 집시들은 영국 주류 사람들과 지속적으로 접촉함에도 불구하고 그들의 독특한 집시 정체성을 유지하고 있다. 집시 문화는 시간이 흐름에 따라 바뀌고 다른 것으로 대체되고 있지만, 집시 정체성 그 자체와 그리고 집시와 비집시 간의 경계는 약화되지 않고 있다. 이들이 주류 지역사회 사람들과 체계적으로 관계를 맺고 있지만 그들과의 경계는 유지되고 있다. 이것이 가능한 이유는 집시 사회가 주류 사회와의 접촉에도 불구하고, 아니 그러면 그럴수록 상징적 경계를 끊임없이 창조하고 재생산하기 때문이다(Donnan & Wilson, 1999: 22).

지역사회의 구성원들은 문화적 경계를 강화하기 위해 상징을 사용한다. 이들은 정체성 정치 투쟁을 전개할 때, 그들의 정체성을 확실히 표현하기 위해 상징을 적극적으로 사용한다. 보스니아 사태에서 회교도들은 상징 색으로 녹색을 사용하였고(차도 녹색차를 운전하였다), 크로아티아인들은 파란 색을 상징 색으로 썼다. 세르비아인들은 파란 색과 빨간 색과 하얀 색의 삼색을 사용하였다. 파시스트들은 민족 집단과 관계없이 검은 색을 사용한다(Vincent, 1999: 53). 정당이 상징 색을 갖고 있는 것도 다른 정당과의 경계를 나타내기 위한 것이다. 같은 상징을 사용하는 사람들끼리는 연대 의식이 발현되고, 상징이 다른 사람들 간에는 대립과 배타적 갈등 의식이 고양된다.

3) 지역 정체성

개인은 정체성(identity)이 확립되어야 비로소 사회적 존재가 되며, 정체성은 사회화(socialization)를 통해 형성되고 확립된다. 정체성은 시간적이고 공간적이다. 사회화는 출생하면서부터 노인에 이르러 생을 마감할 때까지 계속된다는 점에서 시간의 구속을 받는다. 시간적 순서로, 가족과 친족, 학교와 또래 집단(친구), 직장과 매스컴 등 여러 가지 사회 제도가 개인의 사회화 과정을 주관한다.

한편으로 사회화는 지역과 같은 공간에 의해서도 이루어진다. 출생 지역, 성장 지역, 그리고 거주 지역이 같으면, 동일한 지역 정체성을 가질 확률이 그만큼 높아진다. 한국에서는 이 중에서 출생 지역이 정체성을 형성하는데 큰 힘을 발휘한다. 출생 지역이 지역 주민들에게 공통의 특성을 부여하고 일정한 생각과 지향을 갖게 하며 비슷한 유형의 행위를 하도록 만든다. 한편, 한국에서는 특정 지역에 전혀 거주한 적이 없어도 아버지의 출생 지역을 본인의 지역 정체성의 기준으로 삼는 경우도 있다. 남한에서 출생했지만, 북한에서 월남한 아버지를 좇아 자신의 고향을 북한이라고 생각하는 사람들이 여기에 해당한다. 지역은 가족과 학교처럼 그 구성원들에게 정체성을 부여하는 사회화 주관자로서 기능한다. 조명래는 이를 '영토적 사회화'(territorial socialization)라고 불렀다(조명래, 1996: 96). 이를 통해 동일한 지역을 공유하는 사람들은 유사한 가치관, 즉 비슷한 지역 정체성을 갖고 대동소이하게 행동한다. 지역 정체성은 그가 속한 지역사회에 대해서는 긍지와 유대감을 갖게 하고, 동시에 외부 지역사회에 대해서는 대립과 갈등을 유발시키기도 한다.

❶ 정체성

정체성의 라틴어 어원은 'identitas'이다. 이것은 동일성('the same')을 뜻하는 'idem'에서 나왔다. 정체성은 두 가지 기본적 의미가 있다. 하나는 방금 언급한 '동일성'의 의미이고, 다른 하나는 일관성과 지속성을 전제하는 '독특성'의 의미이다. 다른 말로 하면, 정체성은 사람이나 사물 간의 '유사성'과 '차이성'을 내포하고 있다(Jenkins, 1996: 3-4). '유사성'이란 다른 사람들과의 공통성을 말하는 것이고, '차이성'은 다른 사람들과 다른 독특성을 의미한다. 젠킨스(Jenkins)가 지적한 것처럼 동사 '확인하다'(identify)는 사람과 사물을 분류하는 것이다. 인간의 사회 생활은 내가 누구이고, 다른 사람은 누구인지를 아는 수단이 없으면 살아가기가 어렵다. 내가 누구인가를 규정하고 확인하려면 내가 아닌 것을 규정하고 분류해야 한다. '동일성'을 인식하기 위해서는 동시에 '차이성'을 알아야 한다는 것이다. 자아와 타인 간의 경계를 만들고 타자와 갈등함으로써 타자와의 사회적 구별이 확실하게 이루어진다(Jenkins, 1996: 5).

정체성은 사람들로 하여금 세상을 이해하게 하기도 하고 때로는 이와 반대로 오해하게 만들기도 한다. 정체성은 세상에 관해 어떤 시각, 즉 세상을 알 수 있는 틀을 제공해 준다(Poole, 1999: 61). 즉 정체성은 '나는 누구인가?', '나는 어디서 왔는가?', '나는 어디로 가는가?', '나와 같은 사회 집단에 포함되는 사람은 누구이고 누가 포함되지 않는가?' 등등의 질문과 관련하여 자신을 규정하는 힘으로 작용한다(Blackshaw, 2010: 113). 또한 정체성은 사람들에게 행동 지침을 제공하고, 행동의 동기를 부여한다. 정체성은 무엇이 올바르며 정당한지, 그리고 그렇지 않은지를 알려 준다(신병현, 1995: 97). 다시 말해 정체성은 자신과 타인들과의 복잡한 관계에 일정한 질서를 부여함으로써 자신과 자신을 둘러싼 주위와의 관계를 이해할 수 있게 해 주고, 자신이 어떻게 행동하고 생각하여야 하는가의 방향을 제시하는 틀로 작용한다(이정덕, 1998: 106). 우리는 정체성을 통하여 자신의 존재를 파악하고 타인과의 관계를 인식하고, 나아가 자신의 관점에서 세상을 규정한다.

정체성 형성과 관련하여 두 가지 논의가 있다. 첫째는 본질주의적 시각이다. 이 관점에 의하면 정체성에는 집합체의 내재적이고 본질적인 그 어떤 내용이 있어 연구자는 그것을 탐색하고 발견하기만 하면 된다. 둘째, 형성주의적 관점이다. 이 입장에서는 보편적이고 고정된 정체성은 없으며, 자아는 다층적이고 수시로 변동한다고 본다. 따라서 정체성은 항상 관계적이고 불완전하다. 발견해야 할 정체성의 본질은 없다. 형성주의에서는 정체성이 다른 정체성과의 차이와 부정 그리고 경계에 의존하기 때문에 독특한 정체성은 그 자체 불가능하다고 본다(Grossberg, 1996: 91). 형성주의 이론에 따르면, 성과 인종, 이데올로기와 노동 조건에 따라 정체성은 얼마든지 달라진다. 예를 들어 한국적인 것과 남성적인 것은 지속적으로 바뀐다. 모든 노동 계급 흑인 여성이 같은 정체성을 공유하고 있지도 않다. 정체성은 본질주의가 강조하듯 자신의 고유한 문화를 발견하고 계발하는 것이 아니라, 자기 이외의 존재와의 상호작용을 통해서 '자신의 고유의 것'을 만들어가는 과정이다. 이 글은 형성주의적 정체성 관점에서 지역 정체성을 논의한다. 형성주의적 시각에서 보면, 정체성은 항상 변한다. 그렇다고 해서 항구적이고, 명확히 규정되는 존재 방식을 달성할 수 없다고 말하는 것은 아니다. 정체성은 기본적으로 안정되어 있기 때문이다(Blackshaw, 2010: 113).

❷ 지역 정체성

개인의 정체성은 사회와 무관하지 않다. 개인은 자신의 인식과 행동에 필요한 안정성을 얻기 위해 끊임없이 그를 둘러싼 사회적 환경을 확인하고 자신의 정체성을 관리해야 한다. 현대인들은 자신의 정체성을 안정시키기 위해 집단 정체성을 받아들인다. 개인에게 영향을 미치는 집단 정체성에는 성(姓), 연령, 지역, 민족, 계급, 역사적 공동 경험 등에 근거한 정체성 등이 있다(이정덕, 1998: 106). 예를 들어, 우리의 주제인 지역 정체성은 지역이라는 공통 요소를 같이 하는 사람들 간에 형성되는 집단 정체성이다. 이러한 집단 정체성들이 복합적으로 작동하여 개인의 정체성을 형성한다.

집단 정체성도 개인 정체성과 마찬가지로 '동일성'과 '차이성'이 중요하다. 집단 정체성은 개인이 속하고 있는 집단에 대한 동일성의 공유와 다른 집단에 대한 차이성의 의식 여부로 결정된다. 한국에서는 귀속적 요인(예: 혈연, 학연, 지연)에 근거한 집단이 근대 사회 이후 등장한 계급과 시민보다 개인에게 훨씬 강력하게 작용한다. 근대적인 국가 체제 혹은 정치 발전에 필요한 시민이나 계급과 같은 집단 정체성은 분단과 권위주의적 정치 현실에서 금기시되거나 억압되었다(한상진, 1990: 361). 이 대신에 성(姓)과 학교(특히 고등학교)와 지역이 개인을 묶는 집단 정체성으로 부각되었다. 이 중에서도 지역주의 투표 행태를 유발하는 지역 정체성이 집단 정체성 중에서 가장 강력한 영향력을 갖고 있다.

집단은 구성원들에게 소속감과 동질감을 느끼게 하고, 지위와 역할을 부여한다. 그리고 다른 집단과 경계를 설정하고, 그들을 배척하기도 한다. 지역도 이런 집단의 특성을 모두 갖고 있다. 지역은 하나의 집단으로서의 지역사회를 형성한다. 사람들은 그들이 거주하거나 성장한 구체적 지역사회를 하나의 집단으로 느끼고, 내집단 소속감과 외집단 분리 또는 배척 의식을 갖는다. 이렇게 형성된 지역 정체성은 지역주의와 지역 감정, 그리고 지역주의 투표 행태 등의 집합 의식으로 발현된다. 지역 정체성이 정치적 집합 의식으로 표출될 때, 지역 간 대립은 격화된다.

지역사회는 사람들이 하나의 지역사회 구성원으로서 그 '문화'를 획득하는 장소라고 할 수 있다. 사람들은 지역사회에서의 실제 사회 생활을 통하여 지역 정체성을 자연스럽게 형성하거나 구성원들의 상징적 해석을 통하여 인위적으로 생산한다. 지역사회의 구성원들은 서로 공통된 특징을 갖고 있는 동시에 다른 지역사회 구성원들과는 구별되는 특성을 갖고 있다. 지역 정체성은 지역사회 구성원들의 공통점과 차이점이 교직(交織)해서 만들어내는 합작품이다. 지역 정체성은 다른 지역사회 구성원들과의 친밀감보다는 적대감으로 형성되는 것이 일반적이다. 다른 지역사회 구성원들에 대한 적대감, 즉 차별적 배제가 지역사회의 경계를 더 구체화시키기 때문이다.

코헨이 말한 것처럼, 지역사회의 경계는 지역사회의 시작이고 끝이다. 지역사회의 경계가 지역 정체성을 생산하고 재생산한다. 지역사회의 경계는 행정 구역으로 설정되는 것이 일반적이다. 역사적으로 보면, 지역사회의 행정적 경계는 산과 강과 같은 자연적 조건에 근거하고, 국가가 이를 행정 경계로 확인하는 경우가 많았다. 사람들의 생활이 자연적 조건에 의해 구획된 행정 구역 경계를 바탕으로 이루어짐에 따라 여기에 살고 있는 사람들 간에 자연스럽게 동일한 언어가 사용되고, 같은 문화를 공유하게 되었다. 때로는 인종이나 종교도 지역사회 경계 설정 기준으로 작용한다. 예를 들면, 이슬람 신자들은 지리적 경계와 관계없이 동질적인 집단 정체성을 공유한다.

지역사회의 정체성은 지역사회 경계 안에서 자연스럽게 형성되지만, 상징을 통한 구성원들의 인위적인 경계짓기로 재생산되기도 한다. 지역사회의 구성원들은 문화적 경계를 강화하기 위해 상징을 사용한다. 그들은 지역사회 경계의 구조적 기반이 모호할수록 상징적 경계짓기를 통하여 새로운 지역사회를 끊임없이 만든다.

현대 사회에서 지역사회의 경계를 객관적으로 제시하는 것은 쉽지 않다. 왜냐하면 지역사회의 경계는 사람들의 마음속에 존재하기 때문이다. 같은 지역사회에 속하는 사람들도 지역사회의 경계를 다르게 인식할 수 있다. 이 점에서 코헨이 주장하는 것처럼 지역사회의 경계가 사람들에게 의미하는 것, 즉 지역사회 경계의 '상징'적 측면이 중요하다(Cohen, 1985: 12).

'충청도 핫바지론'은 지역사회의 싱징적 경계짓기의 좋은 사례이다. 충청북도 사람들은 대전 · 충청남도 사람들과 달리 특별히 '충청도'에 정치적 의미를 부여하지 않았으나, 김종필이 1995년 영남 인사 위주의 민주자유당으로부터 사실상 쫓겨남으로써 충청도라는 지역사회 경계에 새삼 상징적인 의미를 부여하였다. 충북 주민들은 대전 · 충남 주민들과 함께 충청도라는 지역사회 '상징적 경계짓기'에 적극적으로 참여하였다. 한편으로 상징 부여로부터 철수하는 것도 또 하나의 '상징적 지역사회 경계짓기'이다.

충북 사람들은 새롭게 형성된 충청도 지역사회 경계에서 충청도의 가치관이 제대로 구현되지 않고 충북의 이해관계가 반영되지 않자 '충청도 지역사회의 상징적 경계짓기'에서 철수하여 다시 대전 · 충남과 구분되는 지역 정체성으로 되돌아갔다.

❸ 사회 구조와 지역 정체성

정체성은 사회 구조를 바탕으로 형성된다. 사회 구조는 〈그림 2-1〉과 같이 사회 구조의 실제 기반이 되는 실재(實在) 구조와 이 속에서 사람들이 행동하고 관계를 맺는 '관계 구조'와 그리고 사회 행위자들이 사회 구조에 의미를 부여하는 '상징 구조'로 구성되어 있다(이재열 · 강희경 · 설동훈, 2004: 24).

지역사회도 이와 마찬가지로 실제 구조와 관계 구조와 그리고 상징 구조로 구성되어 있다. 지역사회의 실재 구조는 지리적, 자연 생태적, 경제적 측면에서 발현되는 지역성(locality)을 지칭한다. 구체적으로 말하면, 각 지역의 자연 공간적 특성이나 인구 분포, 그리고 산업 구조의 특성 등이 지역의 실재 구조를 형성한다. 실재 구조는 지역에 살고 있는 사람들의 현실적 생활의 장으로서 행위자들에게 객관적으로 혹은 환경적으로 존재하는 양식이라고 규정할 수 있다(김일철, 1986: 63).

사회 행위자의 행동은 기본적으로 실재 구조의 틀 내에서 이루어진다. 지역 정체성은 기본적으로 자연 환경이나 경제적 자원 분포에 의해 그 내용이 상당 부분 결정된다고 할 수 있다. 개인은 실재 구조 내에서 그의 지식과 능력과 동기 등에 따라 상황을 규정하고 그에 맞는 행동을 할 뿐이다(이재열 · 강희경 · 설동훈, 2004: 24).

지역사회의 실재 구조는 지역 정체성의 물질적 토대를 이룬다. 평야가 넓고 물산이 풍부한 호남 지역의 음식이 다양한 반면에 산이 많고 산물이 풍성하지 않은 영남 지역과 충북 지역의 음식은 조촐하고 간이 짜다. 그리고 거친 산악 지대나 해안가에 위치한 지역의 주민들이 훨씬 적극적이고 진취적인 반면, 비옥한 평야 지대에 거주하는 주민들은 원만하고 보수적이다. 물론 자연적 조건이나 혹은 경제적인 산업 구조가 달라지면 지역 정체성도 변화한다. 오늘날은 자연 조건에 영향을 받는 농업은 실재 구조로서의 의미가 많이 퇴색하였다. 대신에 부가가치가 높은 제조업이나 정보통신 산업의 입지 여부가 지역 경제에 미치는 영향이 크다. 제조업이 밀집하여 경제력이 증대된 영남이 보수적이 되고, 상대적으로 제조업 비중이 낮고 농업 비중이 높아 소득 수준이 낮은 호남이 진보적인 정체성을 드러내는 것도 실재 구조의 변화를 반영한다고 볼 수 있다.

또 다른 예로 제주도를 들 수 있다. 제주도는 육지와 분리되어 있는 섬 지역으로 외부와의 교류가 자연적으로 제한되어 육지와 구별되는 독특한 생활 방식과 가치관과 그리고 언어가 생산되었다. 제주도의 언어를 즉시 알아들을 수 있는 육지 사람들은 거의 없다. 바람이 많이 불고, 논농사 경작지가 부족하다는 불리한 자연 환경은 주민들이 각자 독립적인 생활 태도를 갖도록 했다. 태풍이 어부를 집어 삼키면, 여성들이 해녀로 생활 전선에 나가지 않을 수 없었다. 제주도에서는 같은 울타리에 공동 생활하는 가족이라도 병들지 않는 한, 시어머니와 며느리가 별도로 밥을 해서 따로 먹는다. 축의금이나 부의금도 가족 명의로 내는 것이 아니라 개별적으로 낸다. 제사도 육지와 달리 형제들 간에 돌림 제사를 하기도 한다. 제주도의 자연 조건이 집단보다는 개인을 중시하는 문화와 지역 정체성을 형성하였다.

인구 이동이 빈번하고 활발한 지역일수록 지역의 정체성은 역동적이고 복합적이 되는 경향이 있다. 서울이 그렇다. 서울은 변화에 익숙하고, 새로운 유행의 출발지이다. 다른 지역과 달리 출생 지역에 의한 지역 정체성도 상대적으로 희박하다. 출신 지역과 관계없이 선출직 공무원에 출마할 수 있다. 충북에서는 충북 출신이 아니면 선출직에 도전한다는 것을 꿈도 꿀 수 없지만, 서울은 비교적 이것으로부터 자유롭다.

〈그림 2-1〉 사회 구조의 구성 요소들과 지역 정체성

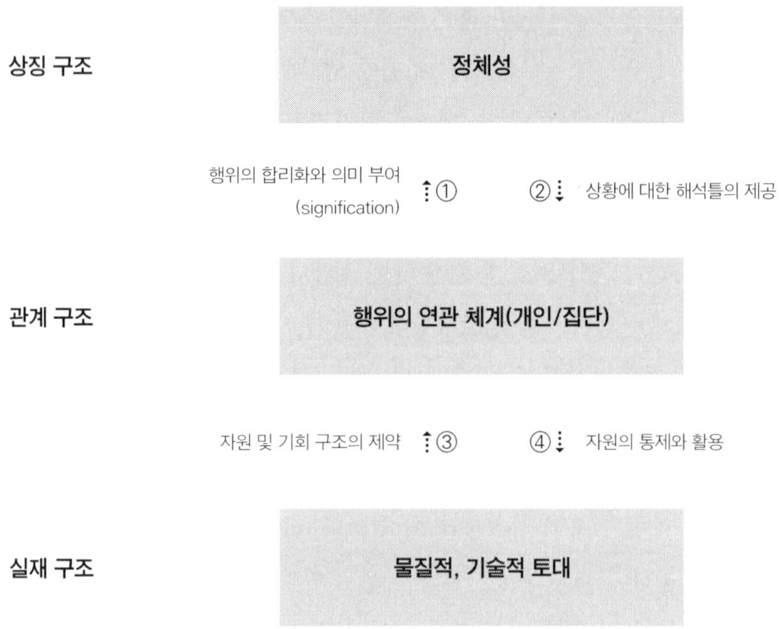

출처: 이재열 · 강희경 · 설동훈(2004: 24)

지역사회의 관계 구조는 지역에 살고 있는 사람들이 서로 관계를 맺고 있는 양식과 관련되어 있는 것을 말한다. 이 구조는 지역사회 구성원들의 행위를 합리화하고 의미를 부여하는 역할을 함으로써 지역 정체성을 형성하는 기반으로 작용한다. 관계 구조에 의해서 일단 형성된 지역 정체성은 상황에 대한 지역사회 구성원들의 해석 틀을 제공하여 향후 그들 간에 또는 다른 지역사회 구성원들과의 관계 형성에 영향을 미친다.

관계 구조는 사회적 관계의 폐쇄성과 개방성의 정도, 그리고 연고주의(nepotism)를 포함하는 관계망(예: 연줄망 또는 연결망)으로 구성되어 있다(이재열 · 강희경 · 설동훈, 2004: 25). 근대 이전 사회에서는 혈연과 지연을 중심으로 하는 연줄망이 관계 구조의 핵심이었다. 현재 한국에서는 친구들 간의 학연망이 중요한 관계 구조를 형성하고 있다. 최근에는 비슷

한 사고방식과 가치관을 공유하는 사람들끼리 트위터와 페이스북을 통한 사회 관계망 서비스(SNS)를 구성하고 있다. 사회 관계망 서비스는 지역을 초월하는 것처럼 보이지만, 완전히 그렇지는 않다. 사회 관계망 서비스로 연결된 사람들이 지역을 공유하고 있는 경우도 적지 않다.

다른 지역사회와의 접촉과 또는 단절이 지역 정체성의 형성과 유지에 큰 영향을 미친다. 예를 들면, 지역 간의 지리적 거리가 멀고 접촉의 빈도가 적을수록 지역 간의 정체성의 차이가 두드러지며, 반대로 지역 간의 방문이나 혼인 등의 교류가 확대될수록, 지역 간의 차이와 차별 의식은 줄어든다(이재열 · 강희경 · 설동훈, 2004: 26). 사람들은 지역사회 안에서 뿐만 아니라 지역사회 바깥에 살고 있는 사람들과도 관계를 맺는다. 대체로 지역사회 내의 사람들과는 친밀감을 형성하고, 지역사회 밖의 사람들과는 차이점을 찾고, 심지어는 그들을 배제하기도 한다. 지역을 초월하는 성향이 강한 사회 관계망 서비스도 비슷한 가치관을 갖고 있는 사람들끼리 동일한 관계망을 형성하여 그들과 생각이 다른 사회 관계망 서비스를 공격하고 비난한다. '일간 베스트(일베)' 사이트가 이의 적절한 사례이다. '일베'에 가입한 사람들이 서로 동질적인 가치관을 확인할수록 그들의 관계망은 더욱 강화된다. 반면에 이 관계망 밖에 존재하는 집단이나 사람들은 더욱더 배척의 대상이 된다.

지역사회의 상징 구조는 문화적, 이데올로기적, 심리학적 측면에서 지역 정체성을 개념화하는 것을 말한다. 지역 정체성은 지역 언어(사투리)와 색상과 상징 조작 등으로 다른 지역사회와의 차이를 부각시킨다. 이를 통해 내집단 소속감과 귀속감, 그리고 다른 집단에 대한 차별적 배제 의식을 강화한다(이재열 · 강희경 · 설동훈, 2004: 25). 언어가 상징의 수단이라는 것은 설명할 필요가 없다. 동일한 언어를 사용하는 사람들은 서로 친밀감을 느끼고, 언어가 다른 사람들은 즉시 차이성을 확인한다. 정당의 상징 색도 마찬가지이다. 충청도를 지배 지역으로 생각하는 과거의 자유민주연합은 녹색을 상징 색으로 사용하였다. 현재 민주당 계열은 전통적

으로 노란색을 사용했고, 오늘날 새누리당 계열은 파란 색을 상징 색으로 사용해 왔다.[8)]

상징 작업의 사례로는 자유민주연합 김종필 총재의 '핫바지론'과 광주의 '민주화 성지론'을 들 수 있다. 김종필은 1995년 자신이 민주자유당으로부터 축출된 것은 마치 충청도가 다른 지역사회로부터 '핫바지처럼 아무 쓸모없는 존재'로 취급받고 있는 것을 상징한다고 상징 작업을 펼쳐 충북과 대전 · 충남 사람들을 일거에 완전한 충청도 사람으로 만들었다. 광주 사람들이 광주를 '민주주의의 성지'로 상징화하는 것도 마찬가지이다. 광주 사람들이 1980년 5월 18일 군부 세력으로부터 무참하게 훼손된 민주주의를 맨몸으로 저항하여 지켜냈다는 상징화를 통해 광주를 포함한 호남 지역은 '민주주의의 성지'라는 지역 정체성을 생산하고 있다.

상징 구조는 사회적 행위와 관계를 규정하는 규칙을 이해하게 해 준다. 상징 구조의 영향력은 사회 행위자들이 당연시하는 일상생활의 구조 속에 이미 알게 모르게 녹아들어 있다. 지역 정체성은 하나의 상징 구조로 존재하기 때문에 지속성을 갖고 있다. 따라서 상징 구조는 자연적 조건(실재 구조)이나 상호 접촉(관계 구조)의 변화에도 불구하고 쉽게 변화하지 않는다. 상징 구조를 공유하고 있으면, 내부적인 사회 경제적 격차가 존재하더라도 동일한 지역 정체성을 갖게 되는 것이 일반적이다. 예를 들면, 충북 안에도 청주와 보은 간에는 사회 경제적 격차, 즉 실제 구조의 차이가 크다. 그렇지만 충북이라는 도(道) 경계는 단순히 행정적 경계뿐만이 아니라 하나의 상징적 지역사회 경계로도 작용하고 있기 때

---

8) 최근에 두 정당은 지금까지 쓰던 색깔을 버리고 새로운 색상을 그들의 상징 색으로 사용하고 있다. 새누리당은 2012년부터 빨간 색을, 민주당 계열은 2013년 9월부터 파란 색을 사용하고 있다. 민주당은 2014년 3월에 다시 안철수의 새정치연합과 신설 합당하여 정당의 이름을 새정치민주연합으로 변경하고 정당의 상징 색도 '바다 파랑색'으로 바꾸었다.

이 글에서는 민주당이 새정치민주연합으로 당명을 변경하였지만, 필요에 따라 정당명과 관계없이 민주당을 잇고 있는 정당을 '현재 또는 오늘의 민주당 계열'이라고 부른다. 그리고 새누리당도 신한국당과 한나라당에서 당명이 바뀐 것인데, 상황에 맞게 '현재 또는 오늘의 새누리당 계열'이라고 부른다.

문에 두 지역 사람들의 지역 정체성의 차이는 크지 않다. 청주와 보은 간의 실재 구조상의 격차는 충청북도라는 상징 구조의 공통점에 은폐되어 있다.

지역사회를 구성하는 실재 구조와 관계 구조와 그리고 상징 구조는 고정되어 있지 않다. 따라서 지역 정체성은 항상 변화하고, 늘 새롭게 형성된다. 다만 그 변화의 진폭이 크지 않아서 우리가 쉽게 간파하지 못할 뿐이다.

❹ 지역사회의 상징적 경계 짓기

지역사회의 경계(예: 고향)가 같다고 해서 동질적인 지역 정체성이 자동적으로 형성되는 것은 아니다. 다른 사람들과의 관계를 인식하고 의식해야 개인의 정체성이 형성되듯이 지역 정체성도 다른 지역사회에 대한 관계를 인식하고 의식해야 한다. 즉 지역사회 경계를 인식하고 같은 지역사회 사람들에 대한 공통점과 다른 지역사회 사람들에 대한 배타적이고 차별적인 의식이 있어야 지역 정체성이 확연하게 생산된다. 지역 정체성은 당연히 지역사회라는 물리적 실체와 다른 지역사회에 대한 관계 의식이 있어야 한다. 그러나 이것은 필요조건에 불과하다. 여기에 지역사회 경계에 대한 상징적 해석이 첨가되어야 비로소 진정한 지역 정체성이 형성되고 발전될 수 있다.

최근의 지역사회는 지구화와 자본주의의 진전에 의해 지역사회의 자연적인 경계가 점차로 약화되고 있다. 지역사회는 이러한 동질화 압력에 수동적으로 반응하기도 하지만, 경우에 따라서는 정체성 투쟁과 지역사회의 경계의 상징화 작업으로 지역사회를 재생산하기도 한다. 지역사회의 상징적 경계 짓기는 지역사회의 규모에 따라 차이가 난다. 면접 관계가 중시되는 소규모 지역사회(예: 마을이나 군)와 영남과 호남과 충청도와 같은 대규모 지역사회의 상징 구성의 내용이 같지 않다. 소규모 지역사회의 상징적 경계 짓기는 주로 공통점으로 이루어지는데 비하여 대규모 지역사회에서는 지역사회 간의 차이점을 통해 구성된다. 따라서 전자는 연대가, 후자는 갈등과 대립이 지역사회 경계짓기의 주요 요인으로 작용한다. 지역주의 투표 행태가 소규모 지역사회에서가 아니라 도(道)와 같은 대규모 지역사회에서 발생하는 것도 바로 대규모 지역사회가 차이점을 바탕으로 지역사회의 경계를 구성하기 때문이다.

또한 면접 관계로 형성되는 소규모 지역사회에서는 눈으로 가시화할 수 있는 소재(예: 대보름 굿, 줄다리기, 영화제와 같은 각종 축제)가 상징 구성의 대상이 되지만, 지역사회의 규모가 커질수록 이보다는 가치관과 상징적 이념(예: '충청도 핫바지론'이나 광주의 '민주주의 성지론')이 그 대상이 된다. 대규모 지역사회는 같음보다는 다름으로 상징적 경계 짓기를 하는 경향이 짙기 때문에 대규모 지역사회 내의 소규모 지역사회 간의 차이는 무시되기가 쉽다. 앞에서 예를 든 청주와 보은 이외에 다른 지역의 예를 들면, 같은 영남 지역이라 하여도 구미와 김해는 성장하는 지역이고 청송과 합천은 쇠퇴하는 지역이지만(강원택, 2000: 60), 이들 지역의 투표 행태는 모두 동일하다. 그 이유는 바로 이들 지역 주민들이 영남이라는 상징적 경계짓기를 통하여 호남과 충청도에 대척하고 있기 때문이다. 호남과 충청도도 대규모 지역사회의 상징적 경계짓기를 통하여 영남 지역에 대립한다. 권력 획득과 관련되는 지역주의 투표 행태는 대규모 지역사회의 상징적 경계 짓기의 좋은 수단이 되고 있다(강희경, 2002b: 43).

현재 한국의 지역주의 투표 행태에서의 상징적 경계짓기의 대상은 영남과 호남과 그리고 충청도와 같은 도 단위 이상의 지역사회이다. 한국은 지역사회의 상징적 경계 짓기에서 활용할 수 있는 지역이 두세개에 지나지 않아 지역적 갈등이 정치적으로 더 쉽게 동원되고 있다(김만흠, 2002: 285). 그러나 여기서 중요한 것은 지역사회 구성원들이 지역사회의 경계를 상징적으로 구성한다는 것이다. 지역사회 구성원들이 지역사회를 상징적으로 경계짓지 않는다면 아무리 정치가들이 지역을 동원한다 하더라도 지역사회 간의 차이에 바탕을 둔 대립과 갈등은 쉽게 발생하지 않는다. 영남과 호남, 그리고 충청도 지역사회 구성원들은 각각 '패권적 가치관', '5월 항쟁'과 '민주화 성지'와, 그리고 '충청도 핫바지' 등으로 지역사회 경계를 상징화하고 있다. 이러한 상징적 경계짓기가 쉽지 않은 지역(예: 수도권과 강원도)은 지역주의 투표 행태가 뚜렷하게 나타나지 않는다.

지역사회의 경계 규정력은 빈센트가 말한 것처럼 모든 지역사회가 같지 않다(Vincent, 1999: 47). 지역사회의 규모가 어느 정도 되지만, 승자가 되기 어려운 지역사회는 패권 지역사회를 배척하려는 경향이 강하다. 호남 지역사회가 여기에 해당하는 사례이다. 호남은 1997년 제15대 대통령 선거에서 지역 감정을 권력 획득의 수단으로 사용한다는 비난을 듣지 않기 위해 지금까지 누구도 공개적으로 주장하지 않던 '지역 등권론'을 과감히 주장함으로써 영남 지역사회를 배척하려는 정치 의식을 뚜렷하게 표명하였다. 충청도, 특히 대전·충남도 패권적 지역사회에 대립하고 갈등하려고 하였지만, 지역사회의 상징적 경계짓기의 소재가 마땅한 것이 없었다. 1995년의 '충청도 핫바지론'은 이 면에서 상징적 경계짓기의 훌륭한 소재가 되었지만, 장기간 끌고 가기에는 부정적 의미가 강했다. 이것이 충청도, 특히 충북의 지역주의 투표 행태가 오래 지속되지 못한 이유 중의 하나이다. 제주도는 '4. 3 사건'이 지역사회 경계짓기의 좋은 대상이 되지만, 중앙 권력에 대항하기에는 지역사회의 규모가 작아 제주도 특유의 투표 행태가 표출되기 어렵다.

여러 지역 사람들이 모여 살고 있는 지역의 지역사회의 경계 규정력은 강하지 못하다. 서울을 비롯한 수도권이 여기에 속한다. 서울이나 경기도는 영남과 호남 지역보다도 큰 지역사회이지만 이들 지역만큼 강력하고 통일된 경계 규정력을 형성하기가 쉽지 않다. 〈표 2-1〉은 2000년 기준으로 현거주지에 대한 출생지[9]별 인구 비율을 나타내고 있다. 서울 거주자 중

9) 출생지는 태어난 지역을 말한다. 따라서 흔히 아버지의 출생지를 고향으로 말하는 통상적인 의미의 출신지와는 다르다. 산업화와 도시화에 의해 인구 이동이 많아짐에 따라 위의 두 개념 간의 차이는 있을 수밖에 없지만, 출신지 대신 출생지를 사용하여도 지역 정체성을 논의하는데 큰 무리는 없다.

서울 출생자의 비율은 45.5%이었다. 경기도는 이 비율이 39.3%, 인천은 40.2%이었다. 수도권의 비율은 수도권 이외의 농촌 지역에 비해 최대 40% 포인트 정도 낮았다(전남 86.5%, 전북 84.5%, 경북 78.8%, 경남 76.2%, 제주 81.5%, 충북 70.0%, 충남 73.1%, 강원 72.6%). 즉 서울을 비롯한 수도권 지역은 외지 출생자 비율이 이들 지역보다 현저히 높았다. 이 말은 그만큼 수도권 지역사회에 대해 동질감을 갖고 있는 사람들이 적다는 뜻이다. 이것은 지역사회에 대한 경계 의식, 즉 경계 규정력이 강력하지 않다는 것으로 이들 지역사회는 독자적이고 독특한 지역 정체성을 형성하기가 만만치 않다.

〈표 2-1〉 현거주지에 대한 출생지 인구 비율(2000년) (단위: %)

서울	부산	대구	인천	광주	대전	울산	경기
45.5	50.8	49.0	40.2	44.5	40.0	46.2	39.3
강원	**충북**	**충남**	**전북**	**전남**	**경북**	**경남**	**제주**
72.6	70.0	73.1	84.5	86.5	78.8	76.2	81.5

출처; 통계청(2001: 100-107)에서 계산

이 표에 의하면, 광주와 부산 그리고 대구와 대전과 울산 등 비수도권 도시 지역은 현거주지에 대한 같은 지역 출생자 비율이 서울과 차이가 거의 없다. 심지어는 광주와 대전은 서울보다도 현거주지 출생자 비율이 적었다. 예를 들어 2000년 광주에 살고 있는 사람 중 광주 출생자 비율은 44.5%로 서울과 큰 차이가 없었다. 그러나 실제 내용은 서울과 크게 다르다. 광주로 전입해 오는 사람들은 주로 전남 사람들이지만, 서울은 이미 지역 정체성이 명확하지 않은 경기도로부터 전입하는 사람들이 가장 많고 나머지는 전국 각지에서 고루 전입해 온다. 광주는 2000년 자체 전입자를 제외하고 순수하게 광주 이외의 다른 광역 시 · 도에서 전입한 사람이 모두 102,574명이고, 이 중 전남에서 전입해 온 사람이 62,634명으로 61.1%에

달하였다. 반면에 서울의 순수 외지 총 전입자 636,978명 중 경기도에서 전입해 온 사람은 312,616명으로 49.1%이었다(통계청, 2001: 54-55에서 계산). 이러한 경향은 10년이 지난 2010년에도 마찬가지이다. 서울은 전입자 중 경기도 출신이 제일 많아서 53.6%에 달하고, 광주는 전입자 중 전남 출신자들이 가장 많아 50.7%에 이르렀다(통계청, 2011: 156-157에서 계산). 10년전보다 전남 출신 광주 전입자는 줄고 경기도 출신 서울 전입자는 조금 늘었지만, 유형 자체가 변한 것은 아니다.

서울은 경기도를 비롯하여 전국에서 고루 전입해 오지만, 광주는 같은 호남권인 전남과 전북 출신자들이 주로 전입해 온다. 전남 주민의 광주 전입은 원래 서로 유사한 지역 정체성을 갖고 있는 사람들의 전입이기 때문에 광주의 지역 정체성을 약화시키지 않지만(오히려 강화시킬 수도 있다), 경기도 사람들의 서울 전입은 다른 지역으로부터 경기도로 전입해 온 1차 전입자들의 2차 전입이기 때문에 서울이나 경기도 지역 정체성을 강화시키지 못한다. 이런 이유로 서울과 경기도는 광주와 전남과 달리 지역사회의 경계 규정력이 강하지 못하다(강희경, 2002b: 42). 부산이나 대구의 지역사회 경계 규정력도 광주와 같은 논리로 서울보다 강하다. 서울로부터 멀리 떨어져 있고, 현거주지 출생 비율이 높은 제주도는 강력한 지역사회 경계 규정력을 가질 수 있는 조건을 갖고 있다. 실제로 제주도는 앞에서 말한 것처럼 언어와 생활사(예: 개별 부주, 돌림 제사 등)에서 독특한 지역 정체성을 갖고 있다. 그러나 지역사회 규모가 너무 작아서 다른 지역사회에 영향을 미칠 수 있는 지역사회 경계 규정력은 크지 않다.

정보를 생산하는 지역에 가까운 지역일수록 지역사회 경계를 상징하고 규정하는 능력이 약하다. 서울에 가까이 위치한 충청도, 특히 충청북도와 경기도와 강원도의 지역사회 경계 규정력이 약한 이유는 바로 이 때문이다. 이들 지역은 서울로부터의 정보에 노출되어 있어 독자적인 경계 규정력을 갖추기가 쉽지 않다. 이들 지역에서는 신문도 지방지보다는 서울에서 발간되는 중앙지를 더 많이 구독한다. 충북의 경우 지방지는 중앙지에 밀려 거의 판매되지 않는다. 반면에 영호남에서는 지방지 구독 비율이 충북보다 높다. 영호남 지역은 서울로부터 상당한 거리가 떨어져 있어 독자적으로 정보를 생산할 수밖에 없다. 결과적으로 영호남의 지역사회 규정력은 상대적으로 강하고 수도권에 가까운 충북과 경기도와 강원도는 그렇지 못하다.

4. 지역주의 투표와 지역 정체성

설날이나 추석 때 정치 얘기를 하지 않는다는 사람들이 많다. 이들은 명절 때 혈연으로 연결되어 있고 지역에서 같이 자란 친척과 친구들을 만나기는 하지만 정치적 논쟁은 애써 피한다. 정치적 논전을 해 보아야 상대방을 설득할 수 있는 것도 아니고, 그렇다고 자기가 상대방의 주장에 설득되는 것도 아니기 때문이다. 이런 상황에서 정치적 논의와 논쟁은 상대방과 불편한 감정을 갖게 하고, 심지어는 불필요한 물리적 싸움으로 이어질 수도 있다. 논쟁과 싸움을 회피할 수 있는 가장 좋은 방법은 서로 다른 정치적 견해를 아예 말하지 않는 것이다. 정치 토론은 상호작용으로 신뢰가 형성된 사회 관계에서 이루어진다. 그런데 한국의 명절날 친척들과 친구들은 단지 모이기만 할 뿐 상호작용을 기피한다. 사회적 상호작용이 없으니 정치 토론이 이루어지지 않는 것은 당연하다.[10)] 한국 사회는 이제 고향이 같다고 정치적 입장이 자동적으로 같거나, 거주 지역과 출생 지역의 정치적 입장이 더 이상 동일한 사회가 아니다.

한 지역사회가 다른 지역사회로부터 차별과 배제를 당하면, 대립적 태도

---

10) 반면에 어느 미국 학자의 주장에 의하면, 미국에서 지역 쟁점을 가장 적게 토론하는 집단은 교회 신자들이고, 가족과 친구가 가장 많이 지역 쟁점을 주제로 토론한다고 한다(Anderson, 2010: 100-101).

를 취하는 것이 일반적이다. 한국에서는 영남의 패권적 권력 장악 움직임에 호남이 지역 등권론으로 응수한 것이 여기에 해당하는 사례라고 할 수 있다. 호남 지역사회는 호남이 권력을 장악하기 위해서는 지역을 활용한다는 비난을 감수하고서라도 영남을 제외한 다른 지역과 지역주의 선거 연합을 시도할 수밖에 없다고 판단하였다. 1997년 제15대 대통령 선거에 앞서 호남 지역의 지배 정당인 새정치국민회의 김대중 후보는 지역 등권론으로 충청도의 김종필 자유민주연합 총재를 지역 연합에 끌어들였다. 충청도도 1995년 영남 지역으로부터 정치적 박탈을 경험한 바가 있어 지역의 이익과 권력을 획득하기 위해 선거 연합에 적극적으로 동참하였다.

한국에서는 지역 정체성이 지역주의 투표 행태로 곧잘 표현되고 있다. 투표를 통해 권력을 장악하는 것이 가능해진 1987년 민주화 이후 지역주의 투표 행태는 2012년 제18대 대통령 선거까지도 변함없이 계속되고 있다. 지금까지 지역 간의 사회적 격차는 많이 줄어들었지만, 지역 간의 정치적 차별과 대립 의식은 줄어들지 않았다. 지역주의 투표 행태는 바로 이것을 표현하는 수단이다. 정치적으로 소외되고 배제된 호남이 정권 교체에 성공하고 지역을 대표하는 삼김씨(김영삼, 김대중, 김종필)가 물리적으로 퇴장한 시점에서도 영호남과 대전 · 충남의 지역주의 투표 행태는 계속되고 있다. 영남과 호남은 지역 출신 지도자가 없는 상태에서도 지역주의 투표 성향을 이전보다 더 강하게 표출하고, 상대 지역에 대한 배척 현상을 여전히 지속하고 있다. 대전 · 충남 지역은 영호남만큼은 아니지만 권력을 획득하기 위해 지역 연합을 서슴없이 도모하였다. 이들 지역에서는 선거 연합을 통해 권력을 획득하려는 지역 정체성이 제도화되어 있다.

이들 지역에서의 지역주의는 이제 어느 한 정치 지도자의 존재에 의존하는 단계를 넘어서 지역 사람들에게 내면화되었기 때문에 쉽게 사라지지 않는 단계에 진입하였다. 단적인 예로 1997년 제15대 대통령 선거에서 호남을 대표하는 김대중이 당선되고, 2002년 제16대 대통령 선거에서 노무현이 당선된 이후 영남 지역 사람들의 응집력은 더욱 강화되었다. 반면에 호남 사람들은 두 번이나 정권을 장악함으로써 배제와 박탈감을 더 이상 가질 필요가 없을 듯하지만, 영남 사람들에 대한 배척은 과거와 전혀 다르지 않다. 호남 지역에서는 오늘의 새누리당 계열 정당을 지지할 생각이 전혀 없다. 또한 대전과 충남 유권자들은 스스로 지역 정당을 자임하는 정당에 변함없이 애정을 주었다. 2006년 제5회 지방 선거 광역 의원 비례 선거에서 대전 · 충남에서는 지역 정당인 자유선진당 득표율이 제일 높았으며, 2012년 제18대 국회의원 선거에서도 대전과 충남은 자유선진당을 가장 많이 지지하였다. 지역을 상징하는 삼김씨가 퇴장했음에도 불구하고 지역주의가 계속된다는 것은 그 만큼 지역주의가 지역사회의 상징적 경계짓기의 표현 수단으로 확고하게 형성되어 있다는 것을 뜻한다. 이제 한국에서의 지역 정체성은 출신 지역 정치 지도자의 매개 없이도 정치적으로 타 지역사회에 대한 배척과 갈등을 표현할 수 있는 수준에 이르렀다. 지역주의 투표 행태는 지역 정체성을 확고하게 보여 주는 지표로 완전히 자리잡았다.

충청북도는 이 점에서 매우 독특하다. 상당수 한국인들은 모든 측면에서 충청북도가 대전과 충청남도(특별자치시가 된 세종시 포함)에 완전히 일체감을 갖고 있는 것으로 생각한다. 충청도 주민들은 대체로 속내를 잘 드러내지 않는 감정의 표현 방식 정도가 비슷할 뿐 정치적 입장은 매우 다르다. 김종필 총재가 1995년 민주자유당으로부터 소위 '토사구팽'당하고 자유민주연합이라는 지역 정당을 창당하면서 '충청도 핫바지'론을 주장할 때는 충청북도 사람들도 이에 적극적으로 동조하여 대전 · 충남과 같은 정치적 입장을 취하였다. 충북은 1995년 제1회 지방 선거, 1996년 제15대 국회의원 선거, 1997년 제15대 대통령 선거, 1998년 제2회 지방 선거에서 대전 · 충남과 같은 입장을 취했다. 그러나 이 때뿐이었다. 충청북도 사람들은 2000년 이후 각종 선거에서 대전 · 충청남도 사람들과 달리 이른바 충청도 지역 정당(김종필의 자유민주연합, 이회창의 자유선진당, 심대평의 국민중심당과 국민중심연합)에 동조하지 않았다. 오히려 대전 · 충남과 다른 정치적 입장을 확실하게 표명하였다. 충청북도 사람들의 지역 정체성이 이것만큼 잘 드러나는 것은 없다. 충북의 투표 행태는 충북 사람들의 가치관과 행동 양식을 표현하는 훌륭한 지역 정체성의 지표로서 구실하고 있다. 이 연구는 바로 이것을 구명하려는 것이다.

제 3 장

투표 결정 이론

유권자들은 후보나 정당을 선택할 때 여러 가지 요인들을 고려한다. 이 요인들은 크게 둘로 나눌 수 있다. 정치학자들이 전통적으로 중요하게 여기는 요인과 정치학을 전공하지 않은 학자나 비평가들이 새롭게 강조하고 있는 요인이 그것이다. 여기서는 편의상 이를 정치학적 이론과 비정치학적 이론으로 부른다.

정치학적 이론은 정치학에서 발전시켜 온 투표 결정 이론들을 말한다. 구체적으로는 사회 균열 이론, 정당 일체감 이론, 정당 재편성 이론, 쟁점 투표 이론, 현직 효과 이론, 선거 주기론 등이 있다. 사회 균열 이론은 사회를 구성하는 여러 집단(계층, 지역, 세대, 이념 등) 간의 균열에 의해 특정 집단에 속한 유권자들은 그 집단의 이해관계를 반영하는 정당과 후보에게 투표한다는 이론이다. 정당 일체감 이론은 유권자들이 평소에 호감을 갖고 있는 정당에 투표한다는 것이다. 정당 재편성 이론은 정당 사이의 이해관계가 뚜렷하게 구별되어 선거 결과에 따라 정당 체제의 변화와 재편이 초래되는 소위 '중대 선거'(critical election)가 발생하면 유권자들은 중대 국면에 부응하여 정강 등을 변경하는 정당을 지지한다는 이론이다. 쟁점 투표 이론은 쟁점, 특히 경제적 쟁점을 중심으로 유권자들이 정당과 후보를 판단한다는 것이다. 현직 효과 이론은 현직들이 재임 기간 중에 쌓은 실적을 유권자들이 투표 결정에 고려한다는 이론이다. 마지막으로 선거 주기론은 대통령 선거 직후부터 임기 중반 이전에 실시되는 국회의원 선거와 지방 선거에서는 대통령이 소속한 정당이 유리하고, 대통령 임기 후반에 치러지는 선거에서는 여당이 불리하다는 이론이다.

비정치학적 이론으로는 조직 이론과 프레임 이론과 그리고 가치관 이론 등이 있다. 조직 이론은 정치 권력만이 아니라 모든 조직 일반에 적용되는 권력을 연구한다. 클레그의 권력 회로 이론(Clegg, 1989)은 이 분야에서 독보적이다. 우리가 눈으로 확인할 수 있는 권력을 이 이론에서는 행태적 권력이라고 부른다. 권력은 단순히 가시적인 요인으로 생산되는 것이 아니라 우리 눈에 잘 보이지 않는 '의무적 통과 지점'과 같은 권력 회로를 장악해야 획득이 가능하다는 것이다. 가치관 이론은 레이코프(Lakoff)의 프레임 이론이 대표적이다. 이 이론은 유권자들이 세상을 바라보는 관점, 즉 프레임을 선점하는 정당이 선거에 승리한다는 것이다. 이와 비슷한 입장을 표명하는 이론으로 프랭크(Frank)가 주장하는 가치관 이론이 있다. 이 이론은 정치학 이론에서 강조하는 '계급 균열' 요인이 최근 선거에서 적용되지 않는 이유를 비교적 잘 설명하고 있다. 노동자들은 '계급 배반 투표'를 하는 것이 아니라 국가 안보나 표준 가족과 같은 도덕적 가치관에 입각하여 투표한다는 것이다.

유권자들은 위에서 열거한 투표 결정 요인 이외의 다른 요인으로 투표하기도 한다. 예를 들어, 후보자의 '인물'을 중시할 수도 있다. 특히 한국 선거에서는 '인물' 요인이 정당 요인보다 중시될 때가 많았다. '인물' 범주 속에는 그의 개인적 성격과 정치적 경력과 도덕성 등이 포함된다. 한국에서 '인물', 즉 후보자 중심의 투표 성향이 강한 이유는 한국의 정당 제도화 수준이 낮고, 소선거구 제도로 한 선거구에서 오직 한 명만을 뽑기 때문이다. 이 글에서는 이것을 별도의 항목으로 논의하지 않는다. 이에 관한 뚜렷한 이론이 있지 않을 뿐만 아니라, 상당 부분은 '현직 효과' 이론에서 말하는 현직 효과로 설명이 가능하기 때문이다. 우연적 요인이 투표에 결정적 영향을 끼치기도 한다. 예를 들면, 2004년 제17대 국회의원 선거에서 소수당에 지나지 않았던 열린 우리당이 1987년 이후 선거 사상 최초로 졸지에 원내 과반수를 넘는 정당으로 부상한 것은 선거 직전 한나라당을 비롯한 기존 정당들이 노무현 당시 대통령을 '탄핵'하는 초유의 사건을 벌인 것에 대한 유권자들의 분노 덕분이었다. 유권자들은 이러한 여러 가지 투표 결정 요인들을 두루 고려하여 투표에 임한다. 다만 그들이 중시하는 요인들의 비중이 서로 다를 뿐이다. 예를 들어, 같은 사회 균열 요인이라도 유권자들이 생각하는 계급과 이념, 그리고 세대와 지역 균열의 비중은 다르다. 그리고 선거 상황에 따라 어떤 때는 사회 균열 요인을 중시하기도 하고, 또 어느 경우는 쟁점 투표 요인을 더 크게 고려하기도 한다.

1. 정치학적 투표 결정 이론

1) 사회 균열 이론

사회 균열(social cleavage) 이론은 투표 결정 요인에 관한 이론 중 가장 최초로 정립된 이론이다. 사회 균열 이론은 사회 경제적인 구조적 변화와 정당 지지의 장기적 변화를 설명하는 이론이다. 만약 선거 결과가 자주 변동하는 상황이 발생한다면 사회 균열 이론의 설명력은 떨어진다. 이 이론은 유권자들은 그들이 속한 사회 집단, 예를 들어 계급, 지역, 종교, 인종, 세대 등의 이해관계에 따라 투표 행태를 달리한다는 미국 컬럼비아대학 학파가 주장한 이론이다. 유권자들의 투표 행태를 이해하기 위해서는 그들이 속한 사회 집단의 이해관계를 살펴보면 된다(전용주, 2009: 15).

❶ 지역 균열

자본주의가 발달하지 못한 경제적 후진 국가에서는 계급 균열이 사회 균열의 중심이 되지 못한다. 그렇다고 해서 이들 국가에 사회 균열이 존재하지 않는 것은 아니다. 사회 균열의 종류가 자본주의가 발전한 국가와 다를 뿐이지 사회 균열은 존재한다. 오히려 계급 균열보다 더 강력한 사회 균열이 있을 수 있다. 중동 국가의 이슬람교 종파 간의 균열은 자폭 테러를 서슴지 않을 정도로 균열의 강도가 강하다. 일부 아프리카 국가에서는 종족 간의 균열이 전쟁을 불사할 정도로 첨예하다.

정치적으로 성숙하지 못한 국가에서는 지역 균열이 정치적 이해관계를 결정하는 또 하나의 대표적인 사회 균열을 이룬다. 지역 균열은 종족 균열처럼 귀속적 요인으로 집단 정체성을 생산한다. 귀속적 요인에 의해 형성되는 집단 정체성은 내집단 소속감과 외집단 배척 의식을 강력하게 내재하고 있다. 자본주의가 진전되고, 정치 발전이 이루어지면 지역 균열이 존재하지 않거나, 있더라도 그 강도가 약해지는 것이 일반적이다. 실제로 서구 국가에서는 지역 균열에 근거한 정당은 거의 존재하지 않는다. 그러나 예외적인 지역 정당이 아주 없는 것은 아니다. 캐나다 퀘벡 주의 퀘백당(Bloc Quebecois)은 지역적으로 불어권 퀘벡 주의 배타적인 이익을 추구한다(강원택, 2000: 58).

지역 균열에 의한 지역주의 투표가 정치 권력 장악의 수단이 되고 있는 대표적인 국가는 말할 것도 없이 한국이다. 한국의 정당들은 캐나다 퀘벡 주의 퀘백당과 달리 지역의 이익을 공식적으로 천명하거나 지역에 근거한 분리주의나 연방제를 정치적 쟁점으로 제기하지 않는다. 오히려 지역 정당으로 낙인찍히는 것을 두려워한다. 1997년 제15대 대통령 선거를 앞두고 김대중이 전국 모든 지역이 고루 발전할 수 있는 계기를 찾아야 한다고 '지역 등권론'을 공개적으로 주장한 것과, 충청도(정확하게 말하면, 대전과 충남)에 기반을 둔 정당들(신민주공화당, 자유민주연합, 국민중심당, 국민중심연합, 자유선진당)이 대전 · 충남 유권자들의 배타적 지지를 호소한 것이 예외적 사례에 속한다. 이에 반해 영호남에 지역적 기반을 둔 정당들(현재의 새누리당 계열과 민주당 계열)은 지역 정당으로 규정되는 것에 크게 손사래를 치고 스스로 전국 정당이라고 주장하지만, 이들 정당이 지역주의 투표 전략에 크게 의지하고 있는 것은 분명하다.

박상훈과 최장집은 한국의 지역 정당 체제가 견고하게 지속되는 것은 유권자들의 지역주의 투표 성향 때문이 아니라 정당 간의 이념이나 계급 균열의 차이가 없기 때문이라고 주장하였다(박상훈, 2001: 132; 최장집, 2008). 이와 같은 상황에서 유권자들은 현실적으로 지역 간 차이에 입각하여 투표할 수밖에 없다. 이들은 정당이 이념과 계급에 근거하여 정책적 대결을 벌일 때 지역주의 투표 성향은 사라질 것으로 보았다.

❷ 계급 균열

계급 균열은 사회 균열 중에서 가장 최초로 등장하였다. 그리고 사회 균열 중에서 가장 폭발력이 크다. 자본주의가 발전할수록 계급 균열에 의한 투표 결정이 보편적으로 발생한다. 스웨덴과 독일, 프랑스와 영국 등의 서구 국가는 대체로 자본가들의 이해관계를 정책으로 구현하려는 보수당과 노동자들의 이익을 지키려는 진보 정당(예: 노동당, 사회당, 사회민주당)으로 크게 정치 전선이 나뉘어져 있다. 대부분의 유럽 국가들에서는 두 계급 정당들이 거의 번갈아 가면서 집권하고 있다. 물론 유럽 국가들에 이 두 정당만 있는 것은 아니다. 환경을 중시하는 녹색당도 있고, 최근에 외국인들이 몰려와 자국민의 일자리를 위협하자 이들을 몰아내려는 극우 정당도 있다. 그러나 이 정당들은 단독으로 집권할 정도로 유권자들의 지지를 받고 있지는 못하고 계급 정당과 연립하여 그들의 이념을 실현하고 있다.

1970년대 이후 서구에서의 계급 정치는 많이 약화되었다. 경제 성장으로 복지 국가가 실현되면서 물질적 가치를 둘러싼 계급적 갈등이 순화된 것이 그 원인 중의 하나이다(강원택, 2013: 2). 산업 구조가 변모한 것도 계급 균열을 약화시키고 있다. 정보통신 기술과 금융업이 연계된 지구화는 제조업보다는 금융과 서비스 산업, 그리고 통신 산업 중심으로 산업 구조를 변화시켜 전통적인 육체 노동 계급의 비중은 줄어들고 대신에 사무직[11)]과 서비스직 노동자 집단을 대규모로 등장시켰다. 서구의 제조업이 노동력 구매 비용이 싼 제3세계 국가로 이전한 것도 서구에서 제조업 노동자가 줄고, 대신에 이들을 지휘, 감독하는 신중간 계급 비중이 증가하는 원인이다. 서구 국가의 산업 구조와 고용 구조의 변화는 계급 균열의 전선을 과거보다 다양화시키고 계급 균열의 강도를 약화시켰다. 서구에서 일정한 생활 수준이 보장되자 환경과 평화와 그리고 여성 등 탈물질주의적 가치관이 확산되었는데, 이것도 노동 중심의 가치관을 약화시키는 원인으로 작용하였다. 이러한 변화는 정당이 특정 계급에 의존하기보다 모든 계층의 폭

---

1) 학자들마다 이들을 지칭하는 용어와 구체적인 대상은 다르다. 화이트칼라(C. W. Mills)와 신중간 계급, 그리고 신쁘띠 부르즈와지(N. Poulantzas) 등 여러 용어가 뒤섞여서 사용되고 있다.

넓은 지지를 얻으려는 대중 정당으로의 변화로 귀결되었다. 서구 사회에서 이익 집단의 역할이 증대하고, 정당보다 대중 매체가 정치적 의제를 설정하는 경우가 많아지는 것도 계급 정치가 약화되는 원인이 되고 있다. 서구에서 노동 계급 정체성에 기반을 둔 계급 정치가 약화되고 계급 균열의 비중이 저하되는 것은 이제 현실이 되었다.

계급 균열에 의한 투표가 비록 30-40년전보다 약화되었지만, 그렇다고 해서 계급 정치가 사라지거나 비주류가 된 것은 아니다. 자본가 계급과 상위 신중간 계급은 지금도 확실히 계급 투표를 한다. 다만 노동 계급이 그렇지 않을 뿐이다. 경제 호황기에 노동 계급이 사회적 지위 상승을 경험하여 보수 정당에 투표할 수 있다. 그러나 경제 위기(예: 2008년 미국에서 촉발된 세계적인 금융 위기) 국면에서 경제적 어려움을 겪는 노동 계급과 하층들이 사회복지를 강화하여 사회 안전망을 튼실히 하겠다는 진보 정당에 투표하지 않고 그들을 곤경에 몰아넣은 보수 정당에 투표하는 얼핏 이해하기 어려운 현상이 최근 들어 일상적으로 발생하고 있다. 일부 학자들과 시사 평론가들은 이를 '계급 배반 투표'라고 부르면서 매우 당황해 하고 곤혹감을 감추지 못하고 있다.

과연 '계급 배반 투표'는 적절한 개념인가? 필자는 이 개념은 적합한 용어라고 생각하지 않는다. '계급 배반 투표'는 '계급[2] 투표'를 전제로 성립하는 개념이다. '계급 투표'는 계급 구성원은 모두 또는 대부분이 그들의 계급 이익에 부합하는 정당에 투표해야 한다는 것이다. 실제로 '계급 투표'가 관철된다면, 선거 결과는 처음부터 정해진 것이나 다름없다. 왜냐하면 자본가 계급과 상위 신중간 계급의 인구수가 하층 또는 노동 계급의 그것을 앞설 수는 없기 때문이다. 그러나 서구 자본주의 국가에서 노동 계급 정

---

2) 이 글에서는 계층 개념과 혼용해서 사용한다. 엄격히 말하면, 계급과 계층은 같은 개념이 아니지만, 여기서는 이 개념을 경제 구조 속에서 차지하는 위치라는 뜻으로 사용하기 때문에 어느 용어를 사용해도 무방하다고 생각한다.

당이 집권한 기간은 대략 절반에 지나지 않는다. 이 말은 처음부터 노동 계급은 계급 투표 이외의 다른 요인으로 투표해 왔다는 것을 의미한다. 물론 그람시(Antonio Gramsci)가 주장하는 것처럼 자본가 계급이 지적, 도덕적으로 헤게모니를 장악하여 노동 계급을 지배하기 때문에 노동 계급의 권력 장악이 이루어지지 않는 측면도 있다. 그러나 노동 계급은 이 이외에 스스로 계급 투표가 아닌 다른 요인, 예컨대 국가 안보와 표준 가족과 같은 도덕적 가치관을 투표 결정 요인으로 상정하여 투표하여 왔다. 이렇게 투표하는 사람들은 처음부터 계급 투표와 아무 상관이 없는 사람들이다. 이들을 '계급을 배반한 사람들'이라고 지칭하는 것은 계급 균열을 지나치게 강조하는 데서 오는 착각이다.

❸ 이념 균열

이념 균열은 계급 균열과 밀접한 관련이 있다. 자본가 계급은 보수적인 이데올로기를 표명하고 노동 계급은 사회를 변혁하려는 진보적인 이념을 천명하기 때문에 두 계급 간의 균열은 사실상 이념 간의 대립이다.

그러나 통상적으로 투표 결정 요인으로서의 이념 균열이라고 할 때는 계급 균열과 연관된 이념보다는 유권자들이 경제와 사회 등 사회 전반의 쟁점을 종합적으로 판단하는 이념적 지향에 기초하여 특정 정당 지지 여부를 결정하는 것을 말한다. 이념적 거리를 중시하는 다운즈(Downs)의 '근접 이론'이 가장 대표적인 이념 균열 이론이다. 이 이론은 유권자들이 자신의 정책적 위치와 가장 가까운 정책을 갖고 있는 후보자와 정당을 선택한다는 것이다(박상훈 · 이기훈 · 김은덕 역, 2013: 177-202). 유권자의 정책적 위치와 정당이나 후보의 정책적 위치의 간격이 좁을수록 유권자는 자신의 이익이 극대화된다고 생각한다(강원택, 2010: 23; 이내영 2009b: 47). 대부분 정당들은 유권자들을 더 많이 확보하기 위해 중위 투표자들에게 접근하는 이념적 선거 전략을 사용한다(오현주 · 길정아, 2013: 188).

한편, 유권자들은 정당이나 후보와의 이념적 거리보다 이념적 방향이 같고 강력한 이념적 입장을 취하는 정당을 지지한다는 주장이 있다. 라비노위츠와 맥도널드(Rabinowitz and Macdonald, 1989)의 '방향 모델'(directional model)이 그것이다. 이 모델은 유권자와 정당의 이념의 방향과 강도(intensity)를 주목한다. 이 이론은 이념의 중심점으로부터 벗어나면 벗어날수록 이념의 강도는 커진다고 주장한다. 이 모델에 의하면, 유권자들은 같은 방향에 위치하고 있는 후보와 이념적 강도가 센 후보를 지지한다. 이 이론은 만약 한 유권자가 이념의 중심점으로부터 왼쪽에 있으면, 설령 이 유권자와 이념적 거리가 가깝지만 중심점 오른쪽에 있는 후보보다 이념적 거리가 더 먼 왼쪽 후보를 선택한다는 것이다. 예를 들어 유권자 A는 중심점으로부터 이념적 거리가 네 단위 떨어져 있고 유권자 B는 중심점으로부터 이념적 거리가 한 단위 떨어져 있다고 하자. 여기서 후보 Y가 유권자 A와 같은 방향에 있으면 설령 유권자 B와의 이념적 거리가 가깝더라도 후보 Y는 이념적 방향이 같은 유권자 A의 지지를 받는다는 것이다. 후보와 유권자의 이념 방향이 같으면 이념 강도가 강해져서 유권자의 후보 지지는 더욱 확실해진다(Rabinowitz and Macdonald, 1989: 97). 이 이론에 의하면, 유권자들은 정책의 방향성이 불분명한 것, 즉 이념적으로 중립적 위치나 중간 입장에 대해서는 아무런 자극과 유인을 느끼지 못한다. 이념적 중도는 진보와 보수 이념과 구분되는 별개의 이념이 아니라 정치적 선호를 받지 못하는 한 지점에 불과하다(강원택, 2010: 223). 정당의 이념적 성향이 뚜렷할수록 같은 방향에 위치하고 있는 유권자들로부터 강력한 지지를 받기 때문에 정당들은 보다 뚜렷한 이념 방향, 즉 선명한 이념 노선을 유권자들에게 제시하려고 노력한다.

두 이론은 중도라는 이념적 입장에 대해 서로 다른 관점을 나타내고 있다. 근접 모델은 중도 이념을 보수와 진보처럼 실체를 가진 이념이라고 보는 반면에, 방향 모델은 뚜렷한 실체가 없는 한 지점에 불과하다고 본다. 근접 모델에서 생각하는 중도 이념은 노동자들의 사회적 안전이 확보되고 모든 국민들에 대한 복지 수요가 상당 부분 충족되어, 즉 자본가 계급과 노동 계급 간의 계급적 대립이 줄어들면서 진보와 보수라는 선명한 이념보다는 두 이념이 어느 정도 수렴되는 현상과 관련이 있다.[3)]

서구 연구 결과에 의하면, 인지적 능력이 높은 유권자들은 자신과 정당의 이념적 위치를 잘 인식하고 있어 근접 모델이 적용되고, 인지적 능력이 낮은 유권자들은 정당의 좌우 위치에 대한 인식만으로 투표하기 때문에 방향 모델이 적용된다고 한다. 실제 경험적 연구에 의하면, 대체로 근접 모델이 방향 모델보다 현실적 설명력이 더 높았다. 그 이유는 자신의 이념 성향을 진보와 보수로 분명히 인식하는 유권자들이 그렇게 많지 않기 때문이다(오현주 · 길정아, 2013: 189-190; 이내영, 2009b: 65).

2) 정당 일체감 이론

유권자들이 투표를 할 때 유권자가 정당에 대해 느끼는 애착심, 즉 정당 일체감(party identification)을 느끼는 정당 후보자에게 투표한다는 이론이다. 정당 일체감은 복잡한 정치적 현실을 간명하게 바라보는 일종의 '인지 지도' 역할을 한다. 정당 일체감은 장기간에 걸쳐 형성된 정당과의 심리적 연계 감정으로 이루어진다. 심지어는 부모로부터 '상속'되거나 성인이 되기 이전인 12살부터 형성된다고 본다(박원호, 2013: 57; 한정훈, 2013: 253). 정당 일체감은 정치 사회화 과정을 통해 습득한 일종의 '감정'이기 때문에 쉽게 변하지 않고 안정적으로 유지된다. 유권자들은 통상적으로 후보나 정당 공약의 내용을 세밀히 들여다보기보다는 후보의 소속 정당을 확인하고 투

3) 중도 이념은 특정 정파를 지지하지 않으려는 무당파(independent)의 증가와도 연관된다. 무당파의 증가는 중도적 이념을 갖고 있는 사람들의 증가라기보다는 기존 제도권 정당에 대한 정치적 무관심 혹은 정치적 혐오감을 반영하는 것으로 볼 수 있다. 이들은 기존 정치권이나 정치 현실에 대해 매우 냉소적이어서 정치 참여 욕구가 현저히 낮다. 따라서 이들의 투표율은 당연히 낮다.

표한다(전용주, 2009: 17). 이 이론에 의하면, 사실상 유권자들은 정당이나 후보의 공약을 객관적, 합리적으로 평가할 정도의 충분한 정보와 그럴 능력이 없다고 본다. 이 점에서 이 이론은 유권자를 수동적 존재로 보고 있다.

유권자들은 최소한의 비용으로 자신에게 가장 이득이 되는 투표를 하기 위해서는 '편의 기재'를 사용하는데, 가장 대표적인 것이 바로 정당 일체감이다. 유권자들이 특정 정당에 대해 정당 일체감을 느끼고 있다면, 선거 때마다 새로운 정보를 얻으려고 굳이 비용을 들일 필요가 없다. 유권자들이 정당이나 후보에 대해 충분한 정보를 가지고 있으면 정당 일체감에 의존하는 정도가 낮아지고, 반대로 그렇지 않을 경우에는 정당 일체감에 의존하는 정도가 높아진다(이현우, 1999: 253-255).

최근 들어 서구 민주주의 국가에서 정당 일체감을 느끼는 유권자의 비율이 줄어들고 있다. 대신에 어느 정파에도 일체감을 느끼지 못하는 무당파들이 증가하고 있다(박찬욱, 1993: 72; 이내영, 2009a: 37). 이것은 이미 논의한 것처럼 정당의 사회 집단적 기반(특히 계급적 기반)이 지속적으로 약해지고 있기 때문이다. 전통적인 노동 계급 비중이 줄어들고 사무직 노동자와 전문직 노동자가 증가하여 진보 정당에 대한 노동 계급의 정당 일체감과 충성심이 계속 약화되고 있다. 미국은 1960년까지 정당 일체감을 가진 유권자가 70-75%이었는데, 1980년대 이후에는 65% 정도만이 정당 일체감을 갖고 있다(Aldrich, 1995; 이내영, 2009a: 38에서 재인용).

3) 정당 재편성 이론

정당 재편성(party realignment) 이론은 정당 사이의 이해관계가 뚜렷해 선거 결과에 따라 정당 체제 자체가 재편되는 것을 말한다. 정당 체제가 재편되려면 사회적 격변이 발생해야 한다, 이 점에서 이 이론은 사회 균열 이론과 밀접한 관련이 있다. 서구 민주주의의 정당들은 20세기 초에 자본과 노동에 의한 사회 균열을 바탕으로 정당 재편성이 이루어졌다. 사회 균열 구조가 근본적으로 변화하면 '중대 쟁점'(critical issues)이 등장하고, 이것은 키(Key)가 정의하는 '거시적인 수준에서 급격하고 지속적인(both sharp and durable) 유권자의 정당 지지의 재편성'이 일어나는 '중대 선거'를 유발한다(윤광일, 2011: 9). 이로 인해 유권자들의 정치적 선호와 정당 지지가 바뀌어 궁극적으로 정당 체제의 재편이 이루어진다. 정당 입장에서는 새로운 균열 구조가 등장하면 유권자들의 지지를 받기 위해 정당의 정치 이념이나 정책 노선을 바꿀 수밖에 없어 결과적으로 정당 체제가 변동하게 된다(이동윤, 2009: 68).

정당 체제는 마치 유기체처럼 연합(alignment)과 발전, 해체(dealignment)와 재연합(realignment) 과정을 주기적으로 반복한다. 정당의 연합과 재연합은 유권자들이 가장 민감하게 받아들이는 쟁점을 중심으로 이루어진다. 정당이 새로운 쟁점에 대응하지 못하고 유권자들과의 관계가 멀어지게 되면 정당 해체 현상이 발생한다. 이 때 기존 정당에 대한 지지가 하락하고, 투표율이 감소하며, 무소속이나 소수 정당이 약진하게 된다. 유권자들의 정당 일체감은 해체되기 시작한다. 기존 정당의 해체는 새로운 정당 재연합을 등장시키는 계기가 된다.

〈그림 3-1〉 정당 재편성 모델

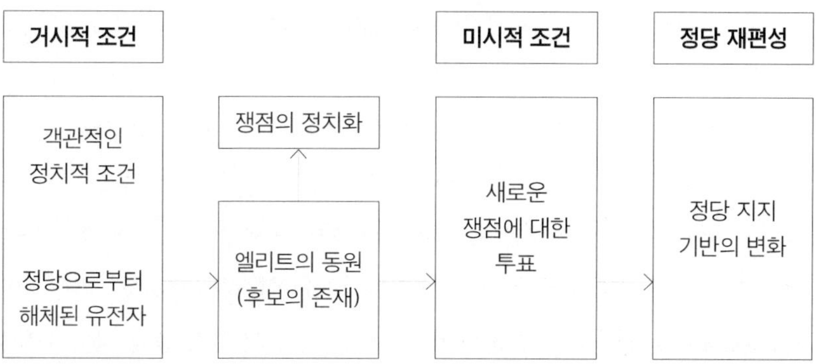

출처: 조기숙(2009: 9)

정당의 재편성을 판단하는 기준은 두 가지이다. 정당을 지지하는 유권자의 구성 변화와 기존 정당 체계에서 지속적으로 우위를 차지하는 정당의 교체가 그것이다. 두 가지 조건이 모두 충족되어야 일반적으로 정당 재편성이라고 한다. 그러나 우위 정당의 교체 없이도 유권자의 정당 지지 구성의 변화만으로도 정당 재편성이 발생한 것으로 간주하기도 한다(조기숙, 2009: 8). 정당 재편성이 성공하기 위해서는 기존의 정당 체제를 지지하지 않는 유권자들이 새로운 정당 연합을 지지하는 유권자로 전환하고, 이들이 새로운 쟁점에 반응하는 단계를 거쳐야 한다(〈그림 3-1〉 참조)(Carmines, 1991; 조기숙, 2009: 9에서 재인용). 정당 재편성이 이루어지면, 새로운 유권자들이 새로운 정당에 대해 정당 일체감을 갖기 시작한다. 물론 정당 해체가 진행된다고 해서 항상 정당의 재편성이 성공하는 것은 아니다.

4) 쟁점 투표 이론

지금까지 논의한 사회 균열 이론과 정당 일체감 이론, 그리고 정당 재편성 이론들은 모두 거시적인 요인에 초점을 맞추어 유권자들의 투표 행태를 설명한다. 이 이론들은 거시적인 권력 구조 개편과 선거 결과의 전체적인 파악을 예측하는 데에 유용하다. 그러나 거시 이론들은 실제 선거에서 부각되는 구체적인 쟁점이나 정당이나 후보의 구체적인 선거 전술의 중요성을 잘 파악하지 못한다.

쟁점 투표(issue voting) 이론은 실제 선거에서 정당이나 후보가 제시하는 구체적인 정책이나 쟁점이 유권자들의 투표 결정에 중요하다는 것에 주목하는 이론이다. 이 이론은 유권자들이 국가 경제나 그들의 실제 생활에 영향을 미치는 정당의 정책(특히 경제 정책)을 판단하거나 기존 정책 책임자들의 업적을 평가하여 투표한다는 것이다. 정권의 업적 중에서는 경제적 업적이 가장 중시되는데, 이를 '경제 투표'라 한다(최준영, 2009: 144). 이 이론은 권력자들의 책임성을 투표 결정의 중요 기준으로 삼는다는 점에서 민주주의 발전에 기여하는 측면이 있다. 그러나 상당수 유권자들은 정당과 후보들의 정책과 공약을 평가하기 위해 정보를 수집하고 분석하여 투표하지 않기 때문에 이론과 실제 현상과는 어느 정도 괴리가 있다. 유권자의 한 표가 선거 결과를 결정짓는다면 모든 유권자들이 보다 세심하게 정당과 후보들의 정책과 공약에 관심을 가지겠지만, 사실상 한 사람의 유권자가 이런 확률적 상황에 직면하는 것은 존재하지 않는다. 일반적으로 유권자들은 정당과 후보자의 정책과 공약을 일부러 알려고 하지 않는 '합리적 무지'(rational ignorance) 상태를 선택할 가능성이 높다(최준영, 2009: 130). 특히 정책과 공약의 내용을 파악하기 힘들거나 시간이 많이 소요되는 '어려운 쟁점'의 경우에는 더욱 그렇다. 반면에 정당과 후보자의 정책 공약이 서로 확연히 차이가 나거나 오랫동안 정치적 논쟁이 되어 정보 분석의 비용이 덜 드는 '쉬운 쟁점'일 경우에는 유권자들이 쟁점 투표를 하는 경향이 있다. 미국의 예를 들면, 이라크 철군 정책은 '쉬운 쟁점'이고, 이라크에서의 미군 철군 방법은 '어려운 쟁점'에 속한다(최준영, 2009: 133).

쟁점 투표는 투표 행위의 판단 시점에 따라 전망적 투표(prospective voting)와 회고적 투표(retrospective voting)로 구별한다. 회고적 투표는 유권자들이 집권당의 정책 수행 실적을 평가하여 보상(정권 유지)과 처벌(정권 교체)을 결정하는 것을 말한다. 유권자들은 대체로 정부의 경제 실적을 선거에서 가장 중요한 요인으로 생각한다. 전망적 투표는 현재의 경제적 문제를 가장 잘 해결할 수 있는 정당과 후보에게 투표하는 것을 말한다. 전망적 투표는 유권자가 정당과 후보의 공약 실현 능력과 이로 인한 혜택 등을 알아야 하므로 많은 정보와 분석이 필요하다. 유권자의 '합리적 무지' 상태를 고려할 때, 실제로 전망적 투표보다는 회고적 평가가 상대적으로 많이 이루어진다(김형준 · 유성모, 1996: 304; 박찬욱, 1993: 79; 최준영, 2009: 145). 1996년 미국 대통령 선거에서 클린턴이 재선에 승리한 것도 당시의 경제 상태를 유권자들이 우호적으로 평가한 회고적 투표 덕분이었다(이현우, 1996: 344).

유권자들의 정당 일체감이 한 번 형성되면 그들이 지지하는 정당을 쉽게 바꾸지 않지만, 쟁점 투표에서 중시되는 정부의 업무 수행 능력과 경제 상황에 대한 유권자들의 평가는 선거 때마다 수시로 바뀔 수 있다(김형준 · 유성모, 1996: 317). 그리고 유권자가 경제 투표를 할 때 현직자와 도전자에 대해 상이한 기준을 적용하기도 한다. 즉 현직자에게는 회고적 평가를, 도전자에게는 전망적 평가를 하는 경우가 많다(최준영, 2009: 146).

쟁점 투표는 유권자의 쟁점 투표 대상 기준에 따라 사회 경제적 투표(sociotropic voting)와 주머니 경제 투표(pocketbook voting)로 나눌 수 있다. 사회 경제적 투표는 유권자가 국가 전체의 경제 상황을 투표의 판단 기준으로 삼는 것이고, 주머니 경제 투표는 유권자의 의식주 비용과 학비 조달 등 개인적인 자금 사정을 기준으로 투표하는 것을 말한다. 이 때 개인의 경제 상황이 개인의 능력보다는 정부 정책의 직접적 결과이어야 한다. 예를 들어, 정부 정책과 관계없이 동네에 할인 마트가 들어와서 유권자가 운영하는 구멍가게가 안 좋게 되었다면, 주머니 경제 투표라고 할 수 없다(박찬욱, 1993: 83; 최준영, 2009: 147). 정부 정책과 개인의 경제적 상황을 연결할 수 있는 체계적인 정치 정보를 갖고 있는 사람들은 주머니 경제 투표를 하고, 그렇지 않은 사람들은 대체로 사회 경제적 투표를 한다(류재성 · 송병권 · 홍지연, 2008: 258).

한국 유권자들은 국가 정책과 가계 경제 간의 연관성 여부를 분명하게 따지지 않는다. 유권자 개인의 경제 상황이 좋지 않으면 정부 정책의 직접적 결과와 관계없이 집권당을 지지하지 않는다. 앞의 구멍가게 예를 다시 들면, 정부 정책과 관계없이 대형 할인점이 들어와 구멍가게 주인의 경제 상황이 나빠지면 집권당에 투표하지 않는다.

5) 현직 효과 이론

현직 효과(incumbency advantage) 이론도 쟁점 투표 이론처럼 거시적인 이론이 아니다. 이 이론은 현직 의원이나 단체장들이 갖고 있는 현직 후보의 제도적 이점과 개인적 이점(경력, 능력, 도덕성 등)이 이들의 재선에 유리하게 작용한다는 이론이다. 이 이론은 예비 후보자 제도와 미디어 중심 선거 운동이 확대됨으로써 후보자 개인의 역량이 과거보다 점차 커짐에 따라 그 설명력도 증대하고 있다(박명호 · 김민선, 2008: 162; 윤종빈, 2010; Ansolabehere and Hansen and Hirano, 2007: 665). 이 이론은 구체적으로 재선에 성공한 현직 후보와 낙선한 비현직 후보를 비교하여 선거 경쟁에서 이들 간에 어떤 차이가 있는지를 파악한다.

현직 효과 이론은 대체로 쟁점 투표 이론, 특히 '회고적 평가'와 유사한 논거를 갖고 있다. 현직 효과 이론은 유권자들이 현직(대통령, 국회의원, 지방자치 단체장, 지방의회 의원)이 현직 기간 중에 쌓은 업무 실적을 평가하여 지지 여부를 결정하기 때문에 쟁점 투표 이론에서 말하는 회고적 평가와 사실상 맞닿아 있다. 현직에 대한 유권자들의 긍정적 평가가 강할수록 현직 효과는 두드러진다. 반면에 현직에 대한 부정적 평가가 강하면 현직 효과는 없거나 아니면 역효과(도전 후보의 당선)를 나타낸다. 현직 선거구의 경우 유권자들은 도전 후보의 역량을 독립적으로 평가하기보다 현직 후보를 준거로 상대 평가를 한다. 즉 도전 후보를 선택하는 것은 현직 후보에 대한 부정적 평가에 따른 반사적 결과이다(Hogan, 2004; 이곤수, 2011: 142에서 재인용). 물론 현직이 업적이 있다고 해서 반드시 재선되는 것은 아니다. 영국 지방 선거를 연구한 연구 결과에 의하면, 영국에서는 현직과 업적 간에 정비례와 반비례 등 그 어떤 관계도 성립하지 않았다(Boyne and James and John and Petrovsky, 2009: 1274).

❶ 현직 효과의 유형

콕스와 캐츠(Cox and Katz)는 현직 효과를 세 가지로 구분하고 있다. 첫째는 직접적 효과(direct effect)이다. 현직은 전문 참모진이 있고, 무료 우편물을 발송할 수 있고, 통신비를 지원받으며, 기부금을 많이 거둘 수 있는 권리가 있다. 철도나 항공을 무료로 이용하거나(한국), 택시비를 영수증 처리할 수 있는(독일) 교통 편의도 보고 있다. 의정 활동 보고회와 당원 연수회를 합법적으로 열고, 민원을 해결하여 유권자와 접촉면을 늘릴 수도 있다. 반면에 비현직 후보들은 선거 운동 기간 이외에는 유권자와 접촉할 수 없다(윤종빈, 2010, 30-31). 둘째는 간접적 효과로, 현직 후보는 소속 정당이 제공하는 선거 운동 기술을 활용할 수 있다. 셋째는 위협 효과(scale-off effect)이다. 현직은 자질이 뛰어난 도전자를 아예 선거에 출마시키지 않도록 조치를 취할 수 있다(Carson and Engstrom and Roberts, 2007: 290). 현직이 자신에게 유리하게 선거구를 조정하는 것도 여기에 속한다(임성학, 2009: 293).

❷ 현직 효과의 발생 및 확대 조건

현대 사회의 선거 국면에서는 현직 효과가 확대될 수 있는 조건이 점차 증대되고 있다. 현대 선거에서는 선거 비용이 많이 드는데, 선거 비용이 많이 들수록 현직 효과가 발생할 가능성이 높아진다. 현직은 선거 자금을 쉽게 모금할 수 있는 반면에 도전 후보는 제약을 받기 때문이다(임성학, 2009: 292). 현직 효과는 대체로 공천 과정이 정당 중심보다 후보자 중심이 될 때 강하게 나타난다. 현대 정당이 대체로 대중 정당을 지향하고 있어 당원보다는 세간에 많이 알려진 후보들이 유리하다. 현직 후보라는 것 자체가 유권자들에게 인지 가능성을 높여 준다. 그리고 방송 환경, 특히 지방 방송이 현직 후보의 인지도 향상에 긍정적으로 작용한다. 프라이어(Prior)는 1960년대 이래 미국 하원 의원 선거에서 증가하고 있는 현직 효과의 상당 부분은 지방 텔레비전 방송국 증가와 관련이 있다는 것을 밝혔다. 그의 연구에 의하면, 지방 텔레비전 방송은 1960대 후반 총 현직 효과의 삼분의 일을 설명한다고 한다(Prior, 2006: 669). 미국의 현직 하원 의원들은 임기 동안 지방 방송국이 집중적으로 긍정적으로 보도한다. 교육 수준이 낮은 유권자들은 지방 방송국 뉴스를 투표 결정의 중요한 판단 기준으로 삼는데, 지방 방송에서 현직들의 업적을 우호적으로 다루기 때문에, 이들이 현직 후보를 지지하는 확률이 높아진다(Prior, 2006: 657).

미국 연방 정부의 관료주의적 성장도 현직 효과를 초래하는 한 가지 원인이 된다. 관료제의 과다한 형식주의가 연방 의원의 민원 해결 능력을 부각시킨다. 의원들은 유권자들의 민원을 해결함으로써 그들의 지지를 얻는다. 케인과 그 동료들은 영국과 미국의 현직의 활발한 의정 활동과 특히 지역구 봉사 활동을 통한 인지도 상승이 주민의 지지를 이끌어낸다고 주장하였다(Cain and Ferejohn et al., 1987; 윤종빈, 2010, 31에서 재인용). 노튼과 우드는 초선 의원일수록 지역구 활동에 매진하여 유권자들의 지지를 얻는다고 주장하였다. 현직 효과는 다선 의원보다는 주로 초선 의원들에게 더 잘 나타난다는 것이다(Norton and Wood, 1993; 윤종빈, 2010, 32에서 재인용). 미국의 현직 의원들은 위에서 열거한 현직 효과로 재선율이 지난 30년 동안 90% 이상에 달했다. 19세기 후반의 현직 의원 재선율이 50-60%이었다는 것에 비해 괄목할만하게 증가하였다(Carson and Engstrom and Roberts, 2007: 294). 일본에서 많이 볼 수 있는 세습 의원(전체 의원의 약 삼분의 일)도 일종의 변종 현직 효과의 결과라 할 수 있다.

현직 효과는 낮은 투표율과도 상당한 관련이 있다. 투표율이 낮아질수록 인지도가 떨어지는 신진 인사를 지지하는 유권자들은 투표에 참여하지 않고, 평소에 현직과 알고 지내는 유권자들은 투표율 감소와 관계없이 투표에 참여하기 때문이다. 황아란의 연구에 의하면, 1998년 제2회 지방 단체장 선거는 특히 현직 효과가 두드러졌는데, 이것은 50%대라는 낮은 투표율과 상당한 연관이 있었다. 대체로 투표에 참여하는 사람들은 정당이나 현직처럼 비교적 파악하기 쉬운 기준을 갖고 있는 사람들이고, 그렇지 않은 사람들은 기권하였다(황아란, 1998a: 219).

지방 선거처럼 여러 개의 선거가 동시에 실시되면, 후보들에 대한 정보 습득이 어려워져 도전 후보보다 상대적으로 알려진 현직들의 현직 효과가 뚜렷이 나타날 수밖에 없다(황아란, 1998a: 223). 현직 효과가 나타나기 위해서는 유권자들이 필수적으로 현직을 인지할 수 있을 정도의 선거 관심이 있어야 한다. 일정 수준의 선거 관심이 있어야 현직 후보에 대한 인지 가능성이 높아지고, 현직 후보에 대한 인지도가 높아야 현직 효과가 발생한다. 그리고 현직 후보가 출마하면 유권자들이 자연스럽게 현직을 인지하게 되고, 이것은 선거 관심을 이끌어내어 그의 공직 수행에 대한 회고적 평가를 유도한다. 현직에 대한 인지도와 선거 관심은 이처럼 상호적 관계에 있다. 즉,

선거 관심 ←……→ 현직 인지 …→ 현직 평가에 따른 현직 효과

라는 관계가 성립한다(황아란, 1998a: 228). 선거에 관심이 높은(또는 낮은) 유권자는 현직 후보에 대한 인지력이 높아져(또는 떨어져) 현직의 업무 수행 평가가 쉽고(또는 어렵고), 현직을 잘 모르는(또는 아는) 유권자는 선거에 대한 관심도가 낮아(또는 높아) 현직에 대한 업무를 평가할 수 없어(또는 있어) 현직 효과가 적게(또는 많이) 나타난다.

선거 관심과 인지도에 따라 재선율이 결정된다는 것을 보여 주는 대표적인 선거가 지방 선거이다. 1998년 제2회 지방 선거의 예를 들면, 광역 단체장의 재선율은 82%, 기초 단체장은 76%, 광역 의원은 63%, 기초 의원은 56%이었다(황아란, 1998a: 225). 규모가 큰 지방 선거일수록 선거 관심이 높았고, 이것은 현직 후보에 대한 인지도를 증대시켜 이들을 재선으로 이끌었다.

현직 후보는 임기 동안 자신의 능력을 검증받을 기회가 있기 때문에 비현직 후보와 달리 선거 초반부터 유권자들로부터 지지를 받는데 유리하다. 현직 선거구의 부동층이 비현직 선거구보다 적은 이유는 바로 이것 때문이다. 현직 후보에 대해서는 유권자의 지지 결정 시기도 빠르다. 비현직 선거구

에서는 후보 능력에 대한 검증이 불확실하고 유권자들이 정치적 상황 변화에 쉽게 영향을 받아 지지 여부 결정 시간이 상대적으로 길다(이곤수, 2011: 139-140). 1998년 제2회 지방 선거의 결과를 보면, 현직 후보를 선택한 경우에는 유권자의 40.0%가 후보자 등록 1개월 전에 이미 지지를 결정하였다. 도전 후보를 지지한 유권자들은 이 기간에 23.8%만이 지지를 결정하였다. 선거 운동 개시 2주전에는 유권자의 삼분의 이가 현직 후보에 대해 지지를 결정하였지만, 비현직 후보에 대해서는 30-40%만이 이 기간에 지지를 결정하였다. 비현직 후보에 대해서는 불확실한 선택의 위험성이 높아 유권자들이 지지를 가급적 늦게 하기 때문이다. 1998년 지방 단체장 선거에서 현직 후보 지지자의 경우는 유권자의 31.3%가 투표일 삼주전에 결정했지만, 현직 선거구의 도전 후보 지지자는 21.6%, 비현직 선거구의 후보 지지자는 22.2%만이 이 시기에 지지 후보를 결정하였다(황아란, 1998a: 236).

6) 선거 주기론

선거 주기론은 대통령 제도를 채택하고 있는 국가에서 출현한 이론으로 미국에서 주로 연구가 이루어지고 있다. 내각제를 실시하고 있는 국가에서는 국회의원 선거가 임기와 관계없이 불시에 실시되기도 하고, 최고 권력자가 의원 중에서 선출되기 때문에 선거 주기론은 처음부터 성립하지 않는다. 선거 주기론에 의하면, 대통령 선거와 시기적으로 근접한 선거일수록 대통령이 소속하고 있는 정당의 승리 가능성이 높고, 이와 반대로 대통령 선거와 시기적으로 멀어질수록, 즉 미국의 경우 중간 선거 이후부터 임기 말에 가까워질수록 대통령 소속 정당이 패할 가능성이 높다(윤광일, 2011: 24; Shugart, 1995: 328). 대통령 선거와 상하원 의원 선거가 동시에 실시되는 경우에는 당선 가능성이 높은 대통령 후보와 같은 정당이 의회 선거에서 승리할 가능성이 높다(전용주, 2012: 96-97).

이 이론은 대통령 지지율은 재임 기간이 경과할수록 반드시 하락한다는 '필연적 하락의 법칙'(the law of inevitable decline)의 적용을 받는다고 전제하고 있다. 대통령 지지율이 하락하는 원인으로 뮬러(Muelle, 1973; 문우진, 2012: 176에서 재인용)는 선거 연합을 한 일부 세력의 지지 철회를 들고 있다. 싱글만과 나이트는 임기 초반 대통령에 대한 비현실적인 기대가 재임 기간이 경과할수록 와해되는 것에서 그 원인을 찾았다(Singleman and Knight, 1983: 310). 문우진은 이를 종합하여 선거 승리를 추구하는 포괄 정당의 선거 전략의 필연적 결과에서 그 원인을 구명하고 있다. 현대 정당은 선거에 승리하기 위해 계급 정당이 아니라 포괄 정당을 지향하여 이념적 거리가 있는 유권자들로부터도 지지를 받아야 한다. 대통령 선거가 끝난 이후부터 자신의 이념을 대변하지 않는 후보를 지지한 일부 유권자들은 대통령의 정책 집행이 그들의 이념과 도덕적 가치와 다르다는 것을 인식하고 지지를 철회하기 시작한다. 또한 대통령의 경제 성장 정책이 모든 사람에게 혜택을 고루 주지는 못하므로 지지를 철회하는 사람들이 생긴다(문우진, 2012: 182). 경제 호황이나 혹은 단기적 사건들(예: 이라크에서의 미군 철군)이 대통령 지지율에 일정한 영향력을 미치기는 하지만, 대통령 지지율 하락 추세를 반전시키지는 못한다(전용주, 2012: 97; Norpoth, 1984). 미국의 경우 중간 선거부터 대통령에 대한 부정적인 평가가 형성되기 시작하여 이 때부터 대통령 지지율이 본격적으로 하락한다.

2. 비정치학적 투표 결정 이론

지금까지 논의한 정치학적 투표 결정 이론들은 유권자들이 후보자를 선택할 때 영향을 미치는 요인들을 정치적, 사회적, 경제적, 심리적인 측면에서 다각도로 제시하고 있다. 이 이론들은 사회과학적 요인들을 망라하여 유권자들의 투표 결정 요인을 살펴보고 있다. 그러나 이들 요인들이 유권자들의 실제 투표 결정 요인을 다 포괄하고 있는 것은 아니다. 이들 요인 이외에도 투표 결정에 영향을 미치는 요인들은 많다. 필자는 이러한 요인들을 뭉뚱거려서 비정치학적 이론이라고 부른다. 비정치학적인 이론이라고 해서 글자 그대로 비정치학적인 것은 아니다. 정치학에서 전통적으로 논의하는 이론들이 아니라는 의미로 '비정치학적'이라고 부르는 것이다.

클레그의 권력 회로 이론은 일반 조직에서 권력이 생산되는 과정에 초점을 맞추고 있다. 이 이론은 투표로 결정되는 정치 권력만이 아니라 모든 조직에서 발생하는 권력을 다루고 있다. 이 이론의 장점은 지금까지 다룬 정치학적 투표 결정 이론뿐만 아니라 기존의 정치학 이론이 다루지 않은 요인도 이 분석틀로 분석, 설명할 수 있다는 것이다.

프레임 이론과 도덕적 가치관 이론은 강조하는 부분이 조금 다를 뿐 기본 전제는 대체로 같다. 기존의 정치학적 투표 결정 이론은 기본적으로 유권자들은 그들의 이익(주로 경제적 이익)에 근거하여 투표 행위를 결정한다고 본다. '계급 투표'가 가장 대표적이다. 그러나 외견상으로 유권자의 구체적인 이익과 관계가 없거나 혹은 그에 반해서 투표하는 사람들, 소위 '계급 배반 투표'를 하는 사람들이 현실적으로 존재하고 있다. 이들 이론은 유권자들이 그들의 이익을 뒤로한 채 투표하는 이유를 잘 설명하고 있다.

1) 클레그의 권력 회로 이론

❶ 권력 회로 이론의 유용성

클레그의 권력 이론, 더 정확하게 말해서 권력 회로 이론은 정치학 이론은 아니지만, 일반적인 권력 생산 과정에 대해 매우 중요한 시사점을 제공해 준다(Clegg, 1989). 클레그는 권력이 구조적 현상이라는 것을 강조하였다. 개인이나 조직이 전략과 전술로 권력을 획득할 수 있는 것이 아니라, 권력을 발생시키는 구조(권력 회로)를 장악해야 권력을 생산할 수 있다는 것이다. 권력을 획득하기 위해서는 권력을 생산하는 구조적 위치, 즉 권력 회로를 장악해야 한다. 프레퍼(Preffer, 1992)와 레이더(Layder, 1994)가 권력은 조직의 분업 체계와 의사소통 체계에서의 위치로부터 생산된다고 주장한 것과 일맥상통한다. 프레퍼는 모든 조직에는 권력 자원을 소유, 할당, 이용, 규제하는 규칙이 존재하며, 이 규칙을 확보해야 권력을 생산할 수 있다고 보았다. 레이더는 구조적 권력의 예로서 미국 노동 조직에서의 감독자나 공장장의 권력이 개인적 권위에서 발생하는 것이 아니라 기업 내의 조직 구조에서 생산된다는 '관료제적 통제'(bureaucratic control) 이론을 제시하였다. 이들이 말하는 권력 개념은 기업의 작업 규칙, 승진과 규율 절차, 임금 체계, 책임 규정 등에 내재해 있다. 노동자를 통제하는 감독자의 권력은 이미 이렇게 '사전에 존재'(pre-existing)한다. 조직 자체가 권력을 구조적으로 내재하고 있어서 조직 내의 그 위치를 장악하고 있는 감독자들은 권력을 행사할 수 있다. 클레그가 말하고 있는 권력도 이처럼 조직에 존재하고 있는 구조적 위치, 즉 권력 회로를 장악해야 권력을 생산할 수 있다는 것이다.

클레그는 권력 행사자나 권력 집단이 여러 수단을 동원하여 권력 자원을 통제함으로써 의도된 결과를 산출하는 것을 권력이라고 생각하는데, 그는 이러한 권력을 행태적 권력(behavior power)이라고 명명하였다. 그러나 실제 권력 생산은 이보다 더 복잡하다. 행태적 권력은 그 배후의 사회구조적 측면과 복합적으로 연계되어 있다. 그는 행태적 권력 이면에 성향적 권력(dispositional power)과 촉진적 권력(facilitative power)이 존재한다고 주장하였다. 행태적 권력은 특정 상황에서 행사되는, 그러므로 가장 분명하게 드러나는 권력으로서 우리가 볼 수 있는 권력이다. 예를 들어, 투표 행위를 통해 발생하는 권력이 행태적 권력이다. 정치학적 투표 결정 이론은 행태적 권력의 산출 행위에만 관심을 표명한다. 그러나 클레그는 행태적 권력 이면에 존재하는 성향적 권력과 촉진적 권력을 배태하는 과정을 파악해야 행태적 권력을 제대로 이해할 수 있다고 주장하였다.

성향적 권력은 특정 상황에서 특정 행위자/조직(agency)의 힘을 약화시키거나 강화시킬 수 있는 전략들을 실행할 수 있는 권력을 말한다. 행태적 권력이 행사될 수 있는 것은 성향적 권력을 생산하는 특정 조건들이 구비되었을 때와 그리고 행태적 권력 행사를 가로막는 조건들이 없을 때이다. 촉진적 권력은 사회 체계에 근원적으로 내재하는 경제적 · 규율적 측면이 발휘하는 힘으로서 행태적 권력과 성향적 권력을 조직적으로 뒷받침해 준다. 그러니까 우리 눈에 가시적으로 보이는 권력은 행태적 권력이지만, 사실은 성향적 권력의 기제가 그 배후에 존재하고, 다시 이 권력 뒤에는 촉진적 권력의 기제가 자리잡고 있다.

권력을 다측면적이고 조직적인 현상으로 이해하는 클레그는 행태적 권력을 조건화하는 구조적 분석틀을 〈그림 3-2〉와 같이 제시하고 있다.[4]

〈그림 3-2〉 클레그의 권력 회로 모형

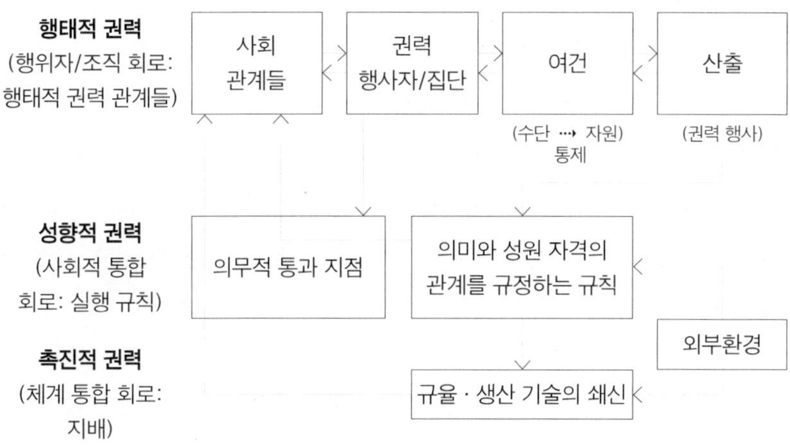

주: 행위자/조직 회로에서 오른쪽 방향의 화살표는 권력의 진행 방향을 나타내고 왼쪽 방향의 화살표는 저항을 나타낸다.

출처: Clegg(1989: 214)

---

4) 이 부분은 강희경 · 민경희의 논문(1998: 763-767)을 조금 보완하여 기술하였다.

권력은 세 개의 회로를 통해서 움직인다. 행태적 권력은 행위자/조직 회로, 성향적 권력은 사회 통합 회로, 그리고 촉진적 권력은 체계 통합 회로와 관련된다. 각 회로에는 다양한 흐름들이 지나고 있으며 이 때 하나의 흐름을 도관(conduit)이라고 보면 각 회로에는 다양한 도관들이 있다.

행위자/조직 회로는 가시적으로 드러나는 행태적 권력 관계로 구성된다. 권력 행사자/조직은 여러 가지 수단들을 활용하여 여건(standing conditions)을 조직함으로써 우리 눈에 보이는 가시적 권력을 산출한다. 권력 행사자들은 이 권력을 얻기 위해 부단히 노력한다. 우리의 주제로 말하면, 정당과 후보들이 상대 정당을 이기고 당선되기 위해 보다 더 나은 후보를 공천하거나 좋은 정책을 개발하는 등 전심전력을 기울인다.

사회 통합 회로는 '의무적 통과 지점'(obligatory passage points)과 '의미와 성원 자격의 관계를 규정하는 규칙'(rules fixing relations of meaning and membership)(이하 '성원 자격 규칙'이라고 줄여서 표기하기도 함)으로 구성된다. 행위자/조직은 타행위자/조직들로 하여금 자신이 장악하고 있는 '의무적 통과 지점'을 통과하도록 만듦으로써 사회 통합 회로를 장악한다. '의무적 통과 지점'은 행태적 권력을 구성하는 관계의 흐름들이 필연적으로 통과해야 하는 도관이다. '의미와 성원 자격의 관계를 규정하는 규칙'은 '의무적 통과 지점'이 무엇인지에 관한 '지표적(indexical)' 해석들을 제공하는 기제이다. 이런 기제들을 확보해야 행태적 권력 행사가 가능해진다. '성원 자격 규칙'은 사회 구성원들을 특정 범주로 할당하는 규정이다. 사회에는 다양한 성원 자격의 관계들이 공존한다. 일단 사회 통합 회로를 장악하면, 행위자/조직은 실행 규칙들의 안정화를 통해 제도적 질서의 확립을 지향한다. 주의할 것은 '의무적 통과 지점'은 '의미와 성원 자격의 관계를 규정하는 규칙'과 같이 같은 사회 통합 회로에 속하지만, 서열 관계상 하위이다. 즉 '의무적 통과 지점'보다는 '의미와 성원 자격의 관계를 규정하는 규칙'이 배후에서 권력을 생산하고 재생산하는 기제이다.

체계 통합 회로는 권력 자원들의 근원인 '규율 · 생산 기술의 쇄신'(innovation in techniques of discipline and produciton)으로 구성된다. 이 회로는 '규율 · 생산 기술'을 창조, 쇄신, 발전시켜 행위자/조직들의 힘을 강화 또는 약화시킨다. 다시 말하면, '규율 · 생산 기술의 쇄신'은 새로운 도관들이나 새로운 '의무적 통과 지점'을 제시함으로써 기존의 안정적인 사회 통합을 교란시키고 행태적 권력에 영향을 미친다. 핵심적 제도적 질서(사회 통합 회로)와 물질적 하부 구조(체계 통합 회로)가 기능적으로 불일치하게 되면 긴장이 발생하고, 이는 행태적 권력자/조직 내부의 변화나 행태적 권력 관계망의 변화를 초래한다.

외부적인 환경적 변화에 의해 '의미와 성원 자격의 관계를 규정하는 규칙'이나 '규율 · 생산 기술의 쇄신'이 발생한다. 한편으로 '성원 자격 규칙'은 '규율 · 생산 기술의 쇄신'을 촉진하거나 제한한다. 행위자/조직이 행태적 권력을 행사한다는 것은 행위자/조직들 간에 공유되는 새로운 '성원 자격 관계'와 '의무적 통과 지점'과 '규율 · 생산 기술의 쇄신'을 확보하였다는 것을 의미한다. 이러한 조건이 갖추어졌을 때 조직장이 형성되고, 조직장이 형성되어야 권력 생산과 재생산이 안정적으로 이루어진다(Clegg, 1989).

클레그 분석틀의 핵심은 성향적 권력과 촉진적 권력의 회로가 우리가 가시적으로 확인할 수 있는 행태적 권력의 배후에서 이 권력의 힘을 약화시키거나 강화시킬 수 있는 구조적 조건을 형성한다는 것이다. 권력자들의 권력(행태적 권력) 행사는 성향적 권력과 촉진적 권력 회로의 구조적 뒷받침으로 이루어지며, 이런 조건이 지속되는 한 행태적 권력은 계속 유지되고 안정된다.

❷ 권력 회로의 구체적 사례

행태적 권력을 생산하는 각 회로의 중요 도관의 구체적인 사례를 들어 한국 사회에서의 권력 생산을 살펴보기로 한다. 행태적 권력의 가장 깊숙한 배후에서 권력을 생산하는 기제인 체계 통합 회로의 '규율 · 생산 기술의 쇄신'의 예로서는 1987년 6월 항쟁 이전의 '민주화 요구'를 들 수 있다. 당시에는 민주주의의 회복이 가장 중요한 권력 생산을 도모하는 기제였다. 이것이 절차적 민주주의의 완성으로 실현되자 더 이상 '민주 대 반민주' 기제는 권력을 생산하는 기제로서의 역할을 하지 못하였다. 민주화 이후에는 '지방 자치 규율'이 또 다른 '규율 · 생산 기술의 쇄신'의 사례가 되었다. 1991년 지방 자치가 본격화하기 전까지 자치를 통해 실질적인 민주화를 이루어야 한다는 규율이 작동하였다. 이 규율도 지방 자치가 실시된 이후에는 권력 생산 기제로서의 영향력이 급감하였다.

사회 통합 회로에는 두 가지 중요한 도관이 있다. '의미와 성원 자격의 관계를 규정하는 규칙'과 '의무적 통과 지점'이 그것이다. 이것은 같은 권력 회로에 있지만, 〈그림 3-2〉에서 보는 것처럼 '의미와 성원 자격의 관계를 규정하는 규칙'이 '의무적 통과 지점'보다 권력을 생산하는 배후 기제이다. '성원 자격 규칙'은 구성원을 할당하는 역할을 한다. 지역주의가 여기에 해당한다. 지역을 공유하는 사람들은 동일한 성원 자격을 갖는다. 영남과 호남과 그리고 대전 · 충남에서는 이 도관을 장악하지 못하면 권력을 생산할 수 없다. '의무적 통과 지점'의 예로서는 여러 가지가 있다. 먼저 정당을 들 수 있다. 무소속 후보는 권력을 생산하는 데 어려움을 겪는다. 그리고 정당이라도 어느 정당 공천을 받는가가 중요하다. 정책이나 공약도 '의무적 통과 지점'에 해당한다. 정책은 기본적으로 정당과 같은 맥락 속에 있다. 지역의 명문고 졸업 등도 의무적 통과 지점의 사례이다. 이것을 갖고 있는 사람들이 행태적 권력을 생산할 수 있는 구조적 조건을 갖추었다.

'의무적 통과 지점'의 구체적인 예로 청주를 들어보면, 청주에서 국회의원이나 자치 단체장으로 당선되려면 '청주고'를 나오거나 '주요 정당'(예: 현재의 새누리당 계열이나 민주당 계열 정당) 공천을 받거나 '충청도로의 행정 수도 이전 찬성'이나 '수도권 규제 완화 반대'와 같은 정책을 공유해야 한다. 물론 이 세 가지를 모두 갖고 있으면 그만큼 행태적 권력자가 될 수 있는 가능성이 높아진다. 그러나 이 중 어느 것 하나도 갖고 있지 못하면 사실상 공천 탈락하거나 낙선하게 된다. '지역주의'는 '성원 자격 규칙'의 한 사례이다. 지역주의에 근거한 지역 정당이 존재하는 대전과 충남에서는 '성원 자격 규칙'이 행태적 권력을 생산하는 요인으로 작용한다. 지역주의가 강력하지 않은 충북에서는 '성원 자격 규칙'은 작동하지 않는다. 충북도 한 때는(1995년부터 2000년까지) 지역주의가 '의미와 성원 자격의 관계를 규정하는 규칙'으로 작동한 적이 있었다. 이 때에는 '의무적 통과 지점'인 청주고를 졸업하여도 '성원 자격 규칙'(예: 지역주의)을 장악하지 못하면, 행태적 권력을 생산하기가 어려웠다. 이와 반대로 청주고를 나오지 않은 후보도 지역주의를 확보하고 있으면 행태적 권력을 생산할 수 있었다. 그런데 '성원 자격 규칙'이 실제 상황에서 존재하지 않을 수 있다. 이 경우는 '의무적 통과 지점'만 확보하고 있으면 행태적 권력을 생산할 수 있다.

2) 프레임 이론

최근 십여년 사이에 인지심리학자들이나 기자들이 유권자들의 투표 결정 요인에 관심을 표명하는 일이 미국에서 분출하고 있다. 인지심리학은 1960년대 정치심리학자들이 여론조사 자료를 이용한 개인의 정치적 태도와 투표 행태에 관심을 가지면서 정치학에 도입하였다. 이 이론에 의하면, 유권자는 정당 및 후보를 판단하기 위해 자신의 인지 구조 속에 들어온 정보를 자신의 도식이나 신념 체계에 맞추어 해석하고 평가한다(이소영, 2009: 159).

그러나 이 이론이 유명해지게 된 것은 정치학적 투표 이론으로서가 아니라 레이코프(George Lakoff)의 '프레임' 이론 때문이었다. 레이코프의 주장은 투표 결정 이론이라기보다는 현실 정치에서 어떻게 해야 유권자들로부터 지지를 받을 수 있는가 하는 구체적인 처방 설명서이다. 미국의 진보 세력인 민주당[5]이 '당연히' 경제 위기에 책임이 있는 보수 세력을 누르고 권력을 장악하여야 함에도 불구하고 공화당이 아무렇지도 않게 재등장하고 심지어는 대통령 선거 등 각종 선거에서 승리하는 이유가 무엇인지를 고민하고 그 원인을 규명하려는 것이 프레임 이론이다. 미국의 민주당은 2000년과 2004년 대통령 선거에서 연달아 공화당에 졌다. 특히 미국 민주당의 존 케리 후보가 2004년 대통령 선거에서 패한 것은 충격적이었다. 이무렵 미국의 경제는 악화 상태에 있어 국민들의 고통이 심화되어 사회적 약자를 대변하는 민주당이 절대 질 수 없다고 예측한 선거에서 패했기 때문이었다.

❶ 프레임의 정의

인지심리학자 레이코프는 사람들의 머릿속에 무의식적으로 인지된 '프레임'이 유권자들의 투표를 결정하는 중요한 요인이라고 보았다. 프레임이란 '세상을 바라보는 방식을 형성하는 정신적 구조물'을 말한다. 프레임은 인지과학자들이 말하는 '인지적 무의식'(cognitive unconscious)의 일부이다(유나영 역, 2006: 17). 인간 사고의 98%는 무의식적으로 이루어진다(나익주 역, 2012: 81). 프레임은 사실을 논리적으로 추론하거나 추구하는 것이 아니라 특정 가치관을 무의식적으로 자동적으로 수용하고, 발산하도록 한다.

레이코프는 프레임을 바꾸어야 세상을 보는 방식이 달라지고, 그래야 사회를 변화시킬 수 있다고 주장한다. 프레임은 언어로 작동되기 때문에 새로운 프레임을 제시하려면, 새로운 언어로 말해야 한다. 다른 사람과 다르게 생각하려면, 다르게 말해야 한다. 적합한 언어와 은유를 사용해야 유권자들의 마음을 움직일 수 있다. 이것을 무한 반복해야 프레임이 사회화

5) 미국에서 민주당은 유럽에서의 노동당이나 사회민주당처럼 '진보 세력'으로 분류된다.

된다. 인지과학의 연구 성과에 따르면, 사람들은 사실을 있는 그대로 받아들이는 것이 아니라 자신의 프레임에 맞는 사실만 수용한다.

레이코프는 다음과 같은 예를 들고 있다. '수술을 받다 죽을 확률이 10%'라는 말과 '생존할 확률이 90%'는 말을 들으면, 두 진술 모두 같은 내용이지만 사람들은 대부분 후자를 택한다. 즉 수술을 받기로 결정한다. 그리고 '1,000 달러를 확실히 받을 가능성'과 '2,500 달러를 받을 가능성이 50%'인 경우 중에서 하나를 선택하라고 하면, 대개 전자를 선택한다. 긍정적인 프레임에서는 이익의 확실성이 불확실성을 이긴다. 그러나 '1,000 달러를 확실히 잃을 가능성'과 '2,500 달러를 잃을 가능성이 50%'의 경우 중 하나를 선택하라고 하면, 대개 후자를 선택한다. 부정적인 프레임 형성에서는 손실의 불확실성이 확실성을 이긴다(나익주 역, 2012: 298-300). 2000년 대통령 선거에서 고어 민주당 대통령 후보는 부시 공화당 후보의 감세안[6]은 상위 1%에게만 혜택을 준다는 점을 역설했지만 유권자들은 그를 지지하지 않았다. 감세안이 상위 소득자에게 유리하다는 것은 '사실'이지만, 일부 하층 유권자들은 사실보다는 프레임으로 형성된 자신의 도덕적 가치관에 따라 투표하였다. 예를 들어, 이들은 자신들의 경제적 위치를 향상시키는 정책보다는 사회복지 프로그램은 개인을 게으르게 하기 때문에 반대하여야 한다는 가치관을 더 중시하였다. 프레임 이론의 핵심은 사실보다는 가치관이 유권자들의 투표 결정 행위에 중요하게 작용한다는 것이다.

❷ 유권자들의 투표 행태에 대한 진보 세력의 오해

미국의 진보 세력들이 유권자들의 투표 행태에 대해 잘못 생각하는 것이 몇 가지 있다. 첫째, 그들은 인간을 합리적 존재로 규정한다. 유권자들

---

6) 보수주의자들은 일반적으로 감세와 작은 정부를 주장하지만, 단순히 작은 정부만을 원하는 것은 아니다. 한편으로 이들은 국방비 증액, 더 많은 교도소 설립, 정보기관 확대, 대기업을 위한 긴급 구조, 핵개발 찬성, 컴퓨터 연구 기금 확대처럼 국가 안보와 기업을 위한 예산 증액 사업은 강력하게 추진한다(손대오 역, 2010: 201).

이 진실을 알면 진보 세력을 지지할 것으로 생각하나, 사실은 그렇지 않다. 사람들은 기존의 프레임과 일치할 때만 진실을 받아들인다. 진실과 프레임이 다르면 유권자들은 프레임을 선택하고 진실은 버린다(유나영 역, 2006: 48).

이의 적절한 사례가 '테러와의 전쟁'이다. 2001년 9월 11일 미국 뉴욕시 세계무역센터 빌딩이 무너지고 난 직후 정부 대변인은 이를 '범죄'로 규정했다가 곧 '전쟁'으로 바꾸었다. 만약 계속 '범죄'로 규정하였다면 '전쟁'으로 규정한 것과는 상황이 매우 달라졌을 것이다. 테러리스트들의 은행 계좌 추적, 도청, 정보 수집, 외교적 개입 등의 조치가 취해졌을 것이다. 그러나 이것을 '전쟁'이라고 규정함으로써 부시는 무제한적인 전쟁 수행권을 획득하고, 전쟁에 반대하는 미국인은 비애국적 시민으로 지탄받았다. 당연히 이라크 침공은 정당화되었다(나익주 역, 2012: 182-184). 이라크의 사담 후세인 대통령이 9.11 배후라는 것은 거짓이고 이라크에 대량 살상 무기가 없다는 것이 밝혀져도 아무 소용이 없었다. 많은 미국 사람들은 진실과 관계없이 후세인을 테러 배후 세력으로 여겼다(유나영 역, 2006: 50). 미국 유권자들은 진실보다는 테러와의 '전쟁'이라는 프레임을 중시했다. 미국의 우파는 이라크의 석유 매장량을 통제하고, 군사 기지를 설치하고, 미국 기업에게 이익을 보장하고, 미국의 통제를 받는 정부를 수립하는 것이 목적이었지만, 이것을 알아챈 국민은 많지 않았다. 이것을 테러와의 '범죄'로 프레임해서는 미국의 목적을 달성하기 어려웠다. 테러와의 '전쟁'은 미국 유권자들에게 '반사적'이 되고, '무의식'이 되었다(나익주 역, 2012: 185-187).

이것을 깨기 위해서는 '전쟁'이 아니라 '이라크 불법 점령'이라는 프레임을 만들어야 했다(나익주 역, 2012: 212). 전쟁을 결정하는 최종 결정권자는 대통령이 아니라 미국 의회이며, 부시 대통령이 미군을 위험한 곳에 내버려 두는 냉혈한이라는 프레임을 만들어야 했으나(나익주 역, 2012: 216), 민주당은 그렇게 하지 못했다. 공화당이 만든 프레임에 수세적으로 대응하는데 급급하였다. 프레임을 선점하면 상대방 정당과 후보는 그 프레임에 갇혀서 수세적인 태도를 취하게 되고, 유권자들은 프레임을 장악한 후보에게 투표하게 된다. 미국의 진보 세력들은 보수 세력이 만든 프레임에서 헤어나지 못했다.

미국의 보수 세력이 만든 또 다른 프레임의 사례로는 공화당 부시 대통령 후보가 사용한 '세금 구제'가 있다. 미국 공화당은 감세안을 '세금 구제'라는 말로 포장했다. '구제'라는 말은 자동적으로 나쁜 것으로부터 사람들을 구출한다는 의미를 내포하고 있다. 공화당은 '세금'을 '구제'와 연결함으로써 세금은 나쁜 것이고 그 세금을 줄이는 '감세'는 좋은 것이라는 프레임이 작동하도록 하였다(나익주 역, 2012). 이것을 없애는 사람은 영웅이 되는데, 부시가 영웅이 되었다.

둘째, 사람들은 자신의 이익에 반하여 행동하기도 한다(유나영 역, 2006: 50; 2012: 36). 진보주의자들은 하층은 자신들의 이익을 지켜 주는 진보 세력에 투표할 것으로 생각한다. 2000년 대통령 선거에서 민주당 고어 후보가 바로 그런 경우이다. 사실은, 계층보다는 자신의 정체성과 가치관과 그리고 그가 동일시하고 싶은 대상에 투표하는 하층이 많았다(유나영 역, 2006: 51).

셋째, 이념적으로 '중도파'는 존재하지 않으며, 중도적 세계관도 없다. 소위 중도파라고 불리는 사람들은 어떤 쟁점에서는 보수적 사고를 하고, 다른 쟁점에서는 진보적 시각을 갖고 있을 뿐이다. 이들은 자신의 보수적 사고와 진보적 관점 둘 다를 열정적으로 옹호한다. 이들은 온건파가 아니다. 자기의 주장을 고집스럽게 주장한다. 2013년 현재 2기 오바마 정부에서 국방부장관으로 근무하고 있는 반전 보수주의자 헤이글(Chuck Hagel)과 민주당 상원의원이며 전쟁을 지지하는 진보파 리버만(Joe Lieberman)은 모두 중도파라고 불리지만, 그들 간에는 어떠한 공통의 믿음도 공동의 세계관도 없다(나익주 역, 2012: 82).

보수주의자 가운데에는 세금 감면을 재정적으로 무책임하다고 보거나 미사일 방어망이 소기의 목적을 달성하지 못할 것으로 보는 사람들도 있다. 반면에 복지 시스템이 효과적이지 못하다거나 공립 학교가 심각한 문제를 안고 있다고 보는 실용적 진보주의자들도 있다. 재정 정책이나 외교 정책에서는 엄격한 아버지 도덕을 적용하지만, 가정 문제에 대해서는 자애로운 부모 도덕을 적용하는 사람들이 있다.[7)]

이들은 보수와 진보 사이의 중도파가 아니라, 진보와 보수적 생각을 동시에 갖고 있는 '이중 개념주의자들'이다. 레이코프에 의하면, 미국의 이중 개념주의자들의 비중은 약 20% 정도이다. 나머지 절반은 엄격한 보수주의자이고, 또 다른 절반은 자애로운 진보주의자들이다(손대오 역, 2010: 532). 이중 개념주의자의 이념 점수의 평균을 구하면 중간쯤 어딘가에 있게 되는데, 이를 근거로 이 사람을 중도파라고 보면 안 된다. 이 사람은 경우에 따라 보수적 시각을, 또 다른 경우에 진보적 입장을 천명하는 것이지,

---

7) 미국의 보수파와 진보 세력은 가족 가치관에 토대를 둔 프레임 전쟁을 벌인다. 보수파들은 '엄격한 아버지 모델'(strict father family)을 주장하고, 진보 세력은 '자상한 부모의 가족 모델'(nurturant parents family)을 천명한다. 미국 정치는 이 두 가지 모델의 연장선상에서 대립한다(나익주 역, 2012: 122). 레이코프는 미국의 정치적 정책들은 가정을 기반으로 한 도덕으로부터 나왔으며, 이 도덕은 대부분 무의식적으로 표현된다고 보고 있다(손대오 역, 2010: 521). 미국 유권자들은 '가족' 가치를 '핵 확산'과 '지구 온난화' 쟁점보다 더 중요하게 여긴다(유나영 역, 2006: 28).

① '엄격한 아버지 모델'

자녀들은 아버지의 권위에 순종해야 한다. 아버지는 가치 판단의 권위자로서 잘못을 저지르는 자녀를 처벌한다. 힘든 세상에서 성공하기 위해서는 내면적 규율과 자기 절제와 이익 추구가 필요한데, 엄격한 아버지가 이 역할을 담당한다. 엄격한 아버지는 자녀가 성년이 되기 전까지 엄격한 도덕 교육을 시키지만, 도덕 교육을 받은 자식이 성인이 되어 자립하게 되면 더 이상 자식의 삶에 개입하지 않는다. 엄격한 아버지는 사회복지는 일하지 않은 사람에게 도움을 주는 것이므로 비도덕적이라고 생각하여 반대하고, 기업 보조금은 기업과 투자자에 주는 상이기 때문에 찬성한다(유나영 역, 2006: 31-36). 근본주의 기독교는 신을 엄격한 아버지로 간주하여 하나님에 대한 순종을 강조한다(손대오 역, 2010: 338). 국가 차원의 전쟁과 고문은 엄격한 아버지의 보호 기능을 수행하는 것으로 보고 인정한다(나익주 역, 2012: 127-128).

② '자상한 부모의 가족 모델'

자상한 부모는 자녀 양육에 공동 책임을 진다. 타인, 특히 약자를 보살피는 것을 중요하게 생각한다. 타인을 보살핀다는 것은 타인의 기분을 헤아리고, 쌍방향 의사소통으로 그와 공감하고, 그리고 신뢰와 헌신의 공동체를 만들어 그를 책임지는 것이다(유나영 역, 2006: 40-44). 더불어 같이 살아야 하는 환경을 중시함으로써 공동체를 보호하려고 한다. 이 모델은 타인에 대한 감정 이입, 책임과 배려와 상호 존중, 그리고 공동체에 대한 헌신을 강조한다(나익주 역, 2012: 129).

두 이념의 평균인 중간 어딘가의 관점에서 그의 정치적, 정책적 입장을 나타내는 것이 아니다.

만약 레이코프의 주장대로 '중도파'가 없다면, 진보 세력은 있지도 않은 대상을 향하여 허상을 좇고 있는 셈이 된다. 진보 세력이 이중 개념주의자의 두 세계관 중 진보 세력에게 유리한 것을 활성화시키면 승자가 된다(나익주 역, 2012: 119). 예를 들어, 어떤 유권자가 사회복지를 위한 증세를 주장하는 동시에 동성애 반대를 한다면, 진보 세력은 그가 동성애 반대보다 사회복지를 위한 증세를 더 중요하게 생각하도록 하는데 성공하면 이긴다.

❸ 보수 세력의 세계관과 득표 전략, 그리고 이에 대한 진보 세력의 대응

보수주의자들은 진보주의자들보다 자신들의 가치와 이상을 명확히 하는 능력이 뛰어나다. 이들은 상벌 체계를 통해서만 도덕이 유지된다고 생각한다. 보수주의자들은 자녀를 엄격하게 훈련하는 것이 폭력을 줄이는 방법이라고 생각한다(손대오 역, 2010: 270). 이들은 교도소 증설이 범죄를 줄이지 못한다는 사실과 관계없이 교도소 증설을 찬성한다. 범죄를 강력하게 처벌하는 것은 도덕의 문제라고 판단하기 때문이다(손대오 역, 2010: 274-275). 이들은 여성에 대한 남성, 유색인에 대한 백인, 비기독교인에 대한 기독교인, 동성애자에 대한 이성애자, 자연에 대한 인간, 자녀에 대한 어른, 인간에 대한 신의 우위가 도덕적 질서라고 생각한다(유나영 역, 2006: 155). 보수주의자들은 혼전 성관계와 혼외 성관계, 그리고 동성애와 낙태를 전쟁이나 고문보다 더 나쁜 범죄로 인식한다. 가족의 도덕적 규율에 어긋나는 행동이기 때문이다.

보수주의자들은 시장이 법의 준수와 절제력을 가르쳐 준다고 주장한다. 시장은 공정하고 도덕적이다(나익주 역, 2012: 103). 시장은 절제력이 있는 사람에게는 상을 주고, 그렇지 않은 사람에게는 벌을 준다. 부자들은 절제력으로 돈을 벌었기 때문에 이들에게 세금을 많이 징수하는 것은 이들을 징벌하는 것이라고 본다. 이것은 불공평하고 비도덕적이다(손대오 역,

2010: 260). 부자는 가난한 사람들의 봉사를 받을 자격이 있고, 가난한 사람들은 부자를 위해서 일을 해야 한다. 그것이 도덕적이다. 따라서 불평등은 자연스럽다(유나영 역, 2006: 156-157). 보수주의자들은 정부의 사회보장 프로그램은 경쟁에 뒤진 사람을 지원하는 것이기 때문에 비도덕적이라고 주장한다. 보수주의자들은 사회복지 프로그램이 스스로 살아가는 방법을 저해한다고 주장한다. 결국 사회복지 제도는 사람들을 도덕적으로 유약하게 만든다. 이들은 게으르고 무능력한 사람이 아니라 자립과 자제력을 갖춘 사람들을 도와주는 것이 정당한 사회복지 프로그램이라고 생각한다(손대오 역, 2010: 247-248).

보수주의자들은 유권자들의 도덕적 가치관에 정치적 힘을 불어넣음으로써 권력을 획득하려고 한다. 구체적인 방책으로는 하층과 중산층이 그들의 계층적 이익에 반해 우파의 도덕적 가치관을 갖도록 유도한다(유나영 역, 2006: 164). 이들에게 중하층의 계층적 지위보다는 우익의 도덕적 가치관을 사회화하여 계층적 이해관계에서 이탈하도록 유도한다. 그리고 우파들은 대학 내외에 연구소를 설립하여 보수적 가치관을 전파할 인재를 양성한다. 방송에 출연하는 지식인 중의 약 80%가 보수주의자들이다. 2002년 우파는 진보 세력이 사용한 연구비의 네 배를 썼다(유나영 역, 2006: 46-47).

우파들이 집권해서 실제로 세금을 삭감하면, 진보 세력은 잠재적인 지지세력을 확보하기 어렵다. 세금 삭감으로 마땅히 정부가 지원해야 할 부문에 돈을 쓰지 못하기 때문이다. 세금이 지원되지 않는 상황에서는 분배 싸움이 개인 대 개인의 무대로 변질된다. 그러면 돈이 있는 사람이 당연히 돈이 없는 사람을 이기게 된다. 미국 공화당의 '학교 평가' 정책이 이것의 좋은 사례이다. 이 정책은 나쁜 평가를 받은 공립 학교는 정부의 지원을 줄이고, 좋은 평가를 받는 사립 학교를 지원하는 결과를 낳았다. 부자들은 지금까지 공립 학교 지원에 사용되었던 세금을 그들 자녀들이 다니는 좋은 사립 학교로 돌리게 만들었다(유나영 역, 2006: 74-75).

이러한 보수주의자들의 전략을 '전략적 주도'(strategic initiatives) 전략이라고 한다. 이것은 한 가지 쟁점에서의 변화가 다른 영역에 자동으로 영향을 미치도록 하는 것을 말한다. 예를 들어 감세는 노숙자 보호, 학교 지원, 환경 보호 활동 등과 같은 사회복지 프로그램을 줄이게 한다(유나영 역, 2006: 69).

진보주의자들이 득표하려면, 당연히 진보 세력의 프레임을 새롭게 만들어야 한다. 레이코프는 이를 위해 사실과 진실보다는 가치의 차원에서 사고하고 말해야 한다고 거듭 주장한다(유나영 역, 2006: 218). 유권자로부터 지지를 받으려면 소리지르고 싸울 것이 아니라 프레임을 재구성해야 한다. 단순히 사실을 진술하고, 상대편의 주장의 모순을 보여주는 것만으로는 이길 수 없다. 진보 세력은 유권자의 '이성'보다는 '마음'을 먼저 공략해야 한다.

프레임은 사실을 이긴다. 진보 세력은 개인의 성공을 위해서 정부의 역할을 강조해야 한다. 교육과 공공 서비스를 확대하고 모두가 혜택을 받는 경제를 추구해야 한다. 정부는 고속도로와 학교, 인터넷과 항공 분야에 투자해야 한다. 이와 같은 사회적 조건이 구비되어야 기업이 숙련 노동자를 고용할 수 있다. 기업은 개인보다 고속도로와 인터넷과 위성 통신을 더 잘 이용할 수 있기 때문에 더 큰 부가가치를 생산한다. 이렇게 해야 개인도 성공할 수 있다. 정부의 존재는 이러한 역할을 수행하기 위한 것이라는 것을 강조해야 한다(나익주 역, 2012: 87).

정부의 역할을 다하기 위해서는 세금 징수가 필요한데, 보수파의 프레임인 '세금 구제' 대신에 '세금은 미래를 위한 투자'라는 프레임을 제시해야 한다(나익주 역, 2012). '납세자는 애국자'라는 프레임이 중요하다. 이것을 되풀이해서 강조하여 뇌 속에 무의식적으로 자리잡도록 해야 진보 세력이 이길 수 있다는 것이다.

3) 도덕적 가치관 이론

프랭크(Thomas Frank)도 레이코프와 마찬가지로 정치학자가 아니다. 그는 미국의 진보 세력이 거듭해서 현실 정치에서 패배하는 이유를 찾으려는 지식인이다. 특히 그는 미국 경제가 악화되어 선거 환경이 진보 세력에게 유리함에도 불구하고 경제 위기를 책임져야 하는 보수 세력이 오히려 빠르게 유권자들로부터 득세하는 이유를 알고 싶어 했다.

미국은 레이건 대통령 이후 수십년 동안 신자유주의적 정책을 추구하여 규제 완화와 노동조합 폐쇄, 민영화와 자유 무역협정 체결 등을 계속 진행하여 왔다. 이것은 모두 사회 불평등을 확대시키는 요인이다. 실제로 미국의 불평등은 확대일로에 있다. 스티글리츠에 의하면, 금융 위기가 일어나기 전인 2007년에 미국 상위 0.1퍼센트 가구의 평균 소득은 하위 90퍼센트 가구의 그것보다 220배나 많았다. 부의 불평등은 소득 불평등보다 더 심해서 상위 1퍼센트의 부자들이 국부의 삼분의 일 이상을 소유하고 있었다(이순희 역, 2013: 82). 미국 UC버클리대학과 프랑스 파리경제학교의 경제학자들이 미국 국세청 자료를 분석해 2013년 9월 3일에 발표한 보고서에 따르면 2012년 미국 내 빈부 격차는 1913년 소득세 제도 도입 이래 가장 컸다. 상위 1%의 연간 가계 소득 비율은 전체의 19%를 넘었고, 상위 10%의 소득 비율은 48.2%나 됐다(경향신문, 2013년 9월 18일).

2008년 미국의 금융 시스템은 완전히 무너졌다. 은행에 대한 규제를 철폐한 결과이다. 미국의 주요 기업(예: GM과 크라이슬러)이 파산하였다. 인디맥, 와코비아, 워싱턴 뮤추얼, 베어스턴스, 리먼 브라더스와 같은 금융 회사는 사라졌다(함규진 · 임도영 역, 2013: 23). 해고자가 폭증하고, 중산층은 무너졌다. 이쯤 되면 경제 위기의 책임이 있는 공화당이 선거에서 패배하는 것이 당연하다.

그런데 놀라운 반전이 일어났다. 정작 정부로부터 구제 금융을 받은 곳은 경제난의 주범인 기업과 금융 회사들이었다. 우파의 주장과 달리 미국의 주요 산업은 정부가 지원하지 않으면 살아남을 수 없다. 정부가 진짜로 시장에 개입하지 않으면 기업은 심각한 문제에 봉착한다(함규진 · 임도영 역, 2013: 101). 그러나 경제 위기의 피해자인 하층들은 아무런 구제도 받지 못했다. 하층들은 기업과 금융 기관에 취직하고 대출을 받기 위해 전보다 더 굽실거려야 했다. 더욱 놀라운 것은 경제 위기를 낳은 당사자가 이 사태를 겪으면서 종국적으로 국가 경제를 살릴 애국자로 변신한 것이었다(함규진 · 임도영 역, 2013: 228). 2009년 4월 우파들의 티파티가 등장하였고, 이들은 여전히 기업 자유를 위한 규제 완화와 연방 지출 감축을 하나의 도덕적 이데올로기로 주장하였다. 우파는 경제 붕괴보다 개인의 자유를 침해하는 것이 더 위험하다고 주장하였다. 우파는 긴급 구제를 받은 은행보다 비싼 집에 살려고 하다가 파산한 개인들을 더 비난하였다. 이들은 당연히 실패해야 하는 자들로서 구제해 줄 필요가 없다는 것이었다. 우파는 '실패한 자들은 실패하도록 내버려 두라'고 주장하였다(함규진 · 임도영 역, 2013: 74-76).

일부 하층은 정부가 사회복지 분야와 같은 곳에 재정 지출하는 것은 인간의 도덕적 황폐화를 가져온다는 이들의 주장을 지지하였다. 오바마의 노인 의료보험 개혁의 최대 수혜자인 노인층이 의료보험을 사회화하려 한다는 이유로 반대하는 역설이 나타나기도 하였다(이순희 역, 2013: 552). 보수주의자들은 이들 하층의 지지에 힘입어 재빠르게 복귀하였다. 정치 평론가 스튜 로젠버그(Stu Rothenberg)가 2009년 4월에 공화당이 2010년 11월 양원 선거에서 승리할 확률은 제로'라고 주장하였지만 사실은 정반대 결과가 발생하였다. 중간 선거를 통해 공화당은 무려 63개 의석을 민주당으로부터 가져왔다. 2년만의 대반전이었다. 2011년 조사 결과에 의하면 블루칼라 두 명 중 한 명은 공화당 후보를 찍었다(함규진 · 임도영 역, 2013: 62). 2010년 11월 공화당은 하층의 지지에 힘입어 미국 의회 사상 가장 큰 승리를 거두었다(함규진 · 임도영 역, 2013: 15).

프랭크는 이러한 상황에서 미국의 진보 세력이 보수 세력에게 패배하는 이유를 구명하려고 했다. 그는 일부 하층들이 계급 투표를 하는 것이 아니라 도덕적 가치관에 따른 가치 투표를 한다고 보았다. 그러나 그는 레이코프의 '프레임 이론'처럼 이론이라고 할 만한 과학적 주장을 하지 않았다. 굳이 프랭크의 주장을 이론적 틀에 묶는다면 '도덕적 가치관 이론'이라고 부를 수 있다. 프랭크는 일부 하층과 노동자들이 그들의 계층과 계급을 배반하고 보수파를 현실적으로 지지하는 이유를 이들의 도덕적 우파 가치관에서 찾았다. 이들은 그들의 계급적 상황에 얽매이기보다는 보수적 도덕 가치관을 내면화하였다. 일부 하층들은 국가 이데올로기와 가족 가치와 그리고 자유 시장 이데올로기를 내면화하여 자신들을 국가와 도덕의 수호자로 생각하였다. 이들은 낙태와 동성애와 진화론을 반대하고, 자신과 가족을 지킬 수 있는 총기 소지와 학교에서의 기도를 찬성한다. 일부 하층 노동자들이 이러한 도덕적 가치관을 그들의 계층적 이해관계보다 더 중시한다는 것이 프랭크의 주장이다.

프랭크는 미국 유권자들은 사회 균열이나 정당 일체감과 같은 정치학적 요인이 아니라 실제로는 도덕적 가치관에 입각하여 투표한다고 주장한다. 보수주의자들은 경제적으로 사람들을 만족시키는 대신에 끊임없이 도덕을 가치관으로 가져야 한다고 강조한다. 다른 말로 해서 그들은 인간의 죄악에 맞서야 한다고 감정적 호소를 한다(김병순 역, 2012: 270). 보수주의자들은 근본주의적 종교 세력과 보수 언론을 활용한다. 즉 돈과 가치(종교)와 언론이 삼위일체를 이루어 가치관 전쟁에 나선다. 미국의 현재의 민주주의를 '관리되는 민주주의'와 '전도된 전체주의'라고 신랄하게 비판하고 있는 월린(Sheldon S. Wolin)은 '전도된 전체주의'의 핵심 구성 인자들로 기업 자본, 중소기업 연합체, 거대 언론사, 복음주의적 프로테스탄트 지도자, 위계적 가톨릭 세력들을 들고 있다. 이 조직은 기업적이면서 동시에 군사적이다(우석영 역, 2013: 292). 이들은 초월적 가치와 기독교, '전통적 가족', 그리고 혼전 순결에 몰두한다. 그러나 이들은 자본주의를 결코 비판하지 않는다(우석영 역, 2013: 293).

보수 세력들은 심지어 경제 상황이 악화되는 것도 자연스러운 현상이라고 주장하면서 경제 위기 국면에서도 보수 세력의 득표력을 높이려 한다(김병순 역, 2012: 286). 도덕적 가치관을 중시하는 하층들은 경제 실적에 바탕을 둔 회고적 투표를 하지 않는다. 이들은 경제 상황이 나빠질수록 오히려 더 보수적이 된다(김병순 역, 2012: 307). 프랭크는 노동 계급(가난한 사람들)이 한 번 보수주의자가 되면 그는 더 이상 그의 계급적 위치를 고려하지 않고 누구보다도 더 보수적이 된다고 관찰하였다. 프랭크는 경제적으로 어려운 미국 중서부가 공화당 지지 일색이 된 원인도 이 지역의 다수 유권자들이 바로 낙태와 동성애와 그리고 진화론을 반대하고, 총기 소유를 찬성하는 보수적인 도덕적 가치관을 내면화하였기 때문이라고 보았다. 우파(특히 기독교 우파인 네오콘)들은 이들에게 보수적인 도덕적 가치관을 전파하기 위해 자유 시장 경제학을 가르치는 대학과 연구소(예: 후버 연구소)와 같은 싱크 탱크에 대규모로 자금을 제공한다(김병순 역, 2012: 295). 반면에 상층은 하층과 다르다. 겔만은 미국의 모든 주에서 부유층이 보수적으로 투표하고, 가난한 주의 부유층은 이보다 더 보수적으로 투표한다고 주장하였다(Gelman, 2010; 이순희 역, 2013: 552에서 재인용).

보수 진영은 유권자들의 마음을 얻기 위해 이미지 조작도 서슴지 않는다. 예를 들어, 히틀러의 나치당 이념의 정식 명칭이 '국가 사회주의'라는 것을 활용하여 사회주의와 나치즘을 동일하게 간주하도록 이미지를 조작한다. 좌파를 히틀러와 같은 악의 무리라고 이미지를 조작하는 것이다(함규진 · 임도영 역, 2013: 230). 우파들은 2009년 2월 오바마 집권 3주만에 민주당을 '사회주의 정당'이라고 공격하기 시작하였다(함규진 · 임도영 역, 2013: 56).

미국의 도덕 심리학자인 하이트(Haidt, 2012)도 왜 노조원과 농부와 사회적 약자들과 같은 레이건을 지지하는 민주당원(Reagan Democrats)들이 공화당 후보에게 투표하는지 그 원인을 분석하였다. 그는 보수 정당이 문화적 쟁점으로 이들을 분노시켜 이들로 하여금 경제적 이해관계에 따라서 투표하지 못하도록 한다는 것이다. 우파 정당은 이들에게 개인의 구체적인 이해관계보다는 국가를 통합시키는 것에 관심을 갖도록 한다. 즉 애국심(patriotism), 사회 질서(social order), 강한 가족(strong family), 국가 안전망보다는 개인의 책임감(personal responsibility), 자유 기업(free enterprise) 등과 같은 가치를 도덕적 가치로 간주하도록 한다. 예컨대, 그들은 게이가 결혼 제도를 위협한다는 의제를 설정한다. 이들은 정부가 노인과 학생과 가난한 사람들을 위해 사회복지 프로그램을 만들어야 한다고 강조하는 미국의 민주당과 달리 이 일은 정부가 할 일이 아니라 가족의 영역에 속하는 일이라고 강조한다. 이렇게 하여 자신의 이익보다는 국가의 위대성을 중시하는 하층과 노동 계급 유권자들은 경제적 이해관계보다는 도덕적 이해관계(moral interest)를 기준으로 보수당에 투표한다.

일부 하층들이 그들의 계층적 이익보다 보수적인 도덕적 가치관을 쉽게 받아들이는 이유는 두 가지이다. 하나는 각 정당들이 이들에게 제공하는 이익이 이들을 만족시킬 정도로 크지 않기 때문이다. 자기의 생활을 변화시킬 정도로 이익이 크지 않으면 사람들은 그들의 생각과 행동을 굳이 바꾸려 하지 않는다. 실제 선거에서 정당들이 하층들에게 제공할 수 있는 자원은 한정되어 있다.

둘째 이유는 물질적인 자원을 갖지 못한 하층들은 비물질적인 자원으로 자존감을 가지려 하기 때문이다. 상층은 물질적 자원을 갖고 있다. 물질적 자원은 다른 자원과 달리 인간을 즉각 만족시킬 수 있다. 예를 들어 돈은 그림 애호가에게 그림을, 음악 애호가에게 고급 클래식 판을 즉시 구입하게 해 준다. 그러나 하층은 전환 속도가 높은 물질적 자원을 갖고 있지 않다. 그렇다고 아무 것도 없는 채로 살아갈 수는 없다. 보수 세력이 이들에게 제공하는 것은 바로 비물질적인 도덕적 가치관이다. 즉 국가를 수호하고, 가족을 지키는 첨병으로서의 역할을 수행한다는 자존심이다. 이런 역할을 수행하는데 돈은 필요없다. 오로지 헌신하기만 하면 된다. 이들은 이것을 인간 존재감의 근원으로 삼는다. 그리고 경제가 악화되어 생활이 어려워지면, 마치 종교를 믿는 사람들이 위기에 처할수록 종교 생활에 더 몰입하는 것처럼 이들은 보수적인 도덕적 가치관에 더욱 헌신한다.

제 4 장

한국 선거의 투표 결정 요인

1948년 제헌 의회 선거 이후 지금까지 한국에서 실시된 선거는 1987년 '6월 항쟁' 민주화 이전의 불완전 민주주의 시기와 그 이후의 절차적 민주주의가 완성된 시기로 대별할 수 있다. 1987년 이전 시기도 다시 둘로 나눌 수 있다. 1972년 10월 유신 이전의 부정 선거 시비 속에서도 직접 투표가 이루어진 시기와 그 이후 국민들의 직접적인 정치 참여가 완전히 봉쇄된 시기가 그것이다.

초대 대통령 이승만과 1961년 군사 쿠데타로 집권한 박정희는 부정 선거를 크게 괘념하지 않았다. '고무신 표'와 '막걸리 표'와 같은 유권자 매수는 말할 것도 없고 공무원과 군에 의한 관권 선거가 난무하였다. 1960년 3월 15일 제5대 부통령 선거에서 이승만 정권이 자행한 부정 선거는 결국 1960년 4. 19 학생 혁명의 도화선이 되었고, 이승만은 권력을 내려놓고 하와이로 망명할 수밖에 없는 원인이 되었다. 1960년 짧게 민주 정부가 들어섰지만, 곧 박정희에 의해 정권이 전복되었다. 1961년 5월 16일 군사 쿠데타로 집권한 박정희는 1972년 소위 '10월 유신'을 선언하기 전까지 부정 선거의 시비 속에 국민들이 대통령을 직접 선출하는 제도는 유지하였다.

1972년 '10월 유신'은 국민들의 대통령 직접 선출을 중단시켰다. 1987년 6월 항쟁으로 제13대 대통령을 국민들이 직접 선출할 때까지 15년간 대통령은 국민들이 아니라 통일주체국민회의나 대통령 선거인단이 체육관에서 간접 선거로 선출하였다. 박정희와 전두환이 두 번, 최규하가 한 번, 이러한 방식으로 대통령으로 선출되었다. 이들은 북한 공산주의 정권의 선거 결과와 비슷한 압도적 지지율로 체육관에서 대통령으로 당선되었다. 지지율이 압도적일수록 민주적 정당성은 그 만큼 결여되었다. 그리고 그 만큼 '민주화' 열망은 높아져, 한국 사회 최대의 시대적 과제로 부상하였다.

젊은이들은 민주화를 위해 분신과 같은 극단적인 저항 방법도 주저하지 않았다. 민주화를 둘러싸고 엄청난 사회적 비용을 지불하는 과정에서 박정희는 1979년 10월 26일 그가 임명한 중앙정보부장 김재규에 의해 피살되어 '유신' 정권은 종말을 맞이하였다. 그러나 민주화 세력이 아니라 집권층 내부 세력의 갈등에 의한 정권의 붕괴는 민주 정부의 수립을 지체시켰다. 소위 1980년 '서울의 봄'은 길지 않았다. 1980년 5월 '광주 항쟁'을 비롯한 민주화 운동으로 1987년 직접 선거가 재개되기까지 7년의 정치적 겨울을 다시 보내야 했다. 1987년 6월 한 달 내내 계속된 전국적인 민주화 시위는 노태우가 '6. 29 선언'이라는 형식을 통해 직접 선거의 재개를 알림으로써 끝났다.

한국의 '절차적 민주주의'는 이렇게 시작되었다. '절차적 민주주의'의 완성으로 대통령 선거는 5년마다, 국회의원 선거는 4년마다, 그리고 1995년부터 지방 선거도 어김없이 실시되고 있다. 국민들은 물론이고, 민주화 운동을 이끈 민주 투사들도 국민들이 직접 참여하는 선거만 주기적으로 이루어지면 민주주의는 완성되는 것으로 생각하였다. 사회복지를 확대하고, 노동권을 보장하고, 불평등을 완화시키는 '경제적 민주주의'가 이루어져야 실질적 민주주의가 완성된다는 것은 1987년 당시에는 알지도, 생각하지도 못했다. 민주화 운동의 정치적 대표자인 김영삼과 김대중이 권력을 잡기만 하면 민주주의는 완성되는 것으로 생각하였을 뿐이었다.

민주화 운동의 주역 중의 한 명인 통일민주당의 김영삼이 1990년 1월 당시 대통령이자 민주정의당 총재인 노태우와 신민주공화당 총재 김종필과 전격적으로 합당함으로써 절차적 민주주의도 형식화되었다. 민주화 세력이 너무나 손쉽게 민주 탄압 세력과 손을 잡은 결과는 이에 그치지 않았다. 김영삼은 그의 소원대로 1992년 대통령으로 당선되었지만, 그는 세계화 선언을 하고, '경제 민주주의'에 역행하는 신자유주의 정책을 추진하였다. 김영삼 당시 대통령은 1994년 11월 17일 APEC 순방 중 호주 시드니로 가는 비행기에서 '세계화'를 선언하였는데, '국제화'를 '세게' 하는 것이 세계화라고 할 정도로 사실 그 내용을 잘 알지 못했다. 이렇게 하면 무역 규모가 확대되어 한국이 성장하는 줄로만 인식하였다.

신자유주의 정책은 김영삼 정권만이 아니라 1997년 외환 위기를 겪으면서 김대중과 노무현의 민주 세력이 집권한 10년 동안 더욱 강화되었다.

2008년 미국발 금융 위기 이후 서구와 미국에서는 신자유주의 정책을 폐기하거나 축소하고 있지만, 한국은 이에 아랑곳없이 이명박과 현재 박근혜 정부에서도 계속 이어지고 있다. 노동의 유연성은 확대되고 정부 기능은 축소되고, 공공 기관은 민영화되고 있다. '경제 민주화' 또는 실질적 민주주의가 선거 핵심 쟁점으로 부상한 것은 1987년부터 25년이 지난 2012년 제18대 대통령 선거에 즈음해서이다. 그러나 이것도 박근혜 정부가 집권한 이후 곧 유명무실해지고 신자유주의 정책은 지금도 계속되고 있다. 이 기간 동안 선거는 주기적으로 이루어졌으나, 실질적 민주주의는 이루어지지 않고 불평등만 심화되었다.

1987년 민주화 이후에는 오로지 지역 연합과 같은 권력을 쟁취하기 위한 전략만이 부상하였다. 지역주의는 1987년 제13대 대통령 선거부터 2012년 제18대 대통령 선거에 이르기까지 권력을 획득하기 위한 가장 강력한 투표 결정 요인이었다. 1990년 '삼당 합당'과 1997년 'DJP 연대'는 지역주의로 권력을 획득하기 위한 선거 전략 그 자체이었다.

그렇다고 해서 모든 선거가 지역주의 투표(regional voting) 행태만으로 이루어진 것은 아니었다. 지역주의 자체도 2002년 제16대 대통령 선거를 계기로 '출신지' 중심에서 '거주지' 중심으로 변화하였다. 지역에 따라서는 '계급 투표'가 확실히 이루어지기도 하고, 이와 반대로 '계급 배반 투표'라고 불리울 정도로 일부 계층은 그들의 계급적 이익보다는 도덕적 가치관을 중시하는 투표 행태를 보이고 있다. 그리고 대통령 탄핵과 같은 우연적 사건이 투표 분위기를 격변시키기도 하였다. 유권자들이 현직의 업적을 평가하여 투표를 하기도 하였다. '행정 수도의 충청도 이전'이나 '뉴타운 공약'처럼 대통령 후보나 정당의 공약이 선거 결과를 좌우하기도 하였다.

1. 정치학적 투표 결정 이론: 사회 균열 이론

1) 지역 균열

1987년 6월 항쟁으로 절차적 민주주의가 완성됨으로써 민주화 쟁점은 사라졌다. 클레그 식으로 말하면 '규율 · 생산 기술의 쇄신'으로서의 '민주화'는 1987년 6월 항쟁을 통하여 그 역할이 끝났다(제3장 참조). 이 공백을 메우고 '의미와 성원 자격의 관계를 규정하는 규칙'으로서 지역주의가 권력 생산 기제로 등장하였다. 1987년 제13대 대통령 선거에서 김영삼과 김대중, 그리고 김종필과 노태우 등 대통령 후보들이 출신 지역 유권자들의 지지를 구하는 지역주의 전략을 활용한 이후 지역주의는 모든 선거에서 가장 강력한 투표 결정 요인으로 작용하고 있다. 1987년 제13대 대통령 선거 이후 2012년 제18대 대통령 선거까지 한국의 모든 선거를 지배해 온 가장 중요한 투표 결정 요인이 지역 균열이라는 것은 수많은 연구들이 보고하고 있다(강원택, 2000; 김만흠, 1994; 2002; 김욱, 2004; 온만금, 1997; 윤광일, 2013; 이갑윤, 1998; 2011; 이남영, 1999; 장승진, 2012; 조기숙, 2000).

1987년 제13대 대통령 선거부터 2012년 제18대 대통령 선거에 이르기까지 지역주의 투표 행태는 조금도 완화되지 않았다. 1987년 제13대 대통령 선거에서 민주정의당 노태우 후보는 경북에서 66.4%, 평화민주당 김대중 후보는 전남에서 90.3%를 득표하였다. 2002년 제16대 대통령 선거에서 한나라당 이회창 후보는 경북에서 73.5%, 새천년민주당 노무현 후보는 전남에서 93.4%를 획득하였다. 2002년 선거에서는 두 정당의 대통령 후보가 모두 출신 지역 후보에서 출신 지역을 상징하는 후보로 교체되었음에도 불구하고, 두 정당의 지배 지역에서의 득표율은 오히려 모두 증가하였다. 그만큼 지역주의가 심화되고 구조화되었다. 2012년 제18대 대통령 선거에서 새누리당 박근혜 후보는 경북에서 80.8%를 득표하여 지역주의는 더욱 강화되었다. 다만 민주통합당 문재인 후보는 전남에서 89.3%를 획득하여 이 지역에서의 지역주의의 강도가 조금 옅어졌을 뿐, 전체적으로 지역주의 투표 행태는 조금도 부침없이 1987년 이후 한국의 모든 선거를 관통하고 있다.

민주화 이후 지역주의가 권력 생산 기제로 등장한 것은 민주화의 보편적 경로는 아니다. 한국 민주화의 특수한 내용과 과정의 소산이다. 1987년 6월 항쟁 이후 제13대 대통령 선거를 앞두고 영호남을 대표하는 김영삼과 김대중의 사활적 대통령 후보 경쟁과 후보자의 출신 지역에 따라 지지가 편중되기 쉬운 대통령 직선제와 그리고 소선구제에 의한 국회의원 선출 방식 등이 지역주의를 권력 생산 기제로 활성화시킨 원인이 되었다(이갑윤, 1998: 76).

지역 균열은 정치 선진국과 달리 계급 균열이 현재화되지 못한 국가에서 등장하는 것으로서 한국의 후진적 정치 현실을 보여 주고 있다. 전통적으로 지역주의가 강고한 영남과 호남 이외에 대전 · 충남도 거의 모든 선거에서 지역주의 투표 행태를 보였다. 대전 · 충남은 비록 영호남만큼 지역주의 투표 성향이 강력하지는 않지만, 지역의 이익을 대변한다는 정당(예: 신민주공화당, 자유민주연합, 국민중심당, 자유선진당, 국민중심연합)이 1987년 제13대 대통령 선거부터 2012년 제19대 국회의원 선거까지 존재할 정도로 지역주의 투표는 튼실하게 유지되었다. 수도권과 충북, 그리고 강원도와 제주도만이 지역 균열이 심하지 않았다. 충북은 일시적으로 대전 · 충남과 같은 지역주의 투표 성향을 보인 적이 있지만, 그 정도는 미약하고 기간은 짧았다. 그리고 이내 탈지역주의 투표 성향으로 되돌아가 오늘에 이르고 있다. 강원도는 1992년 제14대 대통령 선거에서 정주영이 통일국민당 후보로 출마했을 때 잠시 지역주의 투표 행태의 싹이 나타났으나 그 정도는 매우 약하였다. 수도권 지역은 주민들의 출신 지역에 따른 지역주의가 내재되어 있기는 하지만, 제주도와 함께 적어도 외형적으로는 지역주의 투표 행태로부터 완전히 비껴선 지역이다.

❶ 지역 균열의 원인

① 지역 간 불균등 발전과 폐쇄적 인사

지역주의 투표 행태를 초래하는 원인으로 가장 먼저 제기된 것은 지역 간, 특히 영남과 호남 간의 불균등 발전과 권력을 장악한 지역의 배타적인 편중 인사와 그에 대한 다른 지역의 반발과 대립이었다. 박정희 정권이 1960년대 수출 대체 산업 방식으로 급격하게 산업화를 추진하면서 미국 수출에 유리한 동남 해안 지역에 대거 산업 설비를 구축하였다. 물론 박정희의 출신 지역을 배려한다는 것도 이 지역이 제조업 입지로 선정된 이유 중의 하나이었다. 이 주장은 결과적으로 영남과 호남 간에 지역 발전의 격차가 발생하였고 이에 대해 호남 주민들이 반발함으로써 지역주의가 촉발되었다는 것이다.

영남과 호남의 불균등 발전은 대체로 1980년대까지는 사실이었지만, 최근은 그렇지 않다. 현재 지역 간 불균등 발전은 영남과 호남 간보다는 수도권과 비수도권 지역 간에 격차가 더 크게 벌어지고 있다. 즉 호남은 말할 것도 없고 영남의 산업 생산력 비중도 줄어들고 있다. 지역 간 격차가 지역 감정과 정치적 대립의 원인이라면, 이제는 영호남 간이 아니라 수도권과 비수도권 지역 간에 발생해야 한다. 시간이 갈수록 영남과 호남 모두 인구와 지역 총생산액(GRDP)이 줄어들고 있다. 1960년에서 2010년까지 영남 인구는 32.8%에서 26.2%로, 호남은 23.9%에서 10.3%로 감소하였다. 반면에 수도권 인구 비중은 같은 기간에 20.8%에서 48.9%로 증가하였다(통계청, 국가통계포털 총조사인구 총괄에서 계산). 지역 총생산액도 1985년에서 2011년에 수도권은 43.8%에서 47.2%로 증가하였지만, 영남은 같은 기간에 30.3%에서 27.1%로 감소하였으며, 호남권은 11.1%에서 10.2%로 줄어들었다(통계청, 국가통계포털 지역내총생산에서 계산). 1960년대 산업화 이후 경제 성장 과정에서 호남이 영남보다 훨씬 소외된 것은 사실이지만, 최근 들어서는 영남의 산업 생산이나 인구도 그 비중이 줄어들어 영호남 간의 경제적 격차가 심화되지 않거나 완화되고 있다. 그럼에도 불구하고 영호남 지역 간의 지역 갈등이 여전히 강력하다는 것은 두 지역의 지역 간 격차 이외의 다른 요인이 영호남의 지역 갈등의 원인으로 작동하고 있다는 것을 말해 준다.

영호남 지역 사람들이 서로 상대방을 준거 집단으로 여기는 경우에는 두 지역 간의 지역 격차가 심화되지 않더라도 지역 갈등의 원인이 될 수 있다. 영호남과 수도권과의 격차가 아무리 벌어지더라도 두 지역 모두 수도권을 준거 집단으로 여기지 않는다면 상대적 박탈감을 느낄 이유가 없다. 반면에 영호남 지역 간의 격차가 줄어들더라도 서로를 준거집단으로 생각한다면 지역 갈등은 발생할 수 있다(강희경, 2002b: 28).

영호남 지역이 상대방 지역을 준거집단으로 삼아 상대적 박탈감을 느낄 수 있는 분야가 인사 부문이다. 이 점에서 특정 지역의 배타적인 정실 인사는 지역주의 투표 행태의 한 원인이 된다. 왜냐하면, 권력을 장악한 사람들이 능력보다는 지역 연고를 기준으로 인사를 하면, 배제된 지역 사람들은 박탈감을 느껴 지역 갈등의 유혹을 받기 때문이다. 정권을 장악한 지역이 다른 지역을 배제하면, 배제된 지역은 정치적으로 결집하려는 정치적 동기를 갖게 된다. 이 면에서 호남 사람들의 박탈감은 매우 크고, 그 나름의 이유가 있다. 박정희와 전두환의 권위주의 정권은 말할 것도 없고 박근혜 정부에서도 영남 인사 편중은 계속되고 있다. 박정희 정권 때 대통령이 임명하는 유정회 국회의원 중 영남 출신이 25.8%를 차지하여 12.2%의 호남의 두 배를 넘었다. 1992년 제14대 전국구 의원 비율은 영남이 38.7%, 호남이 21.0%이었다. 노태우 정부 시절 행정부 장차관의 출신 지역은 영남 45.8%, 호남 12.0%로 더 벌어졌다. 안보 부서장의 격차는 더 심하였다. 박정희가 군사 쿠데타로 집권한 제3공화국에서 영호남의 안보 부서장 비율은 35.0% 대 10.0%, 유신 치하의 제4공화국에서 54.8% 대 6.5%, 전두환 집권 시기인 제5공화국에서 56.2% 대 6.3%이었다. 노태우 정부 때는 영남 출신이 안보 부서장의 62.1%를 차지한 반면에 호남 출신은 단 한 명도 없었다(이갑윤, 1998: 56). 영남권 편중 인사는 현재도 거의 달라지지 않았다. 2012년 출범한 박근혜 정부는 2014년 1월 현재 감사원장, 검찰총장, 국무총리, 헌법재판소장, 청와대 비서실장 등 권력 기관을 모두 영남권 인사로 충원하였다.

역사상 처음으로 정권이 교체된 김대중 정권에서도 진영만 달라졌을 뿐 편중 인사는 계속되었다. 과거 10% 내외에 불과했던 호남 출신 정부 핵심 인사의 비율이 김대중 정권에서 30%대로 비약적으로 증가하였다(김만흠, 2002: 292). 김대중 정부 초기에는 언론사의 편집국장과 보도국장 그리고 정치부장이 대부분 호남 출신 인사들로 충원되었다. 호남 인사의 대거 발탁은 영남 사람들의 반발을 크게 증폭시켰다. 호남 사람들의 발탁을 그 동안 능력이 있어도 영남 정권 때문에 등용되지 못한 것을 시정한다는 차원으로 이해할 수 있지만, 영남 사람들은 김대중 정부도 역시 능력보다는 연고로 핵심 보직을 충원한다고 느꼈다.

이 점이 중요하다. 과거의 편중 인사를 시정한다고 하여도 특정 지역이 인사를 독점하면, 나머지 지역은 상대적 박탈감을 느껴 지역 갈등으로 비화할 소지가 많아진다. 인사의 대상이 되는 당사자들만이 아니라 인사와 관련이 없는 일반인들도 그렇게 생각한다. 이들은 권력자들과 같은 지역사회에 속한다는 소속감을 갖고 있어, 편중 인사는 일반인들에게도 상대적 박탈감을 안겨 준다. 이로 인해 지역 감정과 지역 갈등이 유발된다.

정권이 바뀌어도 쉽게 교체되지 않는 분야가 있다. 경제 분야와 문화·지식 분야가 그렇다. 이 분야는 1997년 김대중 정부와 2002년 노무현 정부가 권력을 장악하였지만, 여전히 영남 지배 구조가 지금까지 유지되고 있다. 자본을 권력 자원으로 갖고 있는 자본가와 정치 권력이 직접 통제하기 어려운 문화·지식 분야에서는 영남 지배 구조가 깨지지 않고 있다. 이 점도 지역 갈등의 잠재적 요소가 된다. 한국신용평가와 동아일보의 분석에 따르면 2002년 2월 현재 5대 그룹 207개 계열사 임원 3,496명의 본적지는 영남 41%, 수도권 36%, 충청도 10%, 호남 8%, 강원도 3%, 제주도 및 기타가 2%로 김대중 정부 이전인 1997년 2월의 영남 34%, 수도권 42%, 호남 8%보다 수도권 출신 비중이 상대적으로 약화된 가운데(대우의 몰락이 원인 중의 하나임) 영남 세력의 비중이 더 커지고 호남은 변화가 없다. 한편 김만흠이 2001년 1년 동안 중앙 일간지 일곱 개 신문의 외부 기고자를 조사한 것에 의하면, 영남 출신이 38.8%, 수도권 25.7%, 호남 16.8%, 충청도 7.8%의 순서였다. 이른바 메이저 신문의 경우는 영남 출신 기고자가 45% 내외에 이르고 충청도와 호남 출신은 각각 9% 정도에 지나지 않아(김만흠, 2002: 291), 사회 문화 분야에서의 영호남 격차가 상당하다는 것을 보여 주고 있다.

지역 간 불균등 발전과 편중 인사가 지역주의의 원인이라는 주장은 일부 경험적 실체가 있음에도 불구하고 다음과 같은 한계가 있다. 지역 격차가 곧바로 지역주의 정당 균열로 이어지지는 않는다. 1987년 이후 지역주의 투표 행태가 출현한 이유는 김영삼과 김대중의 분열과 4당 체제의 등장과 같은 정치적 요인이 중요하게 작용하였기 때문이었다(이갑윤, 1998: 19). 그리고 이 주장은 지역주의의 동태적 변화를 잘 설명하지 못한다. 예를 들어, 왜 대전 · 충남 사람들의 투표 행태가 1987년 제13대 대통령 선거에서는 독자적이었다가 1990년 '삼당 합당'에서는 영남에 동조하고, 1997년 제15대 대통령 선거에서는 호남과 연합하고, 2001년에는 새정치국민회의와 결별하고, 이후 지역 정당으로 독자 노선을 걷다가, 2012년 제18대 대통령 선거에서는 다시 영남에 근접하는지를 지역 간 불균등 발전과 같은 요인으로는 이해할 수 없다. 마찬가지로 이 주장은 왜 충북은 대전 · 충남처럼 지역주의 투표 행태를 보이지 않는지를 설명할 수 없다.

② 유권자의 합리적 정치 행위

'합리적 선택론'은 지역주의 투표 행태가 발생하는 이유를 정치적 효용의 극대화를 추구하는 유권자들의 합리적 선택의 결과로 본다(조기숙,

2000: 89; 이갑윤, 1998: 21). 이 이론은 지역주의를 지역 주민 간의 적대감의 문제로 보지 않는다. 지역주의 투표 행태는 지역을 지배하는 지배 정당의 권력 획득을 지원하려는 지역 주민들의 이익 추구 행위의 결과라는 것이다. 정치가 지역적 경쟁 구도 하에 이루어지는 조건에서 유권자들은 지역의 이익을 대변하는 지배 정당이 권력을 획득하는 것이 자신들의 이익에 가장 잘 부합한다고 '합리적으로 판단'한다(이갑윤, 1998: 168; 이동윤, 2009: 64). 이 이론에 의하면, 유권자들은 정당의 이념과 공약과 정책을 판단할 합리적 수준의 '정보'를 갖고 있으며, 투표에 따른 '혜택'과 '비용'을 계산하여 '효용성'을 극대화하는 방향으로 투표를 한다(전용주, 2009: 18). 유권자들은 경제적으로나 인사상 이익을 보려는 계산으로 동향 출신 후보를 대통령이나 국회의원으로 뽑는다. 유권자들이 자신의 이익을 추구하는데 가장 효율적인 대안을 선택하기 때문에 투표 행위는 '합리적'인 것이 된다.

그러나 이러한 투표 행위가 실제 상황에서 반드시 합리적이지는 않다. 강원택은 지역주의 투표가 유권자의 합리적 선택이라는 결론으로 이어지기 위해서는 극복해야 할 이론적 문제가 있다고 주장한다. 이 이론이 성립하려면, 지역 출신 후보가 권력을 장악하면 지역 발전이 이루어지고, 그 지역 주민 혹은 그 지역 출신의 모든 개인이 '빠짐없이' 그리고 '자동적으로' 혜택을 보아야 한다. 그러나 현실적으로 혜택은 불확실하고 불균등하게 배분될 수밖에 없다. 인사상의 이익이나 재화가 지역 유권자에게 모두 똑같이 분배될 수는 없기 때문이다. 실제로 지역 연고에 따라 투표한 유권자 중 선거 이후에 후보자나 정당으로부터 보상받는 사람은 소수의 직접적 관련자 이외에는 거의 없다. 경우에 따라서는 오히려 손해를 보는 사람이 발생하기도 한다. 예를 들어 할인 매장이 어떤 지역에 들어서면 그 지역의 소비자는 혜택을 보지만, 인근의 구멍가게 주인은 망할 수도 있다(강원택, 2000: 55-60). 그리고 지역주의 투표가 개인의 이해관계와 관련된 현상이라면 투표 선택의 결정 기준은 출신지나 연고지보다는 거주지이어야 하는

데(정병은, 2004: 15), 거주지 중심의 지역주의는 2002년 제16대 대통령 선거 이후에 나타났고, 그 이전에는 대부분 출신지 중심으로 투표를 했다는 점도 이 이론을 지지하기 어렵게 만든다.

한편, 지역주의 투표 행태가 유권자의 합리적 선택이라면, 지역주의가 강한 지역(예: 영남과 호남과 대전 · 충남)에서의 투표율은 그렇지 않은 지역(예: 수도권, 강원도, 충청북도, 제주도)보다 낮아야 한다(강원택, 2000: 64). 왜냐하면 지역주의가 강한 지역의 일부 유권자들은 굳이 자기가 투표하지 않아도 그가 원하는 투표 결과가 산출된다고 생각하여 투표를 하지 않으려 하기 때문이다. 다른 지역과 경쟁하는 대통령 선거보다 자기 지역 안에서만 경쟁하는 국회의원 선거와 지방 선거의 경우 이론적으로 그럴 가능성이 더 높다. 그러나 실제 투표율은 이와 무관하거나 오히려 반대이었던 적이 많았다. 예를 들어 2004년 제17대 국회의원 선거에서 지역주의가 강력한 경북과 전남의 투표율은 각각 61.5%와 63.4%인데 비해 비교적 지역주의가 옅은 강원도와 충청북도는 투표율이 59.7%와 58.2%로 지역주의가 강한 지역의 투표율이 오히려 더 높았다. 2006년 제4회 지방 선거에서는 이 경향이 더 두드러졌다. 경북과 전남의 투표율은 각각 61.5%와 64.3%인데 비해, 강원도와 충청북도는 각각 58.7%와 54.7%에 불과해 지역주의가 강한 지역의 투표율이 그렇지 않은 지역보다 상당히 높았다. 이런 점에서 지역주의 투표 행태를 '합리적 선택론'으로 설명하려는 이론적 시도는 해결해야 할 부분이 많다.

③ 선거 연합론

선거 연합론은 지역주의 투표 행태가 기본적으로 정치 권력의 배분을 둘러싸고 발생하는 정치 과정이라고 생각한다(이갑윤, 1998: 19). 이 입장은 지역 간에 경제적 차별이나 폐쇄적 인사 정책이 있다고 해서 무조건적으로 지역 균열이 발생하는 것이 아니라, 1987년 제13대 대통령 선거를 앞두고 발생한 김영삼과 김대중의 대립이나 1990년 '삼당 합당'이나 1997년 제15대 대통령 선거를 앞두고 이루어진 'DJP 연대'와 같은 정치적 매개 변수를 거쳐야만 한다고 본다. 1987년 절차적 민주주의 완성 이후 권력을 획득하려는 정당 간 경쟁과 대통령 후보 출신 지역에 대한 편중적 지지를 유발하는 대통령 선거 제도와 그리고 유권자들의 적극적 호응이 지역주의 선거 연합을 가능하게 했다. 정당과 정치 지도자들은 지역을 새로운 정치적 균열 구조로 이용하였다(이갑윤, 1998: 171). 이 입장은 지역 균열 구조가 발현되는 정치적 조건을 밝혔다는데 이론적 의의가 있다(최영진, 1999: 140).

1990년 '삼당 합당'에 의한 호남 포위는 대표적인 선거 연합의 사례이다. 1990년 대구와 경북 중심의 민주정의당과 부산과 경남의 통일민주당과 충청도의 신민주공화당이 민주자유당을 창당하여 호남의 평화민주당을 포위하였다. 이와 반대로 선거 연합으로 영남을 배제한 적도 있었다. 1997년 제15대 대통령 선거를 앞두고 새정치국민회의 김대중 총재는 호남 고립을 타파하고 정권을 잡기 위해 당시 김종필 자유민주연합 총재와 이른바 'DJP 연대'를 성사시켰다. 이후 박태준 전 총리가 가세한 'DJT 연대'로 발전하여 대구 · 경북(TK) 지역의 일부 민정계도 합류했다. 김대중 후보는 김종필 총재에게 공동 정부 구성과 내각제 개헌을 제시했고, 김종필 총재는 대통령 후보를 양보하고 충청표를 몰아주기로 약속했다. 김대중 후보는 이 연대에 힘입어 1997년 제15대 대통령으로 당선되었다. 'DJP 연대'는 한국 정치사에서 최초로 민주적 정권 교체를 이뤄낸 동력이 됐지만, 유신 정권에 맞서 싸웠던 김대중 후보가 유신 체제에서 국무총리를 역임한 김종필과 연대했다는 점에서 '정치 공학의 산물'이라는 비판도 받았다.

④ 정치적 정체성론

정치적 정체성 이론은 특정 지역 사람들이라는 이유로 정치적 배제와 박탈을 경험하면서 그들 스스로 자신들을 일종의 운명 공동체로 간주하여 그들만의 독특한 집단 정체성을 형성하는 것을 말한다(최영진, 1999:

136). 이 개념은 지역의 운명을 집단 구성원 전체의 정치적 이해관계와 일치시켜 인식한다는 면에서 단순한 집단 소속감과 다르다(최영진, 1999: 143-144). 이 이론은 특히 호남의 지역주의를 잘 설명할 수 있다. 호남 사람들은 1980년 광주 항쟁 기간에 전라도 사람이라는 이유만으로 아무런 이유없이 죽을 수도 있다는 절대적 위기감을 집단 체험함으로써 계층을 초월하여 집단적인 '정치적 정체성'이 형성되었다. 호남의 지역주의는 이와 같이 운명 공동체적 정치적 결집에 근거하고 있다. '광주 항쟁'은 호남 사람들의 정치적 정체성을 형성시키는 계기가 되었다.

정치적 정체성은 정치적으로 핍박받는 지역에서는 모두 발견될 수 있다. 1979년 '부마 항쟁' 도 그 규모와 정도는 '광주 항쟁'에 못 미치지만, 부산과 경남 사람들에게 정치적 정체성을 불어넣었다. '부마 항쟁'은 1979년 10월 16일부터 20일까지 부산과 마산 지역에서 일어난 반정부 민중 항쟁으로 김영삼 신민당 총재에 대한 총재직 정지 가처분과 의원직 박탈에 의해 촉발되었다. 정부는 부산 일원에 비상 계엄령을 선포하였고, 마산 및 창원 일원에 위수령(衛戍令)을 발동하였다. 부산 지역에는 공수 부대가 동원되어 시위 시민과 학생을 강도 높게 진압하였다. 마치 1980년의 광주 항쟁과 비슷한 분위기로서 부산과 마산 사람들은 김영삼과 일체감을 느끼는 정치적 정체성을 경험하였다. 비록 부산과 마산의 정치적 정체성에 입각한 지역주의는 무조건적 권력 획득이라는 영남 지역주의에 곧 매몰되었지만, 1979년 당시만 보면 부마 항쟁이 부산과 마산 사람들의 정치적 정체성을 형성시킨 것은 틀림없다.

정치적 정체성은 '정체성 투쟁'으로 연결되기도 한다. 정체성 투쟁은 사회적 약자 집단이 주류 집단에 저항하여 그들의 독자적인 정체성을 표현하는 것을 말한다. 예를 들어 여성 운동, 동성애 운동, 호주의 원주민 운동 등이 여기에 속한다. 호남의 지역주의도 바로 여기에 해당한다. 호남의 지역주의는 단순히 지역 간 대결에 머무르지 않고 스스로를 '민주주의의 성지'라고 상징화하는 것에서 알 수 있는 것처럼 한국의 민주주의와 진보적 가치관을 표상하기도 한다. 1997년 김대중이 권력을 획득함으로써 호남에 대한 지역적 차별과 인사상의 불이익이 해소되었지만, 호남 지역에서 지역주의가 수그러들지 않고 있는 이유도 이것이 하나의 지역 정체성으로 자리 잡았기 때문이라고 할 수 있다.

❷ 지역주의 투표의 기준

지역주의 투표는 '유권자가 투표할 때, 후보자의 출신 지역과 후보자가 속한 정당 지도자의 출신 지역, 혹은 후보자가 속한 정당이 상징하는 지역을 기준으로 투표하는 현상'이라고 정의할 수 있다(김욱, 2004: 74). '후보자의 출신 지역'은 지역주의 투표의 가장 오래 된 기준으로 지금도 작동하고 있다. 이 기준에 의한 지역주의 투표는 1971년 제7대 대통령 선거에서도 발견된다. 당시 민주공화당 박정희 후보는 경북에서 75.6%, 경남에서 73.4%를 획득하였고, 신민당 김대중 후보는 전북에서 61.5%, 전남에서 62.8%를 득표하였다. 영남 지역이 호남 지역보다 지역적으로 더 결집하였다. 1971년의 지역주의 투표는 '애향심의 발로'라고 할 수 있을 정도로 지역주의 투표 행태가 구조화되지 않았다. 그러나 1987년 민주화 이후 실시된 제13대 대통령 선거는 더 이상 '애향심의 발로'가 아니었다. 이 선거에 출마한 네 후보(노태우, 김영삼, 김대중, 김종필) 모두 후보자의 출신 지역에서 2위 후보를 앞섰다. 민주정의당 노태우는 대구에서 70.7%, 경북에서 66.4%, 평화민주당 김대중은 광주에서 94.4%, 전남에서 90.3%, 전북에서 83.5%를 득표하여 2위 후보를 넉넉히 따돌렸다. 다만 통일민주당 김영삼은 부산에서 56.0%, 경남에서 51.3%, 신민주공화당 김종필은 충남에서 45.0%를 득표하여 2위와의 득표 차이가 크지 않았다.

'후보자가 속한 정당 지도자의 출신 지역'이라는 기준은 지역주의 투표가 후보자 개인에서 정당으로 확장되었다는 점에서 정치적 의미가 크다(김욱, 2004: 75). 지역주의 투표가 그 만큼 구조화되었다는 것을 의미한다. '후보자가 속한 정당이 상징하는 지역'이라는 기준은 지역주의 투표 행태의 구조적 완결형이다. 이것은 출마 후보가 누구냐가 중요한 것이 아니라, 지역의 지배 정당의 후보이면 무조건 지지하는 것이다. 1997년 제15대 대통령 선거에서 영남 지역 유권자들은 영남 출신이 아니지만, 영남 지역을 지배하는 한나라당 대통령 후보 이회창을 무조건 지지하였다(김욱, 2004: 75). 대통령 후보 개인이 아니라 지배 정당의 대통령 후보가 투표 결정의 기준이 되었기 때문이었다. 2002년 제16대 대통령 선거에서 한나라당 이회창 후보와 새천년민주당 노무현 후보에 대한 영남과 호남 지역 유권자들의 지지와 그리고 2012년 제18대 대통령 선거에서 호남의 전폭적 지지를 받은 민주통합당 문재인 후보도 이 경우에 속한다. '후보자의 출신 지역'에서 '후보자가 속한 정당 지도자의 출신 지역'을 거쳐 '후보자가 속한 정당이 상징하는 지역'으로 지역주의 투표 기준의 변화는 지역주의 투표가 구조화되는 방향으로 바뀌고 있음을 의미한다. 2007년 제17대 대통령 선거에서 호남 출신 대통합민주신당 정동영 후보가 호남에서 획득한 득표율(광주 79.8%, 전남 78.7%, 전북 81.6%)보다 2012년 제18대 대통령 선거에서 부산 출신인 민주통합당 문재인 후보가 호남에서 얻은 득표율(광주 92.0%, 전남 89.3%, 전북 86.3%)이 더 높았다는 것이 이를 입증한다. 후보 개인보다는 지역을 상징하는 정당의 후보가 지역주의 투표 결정 기준이 됨으로써 지역주의 투표는 완전히 구조화되고 제도화되었다.

❸ 지역주의의 유형

1987년 이후의 모든 선거가 지역주의 투표 행태를 보이고 있지만, 모든 지역이 같은 강도와 지속성을 나타내는 것은 아니다. 영남과 호남, 그리고 충청도(정확하게는 대전 · 충남)의 지역주의는 강도와 지속성이 다를 뿐만 아니라 지향하고 있는 목표도 다르다. 영남의 지역주의는 흔히 '패권적 지역주의'라 지칭한다. 지역주의의 강도와 지속성이 매우 강력하다. 지역주의의 목표는 권력을 장악하는 것이다. 정근식은 지역 패권주의를 '특정 지역 사람들이 자신들의 우월적 지위를 향유하기 위해 국가 권력을 장악하여 한편으로는 국정을 자기 지역 중심으로 운영하고, 다른 한편으로는 다른 지역 출신들의 도전을 억눌러 지역 분할 통치를 도모하는 것'이라고 정의하였다(정근식, 1997: 294).

패권적 지역주의는 국가 권력 장악이 최우선 목표이기 때문에 지역 유권자들은 지역 출신 지도자 개인이 아니라 국가 권력을 획득할 수 있는 지배 정당을 지지한다. 예를 들어, 경남 지역 유권자들은 1987년 제13대 대통령 선거에서 경남 출신인 통일민주당 김영삼 후보가 아니라 대구 출신이지만 국가 권력을 장악할 가능성이 높은 민주정의당 노태우 후보를 지지하였다. 1988년 제13대 국회의원 선거에서도 경남 유권자들은 김영삼의 통일민주당보다 여당인 민주정의당을 선택했다(36.9% 대 40.2%). 이들은 지역 출신 정치인보다 국가 패권 장악이 더 중요하다고 판단하였다. 1992년 제14대 대통령 선거에서는 경남 유권자들이 김영삼을 압도적으로 지지하였는데(72.3%), 이것은 '삼당 합당'으로 김영삼이 패권 정당인 민주자유당의 대통령 후보가 되었기 때문이었다.

호남의 지역주의는 '저항적 지역주의'라고 불린다. 영남의 패권적 지역주의에 대응하는 측면도 있지만, 호남 지역 사람들이 정치와 경제, 사회와 문화면에서 배제와 박탈을 체험하면서 형성된 정치적 집단 정체성으로서의 성격을 띠고 있다(최영진, 1999: 142). 이미 영호남 간의 지역적 대립은 대등한 힘의 관계에 있지 않다. 두 지역 간의 힘의 우열은 명백하다. 영남과 호남 간의 힘의 불균형은 현실이다. 힘의 불균형은 갈등이 아니라 차별을 낳는다. 집단 간의 대립과 갈등은 대등한 힘의 관계에서 발생하는 것이고, 힘이 불균형해지면 강자에 의한 약자의 차별이 나타난다. 마치 미국 백인과 흑인 간에 인종 갈등이 아니라 흑인에 대한 백인의 차별이 존재하는 것과 같다. 영호남의 지역 갈등도 정확하게는 호남에 대한 영남 지역, 나아가서는 모든 지역 사람들의 호남에 대한 지역 차별이라고 보아야 한다(이라영, 2013). 이런 상황에서 호남 사람들이 정치적으로 문제를 제기하는 것이 저항적 지역주의이다. 여기에 1980년 호남 사람들이 겪은 '광주 항쟁'은 저항적인 정치적 정체성을 불러일으키는 원동력이 되었다. 호남 사람들은 하나의 운명 공동체로서 지역의 정치적 이해를 내면화하였다. 이것이 다른 지역에서는 볼 수 없는 지배 정당 지지율 90%로 표현되는 것이다.

충청도의 지역주의는 '반사적 지역주의'라 이름붙일 수 있다. 영호남의 지역주의에 대한 소극적 반응으로 '충청도도 다른 지역에 질 수는 없다'는 수준의 지역주의이다. 충청도도 국가 권력이나 다른 지역으로부터 무시당하지 않으려면 지역적으로 결집해야 한다는 수준의 지역주의이다. 다시 말해서, '경상도는 경상도대로, 전라도는 전라도대로 자기 밥그릇을 찾는데 충청도는 바보냐'는 대응의 표출이다(충청리뷰, 1998). 당연히 충청도의 반사적 지역주의는 지역주의 투표 성향이 가장 옅어서 독자적인 정권 장악과 같은 목표를 설정하고 있지는 않는다. 지역주의 투표 성향이 가장 강력한 것은 외집단 적대 의식이 높은 저항적 지역주의이고, 다음은 내집단 통합을 추구하는 패권적 지역주의이다. 이 두 지역주의는 모두 권력 획득을 적극적으로 추구한다. 그러나 반사적 지역주의는 영호남의 지역주의에 수세적으로 대응하는 차원의 지역주의이기 때문에 권력 추구의 강도가 현저히 떨어진다.

충청도의 지역적 결집은 대체로 대전과 충남에 국한되었고, 충북은 단기간에 그쳤다. 대전 · 충남 유권자들은 1987년 제13대 대통령 선거와 1988년 제13대 국회의원 선거에서부터 김종필과 신민주공화당을 나름대로 강력하게 지지하였으나, 충북은 이 선거에서 여당인 민주정의당을 선택하였다. 충북이 대전 · 충남과 같이 반사적 지역주의에 적극적으로 동참한 것은 1995년 제1회 지방 선거부터 2000년 제16대 국회의원 선거 직전까지이다. 충북은 이 때 김종필이 제창한 '충청도 핫바지'론에 적극 동조하였으며, 1997년 제15대 대통령 선거에서 김대중과 김종필이 맺은 'DJP 연대'를 적극 지지하였다. 이 선거에서 김대중의 충청도 득표율은 1990년 '삼당 합당' 이후 실시된 1992년 제15대 대통령 선거에서 김영삼이 획득한 충청도 득표율보다 더 높았다. 특히 대전과 충남에서 이 현상은 뚜렷하였다.

새정치국민회의 김대중 후보는 1997년 제15대 대통령 선거에서 대전에서 45.0%, 충남에서 48.3%를 얻어, 1992년 제14대 대통령 선거에서 민주자유당 김영삼 후보가 두 지역에서 획득한 지지율 35.2%, 36.9%를 앞섰다. 충북은 미묘하였다. 김대중은 1997년 제15대 대통령 선거에서 충북에서 37.4%를 얻어, 1992년 제14대 대통령 선거에서 민주자유당 김영삼이 충북에서 획득한 득표율 38.3%보다 적었으나, 제14대 대통령 선거에서의 충북 득표율 26.0%보다는 크게 신장되어 'DJP 연대' 효과가 충북에서도 나타났다고 볼 수 있다.

1997년 제15대 대통령 선거에서 김대중 후보의 득표율에 주목해야 하는 것은 김대중 이외의 두 후보(집권당인 한나라당의 이회창과 국민신당 이인제)가 모두 충청도 출신이었다는 것이다. 김대중이 이러한 불리한 환경 속에서도 충청도에서 경쟁 후보를 앞질렀을 뿐만 아니라 1992년 제14대 대통령 선거에서 1위를 한 김영삼 후보보다도 더 높은 득표력을 보인 것은 충청도 유권자들이 그만큼 1997년 제15대 대통령 선거에서 권력 분점자로 나서는 것을 주저하지 않았음을 지역주의 투표 행태로 나타낸 것이다. 이러한 움직임에 충북도 적극적으로 호응하였다. 충청도의 반사적 지역주의는 이 때 절정에 달하였다.

❹ 출신지 중심의 지역주의와 거주지 중심의 지역주의

1987년 이후의 모든 선거에서 지역주의 투표 행태가 관철되고 있지만, 지역주의의 내용은 2002년 제16대 대통령 선거를 기점으로 크게 바뀌었다. 이 선거 이전까지는 전국의 유권자들이 본인의 출신지를 기준으로 지역주의 투표를 했다. 즉 영남과 호남, 그리고 충청도 주민은 말할 것도 없고, 수도권 유권자들도 그들의 출신지를 기준으로 투표하였다. 심지어는 아버지의 고향을 본인의 출신지로 상정하여 지역주의 투표를 하기도 하였다. 유권자들은 출신지의 지배 정당에 감정적 일체감을 갖고 지배 정당과 그 후보를 무조건 지지하였다. 이러한 '출신지 중심의 지역주의'는 유권자

자신의 이해관계보다는 오로지 그들의 출신지 지배 정당의 승리에 초점을 맞추었다.

그러나 지역주의의 내용은 2002년 제16대 대통령 선거를 기점으로 크게 변화하였다. 특히 충청도에서 이것이 두드러졌다. 이 선거에서 영남과 호남 지역에서는 여전히 출신지 중심의 지역주의 투표 행태를 보였지만, 충청도 주민과 수도권 거주자들은 출신지보다는 거주지를 기준으로 투표하였다. 이 선거에서 새천년민주당 노무현 후보가 '충청도로 행정 수도를 이전하겠다'는 공약을 발표한 것이 거주지 중심의 지역주의를 촉발시켰다. 행정 수도가 충청도로 이전하게 되면 가장 큰 수혜를 보는 지역은 말할 것도 없이 충청도이다. 정확하게 말하면, 충청도 출신이 혜택을 보는 것이 아니라 충청도에 살고 있는 거주민이 수혜를 본다. 반면에 수도권 주민들은 출신지와 관계없이 행정 수도 이전이 가져올 지역적 손실을 고려하였다.[1] 두 지역 모두 거주민의 이해관계가 투표 결정의 기준이었다. 두 지역만큼은 아니지만, 나머지 지역도 행정 수도가 충청도로 이전하는 것이 자기 지역에 미칠 손익을 계산하였다. 출신지 중심의 지역주의 투표 행태도 결국은 후보자와 유권자의 출신 지역의 경제적 이익을 기대한 투표 행위라고 볼 수 있지만, 거주 지역의 이해관계를 중시하는 새로운 지역주의 투표는 이를 보다 명확히 인식한다는 점에서 출신지 중심의 지역주의 투표와 차이가 있다.

2004년 제17대 국회의원 선거에서 열린 우리당이 충청도에서 압승한 것도 거주지 중심의 지역주의 투표의 사례이다. 이 선거에서 열린 우리당이 전국적으로 승리한 원인은 한나라당과 새천년민주당과 자유민주연합의 노무현 대통령에 대한 비상식적 탄핵안 발의에 대한 국민적 거부이었지만, 충청도만 보면 만약 열린 우리당이 패배하면 '행정 수도 이전'이라는

---

1) 그러나 수도권 주민들은 실제 선거에서 이 공약을 심각하게 생각하지 않았다. 수도권 투표에 별 영향이 없었다(제6장 참조).

구체적이고 실리적인 사안이 없었던 일로 될 것을 우려한 충청도 주민들의 거주지 중심 투표 행위가 근저에 깔려 있었던 것이다(김욱, 2004: 82).

2007년 제17대 대통령 선거는 지역주의가 거주지 중심으로 확실하게 변모한 또 다른 사례이다. 이 선거는 노무현 대통령에 대한 부정적인 회고적 평가와 경제 성장을 실현할 것 같은 한나라당 이명박 후보에 대한 전망적 기대감으로 승부가 결정났다는 것 이외에 한편으로 호남과 충청도 유권자들이 거주지 중심으로 투표한 선거이기도 하다. 이 선거에서 호남과 충청도 유권자들은 출신지와 거주지 간에 뚜렷한 투표 행태의 차이를 보였다. 〈표 4-1〉을 보면, 대구 · 경북과 부산 · 울산 · 경남 등 영남 지역은 '출신지' 유권자들과 '거주지' 유권자들의 투표 행태가 거의 차이가 없었지만, 호남과 충청도 지역에서는 이 차이가 매우 컸다. 대통합민주신당 정동영 후보와 무소속 이회창 후보는 거주지 득표율이 출신지 득표율보다 낮았다. 호남 출신인 정동영 후보는 호남 지역에서 79.6%를 득표하였으나, 호남 이외의 지역에 거주하는 출향 유권자들로부터는 51.0%밖에 득표하지 못했다. 무려 28.6% 포인트나 차이가 난다. 반면에 영남 출신인 이명박 후보는 호남 지역에 거주하는 유권자들로부터 13.8%의 선택을 받았지만, 비호남 지역에 거주하는 출향자들로부터는 27.2%를 득표하였다.

충청도 출신 유권자들의 선택도 흥미롭다. 충남 출신인 이회창 후보는 충청도 지역에 살고 있는 주민들로부터는 28.8%의 지지를 얻은 반면에, 충청도 출향 유권자들로부터 12.2%의 지지밖에 얻지 못해, 그 차이가 16.6% 포인트에 이른다. 반면에 이명박 후보는 충청도 거주 유권자들로부터 45.9%를 받았지만, 충청도 출향 유권자들로부터 61.5%의 지지를 얻었다. 2007년 제17대 대통령 선거에서 호남과 충청도 거주 유권자들과 출향 유권자들의 정치적 선택이 달랐는데, 이것은 이 지역 출향 인사들의 출신지 동조 현상이 약화되었기 때문이었다. 다시 말해 호남과 충청도 출향 유권자들은 이 선거에서 확실히 거주지를 중심으로 투표하였다(강원택, 2010: 60).

〈표 4-1〉 2007년 제17대 대통령 선거에서의 출신 지역과 거주 지역 간 후보 지지도 차이 (단위: %)

	호남 출신		대구 · 경북 출신		부산 · 울산 · 경남 출신		충청도 출신	
후보	거주자	비거주자	거주자	비거주자	거주자	비거주자	거주자	비거주자
이명박	13.8	27.2	77.3	70.6	61.7	69.5	45.9	61.5
정동영	79.6	51.0	11.0	11.1	8.3	8.5	15.1	14.7
이회창	1.5	5.8	6.6	9.2	17.0	13.4	28.8	12.2
문국현	3.6	12.6	4.4	4.6	8.3	7.3	8.2	5.8
기타	1.5	3.4	0.6	4.6	4.9	1.2	2.1	5.8
합계	100.0 (196)	100.0 (206)	100.0 (181)	100.0 (153)	100.0 (206)	100.0 (82)	100.0 (146)	100.0 (156)
카이제곱 검증	카이제곱 = 38.7 p<0.01		카이제곱 = 7.6 p>0.1		카이제곱 = 3.2 p>0.05		카이제곱 = 17.0 p<0.01	

자료: 6차 패널 조사(대통령 선거 이후 조사)

출처: 강원택(2008: 9)

2007년 제17대 대통령 선거에서 호남과 충청도 출향 주민들만이 거주지 중심으로 투표한 것은 아니었다. 이 선거에서 특히 수도권에 거주하는 지방 출신 유권자들은 부동산 문제에 민감하였다(강원택, 2010: 67). 즉 일부 수도권 주민들은 출신지 후보의 당락보다 삶의 공간으로서의 부동산 문제를 거주지의 이해관계로 더 중요하게 생각하였다.

2008년 제18대 국회의원 선거에서 한나라당이 수도권에서 '뉴타운 정책'을 공약하여 압승한 것도 거주지 중심의 투표의 또 하나의 사례이다. 이 선거에서 한나라당은 수도권에 '뉴타운 정책'이라는 도시 재개발 전략을 공약하였는데, 수도권 주민들이 부동산 가격 상승을 기대하고 한나라당 후보를 열렬히 지지하였다. 수도권 유권자들은 거주지의 이해관계를 출신

지의 지배 정당보다 더 중요하게 생각하였다. 이 선거에서 한나라당은 서울 전체 의석 48석 중 40석을 차지하였다(의석 점유율 83.3%). 경기도에서는 전체 51석 중 32석(의석 점유율 62.7%)을, 인천에서는 전체 12석 중 9석(의석 점유율 75.0%)을 차지하는 압승을 거두었다. 반면에 통합민주당은 서울에서 7석, 경기도 17석, 인천 2석을 차지하는데 그쳤다(의석 점유율 각각 14.6%, 33.3%, 16.7%). 한나라당 압승의 모든 원인이 '뉴타운 공약'에 있는 것은 아니지만, 이것이 결정적 영향을 끼친 것은 확실하다.

2008년 제18대 국회의원 충북 선거에서 통합민주당이 수도권과 달리 완승을 거둔 것도 거주지 중심의 투표의 사례이다. 이 선거에서 통합민주당은 충북 전체 8석 중 6석(의석 점유율 75.0%)을 차지하였다. 그리고 충남에서는 자유선진당이 전체 10석 중 8석(의석 점유율 80.0%)을 점유하였다. 이러한 선거 결과는 이명박 정부가 수도권 규제를 완화하여 수도권에 공장을 증설하고 신설하는 것을 허용할 것이라는 정책 때문이었다. 수도권에 공장 증설이 허용되면, 충북이나 충남으로 올 기업이 수도권 입지를 선택하고, 그렇게 되면 충북과 충남의 발전은 기대하기 어렵다고 충청도 유권자들은 판단하였다.

출신지 중심의 지역주의가 다른 지역에 대한 배타적 차별이라는 감정적 요인에 의해 지배되는 것이라면, 거주지 중심의 지역주의는 지역 발전이나 지역 공동체에 대한 주민들의 이해관계에 바탕을 두고 있다. 거주지 중심의 투표는 환경, 교육, 부동산, 교통, 지역 개발 등 '손에 잡히는' 보다 구체적인 이해관계를 중시한다(강원택, 2010: 15). 거주지 중심의 지역주의는 지역의 정치적 이익을 극대화하기 위한 일종의 합리적 선택이라 할 수 있다. 새로운 지역주의는 내집단 유대감과 외집단 배척에 근거한 출신지 중심의 지역주의보다 훨씬 합리적이다.

물론 거주지 중심의 지역주의가 출현하였다고 해서 출신지 중심의 지역주의가 약화된 것은 아니다. 영호남 지역과 대전·충남 지역에서는 여전히 출신지 중심의 투표 행태가 강력하다. 앞서 예를 든 2008년 제18대 국회의원 선거에서 자유선진당이 대전과 충남에서 한나라당과 통합민주당이라는 거대 정당을 제치고 승리한 것은 '수도권 규제 완화 반대'라는 거주지 중심의 이해관계도 작용했지만, 이보다는 자유선진당이라는 지배 정당을 지지하는 이 지역 유권자들의 지역주의 투표 행태가 더 강하게 영향을 미친 결과이다.

결론적으로, 1987년 민주화 이후 한국의 선거 정치를 지배해 온 지역 균열의 영향력은 2012년 대통령 선거까지 계속되고 있다. 그리고 지역주의 투표 기준이 '후보자의 출신 지역'에서 '후보자가 속한 정당이 상징하는 지역'으로 변화하여 지역주의 투표가 한층 구조화되었다. 다만 2002년 제16대 대통령 선거부터 지역주의의 내용이 출신지에서 거주지로 변화하는 새로운 양상이 나타나고 있다.

2) 계급 균열

계급 투표는 각 계급들이 그들의 계급적 이익을 실현하기 위해 투표에 임하는 것을 말한다. 즉 노동 계급은 그들의 이익을 반영하는 진보 정당에 투표하고, 자본가계급과 상층 신중간 계급은 그들의 이해관계를 정책에 반영하는 보수 정당에 충실하게 투표한다는 것이다.

한국의 자본가 계급은 확실히 그들의 계급적 이익을 지키기 위해 계급 투표를 한다. 1987년 민주화 이후 역대 선거 결과를 보면, 자본가계급은 그들의 계급적 이해관계를 충실히 반영하는 정당을 지지해 왔다. 이들은 자신들의 이익에 배치되는 기업 규제와 증세와 사회복지 확대를 반대하며, 법인세와 종합 부동산세를 완화하거나 폐지하는 등 상층을 겨냥한 정책을 지속적으로 추진하는 현재 새누리당 계열 정당을 항상 지지하고 있다. 이들이 주로 거주하는 서울의 강남, 목동, 평창동, 여의도동, 동부이촌동과 경기도 성남시 분당 지역에서의 새누리당의 지지율은 늘 다른 정당 지지율을 월등히 앞섰다. 동아시아연구원이 2011년 8월 27일 전국 만 19세 이상

남녀 800명을 상대로 한 조사(응답률 12%) 결과에 의하면, 한나라당은 중층(39.5%)과 하층(31.5%)에 비해 확실히 상층(47.5%)의 지지를 많이 받고 있다(정한울, 2011: 19).

손낙구는 2004년 제17대 국회의원 선거와 2006년 제4회 지방 선거 중 특히 서울을 분석하여 서울에서는 부동산 계급 투표가 이루어진다고 주장하였다. 즉 서울에서는 주택, 특히 다주택 소유자와 아파트 거주자 비중이 높고, (반)지하 거주 비중이 낮은 지역일수록 지금의 새누리당 계열에 투표하고, 무주택자와 단독 주택 거주자와 셋방 사는 사람이 많고, (반)지하 거주 비중이 높은 지역일수록 현재의 민주당 계열 정당에 투표하는 비율이 높았다(손낙구, 2010: 320-341). 부동산과 교육의 상관관계도 높은데, 그 이유는 주택 소유자들이 계급을 재생산하기 위해 대학 교육을 중시하기 때문이다.

2004년 제17대 국회의원 선거와 2006년 제4회 지방 선거에서 한나라당을 강력하게 지지한 서울의 상위 10개 지역(행정동)의 주택 소유자 평균 비율은 82%, 아파트 밀집 비중은 90%에 이른다. 반면에 열린 우리당 강세 상위 10개 지역의 주택 소유자 비율은 37%, 아파트 밀집 비중은 11%로 뚝 떨어진다. 한나라당 강세 지역에서의 (반)지하와 쪽방 거주 비율은 2%에 지나지 않는데 비해, 열린 우리당 강세 지역은 15%에 이르고 있다. 한나라당 강세 지역의 대학 재학 이상 비율은 88%인데 비해 열린 우리당 강세 지역은 33%로 극명한 대조를 보이고 있다. 두 지역의 투표율도 차이가 크다. 2004년 제17대 국회의원 선거에서 한나라당 강세 지역의 투표율은 평균 69%인데 비해 열린 우리당 강세 지역의 투표율은 58%이었고, 2006년 제4회 지방 선거에서는 각각 59%와 47%로 모두 한나라당 강세 지역의 투표율이 높았다(〈표 4-2〉 참조)(손낙구, 2010: 65, 79). 즉 부동산 소유 계급은 확실히 한나라당을 지지하는데 비해, 무주택자들을 포함한 하층의 열린 우리당 지지 강도는 상대적으로 떨어진다. 이것이 의미하는 것은 자산 소유 계급은 확실히 계급 투표를 하는 반면에, 비소유 계급은 일정한 한계 속의 계급 투표를 하거나 아니면 계급과 무관한 투표를 하고 있다는 것이다.

〈표 4-2〉 2004년 제17대 국회의원 선거와 2006년 제4회 지방 선거에서의 한나라당과 민주당 + 열린 우리당 지지율이 가장 높은 서울 열 개 동네의 특징 (단위: %)

		한나라당 지지율이 높은 동네	민주당 + 열린 우리당 지지율이 높은 동네
평균 득표율		73	49
주택 소유		82	37
거처	아파트	90	11
	단독 주택	4	67
	기타	6	22
1인 가구		9	28
(반)지하 등		2	15
대학 이상 학력		88	33
종교	불교	15	18
	개신교	24	21
	천주교	26	10
	합계	65	50
2004년 제17대 국회의원 선거	투표율	69	58
	한나라당 득표율	64	27
	민주 +열린 우리당 득표율	27	55
	민주노동당 득표율	6	13
2006년 제4회 지방 선거	투표율	59	47
	한나라당 득표율	81	45
	민주 +열린 우리당 득표율	14	43
	민주노동당 득표율	4	11

출처(손낙구, 2010: 65; 79)

손낙구의 연구는 적어도 서울에서는 지역 균열보다 계급 균열이 결정적인 투표 결정 요인이고, '계급 투표'가 분명하게 나타나고 있으며, 계급의 기준은 소득보다는 자산(부동산)이라는 것이다(손낙구, 2010: 398). 인천과 경기도보다 서울에서 이 현상이 뚜렷한데, 그 이유는 서울의 집값이 인천과 경기도보다 더 비싸기 때문이다(손낙구, 2010: 399).

노동 계급도 계급 투표를 한다. 서울에서 가장 소득이 낮은 관악구는 역대 선거에서 거의 예외없이 지금의 민주당 계열 정당을 지지해 왔다. 울산과 창원 등 노동자 밀집 지역에서는 예전의 민주노동당 후보가 국회의원이나 구청장으로 당선되었다.

그러나 노동 계급의 계급 투표는 자본가 계급처럼 일관되지 않는다. 심지어는 소위 '계급 배반 투표'를 하기도 한다. 2007년 제17대 대통령 선거에서 저소득층은 대통합민주신당 정동영 후보보다 한나라당 이명박 후보를 더 많이 지지하였다(박찬욱 · 김경미 · 이승민, 2008: 217). 2012년 제18대 대통령 선거에서도 상층은 계급 투표를 했지만, 일부 하층은 그들의 이익을 상대적으로 보호할 가능성이 높은 민주통합당 문재인 후보가 아니라 '계급을 배반'하고 새누리당의 박근혜 후보를 지지하였다(강원택, 2013: 8). 〈표 4-3〉에서 볼 수 있는 것처럼 이 선거에서 하층의 65.7%가 박근혜 후보를 지지한 반면에 문재인 후보는 34.3%의 지지밖에 받지 못해 '계급 배반 투표' 현상이 역력하였다. 고령자들이 박근혜 후보를 지지하는 연령 변수를 배제하기 위해 60대 이상을 제외하여도 결과는 크게 달라지지 않았다. 60대 이상을 제외한 하층의 박근혜 지지율은 58.9%로 전체 유권자의 지지율보다 6.8% 포인트 줄어들기는 했지만, 여전히 문재인 후보의 지지율 41.1%보다 17.8% 포인트나 높았다. 반면에 상층의 '계급 투표'는 분명하였다. 상층의 57.4%가 새누리당 박근혜 후보를 지지하였고, 민주통합당 문재인 후보는 42.6%의 지지를 얻는데 그쳤다.

〈표 4-3〉 2012년 제18대 대통령 선거에서의 소득 계층별 후보 지지율 (단위: %, 명)

	전체			60대 이상 제외		
	박근혜	문재인	응답자수	박근혜	문재인	응답자수
상층	57.4	42.6	47	56.8	43.2	44
중상층	50.9	49.1	161	50.3	49.7	153
중층	47.3	52.7	203	46.5	53.5	187
중하층	57.8	42.2	462	51.6	48.4	370
하층	65.7	34.3	169	58.9	41.1	56
카이제곱	Pearson chi square=15.0 p<0.01			Pearson chi square=3.6 p=0.47		

출처: 강원택(2013: 5)

직업 계층에서도 상층은 '계급 투표'를, 하층은 '계급 배반 투표'를 하였다. 직업적으로 상층인 전문가와 임직원과 관리자 집단의 52.9%가 박근혜 후보를 지지하여 문재인 후보 지지율 47.1%를 앞섰다. 이와 반면에 하층 직업인 서비스와 판매 종사자의 62.6%, 그리고 단순 노무 기계 조작 조립 집단의 65.1%가 박근혜 후보를 지지하였는데, 문재인 후보는 이들로부터 34.9%의 지지율을 얻는데 그쳐 일부 하층의 '계급 배반 투표'를 확인할 수 있었다(강원택, 2013: 11).

한국 갤럽 조사 결과도 마찬가지이다. 한국 갤럽이 2012년 제18대 대통령 선거 하루 전날 실시한 조사에 의하면, 농업 · 임업 · 어업 종사자는 박근혜 후보를 78.7%, 블루칼라는 54.7%, 무직 · 은퇴자는 66.7%가 지지한 반면에, 문재인 후보는 이들로부터 각각 21.3%, 44.8%, 32.4%의 지지를 받아 하층들의 '계급 배반' 현상이 두드러졌다(한국 갤럽, 2013: 250). 2012년 제19대 국회의원 선거와 제18대 대통령 선거를 조사한 장승진도 저소득층과 노동 계급이 새누리당과 박근혜 후보를 더 지지하는 '계급 배반 투표'를 하고 있음을 확인하였다(장승진, 2013: 56-57).

노동 계급이 그들의 계급적 이익을 증진시켜 줄 정당이 아니라 오히려 그들의 계급적 이익을 훼손할 가능성이 높은 정당을 지지하는 현실을 과연 '계급 배반 투표'라고 할 수 있을까? 필자는 상당 부분은 그렇게 볼 수 없다고 본다. '계급 배반 투표'라는 용어는 계급 구성원은 반드시 계급의 이익을 위하여 그 계급에 투표해야 한다는 것을 전제로 하지만, 이것은 사실이 아니다. 서구의 선거사에서도 볼 수 있듯이 많은 노동 계급 구성원들이 객관적 계급 소속과 달리 자본가 계급을 옹호하는 정당에 투표해 왔다.

이러한 현상이 발생하는 원인에 대하여 사회학은 비교적 어렵지 않게 설명한다. 사회학 개념 중에 '계층 귀속 의식', 또는 '계급 귀속 의식'이라는 개념이 있다. 객관적인 계층이나 계급과 관계없이 그가 소속감을 느끼는 계층이나 계급이 있다는 것이다. 예를 들면, 판자촌에 살지만 스스로를 중층이라고 여기는 사람이 있고, 객관적으로는 자본가 계급에 속하지만, 본인은 그렇게 느끼지 않는 사람이 실제로 존재한다. 이에 관한 독일의 유명한 우화가 있다. '우리 집은 가난합니다. 우리 집 가정부도 가난하고, 정원사도 가난하고, 운전수도 가난합니다'. 가정부와 정원사와 운전수가 있으면 분명히 상층이고 자본가 계급인데, 아마 제 때 이들에게 월급을 주지 못하기 때문에 스스로를 가난하다고, 즉 적어도 상층은 아니라고 생각한 모양이다.

계층 귀속 의식에 영향을 미치는 변수는 준거집단과 관련이 있는 상대적 박탈감이다. 준거집단과 비교하여 상대적 박탈감을 느끼면, '하층 귀속 의식', 또는 '노동 계급 의식'을 느끼고, 반대로 상대적 우월감을 느끼면, '상층이나 중층 귀속 의식', 또는 '자본가 계급 의식'을 갖는다. 앞서 말한 판자촌에 사는 판잣집 소유자가 판자촌에서 전세 사는 사람과 비교해서 상대적 우월감을 느끼고 있다면, 그는 '중층 귀속 의식'을 가질 수 있다. 이렇게 생각하는 사람들은 그의 객관적인 계층이나 계급이 아니라 주관적인 계층 귀속 의식과 계급 귀속 의식에 의하여 투표할 개연성이 높다. 장승진은 2012년 실시된 국회의원 선거와 대통령 선거를 조사하여 중층과 중상위 계층 의식을 갖고 있는 사람들이 새누리당과 박근혜 후보를 더 많이 지지하였다는 연구 결과를 발표하였다. 즉 소득과 직업이라는 객관적 변수보다 주관적인 계층 귀속의식이 투표와 직접 관련이 있다(장승진, 2013: 60). 이갑윤 · 이지호 · 김세걸도 2011년 설문 조사를 바탕으로 소득과 직업 변수는 계급 투표와 거의 무관하지만, 재산 변수는 '계급 의식'을 통해 계급 투표에 영향을 미치고 있다고 주장하였다(이갑윤 · 이지호 · 김세걸, 2013).

이 점에서 '계급 배반 투표'는 사실이 아니다. 투표에 영향을 미치는 변수는 객관적인 계급이 아니라 주관적인 계급 귀속 의식이다. 유권자들은 일반적으로 그들의 객관적인 계급적 위치와 관계없이 그들이 생각하는 계급 귀속 의식에 의하여 투표한다. 이들이 객관적인 계급과 달리 투표한다고 해서 이들을 계급을 배반하여 투표한 사람으로 규정할 수는 없다. 그들은 그들 나름대로의 계급 귀속감으로 투표했기 때문에 '계급 투표'를 한 것이라고 판단하는 것이 올바르다.

노동 계급이 그들의 객관적 계급적 위치와 달리 그들의 계급적 이해관계를 실현시켜 주지 않는 정당에 투표하는 이유는 이것 말고도 또 있다. 제3장 프레임 이론과 도덕적 가치관 부분에서 설명한 바와 같이 사람들은 계급보다 더 우선적으로 고려하는 삶의 기준(예: 도덕적 가치 중시)이 있을 수 있다. 그리고 이념적으로 정당이 뚜렷하게 분화되어 있지 않아 정당보다는 후보자가 투표 결정 요인이 되는 상황에서 노동 계급은 비이념적 요인에 근거하여 투표할 가능성이 높다. 이 경우 노동 계급은 그들의 이해관계와 무관하거나 오히려 반대되는 우파 후보를 지지한다(문우진, 2011: 80). 이념적 정당 체계가 확립되지 않은 한국에서 유독 노동 계급을 포함한 하층이 보수 정당과 그 후보자에게 과잉 투표하는 이유의 일단이 여기에 있다.

한국에서 계급 균열에 의한 계급 정치는 일반적 현상이 아니다. 한국은 한국전쟁과 냉전, 권위주의 지배 체제를 거치면서 보수 정치 세력 이외의 정치 집단의 형성이 억압되어 왔다. 그리고 1987년 민주화 이후에는 지역 균열이 사회 균열의 핵심을 이루고 있다. 아직까지 한국 선거에서 계급이 선거에 미치는 영향은 미미하다(강원택, 2013: 3). 진보 정당을 지지하는 주요 계급이 노동 계급이 아니라 신중간 계급이라는 것과(장승진, 2013: 56-57) 현재의 민주당 계열 정당을 지지하는 주요 집단이 중상층이라는 것이 계급 투표가 일반화되지 않았다는 근거이기도 하다.

3) 이념 및 세대 균열

지역 균열이 투표 결정 요인으로 한국의 선거를 관통하는 가운데 2000년 전후의 선거에서부터 이념과 세대 균열이 투표 결정 요인으로 등장하였다는 주장들이 나오기 시작했다. 1997년 제15대 대통령 선거, 또는 2000년 제16대 국회의원 선거가 그 단초라는 연구들이 있지만(가상준, 2007; 강원택, 1998; 2002; 2003; 노환희 · 송정민, 2013; 오현주 · 길정아, 2013), 대부분의 연구자들은 이념과 세대 균열이 의미있는 투표 결정 요인으로 영향을 미친 선거는 2002년 제16대 대통령 선거가 최초라고 보고 있다(강원택, 2003; 김욱, 2006: 96; 박찬욱, 2006; 박찬욱 · 김경미 · 이승민, 2008: 203; 이갑윤, 2011: 129; 장승진, 2012; 55; 진영재 · 김민욱, 2007). 2002년 이전 선거에서는 이념 요인이 유권자의 투표 선택에 끼친 영향력은 상당히 제한적이어서 지역 균열에 파열음을 낼 정도가 아니었다.

이념 균열의 대상은 시장에 대한 정부 개입과 사회적 자원 분배와 같은 경제적 쟁점이 아니라 북핵 문제와 대미 관계와 같은 정치적 쟁점이 주를 이루었다(가상준, 2007: 44-45; 강원택, 2010: 73; 박찬욱, 2006: 189; 오현주 · 길정아, 2013: 190; 이갑윤, 2011: 133; 이현출, 2005: 324). 예를 들어 2002년 6월 13일 두 여중생이 의정부에서 미군 장갑차에 의해 사망한 '미선이 효선이' 사건과 '한국과 미군 간의 행정 협정'

(SOFA)[2] 개정 문제와 김대중 정부의 햇볕 정책이 보수와 진보 세력 간의 이념 경쟁의 대상이었다.

2004년 제17대 국회의원 선거는 이념과 세대 균열이 투표 결정 요인으로 강력하게 영향을 미친 선거이었다. 이 선거에서 진보적 이념을 표방하는 민주노동당이 전국적으로 고른 정당 지지율에 힘입어 원내 제삼당으로 등장하였다. 한편으로 이 선거는 노무현 대통령 탄핵 사건이 영향을 미친 선거이기도 한데, 젊은 진보 성향의 유권자들이 열린 우리당을 적극적으로 지지하였다. 적어도 이 선거만큼은 영남 지역을 제외한 나머지 지역에서는 지역주의가 투표 결정 요인으로 크게 작용하지 못하고, 이념과 세대 균열이 유권자의 투표 선택에 중요한 영향을 끼쳤다(문우진, 2009; 최준영 · 조진만, 2005).

이념 대립이 2000년 이후 선거에서 일정한 영향을 미치고 있지만, 한국종합사회조사(Korean General Social Survey) 2003-2010 누적 자료에 의하면, 이 기간 동안 '진보 세력'의 비중은 변화가 거의 없고, '보수파'는 다소 줄어들고, 대신에 '중도파'가 증가하였다. '다소 보수적'인 유권자들은 2003년 35%에서 2010년 26%까지 하락했다. 반면에 '중도'라고 응답한 사람들은 2003년 28%에서 2010년 35%로 증가하여, 2000년대 중반 이후에는 '중도적' 유권자들이 가장 많은 비중을 차지하고 있다. '매우 진보적' 사람들과 '매우 보수적'인 사람들은 이 기간 동안 각각 10% 미만에 머물렀다(장승진, 2012: 55). 이러한 경향은 2012년에도 이어지고 있다. 중앙일보 조사에 의하면(2012년 2월 29일에서 3월 1일까지 조사), '중도파'가 32.6%로 가장 많은 비중을 점하고 있고, '매우 진보적' 또는 '매우 보수적'인 사람들은 각각 5.0%와 6.5%로 소수에 불과하였다. 그리고 '다소 진보적'인 사람들이 (30.7%) '다소 보수적'인 사람들보다(25.3%) 조금 더 많았다(장승진, 2012:

---

2) 주한 미군의 지위에 관한 협정을 말한다. 한미행정협정은 한국의 주권을 훼손할 정도로 지나치게 불평등하다는 시비가 늘 일고 있다.

62). 2011년 무상 급식과 2012년 제18대 대통령 선거에서 보편적 복지 쟁점이 제기된 것은 보수 세력의 감소와 무관하지 않다.

2000년대에 중도파가 가장 큰 비중을 차지하는 집단이라는 것은 한국의 이념 균열이 강력하지 않다는 뜻이기도 하다. 2012년 제18대 대통령 선거를 제외하고 2000년대에 실시된 선거는 시간이 경과할수록 이념 균열이 약화되고 있다는 것이 연구자들의 공통된 주장이다. 강원택은 2007년 제17대 대통령 선거와 2008년 제18대 국회의원 선거는 2000년 제16대, 2004년 제17대 국회의원 선거보다 이념의 영향이 두드러지지 않았다고 논의하였다(강원택, 2010: 196). 박찬욱은 2007년 제17대 대통령 선거가 2002년 제16대 대통령 선거보다 이념 균열이 약해졌다고 분석하였다(박찬욱, 2006, 182). 이내영은 2006년 제4회 지방 선거를 기점으로 2007년 제17대 대통령 선거와 2008년 제18대 국회의원 선거는 2004년 제17대 국회의원 선거보다 이념 요인이 약화되었다고 주장하였다(이내영, 2009b: 62). 이내영은 2010년 제5회 지방 선거에서 이명박 정부에 대한 젊은 세대들의 반발로 세대 균열이 부활하였으나 지속성 여부는 불확실하다고 전망하였다(이내영, 2011: 197).

정진민은 젊은 세대의 이념적 지향이 뚜렷하지 않다고 주장한다. 그는 젊은 유권자들은 이념보다는 실생활과 관련된 쟁점을 중심으로 투표에 임한다는 것이다. 이념의 속성은 '지속성'에 있는데, 젊은 세대의 투표 행태는 전혀 지속적이지 않았다는 것이다. 예를 들어, 2002년 제16대 대통령 선거에서 진보적인 노무현 후보를 당선시키고 2004년 제17대 국회의원 선거에서 열린 우리당에 높은 지지를 보내다가, 갑자기 2007년 제17대 대통령 선거에서 보수적인 이명박 후보를 선택하고 2008년 제18대 국회의원 선거에서 한나라당을 지지하다가, 다시 2010년 제5회 지방 선거에서 상대적으로 진보적인 민주당을 지지하는 이들의 롤러코스트적 투표 행태는 이념으로 해석할 수 없다는 것이다(정진민, 2012: 2).

한국에서 세대 균열은 이념 균열만큼 강력하지 않으며, 이념 균열이 세대 균열로 연결되는 경우가 일반적이다. 대체로 진보적인 이념은 젊은 세대가, 보수적인 이념은 기성 세대가 표현한다. 2002년 제16대 대통령 선거가 바로 그 경우이다. 이 선거에서 소위 진보적인 가치관을 갖고 있는 젊은 386 세대가 새천년민주당 노무현 후보를 적극적으로 지지하였다. 2012년 제18대 대통령 선거에서 50-60대 기성 세대들은 가족의 재생산 문제(집값과 자녀 등록금 문제 등)를 고민하고, 20-30대 젊은 세대들은 경제 민주화와 사회복지 같은 쟁점을 중시하여 세대 간 균열을 드러내었다.

2000년대 들어 이념과 세대 균열이 투표 결정 요인의 하나로 부상하였다고 해서 이들 요인이 핵심적 투표 결정 요인이 되었다고 말할 수는 없다. 이념과 세대 요인의 영향력은 여전히 제한적이다. 지역 균열의 지배적인 영향력은 변함이 없다(장승진, 2012: 52). 많은 연구자들이 2002년 제16대 대통령 선거와 2004년 제17대 국회의원 선거를 이념 균열로 분석하고 있지만, 이 선거에서 지역 균열에 기반한 정당 체제가 해체(dealignment)되거나 이념과 세대 균열에 근거한 새로운 정당 체제가 형성(realignment)된 것은 아니었다. 2004년 제17대 국회의원 선거의 탄핵 정국에서도 영남 지역은 한나라당을 굳건히 지지하였다. 지역 균열이 일부 지역에서 약해졌지만, 전반적으로 완화된 것은 결코 아니었다.

2. 사회 균열 이외의 정치학적 투표 결정 이론

1) 정당 일체감 이론

한국의 정당은 서구의 정당과 달리 제도화되어 있지 않다. 정치적 상황이 불리하면, 당명을 바꾸거나, 새로운 당을 창당하거나, 다른 당과 합당하는 것을 주저하지 않는다. 가까운 예로, 2012년 제19대 국회의원 선거와 제18대 대통령 선거를 앞두고 집권당인 한나라당과 제1야당인 통합민주당은 모두 당명을 바꾸었다. 한나라당은 지지율 하락에 당황하여 박근혜를 위원장을 하는 비상대책위원회를 출범시킨 뒤 첫 개혁 조치로 '새누리당'으로 당명을 변경하였고 통합민주당은 민주통합당으로 당명을 바꾸었다. 지금의 민주당 계열 정당의 '당명 바꾸기 병'은 현재의 새누리당 계열 정당보다 더 심하다. 민주통합당은 2000년 새천년민주당부터 시작해도 2012년 제18대 대통령 선거 이전까지 분당, 합당, 통합 과정에서 6번이나 당명을 바꾸었다(임혁백, 2012: 32). 2012년 제18대 대통령 선거가 끝나고 민주통합당은 2013년에 민주당으로 이름을 바꾸었고, 2014년 3월에는 안철수의 새정치연합과 같이 신설 창당하여 새정치민주연합으로 당명을 또 다시 변경하였다.

임혁백은 이것을 '지우개 정치' 혹은 '성형 정치'라고 부르고 있다(임혁백, 2012: 31). 당명 바꾸기와 새로운 정당 창당과 다른 당과의 통합은 정당의 정강과 정책의 지속성을 담보하지 못해 정당의 정체성을 훼손시킨다. '지우개 정치'와 그로 인한 정당 정체성의 위기는 민주적 책임성(democratic accountability)도 약화시킨다. 대의 민주주의의 책임성은 정당이 국민의 위임을 위배할 때, 유권자들이 다음 선거에서 정권 교체라는 벌을 내릴 수 있어야 작동하는데 수시로 당명을 바꾸는 '지우개 정치'로는 책임 정치를 실현할 수가 없다(임혁백, 2012: 32). 이 점에서 한나라당은 한국 정당사에서 예외이다. 한나라당은 1997년 제15대 대통령 선거와 2002년 제16대 대통령 선거에서 연속으로 패배하였음에도 한국 정당 사상 최장기인 15년 동안 같은 당명을 고수하여 2007년 제17대 대통령 선거에서 정권을 재탈환한 보기 드문 역사를 갖고 있다. 이런 경우에 정당 일체감(party identification)이 형성될 수 있다.

'지우개 정치'는 유권자의 정당 일체감을 약화시키고, 정당 정치를 무력화시킨다. 정당 일체감은 장기간에 걸쳐 정당의 정강이나 정책이 유지됨으로써 형성되는 것인데, 한국의 정당은 수시로 이합집산하여 정당 일체감이 형성되기가 쉽지 않다. 정당을 대표하는 주요 인물이 탈당하면 정당이 유명무실해지거나 소멸되기도 한다. 예를 들면, 1980년대 전두환 정권의 온순한 파트너인 신한민주당의 이민우가 내각제를 찬성하자 김영삼과 김대중이 신한민주당 소속 국회의원들을 대거 탈당시켜 통일민주당을 창당하였다. 신한민주당은 하루아침에 군소 정당이 되고 말았다. 2012년 제18대 대통령 선거를 앞둔 2012년 5월 이회창이 자유선진당을 탈당하자 몇 개월 후에 이 당은 새누리당에 흡수 통합되어 소멸하고 말았다. 유권자들이 이런 정당에 정당 일체감을 가질 수는 없다.

정당의 지지율이 급변하는 것도 정당 일체감이 형성되지 않는 원인이 되고 있다. '선거는 생물이다'라는 말이 정치계에서 오랫동안 회자되고 있다. 이 말은 정치는 유권자들의 요구를 빠르게 수용하여야 한다는 말이기도 하지만, 한국 정치는 너무나 빠르게 변화하여 한 치 앞을 보기가 어렵다는 뜻이기도 하다. 예를 들어, 1990년 '삼당 합당'이나 1997년 'DJP 연대', 2002년 새천년민주당 노무현 후보와 국민통합 21 정몽준의 단일화, 2012년의 민주통합당과 안철수 후보의 단일화는 모두 극적으로 전개되었다. 합당이나 단일화 이후 대체로 정당의 지지도는 급등하였다. 그리고 2004년 제17대 국회의원 선거 직전에 창당한 열린 우리당이 '탄핵 정국'에서 거둔 급격한 반사적 이익과 곧 이은 소멸 등에서 보듯 한국의 선거는 늘 이렇게 요동쳤고, 그런 만큼 유권자들의 정당 일체감은 확고할 수가 없었다.

정당 일체감이 공고하지 않음으로써 선거마다 정당을 바꾸는 투표 이동자의 규모가 상당히 많다. 2004년 제17대 국회의원 선거에서 열린 우리당 투표자의 49.7%, 새천년민주당 투표자의 68.7%만이 2008년 제18대 국회의원 선거에서 같은 계열의 통합민주당에 다시 투표하였다. 열린 우리당 투표자의 26.9%와 새천년민주당 투표자의 10.4%는 2008년 제18대 국회의원 선거에서 한나라당 지지로 돌아섰다. 국민중심당을 지지한 44.4%도 2008년 제18대 국회의원 선거에서 한나라당을 지지하였다. 진보적인 가치관을 갖고 있는 유권자들의 정당 이동 비율은 더욱 커서, 제17대 국회의원 선거에서 민주노동당을 지지한 사람들 중 77.5%가 2008년 제18대 국회의원 선거에서 다른 정당을 선택하였다(이내영, 2009a: 46).

정당 이동자의 대부분은 지역주의가 강력하지 않은 수도권과 충북과 강원도와 그리고 제주도 유권자들이다. 반면에 정당을 이동하지 않은 유권자들은 지역주의가 강력한 영호남과 대전 · 충남 유권자들이다. 다시 말해서 한국에서 정당 일체감을 갖고 있는 유권자들은 지역주의 투표 행태를 보이는 지역 사람들이라는 점에서 그나마 존재하는 한국의 정당 일체감의 성격이 비합리적이라는 것을 알 수 있다.

〈표 4-4〉 2012년 제18대 대통령 선거에서의 소득 계층별 정당 일체감 비율 (단위: %, 명)

	전체			60대 이상 제외		
	새누리당	민주통합당	응답자수	새누리당	민주통합당	응답자수
상층	62.2	37.8	37	60.6	39.4	33
중상층	52.0	48.0	125	51.7	48.3	118
중층	51.0	49.0	153	50.7	49.3	138
중하층	62.2	37.8	336	56.5	43.5	262
하층	69.3	30.7	150	66.7	33.3	48
카이제곱	Pearson chi square=14.7 p<0.01			Pearson chi square=4.8 p=0.31		

출처: 강원택(2013: 6)

소득 계층에 따라서 정당 일체감의 정도가 다르다. 〈표 4-4〉에서 보는 것처럼 2012년 제18대 대통령 선거에서 모든 소득 계층에서 민주통합당보다는 새누리당에 대한 정당 일체감이 높았다. 상층 소득 계층이 그들의 계층적 이익을 보호해 주는 정당에 정당 일체감을 느끼는 것은 충분히 이해가 간다(62.2%). 그러나 하층이 새누리당에 일체감을 느낄 뿐만 아니라(69.3%) 모든 소득 계층 중에서 새누리당에 대한 정당 일체감이 가장 높다는 것은 놀라운 일이다. 연령 효과를 제거해도 마찬가지이다. 60대를 제외한 소득 계층에서도 동일한 결과가 나타났다. 하층들은 경제적 관점에서가 아니라 국가 안보와 같은 도덕적 가치관 측면에서 새누리당에 정당 일체감을 갖고 있다고 판단된다. 새누리당에 비해 상대적으로 진보적인 민주통합당에 대해서는 소득 계층과 관계없이 정당 일체감이 높지 않았다. 하층의 경우에는 새누리당에 대한 정당 일체감의 절반에도 못 미쳤다(30.7%). 민주통합당에 대해서는 상층과 하층보다 중층(49.0%)과 중상층(48.0%)들이 상대적으로 정당 일체감을 갖고 있다. 이 경우에도 새누리당에 대한 정당 일체감의 강도에는 미치지 못한다.

한국은 정당 체제가 안정되어 있지 않아 서구와 같은 정당 일체감은 없다. 그러나 정당 지지 현상이 없는 것은 아니다. 특정 정당에 대한 소속감을 뜻하는 정당 일체감 대신 여당 성향과 야당 성향은 오래 전부터 있어 왔다. 여야 성향 때문에 정당의 이합집산이 부지기수로 발생함에도 불구하고 정권 교체가 이루어질 수 있었다. 박원호는 2012년 제18대 대통령 선거는 서구와 같은 정당 일체감은 아니지만 유권자들의 여야 당파적 감정에 의해 승부가 결정되었다고 주장하였다(박원호, 2013: 53). 새누리당과 민주통합당의 적극적 지지자들의 91%가 두 후보를 지지하였다(박원호, 2013: 60).

한편, 투표 결정 요인으로 '인물'보다 '정당'을 선택하는 비율이 높아지고 있는데, 이것은 정당을 중시하는 현상으로서 정당 일체감이 형성될 토양이 형성되고 있다고 평가할 수 있다. 1992년 제14대 국회의원 선거에서 투표 결정 요인으로 '정당'을 선택한 유권자가 28.9%, 2004년 제17대 국회의원 선거에서는 39.0%(한정택, 2009: 92-93), 2012년 제19대 국회의원 선거에서는 39.8%(중앙선거관리위원회, 2012: 216)로 이 비율이 꾸준히 늘고 있다.

2) 정당 재편성 이론

원래 정당 재편성 이론은 정당의 내구성(durability)을 전제로 정당 지지의 장기적인 변화를 설명하는 것인데, 한국의 정당은 안정되어 있지 못해 정당 재편성을 논하기에는 기본적인 한계가 있다(이내영, 2009a: 40). 1987년 절차적 민주주의의 완성 이후 한국 정당은 정당 재편성보다는 지지 기반의 급속한 재편 현상이 먼저 이루어졌다. 절차적 민주화가 어느 정도 이루어지면서 '민주화' 가치관은 선거 국면에서 사라지고 이 대신에 권력 획득 기제로서의 지역 균열이 현재화하였다. 1987년 제13대 대통령 선거부터 한국의 정당들은 지역주의에 근거한 정당 체제로 빠르게 전환하였다.

강원택은 2002년 제16대 대통령 선거에서 새천년민주당 노무현 후보가 발표한 행정 수도 이전 공약을 정당 재편성의 작은 계기로 보고 있다(강원택, 2010: 53). 노무현 후보가 행정 수도 이전을 공약하자 수혜 지역인 충청도 주민과 비수혜 지역인 수도권 주민 간의 이해관계가 갈리기 시작하였다. 2012년 세종시가 특별자치시로 개청하자 충청도에서는 '신수도'라는 용어를 부쩍 자주 사용하고 있다. 충청도 이외의 지역에서 그리 달가워하지 않는 용어이지만, 이 용어에는 충청도가 서울과 같은 반열에 섰으면 좋겠다는 충청도 주민들의 바램이 포함되어 있다. 영호남 유권자들은 행정 수도가 충청도로 이전하면 충청도의 힘이 강력해질 것을 우려하였는데, 이것은 곧 현실이 되었다. 실제로 2013년에 충청도의 인구가 호남 인구를 앞서기 시작하였다. '행정 수도의 충청도 이전' 공약은 충청도 주민을 비롯한 전국민들에게 정치적으로 현실적 이해관계에 눈을 뜨게 하였다. 이 공약은 유권자들이 '출신지'가 아니라 '거주지'를 중심으로 지역을 생각하게 했다는 점에서 정당 지지의 재편성을 촉발하였다. 그러나 1987년 지역주의에 근거한 정당 지지 기반의 재편성이 발생한 이후 완전한 의미의 새로운 정당 재편성은 아직 이루어지지 않고 있다.

3) 쟁점 투표 이론

쟁점 투표 이론은 유권자들이 집권 세력의 과거 실적과 또는 정당과 후보들이 제시하는 공약의 현실성에 대한 미래 전망에 의해 투표한다는 이론이다. 쟁점 투표는 정권의 실적을 평가한다는 점에서 민주적 책임성을 담보하는 기제로 작용한다. 유권자들은 집권 세력이 거둔 경제적 실적에 대한 회고적 평가나 실적에 대한 전망적 기대에 의해 정권의 책임을 묻거나 계속 신임한다.

한국에서는 전망적 평가의 기반이 되는 정책을 크게 중시하지 않는다. 2002년 제16대 대통령 선거에서 새천년민주당 노무현 후보가 제시한 '행정 수도의 충청도 이전' 공약과 2008년 제18대 국회의원 수도권 선거에서의 '뉴타운 공약'과 그리고 2011년 10월 서울시장 보궐 선거에서 '무상 급식 정책'이 후보 선택 기준이 된 것은 매우 예외적인 현상이었다.

한국에서 '쟁점 투표' 이론을 적용해 선거를 분석한 연구는 많지 않다. 한국의 대통령은 단임제라 기본적으로 회고적 평가의 대상이 되지 못한다. 또한 한국 정당은 정치적 상황 변화에 따라 합당과 창당과 그리고 정당 명칭 변경이 자주 발생하여 회고적 평가를 하기가 어렵다(최준영, 2009: 149). 정당은 같지만, 출마 후보가 다른 경우에도 회고적 평가를 적용하기가 불분명하다. 이곤수 식으로 표현하여 '현직 계승 후보', 즉 현직이 출마하지 않은 선거구에 출마한 동일 정당의 후보자(이곤수, 2011: 132)에 대해 유권자들이 회고적 평가를 하는 경우는 많지 않다. 실제로 1997년 제15대 대통령 선거에서 한나라당 이회창 후보는 김영삼 대통령과 같은 당 후보이기는 하였지만[3], 유권자들은 외환 위기의 책임을 이회창 후보에게 엄격하게 묻지는 않았다. 이 선거에서 이회창 후보가 패배한 것은 이보다는

---

3) 김영삼 대통령은 선거 직전에 탈당하였지만, 두 사람은 같은 당 당원이라고 보아야 한다.

국민신당 이인제 후보의 한나라당 탈당과 출마, 이회창 후보 아들의 병역 면제 의혹, 그리고 새정치국민회의 김대중 후보와 자유민주연합 김종필 간의 'DJP 연대'에 의한 지역적 선거 연합 때문이었다.

2007년 제17대 대통령 선거는 노무현 정부의 경제 실적에 대한 회고적 투표와 CEO 출신 한나라당 이명박 후보의 경제 능력에 대한 전망적 평가가 동시에 이루어진 보기 드문 선거이었다(강원택, 2010; 류재성 · 송병권 · 홍지연, 2008: 282; 이내영, 2009a: 63; 정효명 · 오정은, 2008: 41; 정한울 · 권혁용, 2009). 이 선거에서 유권자들은 노무현 정부의 전반적인 업무 수행에 대단히 부정적이었다. 노무현 정부의 지지도는 집권 기간 평균 50%를 넘은 김영삼 정부와 김대중 정부와 달리 35%에 그쳤다(정효명 · 오정은, 2008: 59). 노무현 정부가 부정적 평가를 받은 가장 큰 이유는 부동산 가격 급등 때문이었다. 정한울 · 권혁용은 노무현 정부의 경제 업적에 대한 회고적 투표는 2006년 지방 선거부터 시작되었다고 주장하였다(정한울 · 권혁용, 2009: 206).

4) 현직 효과 이론

공직 후보자가 대통령, 국회의원, 지방자치 단체장, 지방 의회 의원 등 현직일 경우 그는 재임 기간 쌓아 온 실적과 언론 노출과 선거 자금을 비롯한 선거 제도상의 이점을 누릴 수 있다. 이것이 현직 효과(incumbency advantage)이다. 현직 효과 이론은 현직들이 누리는 현직 효과에 의해 재선에 이르게 된다는 이론이다. 이 이론은 쟁점 투표 이론 중 회고적 평가와 관련되는 부분이 많다.

한국에서 현직 효과를 본격적으로 연구하기 시작한 것은 1990년대 중반부터이다. 현직 효과에 대한 연구 결과는 크게 세 가지로 대별할 수 있다. 첫째, 현직 효과가 없다는 주장으로 대표적 연구자는 문용직이다. 그는 1967년 제7대와 1971년 제8대, 그리고 1992년 제14대 국회의원 선거에서는 현직 효과가 없었고, 1996년 제15대 국회의원 선거에서는 지역주의와 무관한 지역에서 현직 효과가 없거나 미약하게 나타났다고 주장하였다(문용직, 1997: 173). 둘째는 현직 효과가 미약하게 존재한다는 주장으로 이갑윤 · 이현우의 연구가 대표적이다. 이들은 1996년 제15대와 2000년 제16대 국회의원 선거에서 현직 의원이 동일 지역의 같은 정당 비현직 후보보다 5% 이상 더 득표했다고 주장하였다(이갑윤 · 이현우, 2000: 157). 셋째는 현직 효과가 상당하다는 주장으로 윤종빈(2001; 2006; 2010)과 한정택(2007)과 황아란(1998a; 1998b)의 연구가 그 예이다. 2000년 제16대 국회의원 선거를 분석한 윤종빈은 현직 의원들은 전체적으로 10% 득표율이 증가했다고 주장하였다(윤종빈, 2001). 그는 또한 2004년 제17대 국회의원 선거에서 현직 재선율이 59.2%, 2008년 제18대 국회의원 선거에서 69.2%의 재선율이 나타난 것을 현직 효과의 증거로 제시하였다(윤종빈, 2006; 2010). 한정택은 1992년 제14대부터 2004년 제17대 국회의원 선거의 현직 효과를 분석하였는데, 지역주의 투표 행태의 영향을 받지 않는 선거구(예: 수도권)에 출마한 현직 의원들의 후보자 요인의 비중이 점점 더 커지고 있다는 결과를 발표하였다(한정택, 2007: 73). 황아란은 1998년 제2회 지방 선거 기초 단체장 선거에서 현직 단체장들의 재선율이 76.3%에 달해 현직 효과가 상당하다는 주장을 펼쳤다(황아란, 1998a).

❶ 현직 효과의 발생 조건

선거 승리가 지상 목표인 정당은 가급적이면 당선 가능성이 높은 후보를 공천하려고 하는데, 이 점에서 현직 효과를 갖고 있는 현직이 유리하다. 현직 효과는 현직의 개인적, 제도적 장점이 많이 노출될수록 그 효과가 커지기 때문이다. 현직 효과는 당원이나 일반 유권자들이 국회의원이나 자치 단체장 공천에 폭넓게 참여하는 상향식 경선 제도에서 크게 나타나지만, 경선보다는 본선에서 약간 더 두드러진다. 왜냐하면, 경선은 상대적으로 정당의 역할이 중시되는데 비해 본선은 후보의 역할이 더 크기 때문이다. 2004년 제17대 국회의원 선거에서 열린 우리당은 41명의 현직이 공천 신청하여 39명(95.1%), 한나라당은 103명의 현직 중 88명(85.4%)이 공천을 통과하였다. 경선을 실시한 경우에도 열린 우리당 현직 의원 다섯 명 중 세 명(60.0%)이, 한나라당 현직 10명 중 아홉명(90.0%)이 승리하였다. 현직 효과는 본선에서도 나타났다. 열린 우리당 현직 의원의 본선 당선율은 89.7%, 한나라당의 현직 당선율은 64.8%로 이론과 달리 경선보다 조금 저조하였다. 그러나 두 당의 비현직 후보의 당선율은 각각 46.1%와 34.6%에 그쳐 현직 당선율에 크게 미치지 못했다(전용주, 2005: 229).

선거 비용 염출과 현직 효과는 비례 관계에 있다. 현직은 비현직보다 일반적으로 선거 자금 모금에서 유리하다. 그리고 현직 효과는 미디어 노출과도 상관관계가 높다. 현직이 비현직보다 미디어에 많이 노출되어 재선 가능성이 높아진다(임성학, 2009: 294). 한정택은 미디어 출현 빈도와 현직 의원의 재선율 간에 긍정적 관계가 있다고 주장하였다. 1992년 제14대부터 2004년 제17대 국회의원 선거에 출마한 현역 의원 중 재선에 성공한 현직 의원의 미디어 평균 노출 건수는 341.1건, 낙선한 현직 의원은 259.9건으로 차이가 컸다(한정택, 2007: 88). 물론 현직이·미디어에 부정적으로 노출되면, 현직 효과는 없다. 그러나 일반적으로 특히 지방 언론은 현직에 대해 긍정적인 보도를 많이 한다. 지방 단체장은 지방 언론사에 광고를 배정하는 등으로 후견인-피후견인 관계를 맺어 미디어 노출에 유리한 상황에 놓인다.

현직 효과는 투표율과도 관련이 있다. 투표율이 낮으면 현직 효과가 두드러질 가능성이 높다. 지방 선거는 광역 단체장과 기초 단체장, 그리고 광역 의원과 기초 의원과 또한 비례 의원과 교육감 선거 등을 한꺼번에 실시하기 때문에 유권자들이 후보들을 인지하는데 어려움을 느껴 일반적으로 투표율이 낮다. 대개 지방 선거 투표율은 대통령 선거나 국회의원 선거 투표율보다 상당히 낮은 50% 전후에 불과하다. 투표율이 낮은 상황에서는 인지도가 높은 현직이 도전 후보보다 유리할 수밖에 없다.

현직 효과가 가장 크게 나타나는 선거는 기초 및 광역 단체장 선거이다. 단체장은 지방 의회 의원보다 주민들의 일상생활과 밀접한 관련이 있는 행정을 담당할 뿐만 아니라 언론 보도를 통해 인지도가 계속 축적되기 때문이다. 황아란의 연구에 의하면, 1998년 제2회 지방 선거 기초 단체장 선거에서 현직 단체장의 재선 비율은 76.3%이었다(황아란, 1998a). 정당 소속 현직 기초 단체장의 재선율(83.0%)이 무소속 현직 기초 단체장 재선율(55.3%)보다 높았으며, 자치 단체의 규모가 작을수록 현직 재선율은 높았다(시 75.0%, 군 82.3%)(황아란, 1999: 357). 현직 기초 단체장 후보는 모든 조건이 동일한 경우 비현직 후보보다 득표율이 18% 포인트 높았다(황아란, 1999: 364). 2010년 제5회 지방 선거에서는 광역 단체장 현직 당선율은 72.7%, 기초 단체장은 59.4%로서 비현직 광역 단체장 당선율 18.2%, 기초 단체장 당선율 23.9%를 훨씬 앞섰다(황아란, 2012: 11).

국회의원은 현직 효과와 관련하여 매우 독특한 상황에 놓여 있다. 한국에서는 다선 국회의원들이 오히려 현직 효과를 누리지 못하는 경우가 일반적이다. 다선 의원은 중앙당이나 중앙 정치에 투자하는 시간이 많고 유권자와의 접촉 시간이 줄어들어 유권자들이 긍정적으로 평가하지 않는 경향이 있다. 2000년 제16대에서 2008년 제18대 국회의원 선거까지 삼선 이상 다선 의원들의 재선율(53.8%)은 초선 의원과 재선 의원들의 그것보다 떨어졌다(각각 65.1%와 70.6%)(박명호 · 김민선, 2008: 171). 초선 또는 초 · 재선 의원은 삼 · 사선 의원들보다 득표율 증가치가 더 높다는 연구 결과도 이를 뒷받침한다. 2000년 제16대 국회의원 선거에 출마한 초선 의원의 득표율은 평균 4.4% 증가하였지만, 재선 이상 다선 의원들은 오히려 득표율이 평균 5.1% 감소하였다(윤종빈, 2002: 158). 2008년 제18대 국회의원 선거에서 초선과 재선 의원의 평균 득표율은 2004년 17대 국회의원 선거보다 각각 0.2% 포인트, 2% 포인트 높아졌지만, 삼선 의원은 3% 포인

트, 사선 의원은 14.9% 포인트 감소하였다(윤종빈, 2010, 42).[4]

❷ 현직 효과의 측정 방법

현직 효과 이론 전개에서 가장 중요한 것이 현직 효과 측정 방법이다. 동일한 선거를 연구한 연구자들이 서로 다른 연구 결과를 발표한 원인은 대부분 현직 효과를 측정하는 방법이 서로 다르기 때문이었다. 예를 들어, 문용직은 1996년 제15대 국회의원 선거의 경우 현직 효과가 크지 않다고 주장하였고(문용직, 1997), 이와 반대로 황아란은 현직 효과가 상당하였다는 주장을 펼쳤는데(황아란, 1998b), 이런 결과는 두 사람의 연구 방법이 달랐기 때문이었다. 문용직은 현직 의원과 현직을 교체한 의원 집단 간의 평균 득표율 차이로 현직 효과를 측정하였다. 1996년 제15대 국회의원 선거를 예로 들면, 현직의 득표율 변화(제15대 득표율 - 제14대 득표율)에서 현직을 교체한 의원 집단의 득표율 변화(교체한 후보자의 제15대 득표율 - 교체된 현직의 제14대 득표율)를 뺀 것을 현직 효과 지표로 사용하여, 이 차이가 영 이상이면 현직 효과가 있다고 규정하였다(문용직, 1997: 164). 황아란은 '선거 경쟁도' 개념으로 현직 효과를 측정하였다. '선거 경쟁도'란 당선자의 득표율과 2위 후보와의 득표율 차이를 말한다(황아란, 1998a: 169). 그러나 이 방법은 황아란 스스로 지적하였듯이 한 선거구에서 경쟁하는 후보가 많을수록 선거 경쟁이 치열해져 1-2위 간의 득표율 차이가 감소하게 되는 문제점이 있다. 후보 수가 증가할수록 1-2위 간 득표율의 차이는 3.4%씩 줄어들었다(황아란, 1998b: 180).

윤종빈(2001; 2006; 2010)은 현직 지역구 의원의 '득표율 증감', 즉 현 선거 득표율에서 이전 선거 득표율을 뺀 값을 현직 효과의 측정 지표로 활

---

4) 이와 달리 미국은 '재선 프리미엄'(sophomore surge)이 확실히 존재한다. 재선 프리미엄은 20세기 첫 10년에 이미 예비 선거에서 4% 이상이었고, 1990년대 말에는 약 14% 이상이 되었다(Ansolabehere and Hansen and Hirano, 2007: 660).

용하였다. 여기서도 황아란처럼 경쟁 후보들의 수에 따라 득표율이 달라지는 문제가 발생한다. 한정택은 '당선 경합도' 개념을 사용하여 현직 효과를 측정하였다. '당선 경합도'는 차점자가 당선자에 비해 얼마나 많은 유권자의 지지를 획득하였는가를 살피기 위한 것으로 당선자와 차점자의 득표율 차이가 아니라 차점자의 득표율을 당선자의 득표율로 나눈 값을 말한다(한정택, 2007: 80). 이 방법은 후보 간의 득표율 차이보다 더 정확하다고 할 수 있으나, 근본적으로 황아란의 '선거 경쟁도'와 같은 한계를 갖고 있다.

연구자마다 그 나름의 문제점을 안고 있는 현직 효과 측정 방법 문제는 의외로 선거 제도의 변화로 쉽게 해결되었다. 1인 2표 정당 투표제가 이것을 가능하게 하였다. 2002년 제3회 광역의원 비례 선거와 2004년 제17대 국회의원 선거부터 유권자가 한 표는 후보에게, 다른 한 표는 정당에 투표하도록 제도가 바뀌었다. 이 제도는 유권자가 정당 일체감을 갖고 있거나 선호하는 정당과 관계없이 후보자 개인을 선택할 수 있도록 함으로써 후보자의 개인적 득표력을 측정할 수 있게 되었다. 현직 후보가 정당 득표율보다 지역구에서 더 많은 지지를 받았다면 그만큼 현직 효과가 있는 것으로 볼 수 있다. 이것은 적어도 정당 요인을 분리한다는 점에서 기존 방법들보다 우수하다(이곤수, 2011: 131). 그리고 계산도 간단하다. 후보 득표율에서 정당 득표율을 빼기만 하면 된다. 이 방법을 최초로 고안한 임성학은 이것을 '후보 요인 투표율'이라고 명명하였다(임성학, 2009: 286).

❸ 현직 효과의 실제 사례

임성학이 '후보 요인 투표율'로 2008년 제18대 국회의원 선거의 현직 효과를 분석한 결과에 의하면, 이 선거에서의 현직 효과는 상당하였다. 현직 후보는 후보 요인 투표율이 평균 12.49% 포인트 높은데 비해, 비현직 후보는 1.56% 포인트 높은데 그쳤다(〈표 4-5〉 참조). 그리고 당선된 현직 후보는 15.13% 포인트의 후보 요인 득표율을 보여 현직 낙선자나 비현직 당선자와 낙선자보다 후보 요인 득표율이 훨씬 높았다. 한편으로 비록 낙선하기는 했지만, 현직 낙선자의 후보 요인 득표율이 7.51% 포인트에 달해 현직은 기본적으로 어느 정도 현직 효과가 존재하고 있다. 반면에 낙선한 비현직 후보는 후보 요인 득표율이 -0.13% 포인트로 현직 효과가 전혀 없었다(〈표 4-6〉 참조)(임성학, 2009: 287).

〈표 4-5〉 2008년 제18대 국회의원 선거에서의 현직과 비현직의 후보 득표율과 후보 요인 득표율 (단위: %)

	후보 득표율	후보 요인 득표율(후보-정당 득표율)
현직	48.86	12.49
비현직	16.13	1.56
합계	4.29	4.29

출처: 임성학(2009: 286)

〈표 4-6〉 2008년 제18대 국회의원 선거에서의 현직과 비현직의 당선자와 낙선자의 후보 요인 득표율 (단위: %)

	당락	평균	합계
현직	당선	15.13	117
	낙선	7.51	62
비현직	당선	8.81	101
	낙선	-0.13	435

출처: 임성학(2009: 287)

이곤수는 현직과 비현직(도전 후보) 이외에 '현직 계승 후보'라는 범주를 추가하여 현직 효과를 임성학의 '후보 요인 득표율'로 측정하였다. 그는 실제 선거에서 정당 변수와 지역 변수만이 선거 결과에 작용하는 것이 아니라 후보자 요인도 투표에 영향을 미치기 때문에 이를 정확하게 파악하기 위해서는 현직 후보와 현직 계승 후보 간의 후보 요인 득표율의 차이를 조사해 볼 필요가 있다고 판단하였다. 현직 계승 후보가 추가됨으로써 현직 후보자 개인의 영향력을 더욱 분명히 측정할 수 있게 되었다(이곤수, 2011: 132). 현직 후보와 비현직 후보를 비교하는 것보다 현직 후보와 현직 계승 후보를 비교하는 것이 '현직' 요인의 영향력을 정확하게 파악할 수 있다. 현직 후보와 동일 정당 소속의 현직 계승 후보를 비교하면 정당 요인의 영향력을 어느 정도 통제한 상태에서 순수한 후보 개인의 득표 요인을 알 수 있기 때문이다(이곤수, 2011: 130).

〈표 4-7〉 2010년 제5회 지방 선거에서의 시 · 도지사 후보들의 후보 득표율과 후보 요인 득표율 (단위: %)

	당락 구분 (사례수)	당락별 평균 득표율		전체 평균 득표율	
		후보 득표율	후보 요인 득표율	후보 득표율	후보 요인 득표율
현직 선거구	현직자 당선(8)	62.70	9.80	56.40	8.86
	현직자 낙선(3)	39.60	6.36		
비현직 선거구	승계자 당선(1)	56.73	0.81	41.66	−2.18
	승계자 낙선(3)	36.64	−3.17		

후보 요인 득표율 = 후보자 개인 득표율 − 비례 대표 정당 득표율(광역 의원)

출처: 이곤수(2011: 133)

2010년 제5회 지방 선거 광역 단체장 선거에서 현직 당선자의 후보 요인 득표율은 9.80% 포인트인데 비해 현직 낙선자의 후보 요인 득표율은 6.36% 포인트로 현직 당선자가 현직 효과를 더 갖고 있었다(이곤수, 2011: 132). 그리고 현직자가 출마한 11개 선거구의 후보 요인 득표율 평균은 8.86% 포인트인데 비해 비현직 선거구의 후보 요인 득표율 평균은 -2.18% 포인트로 현직들이 현직 효과를 확실히 누렸다. 한편 낙선한 현직자와 당선된 현직 승계자의 '후보 요인 득표율'을 비교해 보면, 전자의 후보 요인 득표율이 후자보다 훨씬 높았다(각각 6.36% 포인트와 0.81% 포인트). 그리고 낙선한 현직 계승자(-3.17% 포인트)보다 낙선한 현직자(6.36% 포인트)의 후보 요인 득표율이 더 컸다(〈표 4-7〉 참조). 이러한 결과는 현직 후보는 당락에 관계없이 현직 계승 후보보다 현직 효과를 더 갖고 있다는 것으로 현직 후보는 어떤 경우이건 현직 효과를 상당히 누리고 있다는 것을 말해 준다.

5) 선거 주기론

선거 주기론은 대통령 재임 기간 동안의 지지율이 그의 재임 기간 실시되는 국회의원 선거와 지방 선거, 그리고 차기 대통령 선거에 매우 의미있는 영향을 미친다는 주장이다. 이 이론은 대통령의 지지율은 재임 기간이 경과할수록 필연적으로 하락한다는 것을 전제로 한다. 실제로 한국과 미국의 대통령 지지율은 임기 말에 거의 예외없이 하락하였다. 김영삼 대통령 이래 한국 대통령들의 지지율은 임기 초에 비해 임기 말에 평균 50% 이상 떨어지고, 트루먼 대통령 이래 미국 대통령들의 지지율은 평균 40% 이상 하락하였다. 대통령 지지율의 하락은 차기 대통령 선거에 영향을 미치는데, 한국에서는 2002년 제16대 대통령 선거(노무현 당선)를 제외하고 선거 당시 전직 대통령의 지지율이 50% 아래로 하락한 경우 정권이 유지된 적이 한 번도 없었다.[5] 미국에서 현직 대통령의 지지율이 50%에 못 미치는 경우 90% 이상 정권 교체가 이루어졌다(문우진, 2012: 175-176).

대통령 재임 중에 실시되는 국회의원 선거와 지방 선거는 대통령에 대한 중간 평가로 규정되는 경우가 많았다. 야당 입장에서는 대통령에 대

5) 2012년 제19대 대통령 선거(박근혜 당선)가 또 하나의 예외가 되었다.

한 '회고적 평가'를 유권자들에게 요구하여 야당 지지를 극대화하려는 선거 전략이다. 1995년 김종필이 민주자유당으로부터 '토사구팽'당하고 1995년 제1회 지방 선거 직전에 자유민주연합을 창당하여 충청도 유권자들에게 김영삼 정부에 대한 부정적 평가를 요구함으로써 정치적 재기에 성공한 사례가 여기에 해당한다. 여당도 대통령 재임 중에 실시되는 선거를 집권당에 대한 중간 평가로 규정하기도 한다. 이 전략은 대체로 대통령 임기가 시작된 지 얼마 되지 않은 경우에 주로 사용한다. 김대중 정부가 집권 4개월만에 실시된 1998년 제2회 지방 선거를 여당에 대한 중간 평가로 규정한 것이 여기에 속한다. 국회의원 재 · 보궐 선거는 정치적 비중이 떨어지지만, 대체로 대통령의 국정 운영에 대한 중간 평가적 성격을 부여받았다. 1987년 민주화 이후 실시된 재 · 보궐 선거에서의 여당 후보자의 득표율은 대통령 지지율과 상당한 비례 관계에 있다(조진만, 2005: 114; 조진만 · 최준영 · 가상준, 2006: 87; 최준영 · 조진만, 2011: 143).

한국은 1987년 민주화 이후 2012년까지 일곱 번의 국회의원 선거와 다섯 번의 지방 선거를 경험하였다. 민주화 이후 십년 동안 집권한 노태우 정부와 김영삼 정부 시절에는 선거 주기론이 잘 맞지 않았다. 노태우 정부 임기 초반에 실시된 1988년 제13대 국회의원 선거에서 여당인 민주정의당이 패했고, 오히려 임기 말인 1992년에 실시된 제14대 국회의원 선거에서는 의석수가 과반에 약간 못 미쳤지만(의석 점유율 49.8%) 무소속 의원을 입당시켜 원내 과반수를 만들어 여당인 민주자유당이 승리했다. 노태우 정부에서는 선거 주기론이 모두 적용되지 않았다.

김영삼 정부 임기 중반이 조금 지난 1995년 제1회 지방 선거[6]에서는 여

6) 지방 선거는 광역 단체장인 시 · 도지사 선거, 시장과 군수를 선출하는 기초 단체장 선거, 광역 의원 선거와 기초 의원 선거, 그리고 기초 의원(제4회부터)과 광역 의원(제3회부터) 비례 선거가 동시에 치러지는데, 정당 공천이 이루어지며 정치적 비중이 높은 시 · 도지사 선거를 정당의 승리 여부를 판명하는 기준으로 삼았다.

당이 패해 선거 주기론과 일치하였다. 그리고 임기 말인 1996년에 제15대 국회의원 선거에서는 여당인 신한국당이 과반수를 점유하지는 못했지만(의석 점유율 46.5%) 제13대 국회의원 선거와 같은 방법으로 원내 과반을 넘겨 사실상 승리하여 선거주기론과 다른 결과를 낳았다. 김영삼 정부에서는 선거 주기론이 반은 맞고, 반은 틀렸다.

김대중 정부와 노무현 정부는 선거 주기론과 일치하는 선거 결과가 산출되었다. 김대중 정부 임기 초반인 1998년 제2회 지방 선거에서 공동 여당인 새정치국민회의와 자유민주연합은 시 · 도지사 선거에서 승리하였다. 그러나 임기 중반 이후인 2000년 제16대 국회의원 선거에서 여당인 새천년민주당의 의석 점유율은 42.1%에 그쳐 한나라당에 패배했다. 아직 형식적으로 공동 여당 관계를 유지한 자유민주연합 의석 수를 합쳐도 한나라당을 넘지 못했다. 2002년 실시된 제3회 지방 선거에서도 야당인 한나라당이 승리하여 김대중 정부 집권기에는 선거 주기론이 모두 들어맞았다.

노무현 정부 임기 중반 이전에 실시된 2004년 제17대 국회의원 선거에서 여당인 열린 우리당이 과반수 이상의 의석을 얻어 승리하였고, 임기 말인 2006년에 실시된 제4회 지방 선거에서는 야당인 한나라당이 압승하였다. 노무현 정부에서도 선거 주기론이 모두 들어맞았다.

이명박 정부 임기 초반에 실시된 2008년 제18대 국회의원 선거에서는 한나라당이 과반을 점유하였고, 임기 중반을 넘긴 2010년 제5회 지방 선거에서는 야당이 승리하여 선거 주기론의 예측과 일치하였다. 그러나 이명박 정부 임기 말인 2012년 제19대 국회의원 선거에서는 선거 주기론과 달리 여당이 과반 의석을 차지하는 승리를 거두었다. 1987년 이후에 실시된 선거를 각 정부별로 정리하면 〈그림 4-1〉과 같다.

한국은 미국과 달리 대통령 선거와 국회의원 선거의 주기가 4년과 5년으로 서로 달라서 선거 주기론을 적용하기가 쉽지 않다. 무엇보다도 한국에서는 선거 주기론보다 더 강력한 투표 결정 요인들이 많다. 지역주의 투표 행태가 대표적이고, 돌발적인 요인도 수시로 발생한다. 노무현 대통

〈그림 4-1〉 민주화 이후 정부별 선거 주기론 결과(1987~2012년)

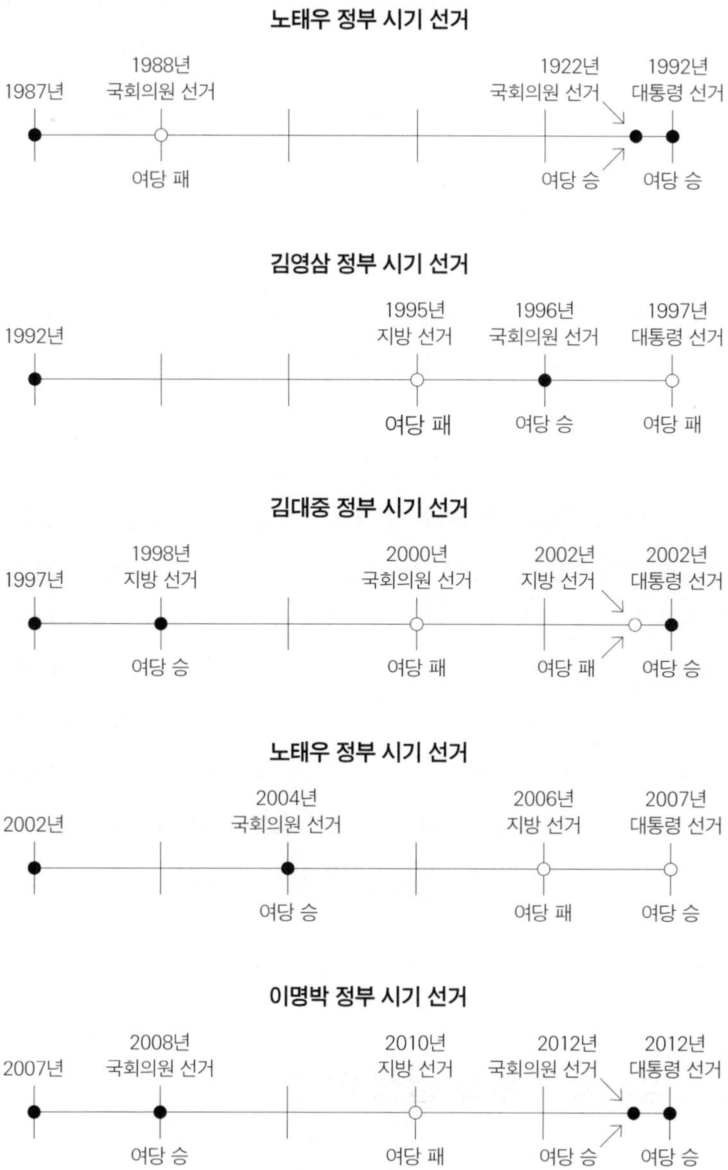

*: 2012년 국회의원 선거와 2012년 대통령 선거의 승패는 필자가 추가

출처: 전용주(2012: 98-99)

령에 대한 탄핵 의결 직후에 실시된 2004년 제17대 국회의원 선거에서 열린 우리당이 압승한 것은 대통령 탄핵에 대한 국민들의 냉엄한 판단의 결과이지 선거 주기론과는 아무 관계가 없다. 그리고 외형적으로는 선거 주기론이 맞다 하더라도, 실제 내용적으로는 지역주의와 같은 요인에 의해 선거 결과가 결정되기 때문에 선거 주기론이 설명력이 있다고 평가하기는 어렵다.

또한 무시할 수 없는 제3의 정당이 존재하면, 선거 승리 여부를 판정하는데 어려움이 있어 선거 주기론을 적용하기가 쉽지 않다. 예컨대 여당이 과반수에 근접한 수준으로 1위를 하여도 제2당과 제3당이 연합하여 여소야대를 만들면 패배하는 것이 된다. 실제로 1988년 제13대 국회의원 선거에서 여당이 의석 점유율 1위를 차지하였지만, 세 야당이 연대하여 여소야대를 만들었다. 이런 상황까지는 아니지만, 제3당이 일정한 의석 점유을을 차지하여 양대 정당에 일정한 영향력을 미치는 경우에도 선거 주기론을 적용하기가 어렵다. 예를 들어, 1992년 제14대 국회의원 선거와 1996년 제15대 국회의원 선거에서 여당이 1위를 차지했지만, 아슬아슬하게 과반을 넘지는 못했다. 이 때 제14대에는 정주영이 이끄는 통일국민당이, 제15대에는 김종필의 자유민주연합이 원내 의석수 10%를 넘는 제3정당이 되어 상당한 영향력을 행사하였다. 이러한 정치적 상황에서의 선거 주기론의 설명력은 한계가 있을 수밖에 없다.

3. 비정치학적 투표 결정 이론

투표 결정 요인에 관한 비정치학적 이론은 클레그의 조직 이론, 레이코프의 프레임 이론과 그리고 레이코프와 프랭크 등이 주장하는 도덕적 가치관 이론 등이 있다. 클레그 이론은 투표 결정 요인을 분석하는 이론이 아니라 조직에서의 권력을 생산하는 이론이기 때문에 정치학자들의 관심권에서 벗어나 있어 조직 이론으로 전국 선거를 분석한 연구는 없다. 필자가 2008년 제18대 국회의원 선거에서 충북 지역 선거를 분석한 것이 유일하다(강희경, 2009). 전국적인 선행 연구가 없으므로 이 이론은 여기서 다루지 않는다.

레이코프의 '프레임 이론'과 프랭크의 '도덕적 가치관 이론'도 마찬가지이다. 이 이론으로 한국의 선거를 체계적으로 분석한 것 역시 없다. 후보나 정당 실무자들이 선거 전략으로 관심을 갖고 있는 정도이다. 이 중에서 '프레임을 선점해야 한다'와 '중도파는 없다'라는 레이코프의 주장과 그리고 하층들이 소위 '계급 배반 투표'를 하는 이유가 현실 정치에 관심을 갖고 있는 사람들에게 크게 반향을 불러일으켰다. 2011년 서울시 보궐 선거에서 쟁점이 된 '무상 급식 논쟁'이 프레임 이론의 좋은 사례이다. 한나라당 소속 오세훈 당시 서울시장은 '선별적 복지' 프레임을 내걸었고, 박원순 야권 후보는 '보편적 무상 급식' 프레임을 제기하여 프레임과 프레임이 정면 대립하였다.

'중도파는 없다'라는 레이코프의 주장은 중도파가 현재 가장 많은 비율을 차지하고 있다는 정치학자들의 주장에 밀려 크게 호소력을 갖고 있지 못하고 있다. 그러나 과연 진보와 보수 중간 어디쯤의 중도 이념이 정말로 존재하는가는 진지하게 분석해보아야 한다. 인간의 사회생활에서는 다양한 선택지가 있지만, 정치적 선택에 어중간한 선택이 가능한지는 의문이다. 정치적 불신의 결과 확실한 태도 표명을 하지 않는 유권자들의 태도를 중도 또는 무당파라고 과장 해석하고 있는 것 같다.

노동 계급의 '계급 배반 투표'에 관한 논의는 상대적으로 프레임 이론에 비해 풍부한 편이다. 도덕적 가치관 이론은 한국의 노동 계급이 '계급 투표'를 하지 않는 이유를 비교적 잘 설명하고 있다. 이들은 노동 계급이 그들의 계급적 이익보다는 국가와의 동일시와 같은 도덕적 가치관을 우선적으로 고려한다고 분석한다. 전종환은 신문 칼럼에서 보수 세력들이 국가를 중시하는 도덕적 가치관에 입각하여 투표한다는 것을 다음과 같이 역설하였다.

> "경제적 이해관계를 거스르면서 투표하는 유권자들은 자신의 도덕적 가치를 실천해 줄 후보에게 투표한다. --- 노무현 전 대통령이 남북 정상회담에서 북방 한계선을 포기하는 발언을 했다[7]고 선동한 새누리당의 대선 전략은 결과적으로 보수층의 도덕심을 자극하여 보수층을 투표소로 끌어냈다. 국익을 지키지 못한 '비도덕적인' 후보를 표로 응징하지 못한다면, 기권한 사람도 죄를 짓는 셈이라고 보수층은 받아들인다."(전중환, 2013)

2013년 박근혜 정부가 출범하면서 '모든 노인에게 기초 연금으로 매월 20만원씩 지급하겠다'는 대통령 선거 공약을 파기한 것에 대해 노인들을 상대로 면접 조사한 한겨레신문의 르포 기사에 의하면, '아무리 공약을 했어도 나라가 파탄나면 안되잖아. 대통령이 실수를 했더라도 국가가 먼저지'(한겨레신문, 2013년 10월 5일)라는 한 노인 반응이 국가를 우선하는 보수 세력의 가치관을 여실히 보여 주고 있다.

일부 하층들이 그들의 계층과 달리 보수 세력에게 투표하는 이유는 그들의 존재감을 도덕적 가치관에서 찾기 때문이다. 누구보다도 국가 안보를 중시하고 있다는 그들의 가치관이 그들에게 인간적 자부심을 불어넣어 준다. 이들은 돈으로는 존재감을 가질 수 없다. 소득이나 재산 측면에서 하층에 위치한다는 것은 경제적으로 다른 사람들에게 내세울 것이 없다는 것이다. 사람들은 경제적으로 우월하지 못하더라도 다른 사람보다 앞서는 측면이 있어야 한다. 그래야 최소한의 자존감을 갖고 살아갈

---

7) 2013년 11월 검찰은 노무현 대통령이 '남북정상회담에서 북방 한계선을 포기한다'고 발언한 적이 없다는 사실을 수사 결과로 발표하였다. 새누리당은 있지도 않은 사실을 있는 것처럼 2012년 12월 대통령 선거에서 써먹었다는 것이다.

수 있다. 북한에 대해 엄격한 태도를 취하는 것이 그들의 계층적 지위보다 더 중요하다고 생각하는 사람들이 하층 중에 상당히 많다. 객관적으로는 북한보다 한국이 경제적으로나 군사적으로 훨씬 앞서 있다는 것을 알지만, 이들은 늘 소위 '종북 세력'의 준동에 밤잠을 이루지 못한다. 하층들은 경제적 열세를 도덕적 가치관으로 보완하려고 한다. '내가 나라를 지키고 있다'라는 국가와의 동일시는 경제적 하층에게는 그들의 자존감을 세워 줄 수 있는 매우 매력적인 상품이다. 이들은 설령 경제적으로 다소 손해를 보더라도 국가 안보의 첨병이라는 상품을 쉽게 포기할 수 없다. 이들이 태극기를 손에 들거나 태극기가 새겨진 옷을 입고 집회에 참여하는 것도 이것이 자신들이 국가 안보를 지키는 수호자라는 것을 표현하는 방법이기 때문이다. 심지어는 미국 성조기를 갖고 집회에 참석하기도 한다. 미국이 한국 안보를 책임지는 주체 중의 하나이므로 미국과 자신의 존재적 실존을 동일시하는 것이다. 강원택은 하층들은 국가와의 동일시 이외에 사회 질서 유지를 중시한다고 주장하였다. 그들은 학교 체벌 허용에 찬성하고, 집회 시위의 자유를 보장해야 한다는 데에 반대한다(강원택, 2013: 8). 이것은 마치 미국 일부 하층이 표준적인 가족 가치를 중시하여 동성애를 반대하고 낙태 금지를 찬성하는 것을 중요한 삶의 기준으로 여기는 것과 같다.

하층들의 이념 성향이 보수적이라는 것은 〈표 4-8〉에서 확인할 수 있다. 이들의 이념 성향은 5.85점으로 전 계층 중에서 가장 보수적이다. 다음이 중하층과 상층이다(5.18점과 5.17점). 즉 하층과 상층은 이념적으로 같은 지향을 나타내고 있다. 연령 효과를 제거하기 위해 60대 이상을 제외한 조사에서도 비슷한 경향이 나타났다. 하층이 5.29점으로 가장 보수적이고 다음이 5.06점의 상층이었다. 이들은 하이트(Haidt, 2012)가 말한 대로, 자신의 계층적 이해관계보다 사회 질서의 유지와 같은 도덕적 이해관계를 더 중시하고 있다.

〈표 4-8〉 2012년 제18대 대통령 선거에서의 소득 계층별 주관적 이념 성향

	이념 성향	
	전체	60대 이상 유권자 제외
상층	5.17	5.06
중상층	4.91	4.89
중층	4.99	4.92
중하층	5.18	4.89
하층	5.85	5.29
분산 분석	F=7.6 p<0.00	F=0.9 p=0.49

출처: 강원택(2013: 6)

이들은 설사 진보 성향의 정당이 사회적 부를 재분배하여 그들에게 유리한 정책을 펼친다고 해도 '사회적, 문화적 가치'를 중시하여 보수 정당이나 후보를 지지한다. 이들은 한미 동맹의 강화나 반공 이데올로기와 관련된 남북 관계와 대외 정책, 그리고 '강력한 안보'와 '법과 질서의 강조'와 같은 보수적 가치관과 태도를 확고하게 갖고 있다(강원택, 2013: 9). 이들은 상층보다 더 '보수적'이며, '변화'보다는 '안정'을 선호하며, '복지비'보다는 '국방비' 지출을 중요하게 여기고 있다(강원택, 2013: 3). 이들이 바로 그들의 계급적 위치와 관계없이 보수 정당을 지지하는 사람들이다.

4. 민주화 이후의 대의 정치 위기: 투표율의 지속적 저하

민주주의는 평범한 시민들이 정치적 존재가 되고 그리고 권력이 그들의 희망과 필요에 반응하게 만드는 장치이다. 민주주의 정치에서 중요한 기

준은 이들의 정치 참여가 보장되는 지의 여부이다. 평범한 시민들의 정치 참여가 쇠락하게 되면, 민주주의는 위험할 정도로 공허해진다(우석영 역, 2013: 402). 시민들의 정치 참여가 민주주의의 핵심적 요건이다.

현대 민주주의는 국민들이 직접 정치 과정에 참여하는 직접 민주주의가 아니라 선거를 통해 선출된 대표자가 시민들을 대행하는 대의 민주주의이다. 대의 정치의 핵심은 정당 정치이다. 왜냐하면 정당이 대의 정치를 실현할 대표자를 공천하기 때문이다. 정당이 공천한 후보 중에서 시민들이 적임자를 가리는 투표에 참여해야 민주주의가 작동하게 된다. 이 점에서 국민들의 선거 참여를 나타내는 투표율이 대의 정치의 대표성과 정통성을 확보하는 출발점이다. 그리고 민주주의의 성공적 운영 여부를 보여 주는 중요한 신호 체계이다. 만약 투표 참여율이 50% 이하로 떨어진다면 그것은 분명 대의 정치의 대표성과 정통성을 위협하는 위기의 신호가 된다(임성호, 2012: 6).

미국을 제외한 유럽 민주주의 국가들의 투표율은 높다. 1945년부터 2005년까지 국회의원 선거의 평균 투표율이 가장 높은 나라는 투표를 법적으로 강제하는 호주로 투표율은 95%이다. 다음이 벨기에로 92%이다. 그 다음이 이탈리아 91%, 네델란드 87%, 스웨덴 86%, 독일 85%이다. 미국의 투표율은 55%(대통령 선거가 있는 해만 산입)로 주요 국가 중 최하위권이다. 한국은 76%인데, 1987년부터 계산하면 66%밖에 되지 않는다(조성대, 2009: 230).

미국인들의 투표율이 낮은 이유를 크렌슨(Crenson)과 긴스버그(Ginsberg)는 정치 엘리트들이 유권자가 아니라 법원과 관료들을 통해 정책 목표를 달성하는 방법을 찾았기 때문이라고 주장하였다. 그들은 이것을 시민이 정치 참여자가 되는 '대중 민주주의'(popular democracy)에서 '고객'이 된 시민에 의한 '개인 민주주의'(personal democracy) 시대로의 진입이라고 평가하였다. '고객'들은 정치 과정에 참여하도록 권유받지 않고, 정부가 제공하는 서비스의 개별 수혜자들일 뿐이다(서복경 역, 2013: 8-9).

시민이 정치로부터 배제되고 있다는 확실한 증거는 2001년 9·11 테러 직후 부시 대통령이 시민들에게 요구한 것을 보면 된다. 부시는 시민들에게 두려움을 가라앉히고 시민의 본분을 다하라고 했다. 부시가 말한 시민의 본분이란 '무엇보다 쇼핑을 하라는 것'이었다. '평소와 다름없이 돈을 쓰고, 비행기를 타라'는 것이었다. 정부는 시민을 필요로 하지 않으니, 시민들은 경제나 부양하고 얌전히 있으면 되었다(서복경 역, 2013: 12; 우석영 역, 2013: 113). 부시는 국가 안보는 직업 행정가와 군인이 해결하므로 시민들에게 자원 입대나 헌혈을 요구하지 않았다(서복경 역, 2013: 15).

1) 낮은 투표율

1987년 12월에 실시된 제13대 대통령 선거는 1972년 10월 유신으로 중단된 이후 무려 25년만에 실시되었다. 당연히 국민들의 관심은 그들의 지지 후보와 관계없이 폭증하여 89.2%라는 높은 투표율을 기록하였다. 열 명 중에 9명이 투표하였다는 것은 사실상 투표가 가능한 국민은 모두 투표하였다는 것과 다름없다. 그 만큼 국민은 대의 정치에 목말라 있었다.

그러나 감격은 오래 계속되지 않았다. 한계 효용 체감의 법칙은 경제 현상에만 적용되는 것이 아니다. 사회 현상에도 들어맞는다. 선거가 주기적으로 이루어진다는 것만으로 효용은 증대되지 않는다. 높은 수준의 투표율을 유지하려면 호주와 벨기에와 룩셈부르크처럼 투표를 법적으로 강제하는 것이 한 가지 방법이다. 그러나 무엇보다 국민들, 더 정확하게 말하면 계층과 세대의 이해관계가 발산되고 정치 제도가 이를 수용하여 해결할 수 있어야 한다. 즉 노동과 복지 제도의 확대, 사회 불평등의 축소 등과 같은 실질적인 경제 민주화 조치가 이루어져야 한다. 시민들의 욕구가 충족되어야 효용이 증대되는데, 한국의 정당은 그러지 못했다. 정당들이 국민들의 이해관계를 조정할 수 있는 제도를 만들지 못한 것이 투표율이 낮아지는 가장 큰 이유이다. 정당이 특히 계층적으로는 하층, 직업적으로는 비정규직 노동자의 이해관계를 조정하지 못하자 이들은 대거 투표장 가기를 포기하였다. 다음 〈표 4-9〉에서 볼 수 있는 것처럼 1990년대까지 70%를 웃돌던 투표율은 빠른 속도로 줄어들기 시작하여 급기야는 2008년 제18대 국회의원 선거에서는 46.1%로 전국 단위 선거에서 처음으로 50%를 밑돌았다. 비록 2008년 이후 선거에서는 투표율이 다소 상승하였지만, 국회의원 선거와 지방 선거는 여전히 50%대에 머무르고 있다. 대통령 선거 투표율도 1987년 제13대 선거 89.2%에서 2007년 제17대 선거 63.0%로 무려 20년만에 26.2% 포인트나 줄어들었다.[8] 주요 선거의 투표율이 50%대라는 것은 한국 대의 정치의 위기를 상징하고 있다.

〈표 4-9〉 1987년 민주화 이후 각급 선거의 투표율 추이 (단위: %)

대통령 선거			국회의원 선거			지방자치단체 선거		
대별	선 거 일	투표율	대별	선 거 일	투표율	대별	선 거 일	투표율
			13	1988. 4. 26	75.8			
13	1987. 12. 16	89.2	14	1992. 3. 24	71.9	1	1995. 6. 27	68.4
14	1992. 12. 18	81.9	15	1996. 4. 11	63.9	2	1998. 6. 4	52.7
15	1997. 12. 18	80.7	16	2000. 4. 13	57.2	3	2002. 6. 13	48.9
16	2002. 12. 19	70.8	17	2004. 4. 15	60.6	4	2006. 5. 31	51.6
17	2007. 12. 19	63.0	18	2008. 4. 9	46.1	5	2010. 6. 2	54.5
18	2012. 12. 19	75.8	19	2012. 4. 11	54.2			

출처: 중앙선거관리위원회 선거통계시스템

8) 2012년 제18대 대통령 선거에서는 투표율이 75.8%로 이전 선거에 비해 크게 반등하였다.

최근에 치러진 선거의 투표율이 모두 조금씩 반전하고 있는 것은 그나마 긍정적이다. 이것은 직전 선거의 투표율이 너무 낮은 기저 효과에 다른 반사적 현상이기도 하고, 투표가 복지 정책(예: 무상 급식)과 같은 유권자의 이해관계를 반영하는 방향으로 전개됨으로써 투표 결과의 중요성을 유권자들이 인식한 결과이기도 하다.

2) 낮은 투표율의 원인

누가 투표를 하고 누가 기권을 하는가? 집합 자료에 의하면, 성별과 연령별 투표율 차이는 교육과 소득 수준에 의한 투표율 차이보다 확실히 크다. 성별로는 남성의 투표율이 여성의 투표율보다 높다. 2004년 제17대 국회의원 선거에서는 남성의 투표율이 여성보다 5.3%포인트 높았다. 그러나 2007년 제17대 대통령 선거에서는 그 차이가 1.8% 포인트로 줄어들었다. 연령별 투표율 차이는 매우 뚜렷하다. 2004년 17대 국회의원 선거와 2007년 제17대 대통령 선거에서 50대 이상 연령대의 투표율은 80% 후반인데 비해, 20대의 투표율은 60%대에 머물렀다(조성대, 2009: 245).

교육 수준과 소득 수준이 높다고 해서 이들의 투표 참여율이 특별히 높지도 않다. 2004년 제17대 국회의원 선거와 2007년 제17대 대통령 선거에서는 중졸 이하 저학력층의 투표율이 제일 높았고(각각 83.2%, 84.2%), 2007년 제17대 대통령 선거에서는 대졸자들의 투표율이 낮았다(75.4%). 2004년 제17대 국회의원 선거에서는 소득 수준이 높을수록 투표율이 증가하였지만, 저소득층(77.6%)과 고소득층(81.4%)의 투표율 차이는 크지 않았다. 2007년 제17대 대통령 선거에서도 소득 수준별 투표율 차이는 없었다(조성대, 2009: 245).

그러나 손낙구는 투표율이 부동산 계급과 그리고 학력과 상관관계가 매우 높다고 주장하였다. 그의 연구 결과는 수도권, 특히 서울에 국한된 자료라는 한계가 있지만, 의미는 자못 심장하다. 2004년 제17대 국회의원 선거와 2006년 제4회 지방 선거에서 서울의 자산 계층과 고학력자들의 투표율이 높고, 이와 반대되는 계층의 투표율은 낮았다. 두 선거를 합쳐서 투표율이 높은 서울의 상위 10개 지역(행정동)의 주택 소유율은 평균 84%인데 비해 투표율이 낮은 10개 지역의 주택 소유율은 26%에 지나지 않았다. 또한 투표율이 높은 지역의 대학 재학 이상의 학력자 비중은 86%인데 비해 투표율이 낮은 지역은 평균 50%에 불과하였다(손낙구, 2010: 48-49).

이 자료는 계층과 학력과 그리고 투표율 간에 명백한 정비례 관계가 성립한다는 것을 확인해 주고 있다. 한나라당은 부자들과 중상층 유권자들을 투표장에 잘 불러내는 반면에 민주당은 중하층이나 서민들을 투표장으로 잘 불러내지 못하였다(손낙구, 2010: 397). 이 말은 상층일수록 그들의 계층적 이익을 보존하기 위해 투표장에 간다는 것으로, 달리 말하면 한국의 정치가 상층의 이해관계에 민감하게 반응하고 하층에 대해서는 그렇지 않다는 것이다. 손낙구는 하층들의 투표율이 낮은 이유를 크게 두 가지 들고 있다. 첫째는 방금 언급한 것처럼 하층을 대변하는 정당이 없기 때문이다. 하층은 투표를 포기함으로써 그들의 정치적 의사를 표현한다. 이들은 정치하는 사람들과 정당을 '그 놈이 그 놈이다'라고 생각한다. 정당이 이들로 하여금 투표할 이유 자체를 만들어 주지 못하고 있다(손낙구, 2010: 401-402). 둘째는 집값이 너무 비싸서 하층(셋방 거주자, 1인 가구, 쪽방 거주자)들이 자주 이사를 가야 하기 때문이다. 셋방 거주자의 80%가 한 집에 오년 이상 살지 못한다. 셋방 거주자의 절반 이상은 최소 이년에 한 번씩 이사를 해야 한다. 이들에게는 그들이 살고 있는 동네가 '우리' 동네가 아니다. 이들은 정치 문제를 함께 논의할 이웃 사람, 즉 지역사회를 만들지 못한다(손낙구, 2010: 401). 이것은 지역사회 구성원들의 상호작용이 활발해야 투표율이 상승한다는 사회학적으로 중요한 의미를 보여 주는 분석이다.

중앙선거관리위원회가 2008년 제18대 국회의원 선거에서 유권자들이 투표를 하지 않는 이유를 조사한 자료에서도 정치 기능의 실종을 어느 정

〈표 4-10〉 2004년 제17대부터 2012년 제19대 국회의원 선거까지 유권자들이 투표하지 않은 이유 (단위: %)

요 인	2004년 제17대 국회의원 선거	2008년 제18대 국회의원 선거	2012년 제19대 국회의원 선거
개인적인 일/출근 등으로	37.7	27.8	39.4
정치나 선거에 관심이 없어서	12.3	20.1	20.4
찍고 싶은 후보자가 없어서	16.5	18.5	8.7
정치인에 대한 불신 때문에	20.6	14.0	7.0
투표를 해도 바뀌는 것이 없어서	-	7.9	14.0
흥미를 끌만한 정책이나 이슈가 없어서	-	3.5	1.3
기상악화 등 날씨가 좋지 않아서	-	2.8	1.2
투표를 해도 당락에 영향을 미치지 못해서	6.0	2.1	1.9
주소지와 멀리 떨어져 생활하기 때문에	-	1.9	3.4
상호 비방 · 돈 선거 등 선거 운동에 실망해서	-	0.9	1.3
부재자 신고하는 것이 번거로워서	-	0.1	1.0
기타	6.0	0.3	0.3
무응답	0.9	-	0.1
합계	100.0	99.9	100.0

출처: 중앙선거관리위원회(2012: 99)

도 알아낼 수 있다(〈표 4-10〉 참조). 2008년 제18대 국회의원 선거의 경우 투표를 하지 않은 이유 중에서 '개인적인 일/ 출근 등으로' 투표하지 못했다거나 안했다는 답변이 27.8%로 가장 많았다. 그 다음이 '정치나 선거에 관심이 없어서'(20.1%), '찍고 싶은 후보자가 없어서'(18.5%), '정치인에 대한 불신 때문에'(14.0%), '투표를 해도 바뀌는 것이 없어서'(7.9%) 등의 순이었다. '개인적인 일/ 출근 등으로' 투표하지 않은 경우를 제외한 나머지 2순위에서 5순위까지의 이유는 모두 정당과 정당 후보와 그리고 정치에 대한 불만족 및 불신감과 관련되어 있다. 이 비율의 합이 무려 절반이 넘는 60.5%라는 것은 한국의 정치 제도와 정당이 유권자들의 이해관계를 대변하지 못하여 유권자들이 상당한 실망 상태에 있음을 보여 주고 있다. 2012년 제19대 국회의원 선거에서도 이 비율이 50.1%에 달해 정치에 대한 실망감으로 투표하지 않은 유권자들이 여전히 절반을 웃돌고 있다. 투표하지 않으면 실제 손해를 보는 것은 하층들이다. 상층은 투표 이외의 방법으로 그들의 이익을 지킬 수 있지만, 하층은 투표 이외에 스스로 그들의 이익을 도모할 방법이 거의 없다.

투표하지 않은 가장 큰 이유인 '개인적인 일/ 출근 등으로'라는 사유도 단순히 개인적인 문제로 볼 수 없다. 아침 6시부터 저녁 6시까지 투표 시간에 투표할 수 없는 사람들 중의 상당수는 사실상 아침 6시 이전에 출근하거나 저녁 6시 이후에 퇴근하거나, 또는 일하는 도중에 투표소로 갈 수 없는 사람들이다. 2012년 제19대 국회의원 선거에서는 이 사유로 투표하지 않은 비율이 2008년 제18대 국회의원 선거보다도 높아져서 39.4%에 이르렀다. 2012년 제19대 국회의원 선거에서 이런 이유로 투표하지 않는 사람들을 중앙선거관리위원회가 조사한 바에 의하면, 학력과 소득이 낮고, 블루칼라(45.0%)의 경우에 제일 많았다. 연령적으로는 60대 이상(49.4%), 지역적으로는 광주/전라권(47.9%)에서 높았다(중앙선거관리위원회, 2012: 99). 이들 중 상당수가 비정규직 노동자들이다. 투표일은 공무원이나 정규직 노동자에게만 공휴일이고 대부분의 비정규 노동자들은 일을 해야 하는 날이다. 투표를 통해서 정치적 이해관계를 표현하도록 하려면 호주처럼 투표하지 않으면 벌금을 부과하는 것과 같은 제도적 장치를 마련해야 한다. 이 점에서 2013년 4월 국회의원 재·보궐 선거(서울 노원구병, 부산 영도구, 충남 부여군·청양군)에서 선거 역사상 처음으로 투표일 이전에 이틀간 사전 투표제를 실시한 것은 투표율을 제고하는데 도움이 되는 좋은 제도이다.

❶ 정당과 정치 제도에 대한 낮은 신뢰

한국의 유권자들은 유권자들의 이해관계를 반영하지 못하는 정당에 대해 깊은 불신을 갖고 있다. 키(Key)는 정당의 기능을 '조직으로서의 정당'(party as organization)과 '정부 내 정당'(party in government)과 그리고 '유권자 속의 정당'(party in the electorate)의 세 요소로 나누어서 분석하였다. 달튼과 와텐버그에 의하면, '조직으로서의 정당'이란 정치 엘리트를 충원하고 공직에 출마시키며 시민사회의 이익을 표출, 집약하는 기능을 말한다. '정부 내 정당'은 행정부와 의회 등에 진출하여 통치를 담당한다. '유권자 속의 정당'은 선거 때에는 유권자에게 정당 일체감을 유발하며 투표할 기회를 제공하고, 선거 기간이 아닌 때에는 유권자에 대한 정치 교육을 담당한다(Dalton and Wattenberg, 2000: 6-9; 최종숙, 2011: 10에서 재인용). 한국의 정당은 이러한 세 가지 역할을 하나도 제대로 하는 것이 없다. 무엇보다도 시민사회의 이익을 드러내어 관철시키지 않는다. 이 점이 정당이 국민들로부터 제도적으로 불신당하고, 유권자들이 투표소로 가지 않는 가장 큰 이유이다.

한국개발연구원이 2006년에 실시한 조사를 보면, 공적 기관 중에서 국회와 정당의 신뢰 수준이 가장 낮았다(〈그림 4-2〉 참조). 10점 만점에서 교육 기관이 가장 높은 점수인 5.44점, 다음으로 시민 단체가 5.41점을 받았다. 반면에 국회는 2.95점으로 최하의 점수를 받아 국민들로부터 가장 신뢰받지 못하는 기관이 되었다. 다음이 3.31점의 정당, 3.35점의 정부, 이어서 지방자치단체가 3.89점으로 모두 3점대에 머물렀다. 이 네 기관은 모두 국민들을 위한 정책을 입안하고 집행하는 기관들이다. 국민들은 국회와 정부와 그리고 정당이 사회 갈등을 조정하지 못하는 기능 부전에 실망하고, 투표장으로 가는 발걸음을 되돌리고 있다.

〈그림 4-2〉 공공 및 민간 제도 신뢰 수준

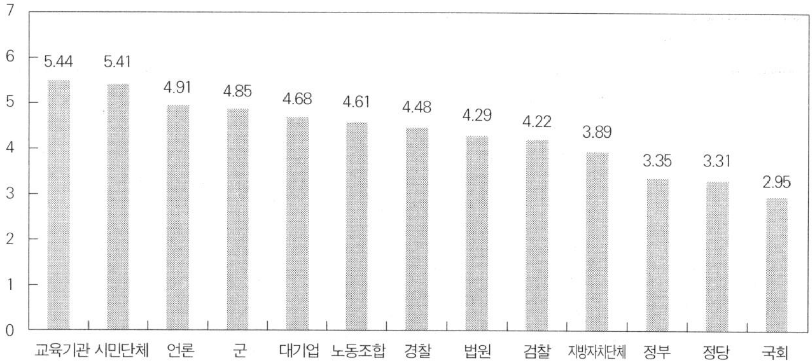

출처: 한국개발연구원(2006, 사회적 자본 실태 종합 조사 결과 보고서: 34; 임성호 · 채진원, 2012: 7에서 재인용)

정당이나 행정부 등에 대한 신뢰도는 시간이 지날수록 낮아지고 있다. 이재열이 1996년('전환기 한국 사회 국민 의식과 가치관에 관한 조사')과 2007년('외환 위기 10년 국민 의식 조사') 서울대학교 사회발전연구소의 조사 결과를 비교한 것에 의하면, 조사 기관 중 군대와 대기업만 빼놓고는 모든 기관의 신뢰도가 11년 동안 하락하였다. 가장 낮은 신뢰도를 기록한 기관은 정당인데, 정당은 완전 신뢰도 100점 중 1996년 5.3점에서 2007년 2.9점으로 하락하였다. 100점 만점 중에 2.9점이라는 것은 사실상 신뢰도가 없다는 것과 다름없다. 다음으로 낮은 신뢰도를 보인 기관은 행정부로 11.4점에서 8.0점으로 줄어들었다. 사법부는 15.5점에서 10.1점, 언론은 28.8점에서 13.3점, 종교는 31.7점에서 16.5점, 노동조합은 31.9점에서 10.6점, 대학은 42.0점에서 28.0점, 경찰은 47.5점에서 24.0점, 시민 단체는 48.8점에서 21.6점으로 큰 폭으로 줄어들었다. 대기업은 13.0점에서 13.1점으로 소폭 늘었는데, 절대값 자체가 높지는 않다. 군대는 11년 동안 26.8점에서 33.9점으로 비교적 상승폭이 크고 절대값도 높은 편이다. 이재열은 군대가 문민 통제를 받고 있다는 것을 국민들이 평가한 것이라고 해석하였다(이재열, 2009: 25-26).

정당과 기업을 포함하여 주요 기관의 신뢰도를 시계열로 조사한 자

〈표 4-11〉 주요 기관 신뢰도 순위(2006~2013년)

2006		2007		2008	
1	현대자동차	1	삼성	1	현대자동차
2	삼성	2	현대자동차	2	SK
3	SK	3	SK	3	LG
:	:	4	헌법재판소	4	삼성
13	한나라당	:	:	:	:
:	:	15	한나라당	21	한나라당
20	민주당	:	:	22	통합민주당
21	민주노동당	23	민주노동당	23	뉴라이트
:	:	24	민주당	24	민주노동당
24	열린 우리당	25	열린 우리당	25	자유선진당
2009		**2011**		**2013**	
1	현대자동차	1	현대자동차	1	현대자동차
2	SK	2	삼성	2	삼성
3	삼성	3	SK	3	헌법재판소
4	LG	4	LG	4	SK
:	:	:	:	:	
19	민주노동당	:	:	12	새누리당
20	자유선진당	17	민주당	20	민주당
:	:	:	:	:	:
24	민주당	:	:	23	통합진보당
25	한나라당	21	한나라당	24	정의당

출처: EAI · 중앙일보 파워 기관 신뢰 영향력 조사(2006-2009년은 임성호 · 채진원, 2012: 8에서 재인용)/ 2011-2013년은 강원택 · 이현우 · 정원칠, 2013:4)

료에 따르면, 민주당과 한나라당 등 한국의 주요 정당들의 신뢰도는 시기와 관계없이 가장 하위를 차지하고 있다(〈표 4-11〉 참조). 2006년 한나라당 13위, 2007년 한나라당 15위, 2013년 새누리당 13위가 그나마 정당 중에서 나은 평가를 받은 것이다. 반면에 최상위 순위를 점하고 있는 것은 모두 기업들이다. 시민과 정부 간의 소통과 정책을 조정하는 정당이 가장 낮은 신뢰도를 보이는 반면에 노사 갈등의 원천적 생산자인 기업이 가장 높은 신뢰 점수를 받고 있다는 것이 한국 사회의 모순적 현실이다.

기업들이 정부 기관과 정당을 제치고 신뢰도 순위에서 앞자리를 차지하는 것을 글자 그대로 받아들여서는 안 된다. 이대근(2013)이 해석하는 것처럼 이것은 한국 국민들의 성장주의, 물질지상주의적 가치관의 결과라고 보아야 한다. 이대근에 의하면, '깨끗하고 올바르게 사는 것보다 물질적으로 풍부하게 사는 것이 인생을 잘 사는 것'이라고 응답한 비율이 1979년 35.8%, 1998년 50.0%, 2010년 70.0%로 갈수록 급증하고 있다. 민주화 이후 물질주의가 더 기승을 부리고 있다. 국민소득이 이만불을 넘으면 탈물질주의적 가치관이 우세해진다는 서구와 완전히 반대 방향으로 가고 있다. 2011년 십개국을 비교 조사한 자료에서 '금전 문제가 미래 위협 요인'이라는 응답한 비율 1위는 한국인이었다. '돈과 행복의 관계는 무관하다'고 응답한 한국인은 7.2%로 꼴찌였다. 이러한 가치관을 갖고 있는 사람들이 기업체를 신뢰도 1순위로 생각하는 것은 어쩌면 자연스럽고 당연한 반응이라고 할 수 있다. 기업이 높은 신뢰도를 점유하는 것은 국민들의 가치관이 아직 탈물질주의를 받아들일 준비가 되어 있지 못한 결과라고 보아야 한다.

〈표 4-12〉 2012년 제19대 국회의원 선거 직전 한국 유권자들의 이념별 지지 정당 비율 (단위: %)

	지지 정당		있다면 어떤 정당?			
	없다	있다	새누리당	민주통합당	통합진보당 + 진보신당	기타 정당 및 무응답
전체 유권자	71.8	28.2	49.3	39.0	6.1	5.6
매우 진보적	54.5	45.5	26.2	59.5	14.3	0.0
다소 진보적	73.8	26.2	27.0	54.5	13.4	5.1
중도적	78.8	21.2	50.5	39.1	2.9	7.5
다소 보수적	67.0	33.0	66.6	23.5	2.3	7.5
매우 보수적	59.8	40.2	88.4	11.6	0.0	0.0

출처: 중앙일보 2012년 2월 29일-2012년 3월 1일 여론 조사(장승진, 2012: 63에서 재인용)

정당에 대한 유권자들의 불신과 불만이 높아 '지지 정당이 없다'고 생각하는 유권자들이 많다. 〈표 4-12〉에 의하면, 2012년 제19대 국회의원 선거를 한 달여 앞둔 시점까지도 '자신의 정치적 견해를 대변해 주는 정당이 존재하지 않는다'고 응답한 비율이 무려 71.8%에 달하였다. 이것은 한국의 정당들이 제 구실을 하지 못하고 있다는 것을 의미한다. 이념적으로 '진보적'이거나 '중도적'인 유권자들보다 '다소 보수적'인 유권자들과 '매우 보수적'인 유권자들이 그나마 상대적으로 지지 정당을 갖고 있었다. 그리고 '매우 진보적'이라고 응답한 유권자들과(45.5%) '매우 보수적'이라고 응답한 사람들(40.2%), 즉 이념적으로 분명한 입장을 갖고 있는 유권자들이 지지 정당을 상대적으로 분명히 갖고 있었다(장승진, 2012: 63).

❷ 불평등의 심화

자본주의가 등장하면서 불평등은 일반적으로 증가하기 시작한다. 정치공간은 경제의 몫을 어떻게 배분할 것인가를 둘러싸고 싸움이 벌어지는 곳이다. 상층과 중층과 하층, 자본가 계급과 노동 계급과 그리고 신중간 계급과 쁘띠 부르즈와지 간에, 그리고 이들의 이해관계를 대변하는 정당 간에 자원 배분 싸움이 벌어지는 곳이 정치이다. 정치가 제 기능을 수행하지 못하면 불평등은 제어되지 못하고 확대된다. 한 마디로 말해 불평등은 정치 시스템의 실패의 원인이자 결과이다(이순희 역, 2013: 27).

경제학자 스티글리츠(Joseph E. Stiglitz)는 정치가 제 기능을 수행하지 못하면, 사회적 약자들은 사회가 공정하지 못하다는 생각을 갖고 정치에 환멸을 느끼거나, 정치로부터 이탈한다고 주장하였다. 반면에 사회적 강자들은 정치 시스템이 제대로 움직이고 있다고, 혹은 자신에게 유리한 방향으로 굴러가고 있다고 생각하여 적극적으로 정치에 참여한다. 미국은 한국과 달리 투표하는데 비용이 든다. 미국은 선거일 이전에 등록을 해야 한다. 대중교통이 발달하지 않은 곳에 거주하거나 이동이 자유롭지 못한 사람은 시간적, 금전적 비용이 많이 들어간다. 부유층들의 투표 비용 부담은 그들의 소득에 비하면 매우 미미하다. 그들은 투표가 수익을 얻어낼 수 있는 일종의 투자라고 여긴다. 반면에 지불해야 할 비용에 비해 거둘 수익이 없다고 생각하는 하층들은 정치로부터 더욱 퇴각한다(이순희 역, 2013: 238).

유권자의 한 표 자체는 선거 결과를 좌우하지 못하기 때문에 유권자들의 투표 욕구가 크지 않다. 여기에 투표함으로써 얻을 수 있는 이익이 없다고 인식하면 투표장을 더욱 가지 않으려 한다. 사회적 약자들이 바로 이 경우에 해당한다. 불평등이 심각한 미국[9]의 투표율은 다른 선진 국가들에 비해 현저히 낮은데, 대체로 하층들이 투표를 하지 않기 때문이다. 예를 들어, 2000년 미국 민주당 대통령 후보였던 고어(Al Gore)는 공장을 외

9) 미국 불평등의 단면을 몇 가지 제시한다. 미국 최고 경영자들은 터무니없는 고액 연봉을 받는다. 2010년에 이들과 일반 노동자의 연봉 비율이 243 대 1이었다(이순희 역, 2013: 84). 일본은 16 대 1이라는 것과 크게 대조된다(이순희 역, 2013: 106). 미국 경제정책연구소는 2010년 월턴 가문의 부가 미국인 전체 가구 중 하위 40퍼센트 가구의 부를 합친 것보다 많다는 것을 확인했다(이순희 역, 2013: 482).

국으로 이전하고, 이주 노동자의 인원을 늘리는 정책을 지지하였다. 모두 미국 노동자에게 해로운 조치로 미국 노동자들은 '엿이나 먹으라고 해'라며 투표장으로 가지 않았다. 정당은 미국 노동 계급의 이해관계를 대표하려 하지 않았고, 미국 노동 계급은 이의 반작용으로 투표를 거부하였다(박광호 역, 2013; 272). 그 결과는 미국이 선진국 중 투표율이 가장 낮은 나라가 되었다. 최근의 미국 대통령 선거의 평균 투표율은 57%이지만, 대통령 선거가 없는 해의 하원의원 선거는 평균 37.5%에 불과하다. 대통령 선거에서의 투표율이 60%를 넘은 것은 1968년 선거였고, 70%를 넘은 것은 1900년 선거가 마지막이었다(이순희 역, 2013: 547).

저소득층은 상층과 비교하여 투표를 잘 하지 않을 뿐만 아니라, 투표를 한다고 하더라도 자신들을 위한 정당이나 후보를 선택할 정보가 취약하여 그들의 이해관계와는 상반되는 정당이나 후보를 고를 가능성이 크다. 정당보다는 인물이 후보 선택의 기준이 되면, 유권자들이 자신의 이해관계를 대변하지 않는 정당 후보에게 투표할 가능성이 높아지는데, 특히 후보들의 정책에 대한 정확한 정보를 습득하기 어려운 저소득층이 이렇게 투표를 할 가능성이 높다. 저소득층의 이러한 투표 행위는 두말할 필요없이 우파 후보에게 유리하다(문우진, 2009: 73).

불평등이 심해지면 당연히 하층은 늘어나고, 정당 체제가 완비되지 않은 한국의 현실에서 이들은 구조적으로 우파 정당과 후보를 지지할 가능성이 커진다. 선대인에 의하면, 2011년 국내 상위 1%의 평균 소득(3억 8,120만원)은 중위 소득(2,510만원)의 15.1배이었다(선대인, 2013: 14). 2011년 지니 계수는 0.448로 멕시코(0.48)에 이어 경제협력개발 기구 국가 중에서 두 번째로 불평등이 심하였다(선대인, 2013: 15). 불평등은 소득과 같은 수치보다는 사람의 관점에서 보았을 때 더 의미가 살아난다. 국회 예산정책처가 발표한 '고령화가 근속 및 연공 임금 체계에 미치는 영향과 시사점'이라는 보고서에 따르면 2010년 기준 한국 노동자의 평균 근속 기간은 5년으로 OECD 국가 중에서 가장 낮았다. 프랑스 11.7년, 독일 11.2년, 네델

란드 10.6년에 비해 거의 절반 수준이었다(경제 · 인문사회연구회, 2012: 66). 노동자 가운데 일년 미만 초단기자 비중도 한국은 37.1%로 덴마크(20.3%)와 미국(19%)보다 크게 높으며, 일본(7.3%)보다는 무려 다섯 배에 달하였다. 반면에 십년 이상 장기 근속자 비중은 한국이 17.4%로 이탈리아(45.3%), 일본(44.5%), 프랑스(44.1%), 독일(42.7%)보다 크게 낮았다(경제 · 인문사회연구회, 2012: 67). 즉 한국은 단기 노동자 비중은 높고 장기 노동자 비중이 낮아 그만큼 이직률이 높고 고용 상태가 불안정하다.

이들이 자신들의 불안정한 고용 상태를 대변하거나 해결해 줄 정당 체제가 없다고 판단할 때, 정치에 관심을 기울이기보다는 투표소를 외면할 가능성이 높다. 불평등이 심한 사회에서는 하층들의 정치적 대의 민주주의에 대한 기대와 정치적 효능감(efficacy)이 떨어지기 때문이다. 한국 사회도 2012년 대통령 선거를 제외하고 불평등의 심화에 비례하여 투표율이 하락하였다. 불평등한 사회에서 사회적 약자가 그들의 정치적 이해관계를 표현하기 위해 스스로를 조직한다는 것은 대단히 어려운 일이다. 대부분은 개인적으로 정치로부터 퇴각한다. 한편으로 투표에 참여하고 싶어도 참여하기가 어렵다. 그 날 일을 해야 하기 때문이다. 이들은 또 하나의 선택지로 일부 하층들처럼 국가와의 동일시를 내면화하여 상층이 지지하는 보수정당을 선택함으로써 자존감을 가지려 할 것이다. 대의 민주주의를 제대로 운영하기 위해서도 불평등을 줄여야 한다. 불평등이 심화되면 될수록 상층과 하층 간의 정치 참여 비율의 차이가 더 벌어질 것이고 그 만큼 한국의 정치 시스템은 작동되지 않게 된다. 현재 한국은 민주주의의 위기이다.

제 5 장

1987년 민주화 이전의
각급 선거 개황

1 • 국회의원 선거

2 • 대통령 선거

3 • 지방 선거

1987년 6월 29일 '6월 항쟁'의 결과 이룩한 '절차적 민주주의'가 완성되기 이전의 선거는 대부분 부정 선거 시비가 끊임없이 제기되는 등 선거로서의 정통성과 정당성을 인정받지 못하였다. 이 시기의 선거들은 이 책의 주제인 지역 정체성을 분석하는 것과 특별한 관련이 없다. 그러나 한국 선거의 전체적인 틀을 이해하기 위해 1987년 이전에 치러진 각급 선거의 역사를 개괄적으로 살펴본다.

1. 국회의원 선거

1945년 8월 15일 일본 제국이 연합국에 항복함으로써 한국은 해방되고 독립 국가가 되었다. 여기서 '해방되고', '독립국가가 되었다'라고 피동태로 표현한 것은 독립이 우리 민족의 힘만으로 이루어지지 않고, 절반은 미국과 소련으로 구성된 연합국의 승리로 '도둑처럼' 왔기 때문이다. 자주적으로 독립 국가를 쟁취하지 못한 '해방'은 곧 '분단'으로 이어졌다.

해방 이후 3년간의 남북 대립은 한반도 남쪽과 북쪽에 별도의 정부를 수립하는 것으로 이어졌다. 남한은 1948년 5월 10일 UN 감시하에 제헌 의회 선거가 실시되었다. 임기는 2년이고 의원 정수는 200명이었다. 이 선거는 정당 추천제를 실시하지 않아 무소속 후보가 85명이나 당선되었다(의석 점유율 42.5%). 제헌 의회 선거에서 특이한 것은 미국처럼 유권자들이 스스로 등록을 해야만 투표권을 행사할 수 있는 유권자 등록제가 실시된 것이다. 등록 유권자는 전체 유권자의 79.7%에 달했다. 이 제도는 제2대 국회의원 선거부터 폐지되어 오늘에 이르고 있다(서복경, 2011: 37-38).

제2대 국회의원 선거는 1950년 5월 30일에 실시되었다. 선거가 끝난 지 한 달도 되지 않아 한국 전쟁이 발발하여 국회는 1953년 8월 종전까지 대부분을 부산에서 보냈다. 제2대부터 1971년 제8대까지 국회의원 임기는 4

년이었다. 제2대 선거에는 제헌의회에 불참을 선언한 김규식 등 중도파들도 참여하였다. 선거 결과는 무소속이 의원 정수 210명 중 126명이나 당선되어 의석 점유율이 무려 60.0%에 달하였다(서복경, 2011: 40-41).

제3대 국회의원 선거는 1954년 5월 20일에 실시되었다. 이 선거는 대통령이 속한 정당, 즉 집권당이 존재하는 상태에서 실시된 최초의 국회의원 선거이었다. 집권당인 자유당이 전체 의석 203석 중 114석을 획득하여 의석 점유율이 56.2%에 달했다(서복경, 2011: 49-50). 제3대 국회에서 희대의 '사사오입 개헌'이 이루어졌다. 자유당은 초대 대통령에 한해서 중임 제한을 없애는 것을 골자로 한 개헌을 추진하기 위해 애초부터 개헌선인 삼분의 이 이상의 의석을 확보하려고 노력하였으나 그만 과반수만 넘기고 말았다. 그럼에도 불구하고 개헌안 투표를 강행하여 찬성 135표, 반대 60표, 기권 7표로 개헌 정족수(136표)에 한 표가 모자라 부결되었나. 그러나 이틀 후 개헌 정족수는 136표가 아니라 135표라고 정정하면서 통과를 선언하였다. 그 이유가 개헌 정족수를 정확하게 계산하면 135.33표인데, 이를 반올림하면 135표가 된다는 것이다. 희대의 '사사오입' 논리이다. 이승만은 이런 과정을 거쳐 기어코 1956년 제3대 대통령 선거에 출마하였다.

제4대 국회의원 선거는 1958년 5월 2일에 실시되었다. 선거 직전인 1958년 2월 16일 조봉암을 간첩죄로 기소한[1] '진보당 사건'이 발생하였다. 이 사건으로 진보당은 등록이 취소되었다(서복경, 2011: 55-56). 진보 정당의 계보는 이로부터 46년이 지난 2004년 제17대 국회의원 선거에서야 민주노동당이 의석을 확보함으로써 실질적으로 이어졌다. 제4대 국회의원 선거에서 야당인 민국당이 역사상 최초로 전국 조직을 갖추고 선거에 참여하였다. 여당과 야당의 동시 존재는 지금까지 높은 비중을 차지했던 무소속을 상당 부분 퇴조시켰다. 무소속 후보들은 제3대 국회의원 선거의 절반

1) 1959년 사형이 집행된 조봉암은 2011년 1월 20일 대법원이 재심 판결에서 무죄를 선고하여 무려 52년만에 간첩 혐의를 벗었다(서복경, 2011: 55).

이하인 21.7%만이 당선되었다. 정당 정치가 본격적으로 시작되었다고 볼 수 있다(서복경, 2011: 57).

'사사오입 개헌'에서 명백해진 것처럼 이승만 독재 정권은 누구도 의식하지 않았다. 오로지 이승만 정권의 유지만을 생각하였다. 이것은 1960년 3월 15일 제4대 대통령 선거와 제5대 부통령 선거에서 정점에 달했다. '3. 15 부정 선거'로 알려진 이 선거는 투표라는 요식 행위만 있었을 뿐 사실상 선거가 아니었다.

1960년 4월 혁명으로 가부장적 대통령 중심제는 폐지되고 내각제 개헌이 이루어졌다. 제4대 국회는 해산되어 국회의원들은 임기를 마치지 못했다. 4월 혁명 이후 사개월만인 1960년 7월 29일 제5대 선거가 한국 최초의 양원 제도인 민의원과 참의원 선거로 진행되었다. 민주당 구파와 신파 간의 심각한 내분과 치열한 경쟁이 있었지만, 선거 자체는 대체로 민주주의에 대한 열망 속에 비교적 공정하게 이루어졌다. 이 선거에서 민주당이 과반수 의석을 차지하였다. 민의원 233석 중 175석을 획득하여 의석 점유율이 75.1%, 참의원은 총 58석 중 31석을 차지하여 의석 점유율이 53.4%에 달했다. 3. 15 부정 선거의 책임이 있는 자유당은 몰락하였다. 민의원은 두 석을 획득하였고(의석 점유율 0.9%), 참의원은 네 석을 차지하였다(의석 점유율 6.9%). 무소속의 강세는 제4대 국회의원 선거부터 주춤하였으나, 여전히 상당한 세력을 유지하였다. 민의원 선거에서 49석(의석 점유율 21.1%), 참의원 선거에서 20석(의석 점유율 34.6%)을 획득하였다(장성훈, 2011: 74).

1961년 군부 쿠데타로 정권을 장악한 박정희는 1962년 12월 헌법을 개정하여 대통령 중심제를 채택하였다. 그는 1963년 11월 26일 제6대 국회의원 선거를 실시하였다. 이 선거는 지금까지 소선거구 단순 다수제 방식의 지역구 의원만을 선출하던 방식에서 처음으로 전국구 비례 대표제를 도입하였다. 그러나 비례 대표는 이름만 '비례' 대표일 뿐 사실은 집권당의 안정 의석을 보장하기 위한 대단히 불공평한 '비비례' 배분 방식이었다(강원택, 2011: 95). 득표율 기준 제1당에게 실제 득표율과 관계없이 비례 의석의 절반을 배분하는데, 만약 제1당의 득표율이 50%를 넘으면 전국구 의석의 삼분의 이까지 배분하도록 했다. 득표율 기준 제2당의 의석 배분은 제2당이 제3당 이하의 정당 득표율을 모두 합한 것보다 두 배 이상을 득표하면 제1당에 배분하고 남은 전국구 의석을 득표율에 따라 배분하지만, 그렇지 못할 경우에는 제2당에게 잔여 의석의 삼분의 이를 배분하고 나머지는 제3당 이하에게 득표율에 따라 배분토록 했다. 그리고 지역구 선거에서 세 석 이상을 차지하지 못하거나 유효 득표의 5% 이상을 득표하지 못한 정당은 전국구 의석을 배분하지 않았다(중앙선거관리위원회, 1973: 84). 이러한 배분 방식은 제1당에게 아주 유리하고, 제2당은 기본적으로 불리하지만 제3당보다는 약간 유리하였다. 기본적으로 전국구 의석의 비비례 배분 방식은 독재 정부의 안정적 유지 장치로서 1987년 민주화 이전까지 의회 선거의 근간을 이루었다.

1963년 제6대 국회의원 선거는 무소속 출마가 금지되었다(강원택, 2011: 96). 이 선거에서 민주공화당은 득표율 33.5%로 전체 175석 중 110석을 획득하였다(의석 점유율 62.9%). 득표율에 비해 의석수가 많아진 것은 제1당에게 터무니없이 유리한 비비례적 전국구 배분 방식 때문이었다. 한편 관권과 금권을 동원한 부정 선거가 이승만 정권만큼은 아니지만 상당히 이루어졌다(강원택, 2011: 103).

1967년 6월 8일 실시된 제7대 국회의원 선거에서 민주공화당이 압승하였다. 민주공화당은 득표율 50.6%를 기록하여 전체 의석수 175석 중 129석을 얻어(의석 점유율 73.7%) 제6대 국회의원 선거보다 훨씬 좋은 성적을 거두었다. 박정희는 같은 해 실시된 대통령 선거에서 재선되어 삼선을 금지하는 헌법을 개정하지 않고서는 다시 대통령 선거에 출마할 수 없었다. 그러므로 그가 대통령에 다시 출마하기 위해서는 헌법을 개정해야 하고, 이를 위해서는 개헌선(117석) 이상의 의석을 확보해야 했다. 박정희로서는 매우 중요한 선거였다. 정상적인 방법으로는 개헌선을 확보하기 어려워서 이전 선거와는 비교할 수 없을 정도로 부정 선거를 해야 했다. 박정희는 의도한 대로 개헌선 이상을 확보했지만, 선거 결과에 여당인 민주공화당이 오히려 당황하였다. 야당은 국회 등원을 거부하였다. 박정희는 민주공화당 당선자 여덟 명을 제명하는 것으로 야권의 항의 시위를 달래었다. 그러나 이년 뒤 1969년 9월 14일 박정희와 민주공화당은 마침내 박정희의 대통령 출마를 가능하게 하는 삼선 개헌안을 통과시켰다(강원택, 2011: 108-109).

민주공화당은 제7대 대통령 선거 한 달 뒤인 1971년 5월 25일 실시된 제8대 국회의원 선거에서도 204석 중 113석을 차지하여(의석 점유율 55.4%) 과반을 넘겼으나, 1967년 제7대 국회의원 선거보다는 성적이 저조하였다. 득표율도 47.8%로 야당인 신민당의 득표율 43.5%와 큰 차이가 나지 않았다. 이 선거에서 당시 국회의장이던 민주공화당 소속 이효상이 지역 감정을 조장하는 발언을 하였으나(강원택, 2011: 112), 지역주의 투표 행태가 한 달 전 실시된 제7대 대통령 선거처럼 현재화되지는 않았다. 민주공화당은 전남에서 근소하나마 신민당을 득표율에서 앞섰고, 신민당도 영남에서 민주공화당에 일방적으로 밀리지 않았다. 민주공화당이 전남에서 15석을 차지하여 일곱 석을 점유한 신민당에 상당히 앞섰고, 경남에서는 두 당이 각각 아홉 석씩을 차지하여 신민당이 상대적으로 선전하였다. 아직 지역주의 투표는 사회화되지 않았다. 제8대 국회의원 선거에서는 지역주의 투표보다는 '여촌야도' 투표 현상이 나타났다. 서울은 신민당이 총 19석 중 18석을, 부산에서는 여덟 석 중 여섯 석을 차지하였다. 서울의 한 석도 신민당 유진산이 민주공화당 장덕진 후보에게 양보하고 출마하지 않은 선거구로 사실상 서울은 신민당이 전승한 셈이었다(강원택, 2011: 114). 반면에 강원도를 비롯한 농촌 지역에서는 민주공화당이 절대적 우세를 지켰다.

제3공화국에서 실시된 세 번의 국회의원 선거에서 여당 지지는 해가 갈수록 감소하였다(신두철, 2011: 121). 그러나 여당의 지역구 득표율이 감소함에도 불구하고 전국구 비례 의석의 불공평한 분배 방식으로 여당은 지역구 득표율 이상의 의석 점유율을 항상 차지하였다. 박정희가 철저하게 제1당(민주공화당)에게 유리하게 전국구 의석의 비비례적 배분 방식을 고안하게 된 동기도 세 번의 국회의원 선거와 세 번의 대통령 선거에서 야당과의 표 차이가 두드러지지 않아 이를 보완할 필요가 있었기 때문이었다. 강원택은 안정적이지 못한 박정희와 민주공화당의 지지율을 1972년 유신 체제 등장의 한 원인으로 들고 있다. 박정희가 더 이상 야당과의 위험한 경쟁을 하지 않기 위해 '10월 유신'을 선언했다는 것이다. 실제로 박정희는 1971년 제7대 대통령 선거에서 "다시는 여러분에게 표를 달라고 하지 않겠다"고 발언했는데, 이 말은 '10월 유신'으로 현실이 되었다(강원택, 2011: 116).

박정희는 1972년 '10월 유신'을 선포하여 그나마 형식적으로 유지되어 오던 절차적 민주주의를 종료시켰다. 1971년 제8대 국회는 이년이 채 안 되어서 그 수명을 다하였다. 1973년 2월 27일 실시된 제9대 국회의원 선거는 여러 가지가 바뀌었다. 임기는 육년이 되었고, 국회의원의 삼분의 일은 대통령이 임명함으로써 대의민주주의의 근본 질서를 심각하게 훼손하였다. 정확하게 말하면, 국회의원 정수의 삼분의 일을 대통령이 추천하고 통일주체국민회의에서 선출하였다. 그러나 실제로는 대통령이 임명하는 것과 조금도 다름이 없었다. 지역구 의원 선출 방식도 과거와 달리 일구 이인 중선구제를 택하였다. 선거 결과는 민주공화당이 38.7%를 득표하여 지역구 의석의 50%인 73석를 차지하였다. 반면에 야당인 신민당은 32.5%를 득표하여 득표율에서는 여당과 별 차이가 없었지만 지역구 의석은 52석(35.6%)을 차지하는데 그쳤다. 득표율은 6.2% 포인트 차이밖에 나지 않았는데, 지역구 의석 점유율은 14.4% 포인트 차이가 벌어졌다(신두철, 2011: 126). 전국구 의석의 비비례 배분 방식으로 1973년 제9대 국회의원 선거에서 민주공화당은 전체 의석의 삼분의 이에 달하는 146석을 차지하였다. 국민들의 민의가 철저하게 왜곡되었다.

이러한 선거 결과는 1978년 12월 12일 실시된 제10대 국회의원 선거에서도 그대로 재현되었다. 야당인 신민당의 득표율이 여당인 민주공화당보다 근소한 차이로 앞서는 대이변을 현시하였지만, 총 의석수는 민주공화당이 압도하였다. 신민당의 지역구 득표율은 32.8%이고 민주공화당은 31.7%로 이 선거는 여당이 진 최초의 선거가 되었다. 그리고 여당이 득표율에서 지고 야당보다 의석을 더 많이 얻은 최초의 선거이기도 하였다(신두철, 2011: 135). 이것은 오로지 비합리적인 비례 대표 국회의원 선출 방식 때문이었다. 한편 이 선거에서 충북은 서울과 부산과 함께 의석수에서 야당인 신민당이 여당인 민주공화당을 앞선 세 지역 중의 하나가 되었다. 충북은 신민당 이외에도 민주통일당 후보가 한 명 더 당선되어 여당 세 석, 야당 다섯 석이 당선된 특별한 지역이 되었다.

제10대 국회의원들은 임기를 채우지 못했다. 1979년 10월 26일 당시 중앙정보부 부장이던 김재규가 박정희를 살해하였기 때문이었다. 이 사건은 당시 보안사령관이었던 전두환이 1979년 12월 12일 정승화 계엄사령관을 제압하고, 1980년 5월 18일 광주 항쟁을 유혈 진압하고, 1980년 5월 31일 국가보위비상대책위원회 상임위원장으로 취임하면서 국회와 기존 정당을 해산하는 일련의 과정의 서곡이었다. 국회의 권한은 국가보위입법회의가 대행하였다.

제11대 국회의원 선거는 1981년 3월 25일에 실시되었다. 임기는 사년으로 환원되었다. 한 선거구에서 두 명을 선출하는 중선구제는 계속 유지하였다. 전국구 의석은 제1당에게 전국구 의석의 삼분의 이를 우선 배분하고, 나머지 잔여 의석을 제2정당 이하의 의석 비율에 따라 배분하는 방식으로 여당에 유리하게 수정되었다. 민주정의당은 이 선거에서 총 276석 중 151석을 얻어 과반수를 넘는 승리를 거두었는데(의석 점유율 54.7%), 비합리적인 전국구 비례 배분 방식이 한 몫을 했다. 김영삼과 김대중을 비롯한 야당 인사들이 정치 활동 규제 조치를 당해 출마를 못한 것도 민주정의당이 이긴 원인 중의 하나였다. 그러나 야당 인사에 대한 정치 규제와 비합리적인 대통령과 국회의원 선출 방식은 민주정의당의 정통성 회복에 전혀 도움이 되지 못했다. 민주정의당의 득표율이 35.6%에 불과하였다는 것이 이를 말해 준다.

1985년 2월 12일 실시된 제12대 국회의원 임기는 삼년만에 끝났다. 1987년 6월 항쟁으로 직접 선거에 의한 대통령 선거가 재개되는 등 정치 지형이 대대적으로 변화하였기 때문이었다. 1985년 제12대 국회의원 선거는 그 동안 정치 활동이 규제된 인사들이 대거 출마하면서 전두환 정권의 정통성에 정면으로 도전하였다. 그러나 김영삼과 김대중과 그리고 김종필 등 핵심 인물은 선거가 끝난 1985년 3월 6일에 정치 활동 규제가 풀렸다(조진만, 2011: 164). 김영삼과 김대중이 창당한 신한민주당은 창당 한 달만에 선거에 나섰음에도 불구하고 유권자들의 높은 관심의 대상이 되었다. 신한민주당은 불합리한 전국구 의석 배분으로 득표율만큼 의석을 확보하지 못했다. 신한민주당의 득표율은 29.3%로 확보한 의석수는 67석이었다(의석 점유율 24.3%). 반면에 민주정의당은 35.3%의 득표율로 148석을 확보하여 총 의석수 276석의 과반을 넘었다(의석 점유율 53.6%). 전국구 의석 배분 방식의 비합리성으로 민주정의당은 득표율에 비해 의석 점유율이 지나치게 과다 대표되고 신한민주당은 터무니없이 과소 대표되었다. 민주정의당은 전국구 의석 총 92석 중 삼분의 이에 해당하는 61석을 배분받았는데 비해, 신한민주당은 고작 17석을 분배받는데 불과하였다.

국회의원 선거가 끝난 후 50여일 후에 민주한국당 의원 30명이 새로 창당한 선명 야당인 신한민주당에 입당함으로써 실질적으로 양당 체제가 구축되었다. 나머지 민주한국당 의원 중에서 두 명은 한국국민당에 입당하여, 최종적으로 세 명만이 민주한국당에 남았다(중앙선거관리위원회, 2009a: 408). 선명 야당의 등장은 전두환 정권 입장에서는 강력한 대항군이 출현한 것과 같았다. 야당을 필두로 민주화 세력은 독재 정권을 타도하기 위해 비등점을 향해 과감하게 나섰다. 1987년 6월이 그 비등점이었다.

전두환 정권은 대통령을 직접 선거에 의해 선출할 것을 국민들에게 고하지 않으면 안 되었다. 1987년 민주화 이후 첫 번째 직접 선거인 제13대 대통령 선거가 '드디어' 1987년 12월 16일에, 곧 이어 1988년 4월 26일에 제13대 국회의원 선거가 실시되었다.

2. 대통령 선거

1948년 7월 20일 국민의 직접 선거가 아니라 제헌 국회에서 초대 대통령을 선출하였다. 이승만이 초대 대통령으로 선출되었다. 이승만은 국회에서의 두 번째 대통령 선출이 불확실해지자 직접 선거를 골자로 한 개헌안을 계엄령을 선포하고, 국회의원을 체포하는 등 폭력적인 방법을 동원하여 통과시켰다(서복경, 2011: 43).

1952년 8월 5일 제2대 대통령 선거가 국민들의 직접 선거로 실시되었다. 자유당 이승만 후보가 74.6%로 당선되었다. 경쟁 후보인 조봉암과 이시영 후보는 모두 무소속이었다.

제3대 대통령 선거는 1956년 5월 15일에 실시되었다. 야당인 민주당 대통령 후보 신익희가 1956년 5월 5일 급서함에 따라 여당인 자유당의 이승만 후보는 무소속인 조봉암 후보와 경쟁하는 구도가 되었다. 이 선거에서 선거 직전 사망한 신익희 후보를 애도하는 소위 '신익희 추모표'(서복경, 2011: 52)가 무려 20.5%에 달했다. 공식적으로는 무효로 처리되었다. 무소속 후보인 조봉암은 30.0%를 득표하였다. 조봉암은 선거 막판에 암살의 위협을 느껴 거의 선거 운동을 하지 않았다. 민주당 대표인 조병옥은 '자유 분위기에서 선거를 치렀다면 이승만의 득표는 505만표(70.0%)가 아니라 200만표 내외에 그쳤을 것'이라고 국회에서 발언하였다(서복경, 2011: 53). 조병옥의 발언이 사실이라면, 제3대 대통령 선거는 최초의 정권 교체로 끝났을 것이다.

제4대 대통령 선거와 제5대 부통령 선거는 1960년 3월 15일에 실시되었다. '그 유명한 3. 15 부정 선거'가 바로 제5대 부통령 선거이다. 야당인 민주당 조병옥 대통령 후보가 선거를 20여일 앞둔 1960년 2월 25일 제3대 대통령 후보 신익희처럼 사망하여 이승만은 단독 후보가 되었다. 따라서 부통령 선거가 관심의 대상이었다. 야당 부통령 후보인 장면은 이미 제4대 부통령 선거에서 여당인 이기붕 후보를 이긴 적이 있었고, 이승만을 혐오하는 국민들로부터 많은 지지를 받고 있었다. 1960년 이승만의 나이가 84세로 잘못하면 대통령이 유고되어 부통령이 대통령직을 승계할 수도 있기 때문에 부통령 선거가 중요했다. 이승만 정권은 민주당 개표 참관인 폭행, 매표, 사전 투표 등 할 수 있는 모든 부정 선거 방법을 동원하였다. 당시 국무위원들이 투표율이 너무 높아질 것을 우려하여 하향 조정하도록 지시한 것이 당시 상황을 말해 준다. 부정 선거 결과 '당연히' 이기붕이 당선되었다. 그러나 선거 당일 날 항의 시위가 발생하였고, 그 날 일곱 명이 사망하였다. 1960년 4월 19일 학생들의 시위는 절정에 달하였고, 이승만은 4월 27일 공식적으로 대통령직에서 물러났다. 이기붕은 4월 28일 가족들과 함께 자살했다(서복경, 2011: 58-59).

4월 혁명으로 권력 구조는 대통령 중심제에서 내각 책임제로 바뀌었다. 내각 책임제하에서는 실권이 국무총리에게 있고 국무총리는 국회에서 선출한다. 실권은 없지만 국가 원수인 대통령과 부통령을 1960년 8월 12일 민의원과 참의원 양원 합동회의에서 선출하였다. 민주당 구파인 윤보선이 임기 5년의 대통령으로 당선되었다. 그는 초대 대통령 이후 두 번째로 국회에서 선출된 대통령이었다.[2]

---

2) 국회에서 윤보선을 대통령으로 뽑은 선거와 역사적인 부정 선거이기는 하지만 1960년 3월 15일 국민들의 직접 선거로 이승만이 당선된 선거를 중앙선거관리위원회는 모두 공식적으로 제4대 대통령 선거로 부르고 있다(중앙선거관리위원회 선거통계시스템).

내각제는 오래가지 않았다. 1961년 5월 16일 군사 쿠데타로 정권을 잡은 박정희는 대통령 중심제로 다시 헌법을 개정하였다. 박정희는 1963년 10월 15일 제5대부터 1967년 5월 3일 제6대, 1971년 4월 27일 제7대 대통령까지 연속으로 국민들의 직접 선거에 의해 당선되었다. 제5대 선거에서만 야당 후보인 윤보선과 박빙의 차이(1.4% 포인트)이었을 뿐 나머지 선거는 제법 표 차이가 났다(제6대에서는 윤보선 후보와 9.9% 포인트, 제7대에서는 김대중 후보와 7.6% 포인트). 세 번에 걸친 선거 모두 관권 선거 시비가 끊이지 않았다. 가장 표 차이가 적게 난 제5대 대통령 선거에서는 특히 농촌 지역에서 상당한 정도로 행정 기관의 선거 개입이 있었다(강원택, 2011: 100). 그러나 시간이 흐를수록 박정희의 지지도가 높아진 것은 분명하다. 특히 서울과 부산과 같은 대도시에서의 지지율이 상당히 올랐다. 1963년 제5대 대통령 선거에서 박정희는 서울에서 30.2% 득표했는데, 1967년 제6대 대통령 선거에서는 득표율이 45.2%로 껑충 뛰었다. 1971년 제7대 대통령 선거에서는 득표율이 조금 줄어들었지만(40.0%), 1963년 득표율보다는 상당히 높았다. 이것은 박정희 정권의 경제 성장 실적 때문이었다(강원택, 2011: 106). 1971년 제7대 대통령 선거를 앞두고 40대의 김영삼과 김대중이 야당 대통령 후보를 두고 경쟁하는 일도 발생하였다. 이 경쟁에서 이긴 김대중은 만약 이 선거에서 박정희가 이기면 앞으로는 대통령 선거가 없을 것이라고 경고하였는데, 1972년 '10월 유신'으로 정말로 현실이 되었다.

박정희 정권 하에서 치러진 선거에서 한국 선거 역사상 처음으로 지역주의 투표 행태가 표출되었다. 1963년 제5대 대통령 선거에서 민주공화당 박정희 후보는 출신 지역인 경북에서 55.6%의 득표율을 올렸지만, 전남에서도 57.2%의 득표율을 획득하여 오히려 경북보다 더 많이 득표하였다. 1967년 제6대 대통령 선거에서도 민주공화당 박정희 후보의 영남 지역 득표율이 다른 지역보다 높기는 하였지만, 지역주의 투표라기보다는 기본적으로 '여촌야도' 투표 현상이라고 볼 수 있다.

그러나 1971년 제7대 대통령 선거는 완연히 투표 행태가 달랐다. 경북과 경남에서의 민주공화당 박정의 후보의 득표율은 70%를 넘었고, 반면에 상대 후보인 신민당 김대중 후보는 전북과 전남에서 60% 이상을 득표하였다. 두 지역 모두 지역주의 투표 성향을 보였는데, 상대적으로 영남의 지역주의 투표 행태가 더 두드러졌다. 그러나 같은 영남에 속하는 부산은 두 후보 간의 득표율 차이가 지역주의 투표라 명명할 정도로 크지는 않았다(박정희 55.7%, 김대중 43.6%). 1971년 선거에서 박정희는 지역 감정을 부추기는 선거 전략을 많이 사용하였다. 영남이 박정희 정권 이후 많은 혜택을 받고 상대적으로 호남이 소외된 것도 지역주의 투표의 한 원인이 되었다. 박정희는 1971년 제7대 대통령 선거에서 사년전보다 경북과 경남에서 11-15% 포인트 정도 더 득표하였고, 김대중은 1967년 제6대 대통령 선거에서 윤보선이 전북과 전남에서 득표한 것보다 13-16% 포인트 더 득표하였다. 결론적으로 1971년 제7대 대통령 선거는 지역주의 투표 행태가 상당히 노골적으로 나타난 최초의 선거이었다.

한편 충북과 충남에서는 출신 후보가 없어서이긴 하지만, 1963년 제5대부터 1971년 제7대 대통령 선거까지 세 번의 선거 모두 지역주의 투표 행태가 출현하지 않았다. 1963년 제5대 대통령 선거에서 충북과 충남은 모두 야당 후보를 더 지지하였다. 충북을 예로 들면, 1963년 제5대 대통령 선거에서 박정희가 39.8%의 득표율을 올린데 비해 윤보선은 48.9%를 획득하였다. 1967년 제6대 대통령 선거에서 박정희는 충북에서 윤보선 후보보다 조금 앞섰고, 충남에서는 이와 반대 현상이 나타났다. 1971년 제7대 대통령 선거에서는 충북과 충남 모두 박정희 후보가 앞섰다. 충북에서 박정희 후보는 57.3%, 김대중 후보는 40.7%를 득표하였다. 충청도는 선거 국면마다 여당과 야당을 번갈아 지지하였다(〈표 5-1〉 참조).

〈표 5-1〉 제3공화국 대통령 선거에서의 1, 2위 후보들의 지역별 득표율 (단위: %)

	제5대(1963년)		제6대(1967년)		제7대(1971년)	
	박정희 (민주공화당)	윤보선 (민정당)	박정희 (민주공화당)	윤보선 (신민당)	박정희 (민주공화당)	김대중 (신민당)
전국	46.6	45.1	51.4	40.9	53.2	45.3
서울	30.2	65.1	45.2	51.3	40.0	59.4
부산	48.2	47.5	64.2	31.2	55.7	43.6
경기	33.1	56.9	41.0	52.6	48.9	49.5
강원	39.6	49.1	51.3	41.7	59.8	38.8
충북	39.8	48.9	46.6	43.6	57.3	40.7
충남	40.8	49.4	45.4	46.8	53.5	44.4
전북	49.4	41.5	42.3	48.7	35.5	61.5
전남	57.2	35.9	44.6	46.6	34.4	62.8
경북	55.6	36.1	64.0	26.4	75.6	23.3
경남	61.7	29.9	68.6	23.0	73.4	25.6
제주	69.9	22.3	56.5	32.1	56.9	41.4

출처: 중앙선거관리위원회 선거통계시스템

1971년 제7대 대통령 선거에서 박정희는 원래 헌법상 '삼선 금지 조항'에 의해 대통령으로 출마할 수 없었다. 그는 이것을 비정상적인 방법으로 헌법을 개정하여 출마의 길을 열어놓았고, 그리고 당선되었다. 그러나 박정희의 인내심은 여기까지였다. 그는 더 이상 국민들로부터 선출되는 어려운 길을 가지 않기로 결심하고, 1972년 10월 17일 '10월 유신'을 선포하였다. 계엄령을 선포하고 국회를 강제 해산하였다. '10월 유신'은 그가 죽을 때까지 대통령을 할 수 있도록 직접 선거가 아닌 선거인단(통일주체국민회의 대의원)에 의한 간접 선거를 채택한 일종의 친위 쿠데타였다. 통일주체국민회의 대의원은 사실상 박정희를 지지하는 사람들만이 출마하였다.

1972년 12월 23일 서울 장충체육관에서 실시된 제8대 대통령 선거의 대통령 후보자는 박정희 혼자였다. 그는 2,359명의 통일주체국민회의 대의원 전원이 참석한 가운데 무효 두 표를 제외한 2,357표의 찬성표를 얻어 무려 99.9%의 득표율을 기록하였다. 민주주의 국가에서는 유례를 찾아볼 수 없는 선거였다. 공산주의 국가에서나 찾아볼 수 있는 선거 결과이었다.

이런 방식의 대통령 선거는 육년 뒤 1978년 7월 6일 제9대 대통령 선거에서도 그대로 재현되었다. 통일주체국민회의 대의원 2,581명 중 세 명을 제외한 2,578명이 투표에 참여하여 이 중 무효 한 표를 제외한 전원이 박정희를 지지하여 득표율이 지난 번 선거와 같이 99.9%에 달했다(신두철, 2011: 131).

그러나 박정희 자신을 위한 체육관 선거는 더 이상 계속되지 못했다. 강제 종료되었다. 박정희가 그토록 원했던 '죽을 때까지' 영구 대통령을 하겠다는 꿈이 비극적으로 이루어졌기 때문이었다. 비민주적 선거는 국민들로부터 정당성과 정통성을 얻지 못할 뿐만 아니라 내부 분열도 유발하기 마련이다. 결국 그는 정권 내부의 권력 갈등으로 1979년 10월 26일 그의 부하에 의해 암살당함으로써 그의 대통령 재임은 강제로 끝났다. 제9대 대통령으로 당선되고 불과 1년여만의 일이었다.

1979년 12월 6일 최규하 국무총리가 신군부 세력을 대표하는 전두환이 결정한 대로 제10대 대통령으로 역시 통일주체국민회의에서 당선되었다. 최규하는 전두환이 국정 전면에 나서기로 결정하자 8개월만인 1980년 8월 16일 스스로 대통령직을 사임하였다. 전두환은 1980년 8월 27일 서울 장충체육관에서 열린 통일주체국민회의에서 제11대 대통령으로 스스로 당선되었다. 물론 경쟁 후보는 없었다. 통일주체국민회의 총 대의원 2,540명 중 2,525명이 참석하고, 기권 한 표를 제외한 전원이 찬성하였다. 그는 박정희와 같은 과정, 동일한 결과로 당선되었다. 제11대 대통령의 임기는 전임 대통령인 최규하의 잔여 임기인 1984년 12월 26일까지였지만, 전두환은 대통령 단임제를 주요 골자로 하는 헌법을 개정하여 제11대 대통령 임기를 스스로 짧게 마치고, 1981년 2월 25일 통일주체국민회의 대신 새로 조직된 '대통령 선거인단' 선거로 제12대 대통령으로 임기 칠년을 새로 시작하였다. 1981년 제12대 대통령 선출을 위한 '대통령 선거인단'은 민주정의당이 69.5%, 무소속이 21.4%를 배출하였다. 그런데 무소속은 대부분 전두환 정권을 지지하는 성향을 보인 인사들로서 전두환이 대통령으로 당선되는 데에는 아무런 지장이 없었다. 이 선거에서 전두환은 득표율 90.2%를 기록하였다(조진만, 2011: 158-159).

3. 지방 선거

지방자치제도는 1948년 제헌 헌법에서부터 규정되었다. 제1대 지방 선거는 1952년에 실시되었다. 원래는 1950년 12월에 실시될 예정이었으나 한국전쟁으로 지연되어 1952년 4월 25일 시·읍·면의회 의원 선거와 5월 10일 도의회 의원 선거가 최초로 시행되었다. 당시 지방 선거는 의회 선거만 실시하였고 단체장 선거는 시행하지 않았다. 서울특별시장과 도지사는 대통령이 임명하고, 시·읍·면장은 각 의회에서 선출하였다. 지방의회도 임시 수도인 부산을 비롯한 일부 지역에서만 실시되었다(서복경, 2011: 44). 이 선거는 유엔 한국통일부흥위원단이 선거 과정을 지켜보고 그 결과를 유엔 총회에 보고하였다. 이 선거에서 행정 당국은 이승만 대통령을 지지하지 않는 입후보자를 여러 가지 방법으로 압박하였다(서복경, 2011: 46).

제2대 지방 선거는 1956년 8월 8일에 시·읍·면의회 의원 선거와 시·읍·면장 선거, 8월 13일에 시·도의회 의원 선거(서울특별시 의회 선거 포함)를 실시하였다. 제1대 지방 선거와 달리 시·읍·면장을 주민들이 직접 선출하였다. 야당이 1956년 무렵까지 전국적으로 조직되지 않아 선거는 자유당의 압승으로 끝났다. 자유당은 지방 의원의 68%를 차지하였다. 무소속으로 당선된 지방 의원은 29%에 달했다. 그러나 광역의원 선거 중 서울특별시 의회 선거는 야당인 민주당이 전체 47석 중 40석을 차지하였고, 자유당은 한 석만을 획득하여 수도권에서의 자유당의 민심 이반을 읽을 수 있었다(서복경, 2011: 53-54).

제3대 지방 선거는 1960년 4월 혁명 이후에 실시되었다. 4월 혁명 직전에 지방자치제도는 위기를 맞았다. 이승만은 제3대 지방 선거를 앞두고 지방자치단체장을 선출직에서 임명직으로 바꾸는 작업을 완료하였으나, 4월 혁명으로 이 모든 것이 취소되었다. 시 · 도의회 의원 선거가 1960년 12월 12일, 시 · 읍 · 면의회 의원 선거가 12월 19일, 시 · 읍 · 면 의장 선거가 12월 26일, 서울시장 선거 · 도지사 선거가 12월 29일에 실시되었다. 이 선거는 허정 과도 정부의 무능과 민주당 신구파 간의 분당 수준의 대립으로 유권자들의 관심을 끌지 못해 투표율이 매우 낮았다. 서울특별시장 선거의 투표율은 36.4%, 서울특별시 의회 의원 선거는 46.2%, 도지사 선거는 44.8%에 그쳤다. 다만 일반적으로 선거 관심도가 낮은 기초 단위 선거의 투표율이 예외적으로 높았다(장성훈, 2011: 85). 민주당은 집권 후 채 반년이 지나지 않은 선거에서 무소속보다 훨씬 저조한 성적을 거두었다. 민주당은 서울 시장을 비롯한 일부 도지사 선거에서만 승리하였고, 읍 · 면 단위 선거에서는 무소속이 압도적으로 당선되었다(무소속의 읍의회 의석 점유율 82.6%, 면의회 의석 점유율 81.8%). 한편으로 혁신계는 완전히 몰락할 정도로 패배하였다(장성훈, 2011: 86-87). 이후 진보 세력은 2004년 제17대 국회의원 선거에서 민주노동당이 전국적으로 13.0%를 득표할 때까지 존재감을 드러내지 못했다.

지방자치제도는 1961년 박정희의 군사 쿠데타로 전면 폐지되었다. 지방자치의 부활은 여기서 30년을 더 기다려야 했다.

제 6 장

1987년 민주화 이후의 각급 선거 개황

1987년 6월 한 달 내내 아침부터 밤까지 계속된 '6월 항쟁'은 그 달의 거의 마지막 날인 29일 전두환 정권의 2인자인 노태우가 '6.29 선언'을 발표함으로써 '국민들의 승리' 속에 끝났다. 연세대학교 학생 이한열이 최루탄 발사에 의해 사망하는 등 시민들의 출혈은 컸으나, 국민들은 1960년 4.19에 비견되는 승리감을 느꼈다. 대통령 선거를 비롯한 모든 선거가 재개될 예정이었다. 이제 민주주의를 누리기만 하면 될 것으로 생각하였다.

권력자들의 양보를 바탕으로 한 승리는 반쪽자리에 불과하고 새로운 문제를 잉태한다는 것을 국민들이 감지하는 데는 많은 시간이 걸리지 않았다. 1987년 12월 실시된 제13대 대통령 선거에서 '민주화'는 사라지고 '지역주의 투표 행태'가 유권자들의 마음속에 자리잡았다. '6월 항쟁'에 의한 민주화는 절차적 민주주의에 불과하고 참여 민주주의와 경제 민주화는 시작도 하지 못하였다는 것을 1997년 외환 위기, 2008년 금융 위기를 거쳐 2012년 제18대 대통령 선거가 끝나고 나서 비로소 확실하게 인식하였다. 불평등이 완화되고 사회복지가 실현되고 노동자들의 권익이 보장되는 실질적인 민주주의는 아직도 이루어지지 않고 있다. 물론 정당과 후보자들이 비교적 자유롭고 공정한 경쟁에 의해 국가 권력을 교체할 수 있는 절차적 민주주의의 완성 그 자체를 폄하할 필요는 없다.

1987년 민주화 이후 실시된 대통령 선거를 비롯한 각급 선거를 절차적 민주주의의 측면에서 살펴보기로 한다.

1. 대통령 선거

1) 1987년 제13대 대통령 선거

1972년 박정희가 '10월 유신'을 선포함으로써 중단된 직접 선거는

1979년 12월 12일 전두환을 우두머리로 하는 신군부가 정승화 계엄사령관을 대통령인 최규하의 허가도 받지 않은 채 체포하는 사실상의 쿠데타를 일으켜 정권을 장악함으로써 계속 봉쇄되었다. 이로부터 민주 회복을 위한 국민들의 저항은 7년이나 더 계속되어야 했다. 1987년 6월 29일 외견상 정부가 국민들에게 굴복하고 직선제를 수용함으로써 민주화 운동은 종료되었다. 헌정 사상 최초로 여야 합의에 의한 헌법 개정이 이루어졌고, 1987년 12월 16일에 제13대 대통령 선거가 직접 선거로 재개되었다.

이 선거는 독재가 끝나고 민주화가 시작되는 일종의 '정초 선거'(founding election)이었다(김욱, 2011: 22). 시대의 변곡점으로 작용하는 정초 선거는 투표 참여율이 높다. 1987년 제13대 대통령 선거의 투표율도 89.2%로 매우 높았다. 유권자 10명 중에 9명이 투표하였다는 것은 사실상 투표가 가능한 국민은 모두 투표하였다는 것이다. 대통령의 임기는 7년에서 5년으로 줄어들었지만, 단임은 계속되었다.

좋은 것은 이것이 다였다. 실제는 많은 유권자들이 우울한 심정으로 투표장으로 발걸음을 옮겼다. 민주화 운동을 이끌었던 김영삼과 김대중은 정치 지도자에서 권력 추구자가 되었다. 그들은 많은 사람들의 염원과 달리 단일화를 이루지 못하고 모두 출마하였다. 여권 성향의 김종필이 충청도를 기반으로 출마함으로써 군부 세력이 지원하는 민주정의당 노태우 후보의 표가 분산될 것으로 생각했는지, 아니면 원래 그들의 권력욕이 발현된 것인지는 모르지만 자신들이 최종 승리자가 될 것이라고 유권자들, 정확하게 말해서 출신 지역 유권자들을 설득하였다. 이들은 국가 지도자에서 지역 지도자가 되는 것을 주저하지 않았다. 그들은 민주화 투쟁 시절보다 왜소해졌다.

선거 결과는 대구와 경북의 지배 정당인 민주정의당의 노태우 후보가 〈표 6-1〉에서 보는 것처럼 36.6%의 득표율로 대통령으로 당선되었다. 노태우는 전국 14개 시 · 도 중 대구와 경북 이외에도 인천과 경기도, 강원도와 충북과 그리고 제주도에서 1위를 하는 등 비교적 전국적으로 고른 지지를 받았다. 부산과 경남을 근거로 한 통일민주당 김영삼 후보는

28.0%, 호남을 지배 지역으로 삼은 평화민주당 김대중 후보는 27.0%, 충청도를 연고지로 둔 신민주공화당 김종필 후보는 8.1%를 득표하였다. 유력한 야권 후보가 분열됨으로써 민주화를 억제한 군부 세력이 국가 권력을 장악하는 것으로 선거는 끝났다.

〈표 6-1〉 1987년 제13대 대통령 선거에서의 후보별 지역 득표율 (단위: %)

	민주정의당 노태우	통일민주당 김영삼	평화민주당 김대중	신민주공화당 김종필
전국	36.6	28.0	27.0	8.1
서울	30.0	29.1	32.6	8.2
부산	32.1	56.0	9.1	2.6
대구	70.7	24.3	2.6	2.1
인천	39.4	30.0	21.3	9.2
광주	4.8	0.5	94.4	0.2
경기	41.4	27.5	22.3	8.5
강원	59.3	26.1	8.8	5.4
충북	46.9	28.2	11.0	13.5
충남	26.2	16.1	12.4	45.0
전북	14.1	1.5	83.5	0.8
전남	8.2	1.2	90.3	0.3
경북	66.4	28.2	2.4	2.6
경남	41.2	51.3	4.5	2.7
제주	49.8	26.8	18.6	4.5

* 이들 정당 이외에 한주의통일한국당 신정일 후보가 출마하였으나 득표율은 0.2%에 지나지 않았다.

출처: 중앙선거관리위원회, 선거통계시스템

민주화는 어느 새 사라져버리고, 지역주의 투표만이 각인된 선거였다. 대통령으로 당선된 노태우 후보는 대구에서 70.7%, 경북에서 66.4%의 지지를 받아 이 지역에서 2위를 한 김영삼 후보보다 36-48% 포인트나 앞섰다. 김영삼은 부산에서 56.0%, 경남에서 51.3%를 득표하였으나 이 지역 2위 후보인 노태우와의 차이는 크지 않았다. 경남은 10.1% 포인트밖에 차이가 나지 않았다. 영남 전체로 보면, 이 지역 유권자들은 민주화 운동 지도자인 김영삼보다 민주화를 억압한 집권당 후보 노태우를 선택하였다. '민주화'는 시작도 하기 전에 과거가 되어버렸다. 평화민주당 김대중 후보는 광주에서 94.4%, 전북에서 83.5%, 전남에서 90.3%를 득표하여, 2위와의 격차 비교가 무의미할 정도로 그야말로 압도적인 지지를 받았다. 신민주공화당 김종필 후보는 충남에서 45.0%를 지지를 받아 1위를 하였지만, 나머지 후보와 달리 1위 지역의 득표율이 50%를 넘지 못했다. 뿐만 아니라 같은 충청도라고 당연히 1위를 할 것으로 기대한 충북에서는 4위인 김대중 후보보다 겨우 2.5% 포인트 앞서는 3위에 그쳤다. 충북에서 1위를 한 노태우 후보의 득표율 46.9%보다 무려 33.4% 포인트나 뒤졌다. 김종필의 출신 지역은 '충청도'가 아니라 '충남'이라는 것이 확인됐다.

1987년 대통령 선거는 독재 정권을 종료시키고 민주화의 시작을 알린 정초 선거가 아니라 한국 사회 최대의 갈등 요인이 지역 균열이라는 것을 대내외적으로 천명한 정초 선거가 되었다. 여기서부터 시작된 지역 균열은 2012년 제18대 대통령 선거에서도 여전히 상수로 자리매김하고 있다.

2) 1992년 제14대 대통령 선거

1992년 제14대 대통령 선거는 1992년 12월 18일에 실시되어 민주자유당 김영삼 후보가 42.0%를 획득하여 33.8%를 득표한 민주당 김대중 후보와 16.3%를 얻은 통일국민당 정주영 후보를 제치고 대통령으로 당선되었다(〈표 6-2〉 참조). 투표율은 81.9%로 1987년 제13대 대통령 선거 투표율 89.2%보다 7.3% 포인트 낮아졌다.

〈표 6-2〉 1992년 제14대 대통령 선거에서의 후보별 지역 득표율 (단위: %)

	민주자유당 김영삼	민주당 김대중	통일국민당 정주영	신정당 박찬종
전국	42.0	33.8	16.3	6.4
서울	36.4	37.7	18.0	6.4
부산	73.3	12.5	6.3	6.6
대구	59.6	7.8	19.4	11.7
인천	37.3	31.7	21.4	7.9
광주	2.1	95.8	1.2	0.4
대전	35.2	28.7	23.3	11.2
경기	36.3	32.0	23.1	6.9
강원	41.5	15.5	34.1	6.9
충북	38.3	26.0	23.9	9.4
충남	36.9	28.5	25.2	6.7
전북	5.7	89.1	3.2	0.8
전남	4.2	92.2	2.1	0.6
경북	64.7	9.6	15.7	8.2
경남	72.3	9.2	11.5	5.5
제주	40.0	32.9	16.1	8.8

* 이들 정당 이외에 대한정의당 이병호, 무소속 김옥선과 백기완이 출마하였으나 이들의 득표율을 다 합쳐도 1.5%에 지나지 않았다.

출처: 중앙선거관리위원회 선거통계시스템

지역주의 투표 행태는 1987년 제13대 대통령 선거보다 더욱 심해졌다. 1990년 부산 · 경남을 기반으로 하는 통일민주당과 대구 · 경북을 지배 지역으로 하는 민주정의당과 충청도(정확하게는 대전 · 충남)를 연고 지역으로 하는 신민주공화당이 소위 '삼당 합당'하였기 때문이다. '삼당 합당'으로 영남 지역이 통일되고 여기에 충청도가 가세하니 제14대 대통령 선거 결과는 선거 이전부터 이미 예견되었다. 민주자유당 김영삼 후보는 수십년

간 쌓아온 민주 투사 이미지 대신 지역 균열의 수혜자로 권력을 잡았다.

유권자가 정치 지도자를 이끄는 것은 쉽지 않다. 대부분의 국민들은 정치 지도자들이 지역 균열로 권력을 획득하는 것을 '망국적'이라고 비난하였지만, 정작 행동은 달랐다. 자기도 모르는 사이에 내집단 유대에 동조할 뿐만 아니라 외집단 배척에 주저하지 않았다. 소위 '초원 복집 사건'이 단적인 사례이다. 대통령 선거 직전에 민주자유당 김영삼 후보를 지원하는 김기춘 전 법무부장관이 부산시장과 부산경찰청장을 포함한 기관장들을 부산 초원복집에 불러 모은 후 '민간에서 지역 감정을 좀 불러일으켜야 한다'고 발언하였다. 통일국민당 관계자가 이것을 도청하고 공표하였다. 상식적으로는 지역 감정을 조장하는 발언을 한 사람들이 국민들로부터 지탄받고 도태되어야 하는데, 결과는 정반대였다. 부산 · 경남 유권자들은 이 사건이 외집단에 유리하게 작용할 것을 우려한 나머지 내집단 응집력을 강화시키는 촉매제로 삼았다. 부산 · 경남 유권자들뿐만 아니라 대구 · 경북 유권자들도 '조용히' 단합하였다. 결과적으로 김영삼은 영남 유권자들로부터 압도적 지지를 받아 대통령으로 당선되었다. 이 사건은 한국 사회의 지역주의 투표 행태가 얼마나 뿌리가 깊을 수 있는가를 역설적으로 보여주었다. 선거 이후 지역 감정을 조장하는 발언을 한 참석 기관장들은 모두 무혐의 처리되고, 오히려 도청한 사람들이 형사 처벌을 받아 블랙 코미디의 정점을 찍었다.

이 선거에서 영남 출신 김영삼 후보는 영남에서, 호남 출신 김대중 후보는 호남에서 모두 1987년 제13대 대통령 선거때보다 득표율이 증가하였고, 상대방 후보와의 격차를 크게 벌였다. 특히 김영삼 후보의 영남 득표율 증가가 두드러졌는데, 이것은 영남 후보가 두 명이 아니라 한 명으로 줄어든 '삼당 합당'의 자연스러운 결과이다. 김영삼 후보의 경북 득표율이 1987년 제13대 대통령 선거에서는 28.2%이었으나 1992년 제14대 대통령 선거에서는 64.7%로 무려 36.5% 포인트나 증가하였다. 호남에서의 김대중 후보의 지지율도 제13대 대통령 선거보다 더 높아졌으나(광주의 경우

94.4%에서 95.8%로 1.4% 포인트 증가), 1987년 대통령 선거의 지지율이 이미 절정에 달해 증가폭은 적을 수밖에 없었다.

정주영 후보는 출신 지역인 강원도에서도 1위를 차지하지 못했지만, 다른 어느 지역보다도 강원도에서의 득표율(34.1%)이 높았다. 당선권에 근접한 후보가 아니기 때문에 유권자들의 사표 방지 심리가 작용하였다. 정주영은 주로 '삼당 합당'에 거부감을 느끼면서 김대중 후보를 싫어하는 유권자들로부터 지지를 받았다(강원택, 2003: 152). 이와 같은 생각을 하는 유권자들은 지역적으로 경기도와 충청도에 상대적으로 많았다.

3) 1997년 제15대 대통령 선거

1997년 제15대 대통령 선거는 선거 직전 외환 위기가 발생하고, 이인제 경기도 지사가 신한국당을 탈당하여 곧바로 국민신당을 창당하여 독자 출마하는 등의 정치적, 경제적 지형의 변화가 격심하였다. 또한 이 선거는 선거 역사상 최초로 지역주의를 공론화하고 지역 연합을 선거 전략으로 천명한 선거이기도 하였다. 지금까지는 모든 정치 행위자들이 지역주의 투표 자체는 퇴행적이라고 여겨 공론화를 꺼렸다. 그러나 1992년 제14대 대통령 선거에서 패배한 직후 정계 은퇴를 선언한 김대중이 모든 지역은 동일한 권리를 갖고 있다는 '지역 등권론'을 주장하고, 지역 간의 선거 연합은 부끄러워 할 일이 아니라는 논리를 펴면서 1994년 봄부터 정치 활동을 재개하였다. 자유민주연합의 김종필은 1999년말까지 내각제를 추진한다면 지역 등권론에 동의한다고 화답하였다. 결국 호남의 김대중과 충청도의 김종필은 1997년 10월 'DJP 연대'라는 또 하나의 '지역 연합'을 결성하였다. 거대한 영남에 맞서기 위해서 호남과 충청도의 지역 연합이 필수적인 권력 획득 전략으로 가동되었다. 'DJP 연대'는 권력을 장악하려는 김대중과 권력자의 일원이 되려는 김종필의 선거 연합이었다. 두 사람은 단독으로 권력을 획득하기 어려운 지역 출신이기 때문에 이를 돌파할 방법으로 지역적 '선거 연합'을 해야 한다고 판단하였다.

이 전략은 '지역 등권론'이라는 수사에도 불구하고 1990년 '삼당 합당'과 본질적으로 차이가 없는 지역 균열을 이용한 권력 장악 전략이었다. 굳이 차이를 들자면, 지역 균열의 피해자인 호남이 현실적으로 권력을 잡기 위한 불가피한 선택이었다는 것이다.

1997년 12월 18일 실시된 제15대 대통령 선거의 투표율은 80.7%로 1992년 제14대 대통령 선거의 투표율과 거의 차이가 없었다. 이 선거에서 새정치국민회의 김대중 후보는 40.3%를 득표하여 38.7%를 획득한 한나라당[1] 이회창 후보를 1.6% 포인트 차이라는 근소한 차이로 따돌리고 대통령에 당선되었다. 지역 연합의 결과이기는 하지만, 평화적 정권 교체가 한국 역사상 처음으로 실현되었다. 김대중 개인적으로는 1971년, 1987년, 1992년에 이은 네 번의 대통령 선거 도전 끝에 이룩한 당선이었다. 지역 차별을 당해 온 호남 사람들의 한도 풀리는 계기가 되었다.

김대중의 당선은 김종필과의 선거 연합 이외에도 수많은 사람들에게 경제적 고통을 안겨 준 1997년 11월 외환 위기와 신한국당 당내 경선에서 패한 이인제의 국민신당 창당에 뒤이은 대통령 선거 출마와 그리고 한나라당 이회창 후보 아들 병역 의혹 등이 복합적으로 작용한 결과이었다. 이 중에서도 특히 이인제 후보가 출마하지 않았더라면 아마 김대중 후보의 당선은 쉽지 않았을 것이다. 이인제 후보는 전국 평균 19.2%를 득표하였는데, 특히 부산(29.8%)과 경남(31.3%)과 강원도(30.9%)에서 많이 득표하였다. 이들 세 지역은 모두 김대중 후보에게 불리한 지역으로서 이들 지역에서 이인제가 이회창의 표를 상당 부분 잠식하였다(〈표 6-3〉 참조).

1) 1997년 11월 신한국당은 소위 '꼬마 민주당'과 당 대 당 통합을 해 한나라당으로 당명을 바꾸었다. 이후 한나라당은 2012년 새누리당으로 당명을 바꿀 때까지 한국에서 가장 오랫동안 정당명을 유지한 정당이 되었다.

〈표 6-3〉 1997년 제15대 대통령 선거에서의 후보별 지역 득표율 (단위: %)

	한나라당 이회창	새정치국민회의 김대중	국민신당 이인제	건설국민승리 21 권영길
전국	38.7	40.3	19.2	1.2
서울	40.9	44.9	12.8	1.1
부산	53.3	15.3	29.8	1.2
대구	72.7	12.5	13.1	1.2
인천	36.4	38.5	23.0	1.6
광주	1.7	97.3	0.7	0.2
대전	29.2	45.0	24.1	1.2
울산	51.4	15.4	26.7	6.1
경기	35.5	39.3	23.6	1.0
강원	43.2	23.8	30.9	1.0
충북	30.8	37.4	29.4	1.3
충남	23.5	48.3	26.1	1.0
전북	4.5	92.3	2.1	0.4
전남	3.2	94.6	1.4	0.2
경북	61.9	13.7	21.8	1.5
경남	55.1	11.0	31.3	1.7
제주	36.6	40.6	20.5	1.4

* 이들 정당 이외에 공화당 허경영, 바른정치연합 김한식, 통일한국당 신정일 후보가 출마하였으나 이들의 득표율을 다 합쳐도 0.6%에 지나지 않았다.

출처: 중앙선거관리위원회 선거통계시스템

무엇보다도 1997년 제15대 대통령 선거는 충청도가 지역주의 투표 행태에 본격적으로 가세하여 지역 균열이 더욱 심화된 선거가 되었다. 김대중은 충청도에서 모두 이회창을 7-25% 포인트 차이로 따돌렸다. 김대중의 충청도 득표율은 김영삼이 제14대 대통령 선거에서 얻은 충청도 득표율보다 더 높았다. 김대중의 호남 득표율은 최고조에 달했다. 광주에서는 득표율이 무려 97.3%로 극대화된 저항적 지역주의를 나타내었다. 한나라당의 이회창 후보는 영남 출신이 아님에도 불구하고 영남 지역, 특히 대구와 경북에서 높은 지지를 받았다(대구 72.7%, 경북 61.9%). 다만 부산과 경남에서의 득표율은 제14대 대통령 선거에서 김영삼이 획득한 득표율보다 낮아졌는데, 이것은 앞서 말한 바와 같이 이인제의 잠식 때문이었다. 건설국민승리 21의 권영길 후보가 진보 정당 후보로 출마하였으나 1.2% 득표에 그쳐 의미있는 득표율을 얻지는 못했다.

전체적으로 지역주의 투표 행태는 더욱 공고화되었다. 한나라당이 대통령 후보로 영남 출신이 아닌 이회창을 공천함으로써 지역주의의 기준이 '후보자의 출신 지역'에서 '후보자가 속한 정당이 상징하는 지역'으로 바뀌었다(김욱, 2004: 75). 영남 유권자들은 부산과 경남에서 일부 반발이 있었지만, 후보의 출신지와 관계없이 지배 정당의 후보를 전폭적으로 지지함으로써 지역주의 투표 행태는 제도화되고 구조화되었다. 김대중이 제기한 '지역 등권론'을 바탕으로 호남과 충청도의 '지역 연합'이 성사되어 지역주의가 한층 심화된 것도 지역주의 투표 행태가 구조화된 중요한 원인이었다.

4) 2002년 제16대 대통령 선거

2002년 제16대 대통령 선거는 지역주의 투표 행태와 밀접한 관련이 있는 삼김씨가 퇴장한 이후 치러진 첫 번째 선거였다. 한나라당에서는 1997년에 이어 이회창 후보가 출마하였고, 새천년민주당에서는 노무현 후보가 출마하였다. 두 후보 모두 '후보자의 출신 지역' 대표가 아니라 '후보자가 속한 정당이 상징하는 지역'의 대표로 대결을 벌였다. 국민통합 21의 정몽준도 대통령 후보로 출마하였으나, 노무현 후보와의 단일화에서 패배하여 선거에 나서지는 않았다. 민주노동당 권영길 후보는 1997년에 이어 두 번째로 진보 정당 후보로 출마하여 득표율이 조금 상승하였다(3.9%). 권영길 후보의 출마는 지역 균열 이외에 이념 균열이 투표 결정 요인으로 부상하게 된 계기가 되었다. 제4장에서 언급한 것처럼 실제로 이 선거를 이념 균열의 시초로 본 연구들이 많다.

이 선거에서 대통령으로 당선된 노무현 후보는 지역주의 타파와 지방 분권을 필생의 정치 목표로 삼았다. 그는 지역주의 타파를 위해 낙선을 예상하고 부산에서 몇 차례나 국회의원선거에 출마함으로써 '바보 노무현'이라는 별명과 함께 '노무현을 사모하는 사람들의 모임'(약칭 '노사모')이라는 시민들의 자발적 조직으로부터 전폭적인 지지를 받았다. 자발적인 정치인 후원 모임은 노사모가 한국 최초이다.

노무현 후보는 선거 공약으로 수도권의 비대화를 억제하고 지방 분권을 실현하기 위해 '행정 수도 충청도 이전'이라는 파격적인 공약을 내세웠다. 당연히 이 공약은 충청도 주민들의 주목을 받았다. 이 공약은 두 가지 점에서 관심을 끌었다. 하나는 선거 전략으로서 충남이 고향인 한나라당 이회창 후보의 충청도(특히 대전과 충남) 득표력을 현저하게 감퇴시켰다. 두 번째는 지역주의의 내용을 원초적인 감정에 의존하는 '출신지 중심'에서 주민들의 이해관계를 기반으로 하는 '거주지 중심'으로 변화시켰다.

1997년 제15대 대통령 선거에 비해 투표율이 10% 포인트 가까이 떨어진 70.8%를 기록한 이 선거에서 새천년민주당 노무현 후보는 48.9%를 득표하여 한나라당 이회창 후보를 2.3% 포인트 앞서 대통령으로 당선되었다. 노무현이 대통령으로 당선되는 데에는 충청도 유권자들을 끌어들인 '행정 수도 충청도 이전' 공약이 큰 역할을 하였다. 노무현은 충청도 전체에서 모두 전국 득표율을 앞섰지만, 이회창은 충청도 전 지역에서 전국 득표율(46.6%)보다 못한 지지를 얻는데 그쳤다. 노무현 후보는 충청도에서 52.5%를 득표하였지만, 이회창 후보는 41.3% 득표에 그쳐 두 후보 간의 득표율 차이는 11.2% 포인트가 벌어졌다. 만약 노무현 후보가 충청도에서 이 정도의 격차를 벌리지 못했더라면 아마 그는 이회창 후보에게 졌을지도

모른다. '행정 수도 충청도 이전' 공약은 노무현 후보에게 다행스럽게도 수도권 유권자들에게 큰 영향을 미치지 않았다. 행정 수도가 충청도로 이전하면 지역 발전에 불리한 서울과 인천과 그리고 경기도에서 모두 노무현 후보가 이회창 후보를 5-6% 포인트 앞섰다(〈표 6-4〉 참조).

〈표 6-4〉 2002년 제16대 대통령 선거에서의 후보별 지역 득표율 (단위: %)

	한나라당 이회창	새천년민주당 노무현	민주노동당 권영길
전국	46.6	48.9	3.9
서울	45.0	51.3	3.3
부산	66.7	29.9	3.1
대구	77.8	18.7	3.3
인천	44.6	49.8	5.0
광주	3.6	95.2	1.0
대전	39.8	55.1	4.4
울산	52.9	35.3	11.4
경기	44.2	50.7	4.4
강원	52.5	41.5	5.1
충북	42.9	50.4	5.8
충남	41.2	52.2	5.4
전북	6.2	91.6	1.4
전남	4.6	93.4	1.1
경북	73.5	21.7	4.3
경남	67.5	27.1	5.0
제주	39.9	56.1	3.3

* 이들 정당 이외에 하나로 국민연합 이한동, 사회당 김영규, 호국당 김길수 후보가 출마하였으나 이들의 득표율을 다 합쳐도 0.6%에 지나지 않았다.

출처: 중앙선거관리위원회 선거통계시스템

노무현 후보가 충청도와 수도권에서 상당히 선전했음에도 불구하고 신승에 그친 가장 결정적인 이유는 영남 지역의 강력한 출신지 중심의 지역주의 투표 때문이었다. 이 선거에서 지역주의의 기준이 '출신지'에서 '거주지'로 바뀌었지만, 이것은 어디까지나 충청도에 국한되었을 뿐이었다. 영호남 지역에서는 여전히 유권자의 출신지가 중요하였다. 영호남 유권자들은 여전히 지배 지역의 지배 정당에 투표하는 것에 주저하지 않았다. 〈표 6-4〉에서 확인할 수 있는 것처럼 광주 유권자들의 95.2%가 새천년민주당 노무현 후보를 지지하였고, 대구 유권자들의 77.8%가 한나라당 이회창 후보를 지지하였다. 영남 유권자들의 확고한 지역주의 투표로 인해 이회창 후보는 충청도와 수도권에서 노무현 후보에게 밀린 지지율을 상당 부분 만회하여 전국적으로 박빙의 승부를 펼칠 수 있었다.

5) 2007년 제17대 대통령 선거

2007년 12월 19일 실시된 제17대 대통령 선거의 투표율은 63.0%로 제16대 대통령 선거에 이어 큰 폭으로 하락하였다. 이 선거는 투표일 1년전부터 '이명박 대세론'이 지속되어 대통합민주신당의 늦은 대통령 후보 결정과 관계없이 선거 결과를 미리 확실히 알 수 있었다. 한나라당 이명박 후보의 완승이라기보다는 대통합민주신당 정동영 후보의 참패이었다. 이명박의 득표율 48.7%보다는 정동영의 득표율 26.1%가 더 선명하게 각인되었다. 여당 후보가 이렇게 저조한 득표율을 기록한 적은 없었다. 호남 출신인 정동영 후보의 호남 득표율이 영남 출신인 노무현 후보가 2002년 제16대 대통령 선거에서 호남에서 얻은 지지율보다도 10-15% 포인트 정도 적었다는 것이 정동영 후보의 낮은 득표율을 가감없이 설명해 준다. 정동영은 대통령 후보로 세 번째 나오기는 했으나 이번에는 무소속으로 출마한 이회창 후보에게도 11.0% 포인트 밖에 앞서지 못했다.

정동영 후보의 참패는 물론 그의 책임이지만, 온전히 그의 잘못만은 아니었다. 유권자들은 정동영 후보보다 부동산 가격 폭등과 같은 노무현 정부의 실적에 실망하여 노무현 정부를 심판하였다. 연임이 불가능한 대통령에 대해 회고적 평가가 이루어진 보기 드문 일이 발생하였다(류재성 · 송병권 · 홍지연, 2008: 282; 강원택, 2010: 35). 일종의 '현직 계승 후보'인 정동영 후보가 평가의 대상이 되어 과도한 책임을 졌다고 할 수 있다. 이 선거는 이와 동시에 현대 재벌의 최고 경영자 출신이며, 서울시 시장으로서 청계천 복원을 강단있게 완성하고, 서울의 대중교통 문제를 환승 시스템으로 깔끔하게 마무리한 이명박 후보의 능력을 기대한 유권자들의 전망적 평가에 기반한 투표이기도 했다. 이 점에서 이 선거는 지역 균열 이외에 유권자들이 여당의 실적을 회고적으로 평가하고, 대통령 후보의 능력에 대해 전망적으로 평가하는 쟁점 투표가 투표 결정 요인이 되었다는 점에서 정치적 의의가 있다.

이 선거는 지역주의 투표 행태가 외형적으로 두드러지지 않았다. 정동영 후보의 호남 득표력은 김대중이나 노무현에 상당히 못 미치고 이명박 후보의 영남 득표율도 이전의 영남권 후보들보다 높지 않았다. 외견상 이와 같은 현상이 발생한 이유는 제3 후보인 무소속 이회창 후보가 선전하였기 때문이었다. 그는 15.1%를 득표하여 두 후보의 득표율 확대를 저지하였다. 이회창은 한나라당 대통령 후보로 출마했을 때와 달리 영남 지역 득표율이 전국 득표율을 크게 웃돌지 않았다. 그의 경북 투표율은 13.7%로 오히려 전국 득표율에 미치지 못하였다. 그는 출신지인 충남(33.2%)을 비롯하여 대전(28.9%)과 충북(23.4%)에서 매우 선전하였다(〈표 6-5〉 참조).

〈표 6-5〉 2007년 제17대 대통령 선거에서의 후보별 지역 득표율 (단위: %)

	대통합민주신당 정동영	한나라당 이명박	민주노동당 권영길	창조한국당 문국현	무소속 이회창
전국	26.1	48.7	3.0	5.8	15.1
서울	24.5	53.2	2.3	7.1	11.8
부산	13.5	57.9	2.8	5.4	19.7
대구	6.0	69.4	2.0	4.0	18.1
인천	23.8	49.2	3.5	7.0	15.2
광주	79.8	8.6	2.1	4.8	3.4
대전	23.6	36.3	2.5	7.1	28.9
울산	13.6	54.0	8.4	5.5	17.5
경기	23.6	51.9	2.9	7.1	13.4
강원	18.9	52.0	3.9	5.9	17.6
충북	23.8	41.6	3.6	5.7	23.4
충남	21.1	34.3	3.5	4.7	33.2
전북	81.6	9.0	1.9	2.8	3.6
전남	78.7	9.2	2.4	3.2	3.6
경북	6.8	72.6	2.8	3.3	13.7
경남	12.4	55.0	5.4	4.8	21.5
제주	32.7	38.7	4.4	7.8	15.0

* 이들 정당 이외에 민주당 이인제, 참주인연합 정근모, 경제공화당 허경영, 새시대 참사람연합 전관, 한국사회당 금민 후보가 출마하였으나 이들의 득표율을 다 합쳐도 1.2%에 지나지 않았다.

출처: 중앙선거관리위원회 선거통계시스템

6) 2012년 제18대 대통령 선거

2012년 12월 19일 실시된 제18대 대통령 선거는 1987년 민주화 이후 연속적으로 하락하던 투표율이 처음으로 반등하여 75.8%를 기록하였다. 이 선거에서 새누리당 박근혜 후보는 51.6%를 득표하여 48.0%를 득표한 민주통합당 문재인 후보를 제치고 대통령으로 당선되었다(〈표 6-6〉 참조).

〈표 6-6〉 2012년 제18대 대통령 선거에서의 후보별 지역 득표율 (단위: %)

	새누리당 박근혜	민주통합당 문재인
전국	51.6	48.0
서울	48.2	51.4
부산	59.8	39.9
대구	80.1	19.5
인천	51.6	48.0
광주	7.8	92.0
대전	50.0	49.7
울산	59.8	39.8
세종	51.9	47.6
경기	50.4	49.2
강원	62.0	37.5
충북	56.2	43.3
충남	56.7	42.8
전북	13.2	86.3
전남	10.0	89.3
경북	80.8	18.6
경남	63.1	36.3
제주	50.5	49.0

* 이들 정당 이외에 무소속 박종선, 김소연, 강지원, 김순자 후보가 출마하였으나 이들의 득표율을 다 합쳐도 0.42%에 지나지 않았다.

출처: 중앙선거관리위원회 선거통계시스템

한나라당은 이명박 대통령의 실정으로 위기를 느끼고 박근혜 후보에게 당의 전권을 이양하였다. 박근혜는 당 개혁 작업의 첫 조치로 한국 정당 사상 가장 오랫동안 당명을 유지해 온 한나라당을 새누리당으로 변경하였다. 한나라당의 우려와 달리 대통령 후보로서의 박근혜는 위기가 거의 없었다. 선거 기간 내내 안정적으로 야권 후보(문재인과 안철수)를 지지율 면에서 앞서 갔다. 박근혜 후보는 1987년 민주화 이후 유효 투표의 과반수를 득표한 최초의 대통령이며, 그리고 한국 최초의 여성 대통령이 되었다.

민주통합당과 문재인 후보는 제2기 이명박 정부의 출현을 막기 위해 2012년 제18대 대통령 선거를 당위적으로 '이겨야 하는 선거'로 규정하였다. 그러나 박근혜 후보를 '제2기 이명박'으로 생각하는 유권자는 다수가 아니었다. 많은 유권자들은 박근혜 정부가 등장한다면, 그것도 하나의 정권 교체로 인식하였다. 2011년 6월 미디어리서치 조사에 의하면, '박근혜 전 한나라당 대표가 대통령에 당선되면 정권 교체로 볼 것인가'라는 질문에 50.1%가 '그렇다'고 응답하여 '한나라당 내의 정권 재창출'이라는 응답 34.6%보다 훨씬 높았다(성경륭, 2013: 6). 이명박 정부에 대한 부정적인 회고적 평가가 상대 정당 후보인 문재인으로 이어지기가 어려운 설문 조사 결과이었다.

이 선거는 민주통합당 문재인 후보가 '이기기 힘든 선거', 아니면, '이길 수도 있었던 선거'이었지(성경륭, 2013: 2), '질 수 없는 선거'는 아니었다. 문재인 후보의 지지율이 선거 직전까지 너무 낮았다. 한국 갤럽이 발표한 자료에 의하면, 2012년 5월 마지막 주의 박근혜와 문재인과 안철수 3자 지지도에서 문재인 후보는 11%로 제일 낮았다(박근혜 37%, 안철수 23%). 2012년 10월 마지막 주에도 문재인 후보의 지지율은 세 사람 중 가장 낮았다(박근혜 37%, 문재인 21%, 안철수 25%). 박근혜와 문재인의 양자 간 지지율에서도 2012년 8월 마지막 주까지도 차이가 많이 났다(박근혜 49%, 문재인 33%)(한국 갤럽, 2013: 112; 119). 정당 지지도는 차이가 더 벌어졌다. 2012년 3월 마지막 주의 정당 지지도(새누리당 33%, 민주통합당 25%)는 선거 직전 주(40%와 30%)까지 그대로 유지되었다(한국 갤럽, 2013: 97; 119).

다만 야권 지지자들 입장에서 아쉬운 것은 선거 막판으로 갈수록 민주통합당 문재인 후보의 지지율이 급속도로 증가하여 일부 여론 조사 기관은 투표 당일 출구 조사에서 문재인 후보의 승리를 예상하기도 하였다. 이런 이유로 일부 야권 지지자들은 박근혜 후보의 득표율 51.6%는 5.16을 연상시키고, 두 후보의 득표 차이 108만표는 불교의 108 번뇌를 떠오르게 한다며 선거 결과에 진한 아쉬움과 상실감을 표현하였다.

1987년 민주화 이후 실시된 열여덟 번의 주요 선거에서 지금의 민주당 계열이 이긴 것은 1997년 제15대 대통령 선거, 1998년 제2회 지방 선거, 2002년 제16대 대통령 선거, 2004년 제17대 국회의원 선거와 그리고 2010년 제5회 지방 선거뿐으로 18전 5승 13패에 불과하였다. 다섯 번의 승리도 2010년 제5회 지방 선거를 제외하고는 민주당의 자력 승리가 아니었다. 보수 세력이 분열하거나 다른 당과 선거 연합을 하거나 대통령 탄핵과 같은 의외의 사건이 발생하여 얻은 승리이었다.

이런 점에서 2012년 제18대 대통령 선거에서 문재인 후보는 비교적 선전하였다. 정권 교체에 대한 국민들의 높은 열망, 문재인 후보 개인에 대한 우호적 평가, 불완전하기는 하였지만 안철수 후보와의 단일화가 문재인 후보에게 긍정적 영향을 미쳤다(성경륭, 2013: 6-7). 부산 출신인 민주통합당 문재인 후보의 출마로 영남 지역주의는 약간 약화되었다. 마치 2002년 제16대 대통령 선거에서 부산 출신인 새천년민주당 노무현 후보가 영남 유권자들의 일부 표를 가져온 것과 같았다. 지역 출신 후보를 지지하는 지역주의가 야당 후보에게 일부 유리하게 작용하였다.

그렇지만 민주통합당 문재인 후보가 보수 세력의 단합과 영남 지역의 지역주의를 이기기에는 한계가 있었다. 새누리당은 2012년 제18대 대통령 선거에서 비록 정치적 영향력은 미미하지만, 충청권의 자유선진당(이인제, 이회창)과 호남의 구민주당 세력(한광옥, 김경재, 한화갑, 김지하 등)까지를 끌어들여 광범위한 보수 대연합을 결성하였다. 지배 정당의 대통령 후보를 무조건 지지하는 영호남의 지역주의 투표 행태도 인구수가 더 많은 지역의 지지를 받는 박근혜 후보에게 더 유리하게 작용하였다. 여기에 박근혜 후보의 어머니 육영수 여사에 대한 충청도 주민들의 사랑과 대체로 영남과 정치적 입장을 같이 해 온 강원도 유권자들의 박근혜 후보 지지도 그녀에게 유리하게 작용하였다.

〈표 6-7〉 2012년 제18대 대통령 선거에서의 연령별 후보 지지율 (단위: %)

	투표율	박근혜 지지율	문재인 지지율
20대	68.5	33.7	65.8
30대	70.0	33.1	66.5
40대	75.6	44.1	55.6
50대	82.0	62.5	37.4
60대 이상	80.9	72.3	27.5

출처: 성경륭(2013: 16)

박근혜 후보는 지역 균열 이외에 세대 균열에서 큰 이익을 보았다. 박근혜 후보는 고용 불안과 급증하는 가계 부채와 자녀 학자금과 같은 경제적 어려움과 핵 · 미사일 개발을 둘러싼 북한의 안보 위협을 걱정하는 50대 이상 유권자들로부터 절대적 선택을 받았고(성경륭, 2013: 10), 문재인 후보는 경제 민주화에 귀기울이는 젊은 세대들로부터 상대적으로 더 지지를 받았다. 그런데 2002년 이후 10년 동안 20대 인구는 크게 줄고, 50대 이후 인구는 엄청나게 늘어나는 인구 구성의 변화가 발생하였다. 이것은 〈표 6-7〉에서 확인할 수 있는 것처럼 50대 이후 연령층에서 확고한 지지를 받는 박근혜 후보에게 유리할 수밖에 없는 인구 구성의 변화이다. 2002년 20대의 주민등록상 인구가 814만 6,871명에서 2012년에 662만 6,948명으로 151만 9,923명이 줄어든 반면에 50대는 454

만 5,394명에서 779만 1,570명으로 324만 6,176명, 60대 이상은 572만 5,238명에서 840만 8,663명으로 268만 3,425명이 증가하여, 50대 이상은 592만 9,601명이 늘어났다(통계청, 국가통계포털 5세별 주민등록인구 통계 자료). 선거인수 인구 구성 비율로는 10년 동안 20대가 22.8%에서 20.0%로 줄어들고, 50대는 15.5%에서 19.2%로, 60대 이상은 18.2%에서 21.1%로 증가하였다(중앙선거관리위원회, 2013: 15). 만약 세대 균열이 투표 결정 요인으로 작용한다면, 50대 이상 인구 비중의 증가로 인한 이익은 고스란히 보수 진영의 후보에게 돌아갈 수밖에 없었다. 2012년 제18대 대통령 선거에서 박근혜 후보가 그 이익을 전적으로 취했다.

2. 국회의원 선거

1) 1988년 제13대 국회의원 선거

1987년 민주화 이후 첫 번째 직선제 대통령 선거가 끝난 지 약 사개월 후인 1988년 4월 26일에 제13대 국회의원 선거가 실시되었다. 1987년 제13대 대통령 선거에 참여한 네 개의 지역 정당이 지배 지역을 근거로 국회의원 선거에 다시 돌입하였다. 전국구 의석 배분 방식은 시정 조치는 있었지만, 여전히 과거 독재 정권처럼 제1당에 유리한 방식이 유지되었다. 제1당의 지역구 의석이 50% 미만일 경우 제1당에게 전국구 의석의 이분의 일을 배분하고 그 밖의 경우는 지역구 의석 비율로 배분하였다(조성대, 2011: 196).

〈표 6-8〉 1988년 제13대 국회의원 선거에서의 정당별 지역별 당선자 현황 (단위: 명)

	민주정의당	통일민주당	평화민주당	신민주공화당	한겨레민주당	무소속	합계
전국	87	46	54	27	1	9	224
서울	10	10	17	3		2	42
부산	1	14					15
대구	8						8
인천	6	1					7
광주			5				5
경기	16	4	1	6		1	28
강원	8	3		1		2	14
충북	7			2			9
충남	2	2		13		1	18
전북			14				14
전남			17		1		18
경북	17	2		2			21
경남	12	9				1	22
제주		1				2	3

* 이들 정당 이외에 신한민주당, 민주한국당, 한국국민당, 민주의당, 사회민주당, 우리정의당, 제3세대당, 한주의통일한국당, 기독성민당은 한 명의 당선자도 배출하지 못했다.

출처: 중앙선거관리위원회 선거통계시스템

선거 결과는 민주정의당이 34.0%의 득표율을 기록하여, 총 125석(지역구 87석, 전국구 38석)을 획득하여 제1당이 되었다(의석 점유율 41.8%). 평화민주당은 19.3%의 득표율로 70석을 차지하여(의석 점유율 23.4%) 제2당이 되었고, 통일민주당은 23.8%의 득표율로 59석을 점유하여(의석 점유율 19.7%) 제3당이 되었다. 신민주공화당은 15.6%의 득표율로 45석의 의석을 차지하였다(의석 점유율 15.1%). 평화민주당의 득표율이 통일민주당보다 4.5%나 뒤졌음에도 불구하고 의석수에서 앞선 것은 지역주의 투표 때문이었다. 평화민주당은 지배 지역인 호남에서 한 석을 제외하고 전 의석을 독차지하고 서울에서 선전한 반면에, 통일민주당은 지배 지역에서 평화민주당만큼 의석을 확보하는데 실패하였다. 통일민주당은 부산의 15개 선거구 중 14개 선거구에서 승리하였지만, 경남에서는 22개 선거구 중 아홉 곳에서만 승리하였다. 그리고 통일민주당이 서울에서 평화민주당에 일곱 석이나 뒤진 것도(통일민주당 10석, 평화민주당 17석) 제3당이 된 이유이다. 신민주공화당도 그들이 기대한 충북에서 전체 아홉 석 중 단 두 석만을 차지하였고, 서울에서도 세 석만을 획득하여 득표율 대비 의석수가 부진하였다(〈표 6-8〉 참조).

〈표 6-9〉 1988년 제13대 국회의원 선거에서의 정당별 지역 득표율 (단위: %)

	민주정의당	통일민주당	평화민주당	신민주공화당	한겨레민주당
전국	34.0	23.8	19.3	15.6	1.1
서울 · 인천 · 경기	30.3	23.7	22.3	16.7	1.6
부산 · 경남	36.1	45.7	1.5	8.6	1.4
대구 · 경북	49.9	26.0	0.8	14.9	0.9
광주 · 전남 · 전북	23.0	0.9	69.1	1.6	0.2
충남	30.2	15.0	3.8	46.5	0.7
충북	43.7	16.0	1.4	33.3	
강원	43.6	21.6	4.0	20.2	0.1
제주	36.0	27.1	6.0	3.4	

출처: 조성대(2011: 200)와 중앙선거관리위원회 선거통계시스템에서 계산

이 선거는 〈표 6-9〉에서 확인할 수 있듯이 지역주의 투표 행태가 지배하였다. 민주정의당은 대구 · 경북에서 49.9%의 지지율을 얻었는데, 이것은 이 지역에서 2위를 한 통일민주당의 득표율(26.0%)의 거의 두 배

에 가까운 기록이다. 평화민주당은 호남에서 69.1%를 획득하여 이 지역 제2당인 민주정의당 득표율(23.0%)보다 세 배를 웃돌았다. 통일민주당은 부산 · 경남에서 45.7%를 득표하여 1위를 하였으나, 이 지역 제2당인 민주정의당보다 9.6% 포인트 앞서는 데 그쳤다. 신민주공화당은 충남에서 46.5%를 득표하였으나, 그들이 기대했던 충북에서는 33.3%에 그쳐 43.7%를 득표한 민주정의당에 이어 2위에 머물렀다. 즉 충북은 충남과 달리 이 선거에서 지역주의 투표 행태를 보이지 않았다.

지역주의 투표 행태는 각 정당의 지배 지역에서는 득표율 면에서 2위 정당과 현격한 차이를 벌리고, 다른 정당의 지배 지역에서는 매우 낮은 득표율을 기록하는 특징을 보인다. 네 당 모두 이러한 특징을 나타내고 있지만, 평화민주당이 이 점에서 가장 뚜렷하였다. 평화민주당은 호남에서의 득표율이 압도적으로 1위이지만, 호남과 수도권을 제외한 나머지 지역에서는 득표율이 10%를 넘지 못하였다. 반면에 통일민주당은 호남에서, 신민주공화당은 호남과 부산 · 경남과 제주도에서 득표율이 10% 이하로 매우 저조하였다. 민주정의당은 특별히 득표율이 10%를 밑도는 지역은 없었다.

네 정당이 모두 유권자들의 지역주의 투표 행태를 기대하며 경쟁함으로써 어느 정당도 과반수 의석을 획득하기가 처음부터 쉽지 않았다. 실제로 선거 결과는 1954년 제3대 국회 이후 처음으로(조성대, 2011: 201) 여소야대가 되었다. 여소야대는 집권당을 효율적으로 견제하는 수단이 되었다. 국민들을 열광시킨 광주 항쟁과 5공 비리 청문회도 여소야대이기 때문에 가능하였다.

그러나 여소야대는 오래가지 않았다. 1990년 민주정의당 노태우 대통령과 통일민주당 김영삼 총재와 신민주공화당의 김종필 총재가 1990년 1월 22일 '삼당 합당'을 전격적으로 선언하고 2월 9일 민주자유당을 창당함으로써 여소야대가 붕괴된 것은 물론이고 개헌이 가능한 216석의 거대 여당이 탄생하였다. '삼당 합당'은 지역적으로 영남을 통일하고 여기에 충청도가 합세하는 것으로 명백하게 호남을 배제하는 정치적 야합이었다. '삼당 합당'이 정치적 대의를 상실한 야합이었지만, 이를 거부한 의원은 많지 않았다. 거부 의원 중의 한 명이 2002년 제16대 대통령으로 당선된 노무현 의원이었다. 국민들은 12년이 지나서 그의 원칙적 행동에 보람을 안겨 주었다. 그가 대통령까지 된 것은 전격적인 '삼당 합당'이 초래한, 사회학에서 말하는 일종의 '의도하지 않은 잠재적 효과'[2)]라고 할 수 있다.

2) 1992년 제14대 국회의원 선거

1992년 3월 24일 제14대 국회의원 선거를 앞두고 민주주의 사회에서 매우 보기 드문 정당 하나가 창당되었다. 현대 그룹의 총수인 정주영이 총자본인 국가의 역할을 맡으려고 만든 통일국민당이 그것이다. 자본이, 그것도 재벌이 직접 정치에 참여하는 것은 흔치 않은 일이다. 1992년 미국 대통령 선거에서 로스 페로(Ross Perot)가 출마한 경우나 1994년에 이탈리아 총선에 벨루스코니(Silvio Berlusconi)가 전진 이탈리아당을 만들어 집권까지 한 것이 대표적인 사례이다(강원택, 2003: 142). 김영삼 민주자유당 총재를 비롯한 정치권은 재벌이 직접 정치에 참여하는 것을 매우 탐탁치 않게 생각하였다. 그러나 국민들의 생각은 반드시 그렇지만은 않았다. 부패한 직업 정치인 대신에 정치 자금을 스스로 조달할 수 있는 사람이 정치를 하면 정치권이 맑아질 것이라고 생각하는 유권자들이 제법 있었다.

1992년 제14대 국회의원 선거 투표율은 71.9%로 그 때까지의 역대 국회의원 선거 중 가장 낮았다. '삼당 합당'과 지역주의 투표 행태로 선거 결

2) 사회학에서는 부족 사회나 왕정 국가의 기우제가 사회 통합이라는 의도하지 않은 잠재적 효과를 유발한다고 본다. 기우제의 명백한 의도는 '비를 오게 하는 것'이지만, 기우제 자체가 고통을 겪는 부족민과 백성들을 단합시키는 기능을 수행한다.

과가 이미 예상되었기 때문이었다. 선거 결과 여당인 민주자유당이 38.5%의 득표율로 총 149석(지역구 116석, 전국구 33석)을 차지하였다. 국회의원 정수 299석의 과반에 단 한 석이 모자랐다. 민주자유당이 외견상 선전했다고 볼 수 있으나 1990년 '삼당 합당' 당시 216석에 비하면 이년만에 약 70여석을 잃고 과반수에도 미달하여 완패한 선거이었다. 득표율에서도 민주자유당은 1988년 제13대 국회의원 선거에서 세 정당이 얻은 득표율의 산술적 합계(73.4%)의 절반 수준인 38.5%밖에 얻지 못하였다. 산술적 합계치 수준으로 득표율을 올릴 수는 없지만, '삼당 합당'을 하였음에도 불구하고 득표율이 30%대에 머물렀다는 것은 사실상 '삼당 합당'에 대하여 국민들이 불신임한 것이라고 보아야 한다. 민주자유당은 선거가 끝나고 보름 정도가 지난 1992년 4월 9일 무소속 당선자 열명을 입당시켜 인위적으로 여대야소를 만들었다(중앙선거관리위원회, 2009b: 407).

민주당은 29.2%의 득표율로 97석(지역구 75석, 전국구 22석)을, 통일국민당은 17.4%의 득표율로 31석(지역구 24석, 전국구 일곱 석)을 획득하였다. 두 당 모두 득표율에 비해 의석 확보가 부진한데, 그것은 비합리적인 전국구 의석 배분 방식과 지역주의 투표 행태 때문이었다. 통일국민당의 연고 지역은 강원도인데, 강원도의 인구 비중이 작아 통일국민당으로서는 다수 의석을 차지하기가 기본적으로 어려웠다. 이마저도 성공하지 못하였다. 통일국민당은 강원도에서 민주자유당의 절반인 네 석만을 차지하는데 그쳤다(의석 점유율 28.6%). 그러나 통일국민당은 뜻밖에도 충청도, 특히 충남에서 선전하였다. 통일국민당은 대전에서는 단 한 석도 차지하지 못했지만, 충북에서 두 석, 충남에서 네 석을 차지하여 충청도 전체 의석 점유율이 21.4%에 이르렀다(〈표 6-10〉 참조). 영남 정권에 동조하는 '삼당 합당'에 거부감을 느끼지만, 김대중의 호남 정당을 지지하는 것에도 부담감을 느낀 충청도 유권자들이 하나의 대안으로 통일국민당 후보들을 지지한 것으로 보인다.

〈표 6-10〉 1992년 제14대 국회의원 선거에서의 정당별 지역별 당선자 현황 (단위: 명)

	민주자유당	민주당	통일국민당	신정치개혁당	무소속	합계
전국	116	75	24	1	21	237
서울	16	25	2	1		44
부산	15				1	16
대구	8		2		1	11
인천	5	1			1	7
광주		6				6
대전	1	2			2	5
경기	18	8	5			31
강원	8		4		2	14
충북	6	1	2			9
충남	7	1	4		2	14
전북	2	12				14
전남		19				19
경북	14		2		5	21
경남	16		3		4	23
제주					3	3

* 이들 정당 이외에 공명민주당, 민중당은 한 명의 당 선자도 배출하지 못했다.

출처: 중앙선거관리위원회 선거통계시스템

1992년 제14대 국회의원 선거도 지배 정당의의 지배 지역에서는 많은 지지를 받지만 상대편 정당의 지배 지역에서는 거의 지지를 받지 못하는 지역주의 투표 행태가 재현되었다. 민주자유당은 당 총재인 노태우 대통령의 연고지인 대구 · 경북 지역에서 전체 의석 32석 중 22석(의석 점유율 68.8%), 김영삼 대표최고위원의 연고지인 부산 · 경남 지역에서 전체 의석 39석 중 31석(의석 점유율 79.5%)을 차지해 두 지역 모두 전체 의석의 삼분의 이 이상을 점유하였다. 또한 김종필 최고위원의 연고지인 충청도에서 전체 의석 28석의 절반인 14석(의석 점유율 50.0%)을 차지했다. 그러나 민주자유당은 민주당 지배 지역인 호남 지역에서 전체 의석 39석 중 두 석밖에 얻지 못하였다. 반면에 민주당은 김대중 대표의 연고지인 호남에서 37석(의석 점유율 94.9%)을 차지하였다. 하지만 민주자유당의 지배 지역인 영남에서는 전체 의석 57석 중 단 한 석도 얻지 못했다(중앙선거관리위원회, 2009b: 408).

3) 1996년 제15대 국회의원 선거

1996년 4월 11일 실시된 제15대 국회의원 선거의 투표율은 63.9%로 1992년 제14대 국회의원 선거에 이어 계속 하락하였다. 국민들은 지속되는 지역주의 투표에 관심을 두지 않았다. 신한국당(민주자유당에서 당명 변경)이 34.5%의 득표율로 139석(지역구 121석, 비례 대표 18석[3])을 차지하였다. 새정치국민회의는 25.3%의 득표율로 79석(지역구 66석, 비례 대표 13석), 자유민주연합이 16.2%의 득표율로 50석(지역구 41석, 비례 대표 아홉 석)을 차지하였다(중앙선거관리위원회, 2009c: 277). 1992년 제14대 국회의원 선거에 이어 또다시 여소야대가 되었다.

대구 · 경북, 특히 대구를 제외하고 전통적인 지역주의 투표 행태를 보이는 지역은 어김없이 지역주의 투표가 계속되었다. 신한국당은 부산에서 55.8%의 득표율로 21석을 모두 차지하였고, 경남과 경북에서는 46.5%와 34.9%의 득표율로 42석 중 28석을 차지하였다(중앙선거관리위원회, 2009c: 277). 신한국당은 호남 전체에서 단 한 석만을 차지하는데 그쳐 비지배 지역

3) 제15대 국회의원 선거를 앞두고 전국구 의석 배분 기준이 정당의 의석 점유율에서 득표율로 바뀌어 다수당의 과잉 대표성은 줄어들었다(이현우, 2011: 245).

에서 득표하지 못하는 지역주의 투표 행태의 특징이 여지없이 나타났다.

그러나 이 선거에서 대구 · 경북, 특히 대구 유권자들은 김영삼 대통령이 신군부 세력인 전두환과 노태우를 처벌(1995년 11월 17일 노태우 구속, 1995년 12월 3일 전두환 구속)하는 것에 대한 반발로 그들의 지배 정당인 신한국당 대신 자유민주연합을 선택하였다. 자유민주연합은 대구 · 경북에서 27.5%의 득표율을 기록하여 득표율 30.5%를 얻은 신한국당에 불과 3.0% 포인트 차이밖에 뒤지지 않았다(중앙선거관리위원회, 2009c: 288). 대구만 보면, 자유민주연합이 35.8%를 득표하여 24.5%를 득표한 신한국당에 11.3% 포인트 앞섰다. 국회의원 의석수는 오히려 역전 현상이 발생하였다. 자유민주연합은 대구에서 여덟 명이 당선되었지만, 신한국당은 고작 두 명 당선에 그쳤다. 대구에서 무소속도 세 명이 당선되어 신한국당을 앞섰다. 경북에서는 신한국당이 11명의 당선자를 내어 자유민주연합 두 명과 무소속 다섯 명 당선자를 앞섰지만, 대구와 경북 지역 전체적으로 신한국당 당선자(13명)보다 자유민주연합과 무소속 당선자 수가 더 많아(18명)(중앙선거관리위원회, 선거통계시스템) 이 지역에서의 부산 출신 김영삼에 대한 불만이 얼마나 컸는가를 알 수 있다.

1992년 대통령 선거에서 패배하자마자 정계를 은퇴한 김대중이 1994년 1월부터 정치 활동을 재개하였다. 그는 1994년 5월 충청도 지배 세력인 김종필과의 '선거 연합'을 염두에 두고 모든 지역이 권력을 균등하게 나누어 갖자는 '지역 등권론'을 주장하였다. 지역 등권론은 일부 지역의 특권층들이 국민 대다수를 지배하는 지역 패권주의로부터 벗어나 15개 시 · 도 모든 지역이 동등한 대우를 받아야 한다고 것이 주내용이었다. 그러나 민주자유당과 '꼬마' 민주당은 지역 등권론을 김대중과 김종필의 '지역 할거주의'에 지나지 않는다고 비판하였다(중앙선거관리위원회, 2009c: 107-108).

김대중은 1995년 7월 정계에 공식적으로 복귀하고 9월에 새정치국민회의를 창당하였다. 새정치국민회의에 민주당 의원 54명이 합류하여 창당하자마자 제1 야당이 되었다(중앙선거관리위원회, 2009c: 278). 호남에서의 새정치국민회의 지지 강도는 변함이 없었다. 새정치국민회의는 호남 지역에서 60% 이상의 압도적인 지지율로 호남 지역 37곳의 선거구 가운데 36곳에서 당선자를 내었다. 그러나 수도권에서 30명의 당선자를 배출한 것을 제외하고 나머지 지역에서는 단 한 명도 당선자가 없었다(〈표 6-11〉 참조).

〈표 6-11〉 1996년 제15대 국회의원 선거에서의 정당별 지역별 당선자 현황 (단위: 명)

	신한국당	새정치 국민회의	통합민주당	자유민주 연합	무소속	합계
전국	121	66	9	41	16	253
서울	27	18	1		1	47
부산	21					21
대구	2			8	3	13
인천	9	2				11
광주		6				6
대전				7		7
경기	18	10	3	5	2	38
강원	9		2	2		13
충북	2			5	1	8
충남	1			12		13
전북	1	13				14
전남		17				17
경북	11		1	2	5	19
경남	17		2		4	23
제주	3					3

* 이들 정당 이외에 대한민주당, 무당파 국민연합, 21세기 한독당, 무당파 전국연합, 기독성민당 통일한국당, 친민당은 한 명의 당선자도 배출하지 못했다.

출처: 중앙선거관리위원회 선거통계시스템

자유민주연합은 충북을 포함하여 충청도에서 전체 28석 중 24석을 차지하여 의석 점유율이 85.7%에 이르렀다. 이 선거에서 충북이 드디어 대전 · 충남에 합류함으로써 자유민주연합은 명실공히 충청도의 지배 정당이 되었다. 자유민주연합은 충북의 여덟 석 중 다섯 석을 획득하여 의석 점유율이 62.5%에 달하였다. 이 선거에서 자유민주연합이 거둔 성과는 이뿐만이 아니었다. 자유민주연합은 대구와 경북에서 신한국당과 겨룰 정도는 크게 선전하였다. 자유민주연합은 전체 의석 41석의 사분의 일을 대구 · 경북 지역(열 석)에서 거두었다. 이것은 물론 자유민주연합 자체의 힘만으로 이룬 것은 아니었다. 이것은 앞에서 언급한 바와 같이 김영삼 정권이 전두환과 노태우를 처벌한 것에 대한 이 지역 유권자들의 반발 때문이었다. 대구 · 경북 주민들은 설령 같은 영남 정권에 대한 반발이 아무리 강하다하더라도 지역적으로 대립하고 있는 호남의 새정치국민회의를 절대로 지지하지는 않는다. 대신에 이들은 이념적으로 비슷한 자유민주연합과 동향 출신의 무소속 후보(여덟 명 당선)를 선택한다. 이것이 지역주의 투표의 특징 중의 하나인 외집단 배척의 한 단면이다. 대구와 경북 지역에서 당선된 무소속 후보들은 제15대 국회의원 선거 전체 무소속 당선자 16명의 절반을 차지하였다.

4) 2000년 제16대 국회의원 선거

1997년 제15대 대통령 선거에서 승리한 김대중은 'DJP 연대'의 중요한 연결 고리인 '내각제 개헌'을 추진할 생각은 그다지 없었다. 결국 새정치국민회의는 1999년 7월 내각제 개헌 유보를 공식적으로 발표하였다. 내각제를 최고의 정강 정책으로 천명한 자유민주연합은 당연히 반발하여 두 공동 여당의 협조 관계는 금이 가기 시작하였다. 김대중은 2000년 1월에 새정치국민회의를 확대 개편하며 새천년민주당을 창당하였다. 2000년 제16

대 국회의원 선거를 앞둔 시점에서 공동 여당 간의 공식 관계는 아직 종료되지 않았지만, 호남과 충청도의 지역적 '선거 연합'은 사실상 붕괴되었다.

2000년 4월 13일에 실시된 제16대 국회의원 선거의 투표율은 57.2%로 지금까지의 국회의원 선거 중 가장 최저의 투표율을 기록하였다. 지역주의 투표의 지속과 외환 위기가 초래한 국민들의 경제적 고통을 정치권이 제대로 해결하지 못하는 것에 대한 불만이 투표 포기로 이어졌다. 동시에 유권자들이 정치인들을 강제 구조 조정하였다. 정치권이 스스로 국회의원 지역구 정수를 253석에서 227석으로 줄였지만, 국민들은 이에 그치지 않고 900여 시민 단체가 '총선시민연대'를 구성하여 낙선 · 낙천 운동을 벌였다. 해당 정치인들이 격렬하게 저항하고 읍소도 하였지만, '낙선 대상자 86명 중 59명이(68.6%)이 결국 낙선하였다(김의영, 2005: 54).

선거 결과 야당인 한나라당이 39.0%의 득표율로 133석(지역구 112석, 비례 대표 21석)을 차지하여 원내 제1당이 되었다. 새천년민주당은 35.9%의 득표율로 총 115석(지역구 96석, 비례 대표 19석)을 획득하였다. 자유민주연합은 9.8%의 낮은 득표율로 17석(지역구 12석, 비례 대표 다섯 석)을 얻는데 그쳐 원내 교섭 단체도 구성하지 못하였다. 아직 공동 여당 관계가 공식적으로 끝나지 않은 두 당의 의석을 합쳐도 한나라당에 미치지 못하였다. 새천년민주당 일부 의원들이 선거 직후 원내 교섭 단체를 구성하지 못하는 자유민주연합에 형식상 입당함으로써 자유민주연합이 억지로 원내 교섭 단체를 구성하는데 도움을 주는 이상한 일도 발생하였다. 그러나 자유민주연합이 2001년 9월 임동원 통일부 장관에 대한 해임 건의안에 찬성함으로써 '임대 의원' 전원이 자유민주연합으로부터 철수하여, 공식적으로 'DJP 연대'와 공동 여당 관계는 종료되었다.

〈표 6-12〉 2000년 제16대 국회의원 선거에서의 정당별 지역별 당선자 현황 (단위: 명)

	한나라당	새천년 민주당	자유민주 연합	민주 국민당	희망의 한국신당	무소속	합계
전국	112	96	12	1	1	5	227
서울	17	28					45
부산	17						17
대구	11						11
인천	5	6					11
광주		5				1	6
대전	1	2	3				6
울산	4					1	5
경기	18	22	1				41
강원	3	5		1			9
충북	3	2	2				7
충남		4	6		1		11
전북		9				1	10
전남		11				2	13
경북	16						16
경남	16						16
제주	1	2					3

* 이들 정당 이외에 공화당, 기독성민당, 민주노동당, 애국번영당, 청년진보당, 통일한국당은 한 명의 당선자도 배출하지 못했다.

출처: 중앙선거관리위원회 선거통계시스템

이 선거에서도 지역주의 투표 행태는 변함이 없었다. 영남 지역의 지역주의 투표 행태는 심지어 더 강화되었다. 대구 · 경북이 1996년 제15대 국회의원 선거에서 여당에 반기를 드는 일은 더 이상 발생하지 않았다. 한나라당은 새롭게 광역 자치 단체가 된 울산을 포함한 영남 전체 65석 중 단 한 석을 제외하고 나머지 모든 의석을 독점하였다. 오히려 새천년민주당의 지역 독점은 완화되었다. 호남 전체 의석 29석 중 25석을 차지하여, 1996년 제15대 국회의원 선거에서 37석 중 36석을 획득하였던 것에 비하면 지역 독점은 줄어들었다(〈표 6-12〉 참조). 그러나 호남에서 당선된 국회의원이 한나라당 출신이 아니라 새천년민주당과 정체성이 비슷한 무소속 의원이라는 점에서 지역주의 투표 행태가 실질적으로 완화되었다고 평가하기는 어렵다.

자유민주연합은 원내 교섭 단체도 구성하지 못할 정도로 저조한 성적을 냈지만, 대전과 충남에서는 다수 의석을 차지하였다. 그러나 2위 정당과의 득표율과 의석수 차이가 많이 나지는 않았다. 심지어 충북에서는 한나라당 후보가 전체 일곱 석 중 세 명이나 당선되어 지역의 제1당이 되었고, 자유민주연합은 새천년민주당과 같이 두 석을 획득하여 공동 2위 정당이 되었다. 이 선거에서 충북은 지역주의 투표 행태에서 한 걸음 뒤로 물러앉았다.

5) 2004년 제17대 국회의원 선거

2004년 제17대 국회의원 선거의 투표율은 60.6%로 지금까지의 하락 추세가 멈추고 반등하였다. 그러나 반등 폭이 크지 않아 의미를 부여하기는 어렵다.

2004년 제17대 국회의원 선거는 몇 가지 제도상으로 중요한 변화가 있었다. 가장 획기적인 제도 변화는 2002년 광역 의원 지방 선거에서 처음으로 도입된 정당 명부제 투표 방식을 비례 대표 선출에 적용한 것이었다. 이 제도는 유권자들이 두 표 중 한 표를 정당에 투표하는 방식이다. 이제 비례 대표 선거에서는 사표를 걱정할 필요가 없어졌고, 유권자들의 이념적 색채가 반영될 가능성이 높아졌다. 실제로 민주노동당이 정당 명부제 투표제에서 의미있는 득표를 하였다. 정당 투표에서 빛을 본 것은 38.3%를 득표한 열린 우리당도 아니고 35.8%를 얻은 한나라당도 아니었다. 정당 투표에서 13.0%를 득표하여 비례 대표 여덟 석을 할당받은 민주노동당이 이 제도의 주인공이었다. 1961년 군사 쿠데타 이후 처음으로 진보 정당이 원내 진출에 성공한 것은 모두 정당 투표제 덕분이었다.

또 하나의 의미있는 제도적 변화는 여성을 의무적으로 50% 이상 비례 대표로 공천하도록 제도화한 것이었다. 2000년 제16대 국회의원 선거에서 30% 이상 여성을 공천하도록 한 것을 상향 조정하였다. 이 제도 실시로 여성 비례 대표 의원이 29명이나 당선되었다. 지역구 의원 열 명을 합치면 여성 의원은 전체 의원의 13.0%를 점유하여, 제16대 국회보다 두 배 이상 증가하였다. 그러나 스웨덴 45.3%, 덴마크 38.0%, 핀란드 36.5%에 비하면 아직도 매우 낮은 수준이었다. 한국보다 후진국이라고 생각하는 베트남의 여성 의원 비율이 27.3%, 파키스탄 21.1%, 필리핀 17.8%인 것에 비하면 더더욱 그렇다(정대화, 2005: 208).

선거 결과 열린 우리당[4]이 152석(지역구 129석, 비례 대표 23석)을 획득하여 1987년 민주화 이후 처음으로 집권 정당이 국회 과반 의석을 넘었다. 한나라당은 121석(지역구 100석, 비례 대표 21석)을 차지하였다. 열린 우리당이 이렇게 단기간 내에 원내 과반수를 넘는 정당이 된 것은 누차 언급한 것처럼 영남의 한나라당과 호남의 새천년민주당과 대전 · 충남의 자유민주연합이 현직 노무현 대통령을 비상식적인 이유로 탄핵한 것에 대한 국민들의 반작용 때문이었다. 노무현 대통령은 2004년 제17대 국회의원 선거 직전에 '열린 우리당이 표를 얻을 수 있다면 합법적인 모든 것을 다 하고 싶다'고 발언하였는데, 위의 세 정당들이 대통령의 발언은 '공무원의 선거 중립 의무'에 위배된다는 이유로 2004년 3월 12일 국회에서 탄핵하였다. 그러나 이것은 곧 그들에게 재앙으로 닥쳤다. 특히 새천년민주당과 자유민주연합은 그야말로 제17대 국회의원 선거에서 초토화되었다. 새

---

4) 노무현 대통령이 김대중 정부 시절의 대북 송금에 대해 특검 수사를 허용함으로써 새천년민주당의 내분이 격화되어 결국 노무현 대통령을 지지하는 의원들을 중심으로 2003년 11월 11일 열린 우리당이 창당되었다. 열린 우리당은 이부영 등 다섯 명의 한나라당 의원과 개혁국민정당의 유시민 의원이 참여하여 모두 47명의 의원으로 출발하였다.

천년민주당과 자유민주연합은 〈표 6-13〉에서 보는 것처럼 지역구에서 각각 다섯 명과 네 명만이 당선되어 결국 정계에서 퇴출당하였다. 한나라당은 영남의 강력한 지역주의에 힘입어 그나마 피해를 최소화하였다.

〈표 6-13〉 2004년 제17대 국회의원 선거에서의 정당별 지역별 당선자 현황 (단위: 명)

	한나라당	새천년 민주당	열린 우리당	자유민주 연합	국민통합 21	민주 노동당	무소속	합계
전국	100	5	129	4	1	2	2	243
서울	16		32					48
부산	17		1					18
대구	12							12
인천	3		9					12
광주			7					7
대전			6					6
울산	3		1		1	1		6
경기	14		35					49
강원	6		2					8
충북			8					8
충남	1		5	4				10
전북			11					11
전남		5	7				1	13
경북	14						1	15
경남	14		2			1		17
제주			3					3

* 이들 정당 이외에 민주국민당, 가자 희망 2080, 가정당, 개혁국민정당, 공화당, 구국총연합, 국민복지당, 국민행동, 국태민안호국당, 기독당, 노년권익보호당, 녹색당, 녹색사민당, 대한통일당, 민주화합당, 복지민주통일당, 사회당, 새로운 신당, 애국번영당은 한 명의 당선자도 배출하지 못했다.

출처: 중앙선거관리위원회 선거통계시스템

열린 우리당은 사실 이 선거에서 더 많은 의석을 차지할 수도 있었다. 열린 우리당 정동영 의장이 2004년 3월 26일 대구에서 '미래는 20대와 30대들의 무대이고, 그런 의미에서 한 걸음만 더 나아가 생각해보면 60대 이상 70대는 투표 안 해도 괜찮다'는 발언을 했다. 이것이 노인들을 무시하는 '노인 폄하 발언'으로 규정되어 정동영 의장이 국회의원 불출마를 선언하는 사태로 비화하였다. 만약 이 사태가 발생하지 않았다면 열린 우리당은 의석을 틀림없이 더 확보했을 것이다.

이 선거에서도 영남과 호남에서의 지역주의 투표 행태는 계속되었다. 특히 대통령 탄핵에도 불구하고 영남에서 한나라당이 건재한 것은 오로지 지역주의 투표 행태 덕분이었다. 반면에 대전 · 충남에서는 자유민주연합이 몰락하여 지역 정당으로서의 명맥도 유지하지 못했다. 충북에서는 자유민주연합이 한 석도 차지하지 못해 이제 충북은 완전히 대전 · 충남과 다른 정치적 길을 다시 걷기 시작하였다.

동시에 이 선거는 지역 균열 이외에 이념 균열과 계급 균열이 부분적으로 등장한 선거이기도 했다. 이 선거에서 김대중 대통령과 노무현 대통령이 북한에 대해 '햇볕 정책'을 취한 것에 대해 한나라당이 '북한 퍼주기'로 규정하고 이념적으로 대립각을 세웠다. 한편으로 계급 균열에 의한 계급 투표도 일부 나타났다. 서울의 강남 등 부유층 밀집 지역에서는 한나라당 지지세가 높고, 울산과 같은 노동자 밀집 지역에서는 민주노동당 지지세가 확연했다(정대화, 2005: 214). 상층이 한나라당을 지지하는 것은 비단 2004년 제17대 국회의원 선거에 국한되는 현상이 아니라 1987년 이후 계속되어 왔다. 울산에서는 이미 민주노동당 후보가 구청장으로 당선되기도 하였다. 그러나 지역구(울산과 창원)에서 민주노동당 후보가 국회의원으로 당선된 것은 이 선거가 최초이었다. 노동자 밀집 지역에서 계급 투표가 이루어진 것은 상당한 의미를 부여할 수 있지만, 민주노동당 주요 지지층이 노동 계급보다는 상대적으로 학력이 높고 소득이 많은 화이트칼라들이라는 점에서 계급 투표가 완전히 이루어진 것은 아니었다(강원택, 2005: 254).

6) 2008년 제18대 국회의원 선거

2008년 제18대 국회의원 선거는 2007년 제17대 대통령 선거가 한나라당의 압승으로 끝난지 불과 사개월만에 실시되어 한나라당의 승리가 일찍부터 예견되었다. 투표율이 역대 국회의원 선거 중 가장 낮은 46.1%를 기록한 것도 이와 무관하지 않다.

한나라당은 노무현 정부가 국정을 운영했던 2004년 제17대 국회의원 선거 이후의 모든 보궐 선거와 재선거, 2006년 제4회 지방 선거와 2007년 제17대 대통령 선거에서 모두 승리하였다. 노무현 정부에 대한 유권자들의 실망이 부정적 회고적 평가로 이어진 결과이었다. 원래 대통령은 단임이라 회고적 평가의 대상이 되기 어려운데, 노무현 대통령은 재임 기간 계속된 부동산 급등과 우호적이지 않은 언론 환경 등이 복합적으로 작용하여 국민들로부터 과도한 비난의 대상이 되었다.

이러한 흐름은 2008년 4월 9일 제18대 국회의원 선거에서도 재현되었다. 한나라당은 153석(지역구 131석, 비례 대표 22석)을 획득하여 원내 과반을 넘는 다수당이 되었다. 오히려 이러한 선거 결과는 한나라당 입장에서는 예상보다 저조한 성적이었다. 시대에 뒤떨어진 한반도 대운하를 추진하겠다는 이명박 대통령에 대한 국민들의 때 이른 실망이 그나마 한나라당 의석 확보에 제동을 걸었다. 그러나 보수 세력 전체로는 압승이었다. 한나라당 공천 파동에서 탈당한 인사들이 창당한 친박연대 14석과 친여 무소속 18석을 합치면 보수 세력은 전체적으로 원내 과반을 훌쩍 넘는 185석이 되었다. 한나라당 견제론은 야권 득표로 연결되지 않고 친박연대와 자유선진당과 같은 보수 세력으로 이어졌다(유재일, 2009: 32). 여기에 자유민주연합을 대신하여 충청도 지역 정당을 자임한 자유선진당의 18석(지역구 14석, 비례 대표 네 석)까지 합치면 이념적으로 보수 세력은 200석도 넘었다.

〈표 6-14〉 2008년 제18대 국회의원 선거에서의 정당별 지역별 당선자 현황 (단위: 명)

	통합 민주당	한나라당	자유 선진당	민주 노동당	창조 한국당	친박연대	무소속	합계
전국	66	131	14	2	1	6	25	245
서울	7	40			1			48
부산	1	11				1	5	18
대구		8				3	1	12
인천	2	9					1	12
광주	7						1	8
대전	1		5					6
울산		5					1	6
경기	17	32				1	1	51
강원	2	3					3	8
충북	6	1	1					8
충남	1		8				1	10
전북	9						2	11
전남	9						3	12
경북		9				1	5	15
경남	1	13		2			1	17
제주	3							3

* 이들 정당 이외에 경제공화당, 구국 참사람연합, 국민실향안보당, 기독당, 문화예술당, 시민당, 신미래당, 자유평화당, 직능연합당, 진보신당, 통일당, 평화통일가정당, 한국당, 한국사회당은 한 명의 당선자도 배출하지 못했다.

출처: 중앙선거관리위원회 선거통계시스템

반면에 직전 여당(열린 우리당)이었던 통합민주당은 81석(지역구 66석, 비례 대표 15석)을 차지하는데 그쳐 그야말로 참패하였다. 제17대 의석 152석에 비하면, 거의 절반 수준으로 의석이 줄어들었다. 수도권에서의 참패가 가장 큰 원인이었다. 〈표 6-14〉에서 확인할 수 있는 것처럼 수도권 총 111석 중 통합민주당은 고작 26석 밖에 획득하지 못하였다. 민주노동당은 내부 분열로 분당이 되어(민주노동당과 진보 신당) 정당 득표율이 5.7%에 불과하여 다섯 석(지역구 두 석, 비례 대표 세 석)밖에 얻지 못했다. 결과적으로 야권의 의석 점유율은 독재 시절인 제5공화국(1981년 제11대 국회, 1985년 제12대 국회)보다 못한 유신 시대(1973년 제9대 국회, 1978년 제10대 국회)로 회귀하였다(광장, 2008: 4).

노무현 정부에 대한 부정적인 회고적 평가를 보여 주는 것이 열린 우리당 지지자들의 대거 이탈이었다. 2004년 제17대 국회의원 선거에서 열린 우리당을 찍은 투표자의 49.7%만이 2008년 제18대 국회의원 선거에서 통합민주당에 투표하였고, 나머지는 대부분 한나라당 지지로 돌아섰다. 반면에 2004년 제17대 선거에서 한나라당에 투표한 70.2%는 2008년 제18대 국회의원 선거에서 한나라당 후보에게 다시 투표하여 열린 우리당 지지자와 대조를 이루었다(이내영, 2009a: 46).[5] 열린 우리당 지지자의 절반이 불과 사년만에 대립 정당으로 지지를 바꾼다는 것은 정당 일체감이 형성되어 있지 않은 현실을 감안하더라도 흔치 않은 일이다. 이것은 집권당과 정부에 대한 불만이 극도로 악화되었을 때에나 발생하는 현상이다.

2008년 제18대 국회의원 선거에서도 지역주의 투표는 변함없이 계속되었다. 다만 한나라당 내부의 친이와 친박 간의 파벌 경쟁으로 영남 지역에서 무소속 후보들이 대거 당선된 것이 특이하였다. 영남에서 지배 정당에 대한 유권자들의 불만이 쌓이고는 있지만 대립 정당으로 지지를 바꿀 정도는 아니기 때문에, 지배 정당과 비슷한 정체성을 갖고 있는 무소속 후보를 지지하는 결과가 발생하였다. 전국적으로 무소속 당선자는 25명인데, 영남에서만 13명이 당선되었다. 지배 정당에 대한 불만은 호남 지역에서도

---

5) 2007년 제17대 대통령 선거에서 이명박 후보를 지지했던 유권자들의 71.8%는 2008년 제18대 국회의원 선거에서 계속 한나라당을 지지했다(강원택, 2010: 107).

마찬가지이었다. 호남에서도 무소속 후보가 여섯 명이나 당선되어, 전체 무소속의 76.0%가 영호남 지역에서 배출되었다. 그러나 무소속 후보들의 정치 성향이 대체로 지배 정당의 후보들과 같아서 영호남 지역의 지역주의 투표 성향이 약화되었다고 평가하기는 어렵다. 충청도의 지역주의는 대전·충남에 국한되었다. 자유선진당의 지역구 당선자 14명 중 13명이 대전과 충남에서 당선되었다. 충북에서는 단 한 명이 당선되어 충북은 지역주의 투표 행태로부터 확연히 물러섰다. 이 한 명(이용희 의원)도 원래 통합민주당 공천 신청자이었다는 점에서 충북은 2000년 이후 지속된 지역주의 투표 행태와 무관한 지역이라는 특징이 계속되었다.

7) 2012년 제19대 국회의원 선거

2012년 4월 11일 실시된 제19대 국회의원 선거의 투표율은 54.2%로 역대 최저였던 제18대 국회의원 선거보다 조금 높아졌다. 투표 결과 선거 초반의 일반적 예상을 뒤엎고 여당인 새누리당이 승리하였다. 한나라당은 선거 초반에 이명박 정부의 실정(예: 4대강 사업과 민주주의의 후퇴 등)에 위기감을 느껴 당명까지 새누리당으로 바꾸었다.

이 선거에서 예상외로 새누리당이 승리한 이유를 강원택은 인기없는 이명박 정부에 대한 회고적 평가가 이루어지지 않은 것에서 찾았다. 새누리당 지지자들은 2012년 12월 제18대 대통령 선거를 의식하여, 즉 제19대 국회의원 선거 결과가 대통령 선거에 미칠 부정적 영향을 의식해서 실정을 거듭한 이명박 정부를 회고적 평가로 추궁하지 않았다는 것이다. 이들은 이명박 정부에 불만은 있지만 이 선거를 박근혜의 대통령 선거 전초전으로 규정하여 국회의원 선거에 임했다(강원택, 2012: 139-140). 이 선거 실시 전에 조사한 설문 결과에 의하면, '이명박 대통령을 심판하여야 한다'는 응답 비율은 65.9%로 '공감하지 않는' 응답 비율 34.0%의 두 배에 달하였다. 더욱이 '심판'에 '매우 공감한다'는 비율은 33.7%로 '전혀 공감하지 않는다'는 비율 8.2%보다 훨씬 많았지만(강원택, 2012: 133), 보수 세력은 실제 투표에서 전략적으로 투표했다. 이 해석이 맞다면, 보수 세력들, 특히 현재 새누리당 지지자들은 진보 세력들, 특히 오늘날 민주당 계열 지지자들이 노무현 대통령에 대해 과도한 부정적 평가를 한 것과는 명백히 다른 전략적 태도를 취했다.

이 선거에서 새누리당은 전체 의석 300석 중에서 152석(지역구 127석, 비례 대표 25석)을 획득하여 2008년 제18대 국회의원 선거처럼 원내 과반을 차지하였다. 반면에 민주통합당과 통합진보당은 야권 연대를 통해 '선거 연합'을 했음에도 불구하고 민주통합당이 단독으로 과반을 넘거나, 아니면 통합진보당 의석을 합쳐 과반을 웃돌거나, 그도 아니면 적어도 민주통합당이 원내 제1당이 될 것이라는 예상과 달리 127석(지역구 106석, 비례 대표 21석)을 획득하는 데 그쳤다. 통합진보당은 그들이 목표로 한 20석에는 미치지 못했지만, 선거 연합 효과로 13석(지역구 일곱 석, 비례 대표 여섯 석)을 차지하여 민주통합당보다는 상대적으로 나은 결과를 얻었다. 야권은 전체적으로 2008년 제18대 국회의원 선거보다는 약진하였지만, 예상에 못 미치는 결과를 얻어 당 대표가 사퇴하는 등 내홍을 겪었다.

대전과 충남에 기반을 둔 지역 정당인 자유선진당은 다섯 석(지역구 세 석, 비례 대표 두 석)을 얻는데 그쳐 창당 사년만에 완전히 세력이 약화되었다. 지역구 세 석도 모두 충남에서만 획득하여 지역 정당으로서의 존재감마저 완전히 위축되었다. 자유선진당을 창당한 이회창은 국회의원 선거 한 달 뒤인 2012년 5월 20일 스스로 선거 결과에 책임을 지고 탈당함으로써 정계를 떠났다. 자유선진당(2012년 5월 선진통일당으로 당명 변경)도 2012년 제18대 대통령 선거를 앞둔 10월 25일 새누리당과 합당하여 완전히 역사의 무대에서 사라졌다. 이제 충남에서도 지역주의 투표 행태는 더 이상 발현할 수 없게 되었다.

〈표 6-15〉 2012년 제19대 국회의원 선거에서의 정당별 지역별 당선자 현황 (단위: 명)

	새누리당	민주통합당	자유선진당	통합진보당	무소속	합계
전국	127	106	3	7	3	246
서울	16	30		2		48
부산	16	2				18
대구	12					12
인천	6	6				12
광주		6		1	1	8
대전	3	3				6
울산	6					6
경기	21	29		2		52
강원	9					9
충북	5	3				8
충남	4	3	3			10
전북		9		1	1	11
전남		10		1		11
경북	15					15
경남	14	1			1	16
제주		3				3
세종		1				1

* 이들 정당 이외에 창조한국당, 국민생각, 친박연합, 국민의 힘, 국민행복당, 기독당, 녹색당, 대한국당, 미래연합, 민주통일당, 불교연합당, 정통민주당, 진보신당, 청년당, 한나라당은 한 명의 당선자도 배출하지 못했다.

출처: 중앙선거관리위원회 선거통계시스템

대전 · 충남에서의 지역주의 투표 행태는 사라졌지만, 영호남 지역의 지역주의 투표 행태는 오히려 더욱 강화되었다. 이 선거에서 새누리당이 예상을 뒤엎고 승리한 원천이 바로 심화된 지역주의 투표 행태 때문이었다.

새누리당은 영남 지역을 석권하였다. 대구 12석, 경북 15석, 울산 여섯 석 모두 새누리당 후보들이 독점하였다. 부산은 18석 중 16석, 경남은 16석 중 14석을 새누리당이 차지하였다(전체 영남 의석 점유율 94.0%). 강원도가 영남에 동조하는 현상도 뚜렷하였다. 새누리당이 아홉 석 모두를 석권하였다. 새누리당의 강원도 석권을 지역주의 투표라고 해석할 수는 없지만, 강원도가 예년처럼 새누리당에 호의를 보인 것은 분명하다. 지역주의 투표 행태는 호남도 마찬가지이었다. 광주 여덟 석 중 여섯 석, 전북 11석 중 아홉 석, 전남 11석 중 열석을 민주통합당이 차지하였다(전체 호남 의석 점유율 83.3%). 영호남의 지역주의 투표 행태가 강화됨으로써 무소속 당선자는 단 세 명만이 당선되었다(〈표 6-15〉 참조).

다만 정당 득표율은 의석 점유율만큼 지역주의 투표 행태가 강력하지 않았다. 부산에서는 민주통합당과 통합민주당을 합친 진보 진영의 득표율이 40.2%로 새누리당과 자유선진당의 보수 세력의 득표율 53.2%에 크게 뒤지지 않았다. 또한 민주통합당의 호남 득표율이 과거 선거와 달리 모두 60%대에 머물렀다. 전북에서는 보수 세력의 득표율이 11.0%를 넘어 매우 드물게 두 자릿수를 기록하였다(박찬욱 · 강원택, 2012: 21).

3. 지방 선거

지방자치제도는 1961년 박정희가 지방 의회를 해산하고 지방자치단체장을 임명제로 바꾸면서 전면 폐지되었다가 1987년 6월 항쟁의 성과의 일환으로 1991년에 부활되었다. 1990년 '삼당 합당'의 여파로 지방자치법이 진통을 겪었으나, 결국 1991년 3월 26일에 구 · 시 · 군의회 선거, 6월 20일에 시 · 도의회 선거를 실시하게 되었다. 시 · 도의회 선거는 정당 공천이 허용되었지만, 구 · 시 · 군의회 선거는 정당 공천이 허용되지 않았다(조성대, 2011: 204-205).

지방자치제도가 30년만에 부활하였지만, 구 · 시 · 군의회 의원 선거는 55.0%라는 저조한 투표율을 기록하였다. 무투표 당선자가 대거 발생하였다. 전체 4,303명의 당선자 중 614명(14.3%)이 무투표로 당선되었다. 당선자들의 정치 성향은 여당 일색이었다. 민주자유당 당적 보유자나 지지자가 70%를 넘었다(조성대, 2011: 208).

정당 공천이 허용된 시 · 도의회 선거의 투표율은 58.9%로(조성대, 2011: 211) 석 달 전에 실시된 구 · 시 · 군의회 의원 선거보다 조금 높았다. 선거 결과는 여당인 민주자유당이 40.6%의 득표율로 전체 의석 866석의 65.1%인 564석을 차지하여 호남과 제주를 제외한 11개 시 · 도의회를 장악하였다. 민주자유당은 서울에서 83.3%, 부산 98.0%, 대구 92.9%, 인천 74.1%, 대전 60.9%, 경기 80.3%, 강원 63.0%, 충북 81.6%, 충남 67.3%, 경북 75.9%, 경남 82.0%의 의석 점유율을 보였다. 무소속 당선자의 대부분이 친여 성향이라는 것을 고려하면, 민주자유당의 실질적인 의석 점유율은 이보다 훨씬 더 높았다. 예를 들어, 제주도의 경우 민주자유당이 전체 17석 중 과반수에 못 미치는 여덟 석을 차지하였지만, 무소속 당선자 아홉 명이 대부분 친여 성향이어서 제주도 의회도 사실상 민주자유당이 장악하였다. 결국 전국 15개 시 · 도의회 중 12개 시 · 도의회를 민주자유당이 장악한 셈이었다(중앙선거관리위원회, 2009b: 307).

시 · 도의회 선거가 1990년 '삼당 합당' 직후에 실시된 관계로 지역주의 투표 행태가 노골적으로 나타났다. 민주자유당은 영남만이 아니라 제주도와 호남을 제외한 전 지역에서 모두 60% 이상의 득표율을 기록하였다. 서울에서의 득표율은 자그만치 83.3%로 경북과 경남보다도 더 높았다. 민주자유당은 호남을 제외한 나머지 12개 시 · 도의회 전체 의석 718석 중 563석을 차지하여 78.4%의 의석 점유율을 차지하였다. 호남에서는 148개 의석 중 단 한 석밖에 차지하지 못해 지역주의 투표 성향의 특징인 지배 지역의 압도적 득표와 비지배 지역에서의 철저한 고립을 극명하게 드러냈다. 전국적으로는 564석을 차지하여 의석 점유율이 65.1%에 달하였다(〈표 6-16〉 참조).

〈표 6-16〉 1991년 6월 20일 시 · 도의회 선거에서의 정당별 지역별 당선자수와 의석 점유율 (단위: 명, %)

	민주자유당	신민주연합당	민주당	민중당	무소속	합계
전국	564(65.1)	165(19.1)	21(2.4)	1(0.1)	115(13.3)	866
서울	110(83.3)	21(15.9)	1(0.8)			132
부산	50(98.0)		1(2.0)			51
대구	26(92.9)				2(7.1)	28
인천	20(74.1)	1(3.7)	3(11.1)		3(11.1)	27
광주		19(82.6)			4(17.4)	23
대전	14(60.9)	2(8.7)	1(4.3)		6(26.1)	23
경기	94(80.3)	3(2.6)	2(1.7)		18(15.4)	117
강원	34(63.0)		1(1.9)	1(1.9)	18(33.3)	54
충북	31(81.6)		2(5.3)		5(13.2)	38
충남	37(67.3)		4(7.3)		14(25.5)	55
전북		51(98.1)			1(1.9)	52
전남	1(1.4)	67(91.8)			5(6.8)	73
경북	66(75.9)		5(5.7)		16(18.4)	87
경남	73(82.0)	1(1.1)	1(1.1)		14(15.7)	89
제주	8(47.1)				9(52.9)	17

* 이들 정당 이외에 공명민주당은 한 석도 획득하지 못했다.

출처: 중앙선거관리위원회(2009b: 301)

반면에 신민주연합당은[6] 오로지 호남에서만 득표율이 높았을 뿐 서울을 제외한 나머지 지역에서는 10% 이하의 득표율을 기록하는데 그쳤다.

---

6) 평화민주당과 이우정 등 재야 인사들이 통합하여 만든 정당이다. 1990년 '삼당 합당' 이후 1991년 시 · 도의회 의원 선거 전까지의 정당의 변천사는 제8장과 부록을 참고하라.

특히, 부산과 대구와 경북, 강원도와 충북과 충남에서는 단 한명의 당선자도 내지 못했다. 신민주연합당은 전체 165석 중 83.0%인 137석을 호남에서 획득하였다. 전국적으로 의석 점유율은 19.1%에 불과하였다. 그리고 유권자들은 노무현, 이철, 김정길, 이기택, 박찬종 등이 '삼당 합당'을 거부하고 지역주의 타파를 부르짖으며 만든 민주당(소위 '꼬마 민주당')을 완전히 무시하였다. 민주당은 전국에서 21석을 얻어 의석 점유율이 2.4%에 지나지 않았다(조성대, 2011: 209-210). '삼당 합당' 이후 최초로 실시된 1991년 시 · 도의회 선거는 지역주의 투표가 절정에 달하였으며, 결과적으로 호남을 정치적으로 완전 소수자로 만들었다. '삼당 합당'이라는 괴물이 선거에서 어떤 모습으로 등장하는지를 명확하게 보여주었다.

시 · 도의회 의원 선거에서 패배한 신민주연합당과 민주당은 야권 통합의 필요성을 절실히 느꼈다. 왜냐하면 야당의 분열이 선거 패배의 중요한 요인이었기 때문이었다. 특히 서울의 득표율을 보면 왜 통합이 필요한지를 더욱 실감할 수 있었다. 서울에서 신민주연합당은 33.9%를 득표하였고, 민주당은 14.4%를 득표하여 양당의 득표율을 합치면 48.3%였다. 반면 민주자유당은 41.3%를 득표하였다. 신민주연합당과 민주당의 득표율을 합치면, 민주자유당보다 7.0% 포인트 더 많았지만, 의석수에서는 민주자유당이 서울의 전체 의석 132석 중 110석을 차지하고 신민주연합당과 민주당은 22석(신민주연합당 21석, 민주당 한 석)을 차지하는데 그쳤다. 무려 88석이나 뒤졌다. 신민주연합당과 민주당은 시 · 도의회 의원 선거가 끝나자마자 바로 통합 논의를 시작하여 1991년 9월 16일 '민주당'이라는 당명으로 신설 합당 하였다(중앙선거관리위원회, 2009b: 308).

1) 1995년 제1회 지방 선거

1992년 제14대 대통령으로 당선된 김영삼은 지방자치 단체장 선거를 계속 연기하려고 하였다. 그러나 야당의 저항으로 1년 6개월간의 긴 협상 끝에 1995년 6월 27일에 기초 및 광역 의원과 기초 및 광역 자치 단체장을 동시에 선출하는 제1회 지방 선거가 실시되었다. 자치 단체장 선거는 1961년 군사 쿠데타로 중단된 후 무려 34년만에 재개되었다. 지방 의원뿐만 아니라 자치 단체장도 선출함으로써 형식적으로는 완벽한 지방자치제도의 외양을 갖추게 되었다.

1995년 제1회 지방 선거로 시 · 도지사 15명, 시장 · 군수 · 구청장 230명, 시 · 도의회 의원 970명, 시 · 군 · 구의회 의원 4,541명 등 총 5,758명이 선출되었다. 투표율은 68.4%로 1991년 시 · 도의회 선거 때의 58.9%보다 높았다. 기초 의회 의원을 제외한 기초 단체장과 광역 의회 의원과 광역 단체장의 정당 공천이 허용되었다(이현우, 2011: 234). 처음으로 광역 의회 의원 정수의 10%를 정당 득표율에 따라 비례 대표 의원으로 선출하였다(이현우, 2011: 239).

지역주의 투표 행태는 이 선거에도 어김없이 맹위를 떨쳤다. 비지배 지역에는 아예 후보자를 공천하지도 못했다. 민주당은 대구와 경북과 그리고 경남의 광역 단체장 후보를 내지 못했다. 기초 단체장의 경우에도 부산에서는 16 곳 중 세 곳, 경북에서는 23 곳 중 여섯 곳, 경남에서는 21 곳 중 일곱 곳에서만 공천하였다(이현우, 2011: 236). 자유민주연합도 충청도 지역에만 주로 공천자를 내고, 나머지 지역에는 아예 공천을 하지 못하는 경우가 많았다.

이 선거는 1997년 10월 'DJP 연대'가 공식적으로 이루어지기 전의 선거이지만, 김대중과 김종필은 이 때부터 '지역 등권론'을 매개로 부분적으로 '선거 연합'을 시도하였다. 민주당과 자유민주연합의 '반 민주자유당' 야권 공조가 처음으로 가시화된 곳은 강원지사 선거였다. 자유민주연합 최각규 후보는 민주당 후보가 야권 연대를 위해 사퇴함으로써 민주자유당 이상룡 후보와 일 대 일 경쟁에서 승리하였다. 또 다른 야권 공조의 사례는 서울시장 선거이었다. 자유민주연합 김종필 총재는 1995년 6월 23일 "자유민주연합은 서울시장 선거에서 조순 민주당 후보를 지지하기로 당의를 정했다"고 공식 발표하였다. 여기서도 민주당 조순 후보가 민주자유당 후보를 물리치고 당선되었다(중앙선거관리위원회, 2009c: 112). 지금까지 여러 선거에서 지역주의 투표 행태로 가장 큰 수혜를 입은 민주자유당이 야권 공조를 망국적인 지역주의라고 비난하는 뜻밖의 현상이 발생하기도 하였다(이현우, 2011: 237).

김영삼 정부에 대한 중간 평가적 성격을 지닌 1995년 제1회 지방 선거에서 가장 많은 당선자를 낸 정당은 478명을 당선시킨 민주당이었다. 민주자유당은 410명을 당선시켰고, 자유민주연합은 충청도를 중심으로 121명을 당선시켰다. 광역 단체장 선거에서 민주자유당이 다섯 곳을 차지하여 제일 많이 당선되었으나 민주당과 자유민주연합도 각각 네 곳에서 당선되었다. 기초 단체장 선거에서 민주당이 84곳에서 당선되어 가장 많은 당선자를 배출하였다. 민주자유당 후보들은 70곳에서 당선되었다. 민주자유당은 광역 단체장 선거와 기초 단체장 선거 점유율 면에서 선거 연합한 두 야당에 뒤져 패배하였다.

1995년 제1회 지방 선거의 특징 중의 하나는 무소속 당선자가 대거 당선된 것이었다. 전체적으로 206명이 당선되었다. 시 · 도 지사 선거에서 대구의 무소속 문희갑 후보와 제주 신구범 후보가 정당 공천자를 누르고 승리하였다. 무소속은 전국 230개 기초자치 단체장 선거구 중 사분의 일에 해당하는 53곳에서 당선되었다. 무소속 돌풍의 진원지는 '반 민주자유당 정서'가 팽배했던 대구 · 경북 지역이었다. 무소속 당선자는 대구에서 다섯 명, 경북에서 14명이 나왔다. 지역구 시 · 도의회 의원 선거에서도 무소속은 위력을 발휘하여 전체 875개 선거구 중 151명(17.3%)이 당선되었다. 이는 866개 선거구 중 115명(13.3%)이 당선된 1991년 시 · 도의회 의원 선거와 비교할 때 4% 포인트 높은 수치이다. 특히 37석을 선출하는 대구에서는 22명의 무소속 후보자가 당선되어 무소속이 다수 의석을 차지하였다(중앙선거관리위원회, 2009c: 159). 대구 · 경북 유권자들은 민주자유당에 대한 불만을 무소속 지지를 통해서 해소하였다.

〈표 6-17〉 1995년 제1회 지방 선거(광역 단체장과 기초 단체장)에서의 정당별 지역별 당선자수 (단위: 명)

	민주자유당		민주당		자유민주연합		무소속		합계	
	광역	기초	광역	기초	광역	기초	광역	기초	광역	기초
전국	5	70	4	84	4	23	2	53	15	230
서울		2	1	23					1	25
부산	1	14						2	1	16
대구		2				1	1	5	1	8
인천	1	5		5					1	10
광주			1	5					1	5
대전				1	1	4			1	5
경기	1	13		11				7	1	31
강원		9		1	1	1		7	1	18
충북		4		2	1	2		3	1	11
충남					1	15			1	15
전북			1	13				1	1	14
전남			1	22				2	1	24
경북	1	8		1				14	1	23
경남	1	10						11	1	21
제주		3					1	1	1	4

* 이들 정당 이외에 통일한국당, 친민당, 대한민주당, 정명당은 광역과 기초 단체장 선거에서 한 석도 획득하지 못했다.

출처: 중앙선거관리위원회 선거통계시스템

대구와 경북 지역에서 무소속 후보들이 대거 당선됨으로서 외형적으로는 지역주의 투표 성향이 엷어졌다고 볼 수 있으나, 사실은 무소속 후보들이 넓은 의미로 친여 성향의 후보들이어서 지역주의 투표 행태가 여전히 온존했다고 평가해야 한다. 광역 단체장 선거에서 민주자유당은 대구를 제외하고 영남 전 지역을 모두 차지하였다. 호남에서는 민주당이 세 곳의 광역 단체장 선거를 모두 이겼다. 기초자치 단체장 선거에서도 민주당은 호남에서 세 곳을 제외하고는 나머지 기초자치 단체장 40곳을 완전히 석권하였다. 충청도도 광역 단체장 세 곳 모두 자유민주연합 후보가 당선되었다(〈표 6-17〉 참조). 대전 · 충남은 물론이고, 충북도 지역주의 투표를 주저하지 않았다.

광역 의회 선거에서도 지배 지역에서의 지배 정당의 득세는 변함이 없었다. 민주자유당은 득표율 55.7%로 부산의 55석 중 49석을 차지하였다(의석 점유율 89.1%). 민주당은 전남에서 55.1%의 득표율을 기록하여 의석 점유율이 무려 91.2%에 이르렀다(이현우, 2011: 241). 자유민주연합은 대전의 23석 모두를 차지하였고, 충남에서는 전체 55석 중 49석(의석 점유율 89.1%)을 차지하였다. 이 이외에 지역주의가 강력한 지역에서의 지배 정당의 광역 의회 의석 점유율은 압도적이었다(광주와 대전 100%, 전북 94.2%, 경남 61.2%, 경북 59.5%).

2) 1998년 제2회 지방 선거

제2회 지방 선거는 1995년 제1회 지방 선거 삼년 후인 1998년 6월 4일에 실시되었다. 1997년 외환 위기로 인한 사회 전반적인 구조 조정의 여파로 기초 의원 정수는 4,541명에서 3,489명으로, 광역 의원은 970명에서 690명으로 줄어들었다. 그러나 행정 구역 개편으로 광역 단체장은 한 곳, 기초 단체장은 두 곳이 늘었다. 기초 의회 선거는 계속 정당 공천이 허용되지 않았다. 이 선거의 투표율은 52.7%로 1995년 제1회 지방 선거 투표율 68.4%보다 상당히 낮았다. 전체적으로 각 정당은 지배 지역에서만 공천권을 행사하고 그렇지 않은 지역에서는 공천을 하지 못하는 경향이 두드러졌다(임성호, 2011: 271). 이것도 지역주의 투표 행태가 오랫동안 학습된 결과라고 할 수 있다.

〈표 6-18〉 1998년 제2회 지방 선거(광역 단체장과 기초 단체장)에서의 정당별 지역별 당선자수 (단위: 명)

	한나라당		새정치 국민회의		자유 민주연합		국민신당		무소속		합계	
	광역	기초	광역	기초	광역	기초	광역	기초	광역	기초	광역	기초
전국	6	74	6	84	4	29		1		44	16	232
서울		5	1	19		1					1	25
부산	1	11								5	1	16
대구	1	7								1	1	8
인천				9	1	1					1	10
광주			1	5							1	5
대전				1	1	4					1	5
울산	1	3								2	1	5
경기		6	1	20		2				3	1	31
강원	1	13		1		2				2	1	18
충북				2	1	6				3	1	11
충남					1	11		1		3	1	15
전북			1	9						5	1	14
전남			1	15						7	1	22
경북	1	14		1		2				6	1	23
경남	1	14								6	1	20
제주		1	1	2						1	1	4

* 이들 정당 이외에 건설국민승리 21, 공화당, 기독성민당, 민주국민연합, 바른나라정치연합, 통일한국당 등은 기초 단체장 선거에서 한 석도 획득하지 못했다.

출처: 중앙선거관리위원회 선거통계시스템

새정치국민회의와 자유민주연합 두 공동 여당은 1997년 10월 체결한 'DJP 연대'에 의해 광역 단체장을 연합 공천하였다. 선거 결과 한나라당과 새정치국민회의가 각각 광역 단체장을 여섯 곳씩 차지하였다. 자유민주연합도 네 곳에서 당선자를 내어 공동 여당인 새정치국민회의와 자유민주연합은 모두 열 곳의 광역 단체장을 획득한 셈이 되었다. 기초 단체장은 새정치국민회의가 84곳을 차지하여 일등을 하였다. 자유민주연합이 승리한 29곳과 합치면 집권 여당은 모두 103곳을 차지하여 전체 232곳 중 44.3%의 점유율을 기록해 공동 여당이 승리하였다. 서울에서 새정치국민회의 후보자들이 대거 당선된 것도 '선거 연합' 덕분이었다. 기초 단체장 선거에서 무소속이 44곳을 차지하여 여전히 강세를 보였다(점유율 19.0%)(〈표 6-18〉 참조). 광역 의회도 공동 여당이 승리하였다. 새정치국민회의가 271석, 자유민주연합이 82석, 한나라당이 224석, 무소속이 39석을 차지하여, 공동 여당은 353석을 획득하여 의석 점유율이 57.3%에 달하였다. 기초 단체장 점유율(44.3%)보다 광역 의회 의석 점유율이 더 높았다.

지역주의 투표 행태는 영남과 호남은 말할 것도 없고 충북이 새롭게 가세한 충청도에서도 어김없이 나타나 이들 지역의 지배 정당은 2위 정당과 상당한 득표율 차이를 냈다. 지역주의가 강력한 지역에서는 지배 정당의 광역 의원 의석 점유율이 90%를 넘는 것이 보통이었다(대구와 광주와 대전 100%, 부산 97.7%, 전북 94.1%, 충남 93.8%, 경남 89.1%, 전남 84.0%, 경북 81.5%). 충북은 의원 정수 24명 중 자유민주연합 후보가 17명이 당선되어 의석 점유율이 70.8%이었다. 의석 점유율이 70%를 넘는다는 것은 사실 엄청난 지역주의 투표 행태의 결과인데도, 다른 지역의 의석 점유율이 90%를 넘기 때문에 충북의 지역주의 투표 행태는 미미한 것으로 여겨질 정도이었다. 지배 정당이 지배 지역에서 집행부와 의회를 모두 장악함으로써 의회의 단체장 견제가 불가능하여 민주주의의 운영에 부정적 효과를 초래하였다.

3) 2002년 제3회 지방 선거

2002년 6월 13일에 실시된 제3회 지방 선거는 한국 정당 사상 획기적인 몇 가지 제도 변화가 있었다. 광역 의원 비례 대표 의석의 배분 방식이 의석 수나 지역구 정당 득표율이 아니라 유권자들이 별도로 비례 대표 선출을 위한 정당 명부식 투표를 하는 방식으로 바뀌었다. 즉 유권자가 지역구 의원 선거 이외에 한 표를 정당에 투표하는 '1인 2표제' 방식이 도입되었다. 비례 대표 선출의 경우 여성을 의무적으로 50% 이상 공천하도록 하였다. 투표율 진작에 도움이 되는 제도가 도입되었음에도 불구하고 투표율은 1987년 민주화 이후 실시된 전국 선거 사상 두 번째로 낮은 48.9%를 기록하였다.

새천년민주당과 자유민주연합의 '선거 연합'이 2001년 공식적으로 종료된 이후 두 당 모두 세력이 크게 약화되었다. 새천년민주당은 여당임에도 불구하고 16개 광역 단체장 선거에서 열 곳에만 후보를 공천하였다. 대구와 경북에서는 아예 한나라당을 제외한 모든 정당들이 광역 단체장 후보를 공천하지 못하였다. 1997년 정권 교체 이전 몇몇 선거에서 한나라당이 호남 지역에서 후보를 내세우지 못한 것과 똑같은 상황이 발생하였다. 반면에 야당인 한나라당은 광역 단체장 선거가 실시된 16곳에 모두 공천을 완료하였다. 기초 단체장 선거도 이와 비슷했다. 새천년민주당은 전체 232곳 중에서 155곳에 후보를 공천하였으나, 한나라당은 190곳에 공천하여 새천년민주당을 크게 앞섰다.

영남 사람들은 두 번에 걸쳐 정권을 빼앗긴 상실감과 인사상의 불이익 등이 현실화되자 시간이 흐를수록 지역주의 투표 성향을 강화하였다. 이 선거에서 한나라당은 광역 단체장과 기초 단체장과 그리고 광역 의회 의원 선거에서 모두 새천년민주당을 크게 앞질렀다. 광역 단체장의 경우 한나라당은 득표율 52.9%로 16곳 중 11곳에서 승리하였다(점유율 68.8%). 반면에 새천년민주당은 29.2%의 득표율로 네 곳에서 승리하였다(점유율 25.0%). 자유민주연합은 5.2%의 득표율로 한 곳에서만 당선자를 내었다(점유율 6.3%). 새천년민주당의 득표율은 한나라당 득표율의 거의 절반 수준이었고, 당선자는 삼분의 일 수준에 불과하였다.

〈표 6-19〉 2002년 제3회 지방 선거(광역 단체장과 기초 단체장)에서의 정당별 지역별 당선자수 (단위: 명)

	한나라당		새천년민주당		자유민주연합		민주노동당		무소속		합계	
	광역	기초	광역	기초	광역	기초	광역	기초	광역	기초	광역	기초
전국	11	140	4	44	1	16		2		30	16	232
서울	1	22		3							1	25
부산	1	13								3	1	16
대구	1	8									1	8
인천	1	8		2							1	10
광주			1	4						1	1	5
대전	1					5					1	5
울산	1	3						2			1	5
경기	1	24		4		1				2	1	31
강원	1	15		2						1	1	18
충북	1	5		1		3				2	1	11
충남		4		2	1	7				2	1	15
전북			1	9						5	1	14
전남			1	16						6	1	22
경북	1	21								2	1	23
경남	1	16								4	1	20
제주		1	1	1						2	1	4

* 이들 정당 이외에 민국당, 한국미래연합, 국민행동, 노년권익보호당, 녹색당, 녹색평화당, 민주공화당, 사회당, 새로운 신당, 애국번영당, 한국당은 기초 단체장 선거에서 한 석도 획득하지 못했다.

출처: 중앙선거관리위원회 선거통계시스템

기초 단체장 선거도 한나라당이 44.5%의 득표율로 전체 232곳 중 140곳에서 이겼고(점유율 60.3%), 새천년민주당은 26.7%의 득표율로 불과 44곳에서만 승리하였다(점유율 19.0%). 자유민주연합은 16곳에서 당선자를 배출하였다(점유율 6.9%)(〈표 6-19〉 참조). 광역 의원 비례 대표 선거(정당 명부식 투표) 득표율도 한나라당 52.2%, 새천년민주당 29.1%로 광역 단체장 선거와 비슷한 유형을 보였다(한나라당 36석, 새천년민주당 22석 획득). 광역 의회 지역구 선거는 전체 609석 중 한나라당이 431석을 차지하여 새천년민주당 121석과 비교가 되지 않는 압승을 거두었다. 광역 의원 지역구와 비례 의원수를 합친 의석 점유율은 한나라당이 전체 광역 의원 682석 중 467석을 획득하여 68.5%의 의석 점유율을 보인 반면에, 새천년민주당은 143석을 차지하여 21.0%의 의석 점유율에 지나지 않아 한나라당의 삼분의 일 수준에도 미치지 못하였다(중앙선거관리위원회, 선거통계시스템). 한 마디로 말해 2002년 제3회 지방 선거는 한나라당의 압승이었고 새천년민주당의 참패였다.

한나라당은 광역 단체장과 기초 단체장, 그리고 광역 의원 선거에서 지배 지역인 영남은 말할 것도 없고 수도권과 강원도를 석권하였다. 그 동안 영남에서 상대적으로 선전했던 자유민주연합 후보들이 단 한 명도 당선되지 못할 정도로 영남 지역의 지역주의 투표 행태는 견실하였다. 광역 의원 선거에서도 한나라당이 영남 지역의 지배 정당이라는 것이 확인되었다. 한나라당은 부산 광역 의원 지역구 40석과 대구 24석 전부, 경남 45석 중 44석, 경북 51석 중 47석, 울산 16석 중 13석을 차지하였다(영남 전체 의석 점유율 95.5%). 뿐만 아니라 한나라당은 수도권과 강원도, 그리고 자유민주연합이 지배 지역이라고 여긴 충북에서도 압승하였다. 충북의 광역 의원 지역구 24석 중에서 19석을 한나라당이 차지하였다(의석 점유율 79.2%). 충북의 대전 · 충남 동조 현상은 이 선거로 확실히 종료되었다.

자유민주연합과의 지역 연합이 깨진 이후 새천년민주당은 다시 원래대로 주로 호남에서만 강세를 보였다. 호남의 지역주의 투표 성향은 표면상으로는 약화되었다. 새천년민주당의 호남 지역 광역 단체장 득표율은 광주 46.8%, 전북 74.6%, 전남 57.8%로 1987년 이후 역대 선거의 득표율 중 가장 낮았다. 호남 지역은 1997년에 정권 교체를 이룩한 이후 저항적 지역주의의 대상이 사라지면서 지역적 응집력이 약화되었다. 그러나 한나라당이 호남에서 얻은 득표율이 과거처럼 매우 미미하다는 점에서 호남의 지역주의가 약화되었다고 말할 수는 없다. 호남은 기초 단체장 선거에서 일부 무소속 후보가 당선되었지만(무소속 12명 당선) 한나라당이나 자유민주연합 후보는 단 한 명도 당선되지 못하여 호남에서의 지역주의 투표 행태는 여전히 강고하였다. 광역 의원 선거에서도 새천년민주당은 여전히 호남의 지배 정당이었다. 새천년민주당은 광주 16석 전부, 전남 46석 중 44석, 전북 32석 중 27석을 차지하였다(호남 전체 의석 점유율 92.6%). 영남에서 새천년민주당이 단 한 석도 획득하지 못한 것처럼, 호남에서는 한나라당이 단 한 석도 차지하지 못했다. 영호남 모두 지역주의의 배타성을 여지없이 드러냈다.

4) 2006년 제4회 지방 선거

2006년 5월 31일 실시된 제4회 지방 선거에서 제주도는 특별 행정 구역이 되어 기초 단체장과 기초 의원 선거가 실시되지 않았다. 2006년 제4회 지방 선거는 2002년 제3회 지방 선거와 달리 기초 의원 선거의 정당 공천제, 기초 의원 선거에서의 비례 대표제, 비례 대표에서 여성의 홀수 번호 부여, 기초 의원 정원 20% 감축, 기초 의회 선거에서 일부 2-4인 중선거구제 실시, 선거 연령의 19세 하향 조정, 지방 의원의 유급화 등의 제도적 변화가 있었다(안청시, 2008: 12). 국내에서 삼년 이상 체류한 외국인에게는 지방 선거 참정권이 부여되었다(고선규, 2007: 16). 이러한 변화는 유권자들이 과거보다 '정당'을 후보자 선택 기준으로 고려하는 계기가 되어, 이 선거는 민주화 이후 실시된 어느 지방 선거보다도 정당의 역할이 커졌다(안청시, 2008: 80). 이 선거에서 유권자들의 16.4%가 '정당'을 보고 투표하였다고 응답하였는데(중앙선거관리위원회, 2006), 이 비율은 1998년 제2회 지방 선거 9.8%, 2002년 제3회 지방 선거 9.1%보다 높아진 것이다. 그러나 절대적으로는 여전히 낮은 수준에 머물러 있다. 유권자들이 가장 중요하게 생각한 투표 결정 요인은 '후보자의 능력'(36.1%)과 '공약'(23.7%)이었다. 기초 의원도 정당 공천제가 허용됨으로써(출마자의 66.3%가 정당 공천받음) 무소속 출마자와 당선자는 감소하였다(안청시, 2008: 84). 기초 단체장의 경우 무소속 당선자는 1995년 제1회 23.0%, 1998년 제2회 19.0%, 2002년 제3회 12.9%, 2006년 제4회 12.6%로 계속 줄어들었다(안청시, 2008: 119). 정당의 영향은 유권자들의 투표 결정 요인보다는 후보자 공천에 더 빠르게 영향을 미쳤다.

2006년 제4회 지방 선거의 투표율은 51.6%이었다. 월드컵 대회가 임박하여 투표율이 저조할 것으로 예상했으나, 실제 투표율은 예상과 달리 2002년 제3회 지방 선거보다 약간 더 상승하였다. 그러나 여전히 민주주의의 대의성을 확보하기에는 거리가 먼 투표율이었다.

열린 우리당은 노무현 대통령 재임 기간에 실시된 각급 선거에서 2004년 제17대 국회의원 선거를 제외하고는 승리한 경우가 거의 없었다. 노무현 정부의 부동산 정책 실패에 대한 유권자들의 회고적 평가가 너무나 엄중하였다. 이러한 경향은 2006년 제4회 지방 선거에도 그대로 이어져 한나라당의 압승으로 끝이 났다. 선거 기간 중인 2006년 5월 20일 서울에서 한나라당 박근혜 대표가 테러를 당해 얼굴에 부상을 입고 병원에 입원한 것도 한나라당 승리에 적지 않은 영향을 끼쳤다(지병근, 2011: 313). 서울시장 이명박이 청계천을 복원하고 버스 환승 체계를 갖춘 것도 한나라당 승리에 일정하게 기여하였다. 강경태는 부산에서의 한나라당 압승의 원인을 지역주의 투표 행태만이 아니라 이명박의 2005년 청계천 복원 사업의 성공에서 찾았다. 이 사업 성공이 전국적으로 한나라당의 긍정적 이미지 제고에 중요한 역할을 하였다는 것이다(강경태, 2007: 239).

〈표 6-20〉 2006년 제4회 각급 지방 선거 당선자의 정당별 비율 (단위: 명, %)

	합계		광역 단체장		기초 단체장		광역 의원		기초 의원	
선출 정수	3,867	100.0	16	100.0	230	100.0	733	100.0	2,888	100.0
열린 우리당	702	18.2	1	6.3	19	8.3	52	7.1	630	21.8
한나라당	2,345	60.6	12	75.0	155	67.4	557	76.0	1,621	56.1
민주당	378	9.8	2	12.5	20	8.7	80	10.9	276	9.6
민주 노동당	81	2.1					15	2.0	66	2.3
국민 중심당	89	2.3			7	3.0	15	2.0	67	2.3
무소속	272	7.0	1	6.3	29	12.6	14	1.9	228	7.9

출처: 중앙선거관리위원회 선거통계시스템/ 안청시(2008, 116)

한나라당은 〈표 6-20〉에 제시한 것처럼 단체장(광역과 기초) 선거와 의원(광역과 기초) 선거를 합친 사대 선거에서 60.6%의 점유율을 기록해 18.2%의 점유율에 그친 열린 우리당을 제치고 압승하였다. 광역 단체장은 전국 16곳 중 무려 12곳을 차지하여 역대 최고의 성적을 거두었다(점유율 75.0%). 한나라당은 호남과 제주를 제외한 전 지역에서 광역 단체장을 당선시켰다. 한나라당은 전국 230곳의 기초 단체장 중 155곳(점유율 67.4%)에서 승리하였다. 광역 의원은 전국 733개 의석 중 557석을 차지하여 의석 점유율이 76.0%, 기초 의원은 전국 2,888개 의석 중 1,621개를 획득하여 의석 점유율이 56.1%에 달하였다. 열린 우리당은 〈표 6-21〉에서 보는 것처럼 전국적으로 광역 단체장, 기초 단체장 선거에서 모두 한나라당은 물론이고 민주당에도 졌다. 광역 단체장 선거에서는 전북에서만 승리하였고 광주와 전남에서는 민주당에 패배하였다. 열린 우리당은 오직 기초 의원 선거에서만 민주당을 이겼다. 열린 우리당의 기초 단체장 점유율이 8.3%,

광역 의원 의석 점유율이 7.1%에 그쳐 집권당의 성적이라고 하기에는 너무나 초라하였다.

〈표 6-21〉 2006년 제4회 지방 선거(광역 단체장과 기초 단체장)에서의 정당별 지역별 당선자수 (단위: 명)

	열린 우리당		한나라당		민주당		국민중심당		무소속		합계	
	광역	기초	광역	기초	광역	기초	광역	기초	광역	기초	광역	기초
전국	1	19	12	155	2	20		7	1	29	16	230
서울			1	25							1	25
부산			1	15						1	1	16
대구			1	8							1	8
인천			1	9						1	1	10
광주					1	5					1	5
대전			1	5							1	5
울산			1	4						1	1	5
경기		1	1	27						3	1	31
강원			1	18							1	18
충북		4	1	5						3	1	12
충남		3	1	6				7			1	16
전북	1	4								5	1	14
전남		5			1	5				7	1	22
경북			1	19		10				4	1	23
경남		2	1	14						4	1	20
제주									1		1	

* 제주도는 특별 행정 구역이 됨으로써 기초 단체장과 기초 의원 선거가 실시되지 않았다.

* 이들 정당 이외에 민주노동당, 시민당, 한미준, 희망사회당은 기초 단체장 선거에서 한 석도 획득하지 못했다.

출처: 중앙선거관리위원회 선거통계시스템

2006년 제4회 지방 선거에서 지역주의 투표 행태는 종래와 크게 다를 것이 없었다. 영남에서는 여전히 한나라당이 지배하였다. 광역 단체장은 영남 전 지역에서 한나라당 후보들이 전원 승리하였다. 기초 단체장 선거에서 민주당 후보가 경남 한 곳에서 당선되는 이변이 발생하였을 뿐이었다. 호남은 미묘하였다. 열린 우리당은 광역 단체장 선거에서 전북에서만 승리하였고, 전남과 광주에서는 민주당이 이겼다. 기초 단체장 선거에서도 전북과 전남에서 무소속 후보들이 열린 우리당과 민주당보다 많이 당선되었다. 광주에서는 민주당이 기초 단체장 선거에서 전승하였다. 이러한 선거 결과를 호남에서 지역주의 투표 행태가 퇴조한 것이라고 해석해서는 안 된다. 호남 유권자들이 열린 우리당과 민주당을 모두 불신하였지만, 그렇다고 한나라당을 지지하는 것은 아니기 때문이었다. 유권자들은 이런 경우 대개 무소속을 지지한다. 광역 단체장 선거에서 전국에서 유일하게 전북에서 무소속 후보가 당선되었고, 기초 단체장 선거에서도 전북에서 다섯 명, 전남에서 일곱 명이나 무소속이 당선되었다.

2006년 제4회 지방 선거를 앞두고 충청도에서 자유민주연합에서 탈당한 심대평 전 충남지사가 기존 자유민주연합 의원들과 함께 지역 정당인 국민중심당을 2006년 1월에 창당하였다. 지금까지 지역의 지배 정당 역할을 해 왔던 자유민주연합은 2006년 3월 한나라당과 통합하고 자진 해산하여 역사의 무대에서 사라졌다. 국민중심당은 충남의 기초 단체장 16곳 중 일곱 곳(점유율 43.8%)에서 승리하였으나, 기대와 달리 대전과 충북에서 단 한 곳도 승리하지 못했다(중앙선거관리위원회 선거통계시스템). 광역의원 지역구 선거도 기초 단체장 선거와 완전히 같았다. 지역 정당으로서의 국민중심당은 처음부터 왜소하였다.

5) 2010년 제5회 지방 선거

제5회 지방 선거는 2010년 6월 2일에 실시되었다. 투표율은 2006년 제4회 지방 선거에 이어 연속으로 높아져 54.5%를 기록하였다. 그러나 민주주의의 정상적 운영을 논의할 정도의 투표율은 여전히 아니었다.

2010년 제5회 지방 선거는 노무현 정부 때부터 계속되어 온 한나라당의 승리 기조가 모처럼 사라지고, 야당인 민주당이 크게 승리하였다. 광역 단체장 선거는 민주당이 일곱 곳을 차지하여 여섯 곳에서 승리한 한나라당을 앞섰다. 광역 단체장 선거에서 드물게 무소속 후보가 두 명이 당선되었는데, 그 중 경남 지사로 당선된 김두관은 선거 전략상 무소속으로 출마하였을 뿐 사실상 민주당 출신이었다. 실제로 그는 2012년 대통령 선거에 민주통합당 경선에 참여하였다. 지금까지 충청도 지역 정당에 눌린 충남과 대체로 한나라당에 동조해 온 강원도에서도 민주당 후보가 도지사로 당선되어 질적으로도 민주당이 완승하였다.

기초 단체장 선거에서도 민주당이 92곳에서 이겨 82곳에서 승리한 한나라당을 앞질렀다(〈표 6-22〉 참조). 민주당은 광역 의원 선거에서도 328석을 획득하여 252석을 차지한 한나라당을 제치고 승리하였다. 그러나 기초 의원은 1,087 대 871, 광역 의원 비례 대표 선거는 36 대 32, 기초 의원 비례 대표 선거는 160 대 154로 한나라당이 민주당을 이겼다(중앙선거관리위원회 선거통계시스템). 지방 선거의 중심은 단체장, 특히 광역 단체장이므로 제5회 지방 선거는 민주당이 오래간만에 한나라당을 이긴 선거가 되었다.

2008년 제18대 국회의원 선거를 앞두고 세 번에 걸쳐서 대통령 선거에 출마한 이회창이 충청도 지역 정당인 자유선진당을 2008년 2월에 창당하였다. 한편 국민중심당을 2006년에 만들고 2008년에 이회창과 같이 자유선진당을 창당한 심대평이 이회창과 갈등을 빚고 탈당하여 2010년 국민중심연합을 다시 창당하였다. 그는 대전 · 충남의 지배 정당이 되기 위해 2010년

〈표 6-22〉 2010년 제5회 지방 선거(광역 단체장과 기초 단체장)에서의 정당별 지역별 당선자수 (단위: 명)

	한나라		민주당		자유 선진당		민주 노동당		국민중심 연합		미래 연합		무소속		합계	
	A	B	A	B	A	B	A	B	A	B	A	B	A	B	A	B
전국	6	82	7	92	1	13		3		1		1	2	36	16	228
서울	1	4		21											1	25
부산	1	13												3	1	16
대구	1	6												2	1	8
인천		1	1	6				2						1	1	10
광주			1	4										1	1	5
대전		1		1	1	3									1	5
울산	1	3						1						1	1	5
경기	1	10		19										2	1	31
강원		10	1	4										4	1	18
충북		3	1	5		3								1	1	12
충남		4	1	3		7				1				1	1	16
전북			1	13										1	1	14
전남			1	15										7	1	22
경북	1	16										1		6	1	23
경남		11		1									1	6	1	18
제주													1		1	

* A는 광역 단체장, B는 기초 단체장

* 제주도는 특별 행정 구역이 됨으로써 기초 단체장과 기초 의원 선거가 실시되지 않았다.

* 이들 정당 이외에 창조한국당, 진보신당, 건국당, 국민참여당, 국제녹색당, 사회당, 자유평화당, 친박연합, 평화민주당은 기초 단체장 선거에서 한 석도 획득하지 못했다.

출처: 중앙선거관리위원회 선거통계시스템

제5회 지방 선거에서 자유선진당과 경쟁하였다. 그러나 국민중심연합은 충남에서 기초 단체장 한 곳과 기초 의원 두 명을 당선시키는 데에 그쳐 그야말로 참패하였다. 대전 · 충남 유권자들이 지역 정당으로 그나마 인정한 정당은 자유선진당이었다. 그러나 자유선진당의 지역주의 전략도 기대에 미치지 못했다. 광역 단체장 선거에서 대전에서만 이겼을 뿐 충남에서는 민주당 후보에게 패배했고 충북에서는 아예 후보를 출마시키지도 못했다.

영호남의 지역주의 투표 행태는 크게 변하지 않았다. 무소속 후보들이 부분적으로 영호남 지배 정당과의 경쟁에서 승리했지만, 기본적으로 지배 정당의 지역주의 투표 행태가 어김없이 지속되었다. 예외가 있다면 앞서 논의한 바와 같이 광역 단체장 경남 선거에서 한나라당의 아성을 깨고 사실상 민주당 후보인 무소속 김두관 후보가 당선된 것을 들 수 있다. 그러나 이 지역도 김두관 지사가 2012년 민주통합당 대통령 후보 경선에 참여하면서 실시된 보궐 선거에서 새누리당 후보가 당선되어 원래대로 속절없이 되돌아갔다. 민주통합당은 이 보궐 선거에서 후보조차 공천하지 못하여 비지배 지역 정당의 고립을 여지없이 보여 주었다.

호남 지역에서의 민주당 패권 양상은 변하지 않았다. 광역 단체장은 민주당이 물론 석권하였고, 기초 단체장 선거에서도 일부 무소속 후보가 당선되었지만 한나라당 후보가 단 한 명도 당선되지 못하는 배타적 지역주의는 전혀 바뀌지 않았다. 충청도의 지역주의 투표 행태는 이미 설명한 바와 같이 자유선진당이 대전과 충남에서만 과거의 자유민주연합보다 훨씬 약화된 상태로 지역 정당으로서의 역할을 하였다. 한편 이마저도 충북에서는 자유선진당의 존재감은 거의 없었다. 충북은 탈지역주의 투표 성향과 대전 · 충남과의 탈동조 현상을 계속 표현하였다.

제 7 장

충청도의 지역주의 투표 행태와 지역 정체성

1 • 충청도 지역주의 투표 행태의 특징

2 • 권력 획득 의지와 충청도 지역 정체성

1. 충청도 지역주의 투표 행태의 특징

지역 정체성을 드러내는 대표적인 지표 중의 하나는 말할 것도 없이 지역 언어(사투리)이다. 지역 언어를 구사하는 사람들 간에는 동질감이 형성되고, 그렇지 않은 사람들에게서는 바로 차이점을 인지하게 된다. 지역 언어는 지역사회의 경계를 표시해 주는 확실한 가늠자이다. 제1장에서 예를 든 것처럼 길 하나 거리이지만, 보은(충청북도)에서 상주(경상북도)로 건너갔다는 것을 실감하게 하는 것은 행정 구역 표시판이 아니라 두 마을의 다른 지역 언어이다.

지역 정체성은 지역 언어처럼 서로 소속 지역 집단이 다르다는 것을 확인해 줄 때 형성된다. 그러나 지역 간의 대립과 갈등이 현재화되면, 지역 정체성의 형성 속도는 가파르게 빨라지고 그 강도는 훨씬 강해진다. 이 때, 지역 집단 구성원 간의 내부적 동일시와 응집력과 그리고 외집단 구성원에 대한 배척 의식과 적대감이 급속도로 그리고 지속적으로 발생하기 때문이다. 집단 간의 대립과 갈등은 사회적 자원(돈, 권력, 명예)을 획득하기 위해 서로 경쟁하고 갈등할 때 나타난다. 그들은 규칙을 준수하는 경쟁을 벌이기도 하지만, 때로는 규칙을 준수하지 않으면서 상대방을 제압하려고도 한다. 지역 정체성의 형성과 관련되는 사회적 자원은 권력인 경우가 대부분이다. 왜냐하면, 권력을 획득하게 되면, 자금과 사람의 배분(인사)을 그 지역 마음대로 또는 그 지역에 유리하게 할 수 있기 때문이다.

지역주의 투표는 권력을 획득하는 하나의 수단이다. 한국에서는 이것이 권력을 장악할 수 있는 가장 분명하고 확실한 방법이었고, 지금도 그렇다. 특히 중앙 권력을 획득할 수 있는 가능성이 있는 지역 주민들은 이것에 민감하다. 이들은 권력을 장악하기 위해 그들 스스로 내부적으로 단합하고, 경쟁 지역 주민들에게 유리한 행위는 일체 하지 않는다. 내부적인 불만이 있을 때에는 제3의 대안을 모색하고, 경쟁 지역 주민들을 선택하는 일은 절대로 하지 않는다. 선거의 실례를 들면, 1996년 제15대 국회의원 선거에서 대구 · 경북 지역 유권자들이 넓은 의미에서 동일 집단이었던 부산 · 경남 출신 김영삼 대통령에게 불만이 많았다. 그러나 이들은 이 불만을 결코 그들과 대립하는 호남 지역의 지배 정당인 새정치국민회의를 지지하는 방식으로 해소하지 않았다. 그들은 제3의 정당인 자유민주연합을 지지하는 것으로 이것을 해결하였다. 이보다 더 일반적인 방법은 동일한 지역 출신 무소속 후보를 지지하는 것이다. 한국 선거에서 드물지 않게 무소속 당선자가 많은 이유는 바로 이 때문이다.

지역 정체성은 같은 지역 사람들끼리 동질성을 확인할 때보다는 다른 지역 사람들에 대한 대립과 갈등이 표면화될 때 극명하게 드러난다. 한국에서는 지역 균열로 권력이 결정되어서, 다시 말해서 지역주의 투표 결과로 지역의 권력 획득 여부가 결정되기 때문에, 투표 행위 자체가 대립 지역의 권력 획득 가능성을 배제하는 형태로 전개된다. 이 점에서 한국의 지역주의 투표 행태는 지역 정체성을 생산하는 매우 중요한 인자가 되고 있다.

지역주의 투표 성향이 가장 두드러지는 선거는 말할 것도 없이 대통령 선거이다. 대통령이 예산 집행권과 법률안 제출권을 포함하여 가장 높은 수준에서의 의사결정권을 갖고 있기 때문에 대통령 선거에서 지역주의 정서가 최고조에 달한다. 즉 이 선거에서 각 지역의 지역 정체성의 특징을 가장 잘 파악할 수 있다. 뷰캐넌과 툴럭은 지방 정치보다 중앙 정치의 영향력이 훨씬 더 큰 이유를 외부 비용(external cost)의 차이로 설명하였다(Buchanan and Tullock, 1962; 강원택, 1999: 83에서 재인용). 외부 비용이란 자신의 뜻과 상이한 결정이 내려지는 경우, 그 결정에 불만을 갖게 되는 사람들이 치르는 사회적 비용을 말한다. 유권자의 한 표가 갖고 있는 외부 비용이 적은 지방 선거에서는 설령 그의 뜻과 다른 결과가 나왔다 하더라도 상실감은 크지 않다. 유권자는 이런 경우에 선거 결과에 크게 얽매이지 않고 기권하기도 한다. 지방 선거의 투표율이 낮은 이유는 낮은 외부 비용 때문이다(강원택, 1999: 83).

그러나 대통령 선거는 유권자의 외부 비용이 크기 때문에 유권자의 뜻과 다른 선거 결과가 나오면 그의 상실감은 매우 커진다. 한국의 대통령은 특히 권력이 집중되어 있어서 외부 비용이 매우 크고, 따라서 선거가 거의 사생결단식으로 치러진다. 2012년 제18대 대통령 선거에서 선거에 개입할 수 없는 국가정보원과 군 사이버사령부와 국가보훈처와 같은 국가 기관이 그들이 원하지 않는 후보(문재인 후보)에 대한 불법적인 댓글 작업 등을 거리낌없이 전개한 것도 바로 이 때문이다. 한국에서 새로 정당을 창당하거나 정당 간의 합당을 추진하는 것도 주로 대통령 선거를 앞둔 시점에서 많이 이루어진다. 1990년 '삼당 합당'과 1997년 'DJP 연대'도 바로 대통령 선거에서 이기기 위한 '지역 선거 연합' 전략이었다.

〈표 7-1〉 지역별 이념 성향 비율(1998년) (단위: %)

	표본 수	진보	중도	보수
서울	176	37.5	25.6	36.9
경기	145	38.6	29.7	31.7
강원	80	28.8	32.5	38.7
충북	61	27.9	24.6	47.5
충남	122	32.8	28.7	38.5
전북	85	38.8	23.5	37.6
전남	192	42.7	15.6	41.7
경북	200	35.5	17.5	47.0
경남	192	34.4	26.5	39.1
북한	22	22.7	18.2	59.1

출처: 김재한(1999: 125)

그렇다고 해서 국회의원 선거나 지방 선거가 대통령 선거보다 지역주의 투표 행태가 덜한 것도 아니다. 정도의 차이가 있을 뿐 본질적 양상은 같다. 1987년 6월 항쟁으로 절차적 민주주의가 완성된 이후 지금까지 치러진 대부분의 선거는 지역주의 투표로 선거 결과가 결정되었다. 지역주의의 내용이 출신지 중심에서 거주지 중심으로 변화하기도 하였지만, 지역 균열은 언제나 이념 균열을 비롯한 다른 투표 결정 요인을 압도하였다.

이념 균열이 별다른 영향력이 없다는 사례를 하나 들기로 한다. 1998년 제2회 지방 선거가 실시된 6월에 한국사회과학데이터센터와 한국선거연구회가 면접 조사한 〈표 7-1〉을 보면, 북한 출신을 제외하고는 지역에 따른 이념 균열의 차이가 거의 없다는 것을 알 수 있다. 즉 지역별로 보수와 진보 성향의 차이가 크지 않았다. 진보적 성향이 가장 높은 지역은 전남이었고(42.7%), 다음이 전북(38.8%), 경기도(38.6%), 서울(37.5%)의 순이었다. 전남과 전북이 상대적으로 진보적이라는 것은 능히 짐작할 수 있다. 그러나 보수적 성향을 나타낼 것으로 예상된 경북과 경남의 진보 성향 비율도 각각 35.5%, 34.4%로 호남과 크게 차이가 나지 않았다.

보수 성향은 더욱 더 지역적 차이가 없었다. 북한에서 월남한 사람들은 특수한 경우이므로 논외로 하면, 보수 성향 비율이 가장 높은 지역은 충북이었다(47.5%). 그 다음이 경북(47.0%), 전남(41.7%), 경남(39.1%)의 순이었다. 충북이 전통적으로 보수적인 색채를 띠고 있는 지역이고[1], 경북이 한나라당 지배 지역이라는 점에서 충분히 납득이 간다. 그러나 전남의 보수 성향 비율이 그 다음으로 높다는 것은 의아하기까지 하다. 이러한 조사 결과는 한국에서는 지역별 이념 성향의 차이가 크지 않다는 것과 함께, 적어도 1998년 무렵에는 설령 이념의 차이가 있다 하다라도 그것이 투표에 영향을 미칠 정도로 파급력이 있지는 않았다는 것이다. 왜냐하면, 이 조사가 이루어진 1998년은 1997년 새정치국민회의와 자유민주연합이 'DJP 연

1) 충북이 보수적이라는 것은 다른 조사에서도 확인된다. 한국사회과학데이터센터가 2000년 제16대 국회의원 선거 이후에 조사한 것에 의하면, 충북이 가장 보수적이었고, 다음이 강원, 경북, 서울, 대전 · 전북, 대구 · 부산 순이었다. 반면에 가장 진보적인인 지역은 인천이었고, 다음이 경기, 전남, 광주, 울산, 충남, 경남 순이었다(강원택, 2002: 116).

대'로 공동 정부를 구성한 직후로 호남과 충청도가 정치적으로 가장 밀접한 관계를 유지하던 시점이었는데, 이념적으로는 가장 진보적인 전남과 가장 보수적인 충북이 이념적 마찰없이 정치적 관계를 맺었다는 것 자체가 이념이 투표 결정 요인으로 중요하게 작동하지 않았다는 것을 증명해 준다고 할 수 있다.

한국에서 지역 간 차이, 즉 지역 정체성이 가장 잘 드러나는 것이 각 지역의 지역주의 투표 행태에서이다. 지역주의 투표 행태란 자기 지역을 대표한다고 여기는 지배 정당에는 호감을 표시하고, 반대로 상대방 지역을 대리하는 정당에는 거부감을 나타내는 투표 행위를 말한다. 따라서 지역주의 투표 행태는 언제든지 지역 간 대립과 갈등이 현재화할 수 있는 소지가 있다. 한국에서 지역 간 대립과 갈등이 가장 첨예하게 벌어지고 있는 곳은 영남과 호남 지역 간이다. 1987년 제13대 대통령 선거부터 2012년 제18대 대통령 선거에 이르기까지 25년 동안 실시된 모든 선거에서 영남은 단지 두 번의 대통령 선거와 한 번의 국회의원 선거와 그리고 세 번의 지방 선거 패배를 제외하고는 대부분 승리하였다. 이 말은 호남은 이들 선거를 제외하고 모두 패하였다는 것이다.

호남 지역 내부(전남과 전북) 간 경쟁은 없었다. 그러나 영남 지역 내부(대구·경북과 부산·경남) 간 경쟁은 드물게 몇 번 있었지만,[2] 이로 인해 호남 지역으로 권력이 넘어간 적은 단 한 번도 없었다. 즉 영남 내부의 경쟁이 있더라도 절대적으로 지역적으로 대립, 갈등하는 지역(호남)으로 권력을 넘기는 일을 야기하지 않는 범위 내에서의 경쟁이었다. 이것은 호남 지역의 투표 행태도 마찬가지이다. 호남 유권자들은 늘 호남 지배 정당에 투표할 뿐, 영남 지배 정당에는 눈길조차 주지 않는다. 영남과 호남 지역

2) 1987년 제13대 대통령 선거와 1988년 제13대 국회의원 선거에서의 대구 · 경북의 민주정의당과 부산 · 경남의 통일민주당의 경쟁과, 그리고 1995년 제1회 지방 선거와 1996년 제15대 국회의원 선거에서 김영삼 대통령이 전두환과 노태우를 형사 처벌한 것에 대한 대구 · 경북 지역의 반발 등 모두 네 번 있었다.

은 각각 현재의 새누리당 계열 정당과 민주당 계열 정당을 장기간 동안 지속적으로 지지해 왔기 때문에 충성 투표 지역(loyal region)이라고 부를 수 있다(성경륭, 2013: 23). 영남과 호남 유권자들은 일관되게 강력한 충성 투표자의 면모를 보여 왔다. 1987년 민주화 이후 많은 시간이 흘렀음에도 불구하고, 2012년 제18대 대통령 선거에서도 영남 유권자들의 68.9%는 박근혜 후보를 지지했고, 호남 유권자들의 89.0%는 문재인 후보를 지지하였다(중앙선거관리위원회 선거통계시스템에서 계산).

지역주의 투표 행태의 강도를 측정할 수 있는 방법으로 지역의 정당별 의석 점유율에서 정당 득표율을 빼는 방법이 있다. 한국은 국회의원 선거가 소선구제도로 운영되기 때문에 이론적으로는 한 표만 많아도 그 선거구의 의석을 차지할 수 있다. 따라서 지역주의 투표 행태가 뚜렷한 지역에서는 정당의 득표율에 비해 의석 점유율이 과잉 대표되는 경우가 일반적이다. 어떤 정당의 지역별 정당 득표율보다 그 지역의 의석 점유율이 높으면 그만큼 지역주의 투표 행태의 강도가 강한 것으로 해석할 수 있다.

2004년 제17대 국회의원 비례 대표 선거부터 도입된 정당 투표제로 지역별 지역주의 투표 강도를 측정할 수 있게 되었다. 〈표 7-2〉는 일부 지역의 지역주의 투표 행태의 강도를 측정한 결과표이다. 2004년 제17대 국회의원 선거는 누차 말한 바와 같이 노무현 대통령을 국회에서 탄핵한 직후 실시되어 국민들이 이 사태를 주도한 한나라당과 새천년민주당과 자유민주연합을 응징한 선거이었다. 한나라당은 지배 지역의 지역주의 투표 행태 덕분으로 타격이 크지 않았지만, 새천년민주당과 자유민주연합은 그야말로 풍비박산이 되었다. 반면에 노무현 대통령이 지지한 신설 열린 우리당은 단숨에 원내 과반수를 차지하는 정당이 되었다. 이 선거가 우발적 요인으로 승부가 결정된 선거라는 것이 역으로 지역주의 투표 강도를 측정하기 좋은 배경이 되고 있다. 특히 영남 지역은 한나라당의 탄핵 발의로 선거결과가 매우 불리할 것으로 예상되었음에도 불구하고 지역주의 투표 행태를 고수하였기 때문이다.

〈표 7-2〉 2004년 제17대 국회의원 선거에서의 정당의 지역구 의석 점유율과 정당 득표율 간의 편차 비교 (단위: %, % 포인트)

		서울	충북	충남	광주	전남	대구	경북	부산	경남
지역구 의석 점유율 (1)	열린 우리당	66.6	100.0	50.0	100.0	53.8	0.0	0.0	5.6	11.8
	한나라당	33.3	0.0	10.0	0.0	0.0	100.0	93.3	94.4	82.4
정당 득표율 (2)	열린 우리당	37.7	44.7	38.0	51.6	46.7	22.3	23.0	33.7	31.7
	한나라당	36.7	30.3	21.2	1.8	2.9	62.1	58.3	49.4	47.3
(1) - (2)	열린 우리당	28.9	55.3	12.0	48.4	7.1	-22.3	-23.0	-28.1	-19.9
	한나라당	-3.4	-30.3	-11.2	-1.8	-2.9	37.9	35.0	45.0	35.1

출처: 중앙선거관리위원회 선거통계시스템에서 계산

호남에서의 열린 우리당과 영남에서의 한나라당의 지배 지역 의석 점유율은 전남을 제외하고는 모두 그 지역의 정당 득표율을 훨씬 상회하였다. 전남에서는 지역 유권자들이 열린 우리당 대신 또 하나의 지역 정당인 새천년민주당을 지지하기도 하여 지역주의 투표 행태의 강도가 분산되었다. 먼저 한나라당의 지역주의 투표 행태의 강도를 살펴보기로 한다. 부산에서 한나라당은 정당 득표율이 49.4%를 기록하였는데 비해 지역구 의석 점유율은 94.4%로 그 차이가 무려 45.0% 포인트에 이르렀다. 경남은 35.1% 포인트, 대구는 37.9% 포인트, 경북은 35.0% 포인트로 상황은 똑같았다. 이것은 영남 지역 유권자들의 내집단 응집력의 강도가 대단하다는 것을 보여 주고 있다. 반면에 부산에서의 열린 우리당의 정당 득표율은 5.6%이고, 지역구 의석 점유율은 33.7%로 그 차이가 -28.1% 포인트에 달했다. 이것은 열린 우리당이 부산 유권자들이 지지해 준 정당 득표율에 비해 지역구 의석을 훨씬 차지하지 못하였다는 것이고, 부산 유권자들의 외집단 배척의

강도를 표현해 주고 있다. 나머지 영남 지역도 마찬가지로 경남은 -19.9% 포인트, 대구 -22.3% 포인트, 경북 -23.0% 포인트를 기록하여 이 지역에서의 열린 우리당에 대한 배척의 강도가 상당하다는 것을 잘 알 수 있다.

이와 완전히 반대되는 상황이 광주에서 재현되었다. 단지 정당만 바뀌었을 뿐이다. 광주는 열린 우리당의 정당 득표율이 51,6%이고 지역구 의석 점유율은 100.0%로 지역구를 완전 독점하였다. 따라서 그 차이가 48.4% 포인트에 달하여 광주에서의 열린 우리당에 대한 지역주의 투표 행태의 강도가 매우 강하였다. 반면에 광주에서의 한나라당의 의석 점유율은 아예 존재하지 않고 정당 득표율은 1.8%에 지나지 않아 지역구 의석 점유율에서 지역 정당 득표율을 뺀 수치가 절대적으로 낮다(-1.8% 포인트). 이것은 전남의 경우에도 마찬가지이다(-2.9% 포인트). 광주와 전남 지역에서 영남과 달리 이 수치의 절대치가 얼마 되지 않은 것은 한나라당에 대한 배척의 강도가 낮아서가 아니라 오히려 너무 강하기 때문이다. 지역구 의석 점유율과 정당 득표율 자체가 미미해서 절대치 자체가 무의미해진 것이다. 즉 호남의 지역주의 투표 강도가 영남 지역보다 더 강력하다는 것을 이 미미한 절대치가 역설적으로 보여 주고 있다.

서울과 충북과 그리고 충남은 유형상으로는 호남 지역과 비슷한 양상을 나타내었다. 열린 우리당은 이들 지역에서 정당 득표율보다 지역구 의석 점유율이 높고 한나라당은 그 반대이었다. 예를 들어 충북에서는 열린 우리당의 의석 점유율이 100.0%이고 정당 득표율은 44.7%로 그 차이가 무려 55.3% 포인트이었다. 즉 충북에서 열린 우리당은 유권자들로부터 강력한 지지를 받았다. 반면에 한나라당은 이와 정반대 양상을 보였다. 한나라당의 정당 득표율 30.3%에 비해 충북 의석 점유율은 제로로 충북 유권자들로부터 실속없는 지지만을 받았다. 서울과 충남은 충북과 비슷하였다. 그러면, 이러한 현상을 이들 지역에서 호남과 같은 유형의 지역주의 투표 행태가 강력하게 표출된 것으로 해석해야 하는가? 그렇지는 않다. 왜냐하면 이것은 2004년 탄핵 정국에서 이들 지역 유권자들이 이 사태를 주도한 한나라당을 응징한 것이지 호남처럼 지역 대립과 중앙 권력 획득의 관점에서 접근한 것은 아니기 때문이다. 이 선거에서 그 동안 충청도(특히 대전·충남)에서 지역 정당의 구실을 해 왔던 자유민주연합이 몰락한 것이 바로 충청도의 지역주의 투표 행태의 특성을 말해 준다.

〈표 7-3〉 2012년 제19대 국회의원 선거에서의 정당의 지역구 의석 점유율과 정당 득표율 간의 편차 비교 (단위: %, % 포인트)

		서울	충북	충남	광주	전남	대구	경북	부산	경남
지역구 의석 점유율 (1)	새누리당	33.3	62.5	40.0	0.0	0.0	100.0	100.0	88.9	87.5
	민주통합당	62.5	37.5	30.0	75.0	100.0	0.0	0.0	11.1	6.3
정당 득표율 (2)	새누리당	42.3	43.8	36.6	5.5	6.3	66.5	69.0	51.3	53.8
	민주통합당	38.2	36.0	30.4	68.9	69.6	16.4	13.4	31.8	25.6
(1) - (2)	새누리당	-9.0	18.7	3.4	-5.5	-6.3	33.5	31.0	37.6	33.7
	민주통합당	24.3	1.5	-0.4	6.1	30.4	-16.4	-13.4	-20.7	-19.3

출처: 중앙선거관리위원회 선거통계시스템에서 계산

이것은 2012년 제19대 국회의원 선거 집합 자료를 바탕으로 구성한 〈표 7-3〉으로도 확인된다. 영남과 호남 지역은 지역주의 투표 강도가 역시 매우 강력하였다. 예를 들어 경북 지역의 경우 새누리당의 정당 득표율 69.0%에 비해 이 지역 의석 점유율은 100.0%로 그 차이가 31.0% 포인트에 이르러 내집단 응집력의 강도가 상당하였다. 반면에 민주통합당은 정당 득표율이 13.4%이었지만 의석 점유율은 제로로 이 지역으로부터 명백한 배척의 대상이 되었다. 이와 정반대 현상이 전남에서 발생하였다. 민주통합당은 전남에서의 정당 득표율에 비해 지역구 의석 점유율이 상당히 높아서(30.4%

포인트) 이 지역의 내집단 응집력의 대상이 된 반면에, 새누리당은 이 차이가 -6.3% 포인트로 이 지역으로부터 배척의 대상이 되었다. 즉 지배 정당은 지배 지역에서 정당 득표율보다 많은 의석 점유율을 차지하고, 비지배 지역에서는 이와 반대 현상이 두드러졌다. 영호남 지역 모두 내집단 응집력과 외집단 배척이 매우 뚜렷하였다.

2012년 제19대 국회의원 선거에서 충청도는 지역주의 투표와 무관하였다. 새누리당의 충북 지역 정당 득표율은 43.8%이고 의석 점유율은 62.5%로 정당 득표율에 비해 의석 점유율이 18.7% 포인트 높아 충북은 2004년 제17대 국회의원 선거와 달리 이번에는 영남 지역과 비슷한 양상을 나타내었다. 그러나 민주통합당은 충북에서 정당 득표율 36.0%를 올려 지역 의석 점유율 37.5%와 거의 차이가 나지 않았다. 이것은 민주통합당이 충북에서 정당 득표율만큼 의석수를 차지했다는 것으로 충북에서는 지역주의 투표 행태의 기본 특징인 지배 지역에서의 과도한 지지와 비지배 지역에서의 지나친 홀대가 없었다. 충남은 새누리당과 민주통합당이 모두 정당 득표율만큼 의석을 점유하여, 지역주의 투표 행태는 전혀 나타나지 않았다. 한편, 서울은 정도는 약하지만, 호남 지역과 유사한 양태를 나타내었다. 그러나 서울이 호남과 같은 지역주의 투표 행태를 보였다고 평가해서는 안 된다. 서울 유권자들은 지역 대립의 측면에서가 아니라 이명박 정부의 실정에 대한 회고적 평가로 야당인 민주통합당을 지지하였다.

결론적으로 충청도 지역은 1987년 이후 시종일관 지역주의 투표 강도가 매우 강력한 영호남 지역과 달리 최근에는 지역주의 투표 형태와 무관하거나 아니면 지역주의 투표 강도가 현저히 약해진 지역이 되었다.

2. 권력 획득 의지와 충청도 지역 정체성

충청도는 영호남에 필적할 정도의 지역주의 투표 행태를 거의 보이지 않았다. 이러한 현상 자체가 충청도의 지역 정체성이다. 충청도가 지역주의 투표 행태를 강력하게 나타내지 않는 이유는 충청도 유권자들이 스스로 충청도가 중앙 권력을 획득할 가능성이 높다고 생각하지 않기 때문이다. 충청도 출신 후보가 지역을 근거로 대통령 선거에 출마한 유일한 선거이었던 1987년 제13대 대통령 선거에서 신민주공화당의 김종필 후보가 충청도에서 얻은 득표율이 34.6%에 불과하였다는 것이 이를 단적으로 말해준다.

충청도가 중앙 권력을 획득하기 위해 도전하지 않는 또 하나의 이유는 충청도 출신 정치 지도자에게도 있다. 지역 사람들이 그 지역 출신 지도자에 대해 일체감을 가지려면, 지도자와 지역 사람들의 정서가 일치하거나 혹은 그를 통해 권력을 획득할 가능성이 있어야 한다. 호남 사람들이 김대중을 절대적으로 지지하고 영남 사람들이 김영삼을 권력자로 올려놓는 것은 위의 두 조건이 모두 갖추어졌기 때문이었다. 즉 이들과 지역 간에는 지역 정체성 생산 조건이 확실하게 존재하였다. 두 사람 모두 민주화 투사들이었고, 이 과정에서 김영삼은 1979년 부마 항쟁, 김대중은 1980년 광주 항쟁으로 지역 사람들과의 정서적 일체감을 확보하였다. 이들 사건은 부산과 광주 사람들의 권력 획득의 필요성과 의지를 강화시켰다. 한편으로 영남 사람들이 노태우와 이명박, 그리고 이회창과 박근혜를 지지하고, 호남 사람들이 노무현과 정동영과 그리고 문재인을 미는 것은 이들과의 정서적 일체감은 없지만, 이들을 통해 권력 획득의 가능성을 보았기 때문이다.

반면에 김종필은 이 두 가지 조건 모두를 갖추고 있지 못했다. 그는 충청도 주민들이 정서상 일체감을 투사할 수 있는 일이 없었다. 오히려 그는 주민들과의 정서적 일체감을 불러일으키는데 장애 요인이 되는 권력 편에 늘 위치하였다. 1961년 박정희와 더불어 군사 쿠데타를 일으킨 주역 중의

한 사람이라는 것은 그가 충청도를 대표하는 인물은 될지언정 이것으로 주민들과의 정서적 일체감을 불러일으킬 수는 없었다. 특히 이러한 평가는 충북이 대전·충남보다 훨씬 냉정하였다. 1987년 제13대 대통령 선거에서 신민주공화당의 김종필 후보가 충남에서 45.0% 지지를 받은 것에 비해 충북에서는 고작 13.5% 지지에 머물렀다는 것이 충북의 냉정한 평가를 말해준다. 이것이 김종필이 충청도를 대표하는 정치 지도자로서 갖고 있는 한계이고, 그가 충청도 지역 정체성을 생산하기 어려운 제약 요인이 되었다.

지역 주민들이 지도자와 지배 지역 정당에 보내는 절대적 지지는 결코 맹목적인 것이 아니다. 유권자들의 지역주의 투표 행태는 지역 출신 지도자의 일방적인 명령이 아니라 지역 사람들의 능동적인 행위의 결과이기도 하다. 김종필은 이 점에서 한계가 뚜렷하였다. 김종필 이외에 충청도를 대표하는 정치 지도자들, 예를 들어 이회창, 이인제, 심대평도 이 점에서 같았다. 이들은 지역 주민들과의 정서적 일체감은 말할 것도 없고 주민들은 이들을 통한 권력 획득 가능성을 아예 상정도 하지 않았기 때문에 충청도의 지역주의는 권력 획득이 박약한 지역 정체성을 형성하는 것에 그치고 있다

충청도가 지역주의 투표 행태를 가장 격렬하게 보였던 시기는 1995년 김종필이 자유민주당으로부터 축출되었을 때이었다. 1990년 '삼당 합당'의 일원으로 권력자의 한 사람이 된 김종필(과 충청도)이 권력의 대주주인 영남 지역으로부터 특별한 이유도 없이 축출되었다는 것에 충청도 주민들은 크게 분개하였다. 제8장에서 언급하는 것처럼 1995년 제1회 지방 선거에서 자유민주연합 후보들은 노골적으로 지역주의 정서를 자극하였다. 지금까지 지역주의 투표 행태에 적극 나서지 않았던 충북도 대전·충남에 적극적으로 동참하여 자유민주연합을 열렬히 지지하였다. 그러나 이 시기의 충청도 지역주의도 '반사적 지역주의' 그 이상을 뛰어넘지는 못하였다. 반사적 지역주의는 독자적인 권력 획득 가능성을 염두에 두지 않는다. 다른 지역이 충청도를 핍박하면 용수철처럼 되받는다는 정도의 지역주의이지 스스로 권력을 획득하기 위해 주도적으로 전략을 구사하고 조직을 만들지

는 않는다. 반면에 김대중은 '지역 등권론'이라는 이론을 창안하여 적극적으로 충청도와의 지역 연합을 모색하였다. 충청도는 호남 지역이 주도하는 '지역 연합' 전략에 하나의 파트너로서 1997년 제15대 대통령 선거에 참여하여 새정치국민회의 김대중 후보를 대통령으로 만들고 공동 정권의 제2인자(국무총리)가 되는 것에 그쳤다.

충청도는 일관되고 독자적인 권력 의지를 나타낸 적이 없다. 충청도 유권자들은 대통령 선거에서 지역주의를 표출할 후보를 갖고 있지 않았다. 1987년 제13대 대통령 선거에서 김종필이 대통령 후보로 출마한 것 이외에 역대 대통령 선거에서 충청도 지배 정당 또는 지역 정당의 대통령 후보를 만들어 본 적이 없었다. 지역 연합한 후보나 무소속으로 출마한 후보를 지지하는 것이 고작이었다(1992년 김영삼 지지, 1997년 김대중 지지, 2007년 무소속 이회창 지지). 충청도는 스스로 권력 획득 의지를 표현하지 않고 상황에 따라 영남과 호남과 지역 연합하여 권력자의 일원이 되는 것에 만족하였다.

〈표 7-4〉 역대 대통령 후보의 '후보 편파성' 지수

	주요 후보별 편파성 수치
1963년 제5대 대통령 선거	박정희: 10.05, 윤보선: 9.84
1967년 제6대 대통령 선거	박정희: 8.27, 윤보선: 9.38
1971년 제7대 대통령 선거	박정희: 12.76, 김대중: 12.99
1987년 제13대 대통령 선거	노태우: 12.19, 김영삼: 11.21, 김대중: 19.36, 김종필: 5.68
1992년 제14대 대통령 선거	김영삼: 12.03, 김대중: 16.90, 정주영: 6.25

출처: 온만금(1997: 746)

충청도의 권력 의지가 확고하지 않다는 것, 다른 말로 해서 충청도의 지역주의 투표 행태가 강력하지 않다는 것은 온만금이 제시한 '후보 편파성'

지수로도 확인할 수 있다(〈표 7-4〉 참조). 후보의 지역별 지지율에서 후보의 전국 지지율 차이의 절대값으로 작성한 '후보 편파성' 지수로 1987년 제13대 대통령 선거에 출마한 김종필의 경우를 보면, 그의 후보 편파성 지수는 5.68로 다른 세 후보의 약 절반에서 사분의 일에 불과하였다. 이는 1992년 제14대 대통령 선거에서 출마한 정주영의 편파성 지수 6.25에도 못 미치는 것으로 충청도의 지역주의 투표 행태가 다른 지역에 비해 강력하지 않다는 것을 말해 준다. 투표 행태로 보았을 때, 충청도는 독자적인 권력 획득 의지가 없는 지역 정체성을 내재하고 있다.

〈표 7-5〉 거부 대상 지역과 지지 정당(1998년)

거부 대상 지역	새정치국민회의 투표 여부	한나라당 투표 여부	자유민주연합 투표 여부
서울 · 경기도	-.15**	.05	-.09
강원도	.23**	-.07	.08
충청도	-.05	.03	-.16*
전라도	-.40**	.34**	-.13*
경상도	.30**	-.29**	.21**
	R^2=.18 P〈.01	R^2=.12 P=.01	R^2=.04 P〈.05

다변인 회귀 분석 결과: 각 셀은 베타값

*: P〈.05/ **: P〈.01

출처: 이남영(1999: 31)

1998년 제2회 지방 선거를 분석한 이남영(1999)이 제시한 〈표 7-5〉는 지역주의 투표 행태가 뚜렷하지 않은 충청도의 모습을 다른 각도에서 잘 보여 주고 있다. 이 조사는 상대방 지역에 대한 거부감으로 지배 지역 정당의 지역주의 투표 행태의 강도를 측정하였다. 조사 결과 상대방 지역 사람들에 대한 거부감이 강할수록 상대방 지역의 지배 정당에 투표하지 않으며,

지배 지역에 대한 거부감이 없을수록 지배 정당에 투표할 가능성이 높았다.

좀 더 구체적으로 살펴보면, 1998년 제2회 지방 선거에서 새정치국민회의는 서울과 경기도, 그리고 전라도 사람에 대한 거부감이 없을수록, 그리고 경상도와 강원도 사람에 대한 거부감을 보일수록 지지를 받았다. 이것은 새정치국민회의의 지지 기반이 수도권과 호남 지역이라는 것과 강원도는 경상도 지배 정당에 친화력을 보이고 있다는 것을 말해 준다. 반면에 한나라당은 경상도와 강원도 사람에 대한 거부감이 없을수록, 그리고 전라도 사람에 거부감을 보일수록 지지를 많이 받았다. 한편, 자유민주연합은 충청도와 전라도 사람에 대한 거부감이 없을수록, 그리고 경상도 사람에 대해 거부감을 나타낼수록 지지 열기가 높았다. 새정치국민회의와 자유민주연합에 대한 지지는 영남 사람에 대한 거부감이, 한나라당에 대한 지지는 호남 사람에 대한 거부감이 가장 크게 작용하였다(이남영, 1999: 31).

충청도에 대한 호감도(-0.16)보다 경상도에 대한 거부감(0.21) 때문에 자유민주연합에 투표했다는 것이 주목할만하다. 즉 자유민주연합에 투표한 사람들은 충청도가 좋아서 투표하기보다 경상도가 싫어서 투표한 사람들이 더 많았다는 것이다. 한나라당에 투표한 사람들은 경상도 사람들에 호감(-0.29)보다는 전라도 사람들이 싫어서(0.34) 투표하였다. 그러나 새정치국민회의 지지자들은 경상도 사람에 대한 거부감(0.30)보다 호남 사람에 대한 호감(-0.40) 때문에 투표하였다. 새정치국민회의에 대한 지지는 영남 지역에 대한 배타적 생각보다는 자기 지역에 대한 자기애가, 한나라당과 자유민주연합에 대한 지지는 자기 지역에 대한 호감보다 상대방 지역(한나라당은 전라도, 자유민주연합은 경상도)에 대한 거부감이 더 크게 작용하였다. 대체로 호남과 충청도, 그리고 수도권 사람들이 한 집단을 형성하고, 영남과 강원도 사람들이 또 하나의 집단을 형성하고 있었다. 호남과 충청도, 그리고 수도권 사람들은 영남과 강원도 사람들에 대해 배타적이었고, 그 역도 성립하였다. 이 조사가 이루어진 1998년이 1997년 제15대 대통령 선거에서 호남의 새정치국민회의와 충청도의 자유민주연합이 '선거

연합'하여 공동 정권을 수립한 첫 해라는 점에서 호남과 충청도가 넓은 의미의 한 집단을 구성한다는 조사 결과가 나온 것으로 이해할 수 있다.

이 조사에서 가장 중요한 것은 자유민주연합에 대한 베타값이 모두 새정치국민회의나 한나라당의 그것보다 적었다는 것이다. 즉 자유민주연합에 대한 모든 지역의 거부감이나 호감도는 새정치국민회의나 한나라당에 비해 크지 않았다. 구체적인 수치로 말하면, 새정치국민회의에 투표한 사람들 중 충청도에 호감을 보인 베타값은 0.05로 매우 낮았고, 한나라당에 투표한 사람들 중 충청도에 거부감을 표시한 베타값도 0.03으로 역시 가장 낮았다(〈표 7-5〉 참조). 이 수치가 의미하는 것은 충청도 사람에 대한 거부감이나 호감도가 다른 지역 사람들만큼 강력하지 않다는 것으로, 이것이 충청도 지역 정체성의 중요한 특징 중의 하나이다. 이것을 지역주의 투표 행태의 측면에서 보면, 자유민주연합은 한나라당이나 새정치국민회의만큼 지배 지역을 확보할 확률이 상대적으로 적다는 뜻이다. 이것은 또한 충청도는 영호남 지역과 달리 중앙 권력을 획득할 가능성이 낮다는 의미이기도 하다.

충청도와 영남 지역 간의 배타적 관계는 단기간에 끝났다. 조사 시점인 1998년 이후에는 충청도 사람들이 지금의 새누리당 계열 정당을 지지하는 현상이 발생하였다. 2000년 이후에는 충청도가 호남으로부터 멀어지고 영남에 가까운 관계를 유지하는 일이 잦아졌다. 2012년 제18대 대통령 선거에서도 충청도가 영남의 박근혜 후보를 조금 더 지지하였다. 이런 흐름 속에서도 물론 충청도가 영호남과 독자적인 관계를 천명하기도 하였다. 예를 들면, 2008년 제18대 국회의원 충북 선거에서는 제8장에서 보는 것처럼 통합민주당이 다수당이 되었으며, 대전과 충남 선거에서는 자유선진당이 다수당이 되었다. 충청도가 어느 한 지역과 항구적인 유대 관계나 적대 관계를 맺지 않는 정서가 충청도 사람들의 독특한 지역 정체성이라고 할 수 있다. 이것은 독자적인 권력 장악을 도모하지 않거나, 또는 못하는 지역에서 보이는 전형적인 지역 정체성이다.

제 8 장

충북과 대전 · 충남의 투표 행태 비교

1 • 신민주공화당 활동 기간(1987년 11월-1990년 2월)

2 • '삼당 합당'에 의한 민주자유당 참여 기간(1990년 2월-1995년 2월)

3 • 자유민주연합 활동 기간(1995년 3월-2006년 3월)

4 • 국민중심당과 자유선진당 활동 기간(2006년 6월-2012년 5월)

5 • 지역 정당이 존재하지 않는 기간(2012년 5월-2014년 현재)

충청도는 영호남과 달리 지역주의 투표 행태의 강도가 약하다. 그리고 지역주의 투표 행태 그 자체의 부침이 심하다. 이보다 더 중요한 특징은 충청도 전체가 동일한 지역주의 투표 행태를 보이기보다는 내부적으로 이질적인 모습을 보이는 경우가 많았다. 보다 정확하게 말하면 1987년부터 2012년까지 25년 동안 대전과 충남은 거의 동질적인 지역주의를 나타내고 있지만, 충북은 대전 · 충남과 다른 독자적인 투표 행태를 보였고 그 기간이 길었다. 투표라는 정치적 행위로 지역 정체성을 관찰할 때 충북과 대전 · 충남은 동일한 단위라기보다는 기본적으로 별개의 단위로 보아야 한다.

1987년 절차적 민주화 완성 이후 대전과 충남은 2012년 제18대 대통령 선거 이전까지 정도의 차이는 있지만, 일관되게 지역주의 투표 행태를 보여 왔다. 때로는 영호남 지역 못지않게 지역주의 투표 행태가 강력한 적도 있었었다. 역설적으로 말하면, 대전 · 충남은 영호남보다도 더 지역주의 투표 행태의 순도가 높다고 할 수도 있다. 왜냐하면 영남과 호남 지역과 달리 충청도 단독으로는 중앙 정부를 장악할 가능성이 없는 상태에서 일편단심으로 지역 정당을 지지해 왔기 때문이다. 대전과 충남을 기반으로 창당된 정당(1961년 5. 16 군사 쿠데타의 주역 중의 한 사람인 김종필이 만든 신민주공화당과 자유민주연합, 한나라당 출신 이회창이 창당한 자유선진당, 그리고 충남 지사 출신인 심대평이 주도한 국민중심당과 국민중심연합)은 영호남 지역을 토대로 창당된 정당과 달리 처음부터 전국 정당을 표방한 것이 아니라 지역 정당임을 숨기지 않았는데도 불구하고 대전과 충남 지역 유권자들이 일관되게 지지해 왔다. 이들은 충청도 지역 정당이 다른 정당과 '선거 연합'한 경우에도 제1 대주주가 아니라 제2, 제3의 대주주 자격으로 참여하여 국가 권력의 핵심 운영자가 될 수 없다는 것을 잘 알지만, 나름대로 최선을 다하여 선거 연합한 정당을 지지하였다. 1990년 '삼당 합당'으로 창당된 민주자유당에서는 제3 대주주 자격으로 1992년 제14대 대통령 선거에서 김영삼 후보를, 그리고 1997년 제15대 대통령 선거에서는 새정치국민회의와 선거 연합하여 김대중 후보를 마치 대전 · 충남 출신이 단독으로 출마한 후보처럼 나름대로 적극 지지하였다. 대전 · 충남은 지역주의 투표 행태를 통하여 충청도라는 지역사회의 경계를 능동적으로 생산하였다.

충북은 이와 달랐다. 충북이 대전 · 충남과 같이 충청도라는 지역사회 경계의 재생산에 참여한 것은 정확하게는 1995년 제2회 지방 선거부터, 느슨하게 말하면 1988년 제13대 국회의원 선거부터 2000년 제16대 국회의원 선거 이전까지이다. 이 시기를 제외한 나머지 기간에는 충북은 대전 · 충남과 투표 행위가 같지 않았고, 따라서 동일한 지역 정체성을 공유하지 않았다. 지역사회의 구성원들이 서로 투표 행태가 비슷하거나 같으면 그들 간에는 동일한 지역 정체성을 공유하고 있다고 할 수 있다. 다시 말해서 그들은 동일한 투표 행위를 통하여 지역사회 경계를 생산하여 내집단으로 인식하게 된다. 그러나 충북 주민들은 대전 · 충남 주민들과 투표 행태를 공유하는 기간이 짧아 두 지역이 동일한 지역 정체성을 갖고 있다고 볼 수 없으며, 따라서 내집단 소속감도 공유한다고 보기 어렵다. 학계나 일반인들이 생각하는 것과 달리 사실, 충북은 대전 · 충남과 역사적 경험에서도 지역사회의 경계를 같이 한 적이 많지 않았다. 충북과 충남은 삼국 시대에 같은 국가에 속하기보다는 서로 다른 국가의 영토인 적이 더 많았다.

충청도는 영호남처럼 독자적으로 권력을 추구하지 않았다. 충청도는 대통령 선거에서 때로는 영남과, 때로는 호남과 '선거 연합'을 통하여 권력을 분점하였다. 국회의원 선거와 지방 선거에서는 지역 정당이 충청도(정확하게 말하면, 대전 · 충남)의 지배 정당으로서 역할하였다. 충청도의 지역주의 투표 행태는 기본적으로 이러한 틀 내에서 이루어졌다. 대전과 충남은 이러한 정치적 구도를 충실히 이행하였다.

충북과 대전 · 충남의 지역주의 투표 행태는 크게 다섯 시기로 나누어 볼 수 있다. 첫 번째 시기는 1987년 민주화 이후 김종필이 신민주공화당을 창당하여 충청도를 기반으로 대통령 선거와 국회의원 선거에 참여하고, 신민주공화당이 1990년 '삼당 합당'을 통하여 소멸하기까지이다. 두 번째는 김종필이 민주자유당 대표 최고위원이 되어 영남 정권 협조자로 참여한 이후부터 1995년 민주자유당으로부터 사실상 축출되고 자유민주연합을 창당한 시기까지이다. 세 번째 시기는 자유민주연합이 새정치국민회의와 지역에 바탕을 둔 선거 연합을 통하여 공동 정부를 구성하고 결별하는 시기이다. 이 시기에 대전 · 충남은 말할 것도 없고 충북도 지역주의 투표 행태가 절정에 달하였다. 네 번째 시기는 자유민주연합이 역사의 무대에서 사라지고 한나라당 출신의 이회창이 자유선진당을 2008년 2월 창당하여 2012년 제18대 대통령 선거를 앞두고 새누리당과 합당하여 소멸한 시기이다. 이 기간 중에 심대평이 국민중심당과 국민중심연합을 잇달아 창당하였다. 다섯 번째 시기는 그 어떤 지역 정당도 존재하지 않는 시기이다. 2012년 5월부터 2014년 현재까지이다. 지역 정당이 활동하지 않으므로 충청도, 또는 대전 · 충남의 고유한 지역주의 투표 행태도 당연히 출현하지 않고, 기존의 양대 정당을 어떤 구도에서 지지할까의 문제만이 남아 있다.

1. 신민주공화당 활동 기간 (1987년 11월-1990년 2월)

김종필은 1979년 10월 26일 박정희 대통령 사망 이후 민주공화당 총재가 되었다. 그러나 1980년 5 · 17 비상계엄 확대 조치 때 권력형 부정 축재 혐의로 계엄군에 체포되었고, 6월 24일 모든 공직에서 사퇴하고 7월 2일 부정 축재 재산을 헌납하고 석방되었다. 1980년 11월에는 '정치 풍토 쇄신을 위한 특별 조치법'에 의해 정치 활동이 규제되었다가 1985년 3월 6일에 김영삼 · 김대중 등과 함께 해금되었다. 김영삼과 김대중은 곧바로 전두환 정권을 상대로 민주화와 대통령 직선제 개헌 투쟁 등을 벌였지만 김종필은 아무런 활동을 하지 않고 미국으로 갔다. 그는 해금된 지 일년이 지난

1986년 2월 25일 미국에서 귀국하였으며, 여전히 별다른 활동을 하지 않았다. 김종필은 대통령 직선제가 1987년 6월 항쟁으로 현실화된 1987년 9월 28일 정계 복귀를 선언하였다. 그는 과거 민주공화당 시절의 각료와 국회의원 등과 함께 1987년 11월 11일 신민주공화당을 창당하고 본격적으로 정치 활동을 시작하였다(중앙선거관리위원회, 2009a: 486-487).

1) 1987년 12월 16일 제13대 대통령 선거

신민주공화당은 창당과 동시에 1987년 제13대 대통령 선거에 참여하였다. 〈표 8-1〉에서 보는 것처럼 김종필은 이 선거에서 득표율 8.1%로 전국 4위를 차지하였다. 순위보다는 득표율 자체가 매우 실망스러운 결과였다. 전국 득표율이 이렇게 저조한 것은 그가 내심 기대한 충청도에서의 득표율이 현저하게 떨어졌기 때문이었다. 그는 충청도에서 34.6%를 득표하는데 그쳤다. 충남(이 때는 대전이 광역시가 되기 전이다)에서 45.0%를 득표하였는데, 다른 세 후보가 그들의 지배 지역에서 얻은 득표율과 비교하면(노태우의 대구 득표율 70.7%, 김영삼의 부산 득표율 56.0%, 김대중의 광주 득표율 94.4%) 결코 만족할만한 수준이 못 되었다. 충남도 분명히 지역주의 투표 행태를 나타냈지만, 영호남 지역과 달리 노골적이거나 확고하지는 않았다.

김종필이 충청도에서 기대한 것보다 저조한 결과를 얻은 원인은 충남보다는 충북에 있었다. 충북은 김종필에게 고작 13.5%의 지지만을 보냈다. 호남 출신 김대중 후보보다 겨우 2.5% 포인트 앞섰을 뿐이며, 순위는 노태우 후보와 김영삼 후보에 이어 3위이었다. 득표율과 순위 모든 면에서 그에게 큰 충격이었다. 충북은 '당연히' 충청도의 일원이므로 상당한 득표를 할 것으로 기대하였지만(당사자만이 아니라 거의 모든 국민들이 그렇게 생각했을 것이다) 현실은 그렇지 않았다. 충북은 그를 충청도를 대표하는 정치 지도자로 인정하지 않는다는 것을 대내외적으로 공표하고, 그리고 충북은 '당연히' 충청도의 일원이라는 생각도 '당연하지 않다'는 것을 천명한 한 셈이 되어 버렸으니, 그로서는 여간 실망이 아니었다. 충북이 그의 정치적 입지에 결정타를 날렸다.

〈표 8-1〉 1987년 제13대 대통령 선거 투표율과 후보별 득표율

	투표자수 (천명)	투표율 (%)	후보별 득표율(%)				
			1위	2위	3위	4위	기타
			노태우	김영삼	김대중	김종필	기타
전 국	23,066	91.8	36.6	28.0	27.0	8.1	0.2
충 청 도	2,356	91.9	33.1	20.1	11.9	34.6	0.3
충청남도	1,579	92.4	26.2	16.1	12.4	45.0	0.3
충청북도	778	91.0	46.9	28.2	11.0	13.5	0.4

출처: 이재열 · 강희경 · 설동훈(2004: 133)

실제로 충북 주민들은 후술하는 바와 같이 김종필을 충북의 지도자로 생각하지 않았다. 이것이 충북의 선거 결과에 가장 크게 작용하였다. 그리고 충북은 충남과 달리 '집권당 우선주의'와 같은 지역 정체성을 갖고 있었다. 이 두 요인이 작용하여 충북은 이 선거에서 충남과 달리 지역주의 투표 행태를 나타내지 않았다. 이것이 충북의 본모습이다. 충북의 지역 정체성은 일반적인 예상과 달리 대전 · 충남의 그것과 다르다는 것을 일찍이 이 선거 결과가 선험적으로 보여 주었다.

2) 1988년 4월 26일 제13대 국회의원 선거

1988년 제13대 국회의원 선거도 기본적으로 1987년 제13대 대통령 선거와 구도가 같았다. 즉 충남 유권자들은 영호남 지역에서의 지배 정당만큼은 아니지만 김종필의 신민주공화당을 지배 정당으로 인정하고 지지하였다. 그러나 충북은 신민주공화당을 지배 정당으로 인정하지 않고 오히려 여당인 민주자유당을 지지하였다. 충북은 중앙 권력 추수적인 태도를 여전히 견지하였다.

민주정의당과 통일민주당과 평화민주당은 확실한 지배 지역을 갖고 있었음에도 불구하고 1987년 제13대 대통령 선거와 비교해 볼 때 이 선거에서 지배 지역에서의 득표율이 오히려 줄어들었다. 민주정의당은 대구 · 경북에서 제13대 대통령 선거에 비해 18.2% 포인트, 평화민주당은 광주 · 전남 · 전북에서 19.3% 포인트, 통일민주당은 부산 · 경남에서 8.0% 포인트 적게 득표하였다(중앙선거관리위원회, 2009b: 139). 이들 지역은 외견상 지역주의 투표 성향이 완화되었다고까지 평가할 수 있을 정도로 득표율이 감소하였다. 이것은 출신 지역이 서로 다른 후보들이 출마함으로써 지역주의 투표 행태가 심화되는 대통령 선거에 비해 같은 지역 출신들끼리 경쟁하는 국회의원 선거는 기본적으로 지역주의 투표 행태가 이완될 수밖에 없다는 점에서 이해할 수 있는 결과이다.

그러나 신민주공화당의 충청도 득표율은 영호남 지역의 지배 정당 득표율과 달리 1987년 제13대 대통령 선거보다 1988년 제13대 국회의원 선거에서 더 높아졌다. 이것은 1987년 제13대 대통령 선거에서의 충청도 득표율이 워낙 낮았던 기저 효과와 그리고 영호남 유권자들이 제13대 대통령 선거부터 지역주의 투표 행태를 보인 것에 대한 충청도 유권자들의 뒤늦은 반작용에 기인한다. 충북이 특히 이러한 반응을 보인 지역이었다. 충북은 불과 사개월만에 지역 정당인 신민주공화당에 관심을 크게 쏟았다.

영호남 지역에서의 지배 정당의 득표율이 전년도 대통령 선거보다 낮아진 것을 근거로 1988년 제13대 국회의원 선거가 지역주의 투표 성향이 완화되었다고 평가할 수는 없다. 왜냐하면, 세 정당의 전국 평균 득표율과 지역별 득표율을 비교해 보면 상대적으로 지배 지역에서는 많은 득표를 하고, 상대방 정당이 지배하는 지역에서는 득표율이 떨어졌기 때문이다. 예를 들어, 이 선거에서 민주정의당의 전국 평균 득표율은 34.0%였으나 지배 지역인 대구 · 경북에서는 이보다 15.9% 포인트가 높은 49.9%를 득표하였다. 반면에 비지배 지역인 호남(광주 · 전남 · 전북)에서는 22.8%의 득표율에 그쳤다. 이 득표율은 이후 모든 선거에서 오늘날 새누리당 계열의 정당이 호남 지역에서 거둔 최대의 득표율이었지만, 비지배 지역에서 득표율이 낮아진다는 지역주의 투표 행태의 특징은 어김없이 관철되었다. 그리고 평화민주당의 전국 평균 득표율은 19.3%였으나 지배 지역인 호남에서는 이보다 세 배 이상 많은 69.1%를 득표하였다. 반면에 비지배 지역인 대구 · 경북과 부산 · 경남에서는 각각 0.8%와 1.5%라는 매우 낮은 득표율을 얻었다. 통일민주당의 전국 평균 득표율은 23.8%였으나 지배 지역인 부산 · 경남에서는 이보다 두 배 정도 많은 45.7%를 득표하였다. 반면에 비지배 지역인 호남에서는 0.9%라는 매우 낮은 득표율을 기록하였다(중앙선거관리위원회, 2009b: 139). 이것은 신민주공화당도 마찬가지이었다. 신민주공화당의 전국 평균 득표율은 15.6%였으나 지배 지역인 충청도에서는 세 배 가까운 42.1%를 득표하였다. 반면에 비지배 지역인 호남에서는 1.6%, 부산 · 경남에서는 8.6%의 낮은 득표율을 획득하는데 그쳤다.

1988년 제13대 국회의원 선거에서 주목할 것은 신민주공화당의 지배 지역에서의 득표율 신장이다. 신민주공화당은 〈표 8-2〉에서 보는 것처럼 1987년 제13대 대통령 선거와 마찬가지로 충남에서 46.5%를 득표하여 1위를 차지하였다. 신민주공화당의 득표율 신장은 1987년 제13대 대통령 선거에서 김종필 후보에게 냉담하였던 충북에서 이루어졌다. 1987년 제13대 대통령 선거에서 신민주공화당의 충북 득표율은 4위와 별 차이가 없는 3위였는데, 이번 선거에서는 33.3%의 득표율로 3위보다 두 배나 더 많았으며, 1위를 한 민주정의당 득표율 43.7%와의 격차도 많이 줄어들었다. 충북이 이 선거에서 지역주의 투표 행태에 관심을 보임으로써 충청도 전체가 지역주의 투표 자기장 속에 조금 더 빨려들어갔다.

〈표 8-2〉 1988년 제13대 국회의원 선거 투표율과 정당별 득표율

	총투표자수 (천명)	투표율 (%)	정당별 득표율(%)					
			제1당	제2당	제3당	제4당	무소속	기타
			민주정의당	통일민주당	평화민주당	신민주공화당	무소속	기타
전국	19,851	75.8	34.0	23.8	19.3	15.6	4.8	2.6
충청도	2,133	80.2	34.7	15.3	3.0	42.1	3.7	1.3
충청남도	1,421	78.8	30.2	15.0	3.8	46.5	3.0	1.5
충청북도	712	83.1	43.7	16.0	1.4	33.3	4.9	0.8

출처: 이재열 · 강희경 · 설동훈(2004: 145)

그러나 충북이 완전히 지역주의 투표 행태를 표출하였다고 말하기는 어렵다. 신민주공화당의 득표율 신장에 비해 의석 점유율 면에서 성과를 거두지 못했다. 〈표 6-9〉에서 본 것처럼 충북에서는 신민주공화당이 전체 아홉 석 중 두 석을 획득하는데 그쳐 의석 점유율이 22.2%에 불과하였다. 무엇보다도 충북의 신민주공화당 지지율이 절대적 수준에서는 민주자유당보다 뒤지므로 충북이 지역주의 투표 행태를 보였다고 말할 수 없다. 지역주의 투표 행태라고 이름을 붙이려면 해당 지역에서의 득표율이 1위를 하거나, 의석 점유율이 과반을 넘거나 적어도 제1당은 되어야 하는데 충북은 그렇지 못했다. 결론적으로 충북의 지역주의 투표 행태는 두 발 중 한 발만 살짝 내딛은 상태이었다.

2. '삼당 합당'에 의한 민주자유당 참여 기간 (1990년 2월-1995년 2월)

한국 정당사에 1990년 2월 놀라운 일이 벌어졌다. 1980년 신군부 세력이 만든 민주정의당과 박정희가 만든 민주공화당을 계승한다는 김종필의 신민주공화당과 그리고 이들 군부 세력에 저항한 김영삼이 창당한 통일민주당이 갑자기 합당을 선언하는 괴이한 일이 발생하였다. 이것이 1990년의 '삼당 합당'이다. '삼당 합당'은 민주화 운동에 매진하였던 김영삼과 통일민주당이 어느 날 갑자기 정치적으로 반대편이자 그들을 탄압하였던 민주정의당과 신민주공화당과 합당함으로써 정치적 대의의 측면에서나 지역적 '선거 연합'으로 권력을 획득하려는 측면에서나 모두 민주주의를 크게 후퇴시킨 역사적 사건이었다. 노태우는 여대야소로 효율적인 국정 운영이 어렵다고 판단하고 이를 타개하기 위해, 김종필은 대통령 중심제에서는 권력 장악이 어렵다는 것을 알고 내각제 개헌을 약속받고 참여하였다. 김영삼은 처음부터 내각제 개헌이 목표가 아니었다. 부산 · 경남과 대구 · 경북으로 분할된 영남을 지역적으로 통합하고, 나아가 충청도를 끌어들임으로써 제14대 대통령 선거에 안정적으로 승리하기 위해 민주 투사의 이미지를 버리고 '삼당 합당'에 응하였다.

정치적 이해관계가 다른 정치 세력들이 물리적으로 통합하였다고 해서 화학적으로도 하나가 되는 것은 아니다. 이들은 얼마 가지 않아 민정계, 민주계, 공화계로 나뉘어 이해관계에 따라 사사건건 대립하였다. 이 대립은 내각제 합의 각서 유출 파문으로 절정에 달했다. 1990년 10월 25일 한 일간신문에 합의 각서 사본이 보도되었다. 노태우 · 김영삼 · 김종필 세 최고위원이 1990년 5월 6일 자필 서명한 이 각서에는 1990년 중에 의원 내각제 개헌 작업에 착수한다는 내용이 기재되어 있었다(중앙선거관리위원회, 2009b: 174).

김영삼 대표위원은 각서의 존재를 부인하였다. 그리고 그는 민정 · 공화계에게 내각제 개헌을 포기할 것을 요구하여, 민주자유당은 분당 위기까지 갔다. 결국 노태우 대통령이 내각제 포기를 약속하고 김영삼 대표 최고위원이 당을 이끌도록 함으로써 이 사건은 일단락되었다. 내각제 각서 유출로 김영삼의 위상을 약화시키려는 민정 · 공화계의 생각과 달리 그의 위상은 오히려 더 견고해졌다(중앙선거관리위원회, 2009b: 174). 김종필은 제3대 주주로 민주자유당에 참여하고는 있으나 내각제 개헌 약속이 파기됨으로써 그의 정치적 꿈과 전략은 빗나가고 말았다. 그의 권력도 시간이 갈수록 내리막길을 걸었고 결국 그는 1995년 사실상 쫓겨나다시피 민주자유당을 탈당하였다.

1) 1991년 6월 20일 시 · 도의회 선거

1990년 '삼당 합당' 이후 첫 번째로 실시된 선거는 1961년 박정희의 군사 쿠데타로 전면 폐지되었다가 1991년에 부활된 지방 선거이었다. 1991년 3월 26일에 실시된 구 · 시 · 군의회 선거는 정당 공천이 허용되지 않아 정당 간 선거 결과를 알 수 없어 이 글의 분석 대상이 아니다.

'삼당 합당'의 결과를 가늠해 볼 수 있는 선거는 정당 공천이 허용된 시 · 도의회 선거(6월 20일 실시)이다. 이 선거는 당연히 '삼당 합당'의 영향으로 호남 대 비호남으로 전국이 나뉘어져 선거가 치러졌다. 선거 결과 민주자유당이 전국 866개 의석의 65.1%인 564석을 차지하는 압승을 거두었다. 민주자유당은 광주, 전남, 전북, 제주를 제외한 11개 시 · 도의회를 장악하였다. '삼당 합당' 추진 세력이 기대한 지역 연합의 완벽한 모습이 이루어졌다. 득표율은 40.6%로 '삼당 합당'이 기대한 만큼 나오지 않았지만, 소선구제 덕을 보아 의석 점유율은 득표율보다 훨씬 높았다.

당시의 야당은 민주당과 신민주연합당이었다. 민주당은 '삼당 합당'에 합류하지 않은 통일민주당 이기택, 김정길, 김광일, 노무현, 장석화 의원과 무소속 박찬종, 이철 의원 등이 중심이 되어 1990년 6월 15일에 창당한 정당이다. 김영삼을 쫓아가지 않은 통일민주당 소속 국회의원들이 중심이 되었다는 의미에서 '꼬마 민주당'이라고도 불리었다(중앙선거관리위원회, 2009b: 172). '삼당 합당' 이전에 존재했던 네 정당 중의 하나인 평화민주당은 '삼당 합당' 이후 세력을 확대하기 위하여 곧바로 야권 통합을 모색하였다. 그 대상은 '꼬마 민주당'이었다. 그러나 두 당의 야권 통합 협상은 1990년 12월 21일 최종적으로 결렬되고 말았다(중앙선거관리위원회, 2009b: 242). 평화민주당은 차선책으로 재야 인사 이우정 등을 영입하여 1991년 4월 9일 당명을 '신민주연합당'으로 변경하였다. 형식적으로는 통합 전당 대회를 열었지만, 실질적으로는 평화민주당이 '신민주연합당'으로 당명을 변경한 것에 지나지 않았다(중앙선거관리위원회, 2009b: 243).

〈표 8-3〉 1991년 시 · 도의회 의원 선거에서의 호남과 비호남 지역의 정당별 의석수와 의석 점유율 (단위: 석, %)

	의원 정수	민주자유당		신민주연합당		'기타 정당'과 무소속	
		의석수	비율	의석수	비율	의석수	비율
전국	866	564	65.1	165	19.1	137	15.8
비호남	718	563	78.4	28	3.9	127	17.7
호남	148	1	0.7	137	92.6	10	6.7

* '기타 정당'은 민주당과 민중당을 말함

출처: 중앙선거관리위원회(2009b: 267)

신민주연합당은 1991년 6월 20일에 실시된 시 · 도의회 선거에서 〈표 8-3〉에서 보는 바와 같이 전체 의석의 19.1%인 165석을 차지하는 데 그쳤다. 호남에서만 다수 의석을 획득하여 광주 · 전남 · 전북의 3개시 · 도의회를 장악하였다(중앙선거관리위원회, 2009b: 31). 신민주연합당의 전국 득표율은 21.9%로 민주자유당의 절반 수준이었다. 민주자유당은 호남 지역을 제외한 비호남 지역의 전체 지역구 의석 718석 중 563석을 획득하여 78.4%의 의석 점유율을 기록하였다. 그러나 호남 지역에서는 148개 의석 중 단 한 석 만을 얻는데 그쳤다(의석 점유율 0,7%). 반면에 신민주연합당은 호남 지역 전체 의석의 92.6%를 차지하였지만, 비호남 지역의 전체 의석 718석 중 3.9%인 28석밖에 얻지 못하였다. 특히 신민주연합당은 대구와 경북, 부산과 경남, 충남 등 민주자유당의 노태우 총재 및 김영삼, 김종필 최고위원의 지배 지역에서는 그 지역 전체 의석 310석 중 단 한 석만을 획득하였을 뿐이었다(중앙선거관리위원회, 2009b: 308-309). '삼당 합당'이 호남을 배제한 '지역 연합'이라는 것을 이 투표 결과가 완전히 증명하였다.

'삼당 합당'을 망국적 지역주의라고 비판하고 여기에 참여하지 않은 인사들이 창당한 '꼬마 민주당'은 지역주의 투표 행태의 최대의 피해자였다. 정치적 명분이 실익을 보장해 주지 않았다. 민주당은 호남 지역에서 단 한 석도 당선시키지 못하고, 비호남 지역에서 21명만이 당선되었다(전국 의석 점유율 2.4%). 그러나 민주당의 득표율은 14.3%로 민주자유당 40.6%에는 한참 뒤지지만, 신민주연합당 21.9%에 비해서는 차이가 크게 나지 않았다(중앙선거관리위원회, 2009b: 300). 지배 지역이 없는 민주당은 1위보다는 2위 득표자가 많아 의석수에서 철저히 외면당하였다. 민주당은 지역주의 투표 행태가 지배하는 한국의 정치 풍토에서 결국 살아남지 못하고 선거 직후인 1991년 9월 신민주연합당과 합당함으로써 민주당이라는 당명만 남기고 소멸되었다.

다음은 '삼당 합당'의 결과를 충청도를 중심으로 살펴보기로 한다. 김종필이 참여한 민주자유당의 충청도 의석 점유율은 〈표 8-4〉에서 보는 것처럼 70.7%로 비호남 전체의 의석 점유율 78.4%보다는 낮았지만 전국의 의석 점유율 65.1%보다는 조금 높았다. 이 결과는 충청도도 확실히 영남과 함께 호남 포위에 나섰다는 것을 말해 준다. 여기서 더욱 놀라운 사실은 충북의 민주자유당 의석 점유율이 대전과 충남보다도 더 높았다는 것이다. 충북의 민주자유당 의석 점유율은 81.6%로 대전 60.9%, 충남 67.3%보다도 14-

20% 포인트 정도나 높았다. 1987년 제13대 대통령 선거에서는 지역주의 투표 성향을 전혀 드러내지 않았고, 1988년 제13대 국회의원 선거에서도 한 발만을 지역주의 투표 행태에 살짝 담근 충북이 불과 삼사년만에 지역주의 투표 성향의 농도가 짙은 대전과 충남보다 더 지역주의 투표 성향을 나타냈다는 매우 놀라운 사실이었다. 수치만 보면, 충북은 김종필이 민주자유당으로부터 축출되면서 창당한 자유민주연합이 1996년 제15대 국회의원 충북 선거에서 거둔 것과 같은 절정의 지역주의 투표 행태를 이루었다.

그러나 이것은 액면 그대로 보아서는 안 되고, 세심하게 해석해야 한다. 충북에서의 민주자유당 지지율이 충남보다 더 높은 것은 충북이 지역주의 투표 행태에 적극적으로 참여한 결과가 아니라 충북의 지역 정체성 중의 하나인 '집권당 우선주의'의 표현으로 보아야 한다. 이러한 충북의 독특한 현상은 1992년 제14대 국회의원 선거에서도 재현되었는데, 이에 관해서는 1992년 제14대 국회의원 선거 부분에서 같이 논의하기로 한다.

〈표 8-4〉 1991년 시 · 도의회 의원 선거에서의 충청도 지역의 정당별 의석수와 의석 점유율 (단위: 석, %)

	의원 정수	민주자유당		신민주연합당		민주당		무소속	
		의석수	비율	의석수	비율	의석수	비율	의석수	비율
전국	866	564	65.1	165	19.1	21	2.4	115	13.3
충청도	116	82	70.7	2	1.7	8	6.9	25	21.6
대전	23	14	60.9	2	8.7	1	4.3	6	26.1
충남	55	37	67.3			4	7.3	14	25.5
충북	38	31	81.6			2	5.3	5	13.2

출처: 중앙선거관리위원회(2009b: 301)에서 계산

호남을 지배 지역으로 하면서 '삼당 합당'을 반대한 신민주연합당은 충청도에서 고작 1.7%의 의석 점유율을 얻는데 그쳤다(〈표 8-4〉 참조). 대

전에서 두 석을 얻은 것도 기대 이상의 결과라고 할 수 있다. 충청도에서 상대적으로 선전한 것은 역시 '삼당 합당'을 거부하고 새롭게 창당한 민주당('꼬마 민주당')이었다. 민주당은 충청도에서 전국 2.4%보다 높은 6.9%의 의석 점유율을 기록하였다. 지역주의 투표 성향에 반기를 들고 호남에 거부감을 갖고 있는 충청도, 특히 대전 · 충남 유권자들은 신민주연합당도 아니고 민주당도 아닌 무소속 후보자들을 지지하였다. 무소속 당선자들은 전국 의석 점유율 13.3%보다 상당히 높은 21.6%의 의석 점유율을 충청도에서 기록하였다.

2) 1992년 3월 24일 제14대 국회의원 선거

김종필이 민주자유당에 참여한 이후 실시된 두 번째 선거가 1992년 제14대 국회의원 선거이었다. 제14대 국회의원 선거를 앞두고 우리나라 최대 재벌 중의 하나인 현대그룹의 정주영 회장이 통일국민당을 창당하고 정치에 직접 참여하는 일이 발생하였다. 자본가가 직접 국가 경영에 나서겠다고 정당을 창당한 것은 정당 역사상 희귀한 사례이다.

민주자유당은 이 선거에서 부산, 대구, 경북, 경남, 충북, 충남, 그리고 인천, 경기, 강원 9개 지역에서 지역 의석수의 과반수 이상을 획득하였다. 대전을 제외하고 '삼당 합당' 지역에서 완승하였다. 그러나 민주자유당은 비지배 지역인 호남에서는 전북에서 두 명의 당선자만을 배출했을 뿐이었다. 민주당은 호남과 서울에서 과반수 이상의 의석을 확보하였고, 1988년 제13대 국회의원 선거에서 당선자를 전혀 내지 못했던 충청도 지역에서 네 명을 당선시켰다. 그러나 영남 지역과 강원도와 제주도 지역에서는 단 한 명의 당선자도 배출하지 못하였다(중앙선거관리위원회, 2009b: 395-396). 두 당 모두 지배 지역에서의 완승과 비지배 지역에서의 완패라는 지역주의 투표 행태가 그대로 드러났다.

충청도에서의 지역주의 투표 성향은 현저하게 축소되었다. 충청도는 1991년 시 · 도의회 의원 선거 이후 불과 1년 만에 사정이 크게 달라졌다. 충청도 유권자들은 '삼당 합당'의 '주인공'격인 영남에 무조건 동조하지 않았으며, 호남을 지지하는 것에도 부담감을 느꼈다. 충청도 주민들은 지역주의 투표로부터 한 발 물러났다. 특히 대전과 충남에서 이러한 경향이 두드러졌다. 민주자유당에서 2인자 역할에 만족하는 김종필에 대한 실망감이 크게 작용하였다. 1992년 제14대 국회의원 선거에서 민주자유당은 대전의 총 다섯 석 중 단 한 석만을 획득하였고, 충남에서는 전체 14석 중 절반인 일곱 석을 차지하는데 그쳤다. 이것은 1988년 제13대 국회의원 선거와 1991년 시 · 도의회 의원 선거에서 신민주공화당이나 민주자유당이 획득한 대전과 충남의 의석 점유율보다 크게 뒤지는 기록이다. 제13대 국회의원 충남(대전은 충남에 포함됨) 선거에서 신민주공화당은 전체 의석 18석 중 13석을 차지하여 의석 점유율이 72.2%에 달했으나 1992년 제14대 국회의원 선거에서는 대전 · 충남에서의 민주자유당의 의석 점유율이 42.1%로 크게 줄어들었다. 충청도 전체 의석 점유율도 55.6%에서 50.0%로 감소하였다. '삼당 합당'을 하였음에도 불구하고, 충청도 의석 점유율이 떨어진 것은 모두 대전과 충남 때문이었다.

충북에서는 이와 반대 현상이 나타났다. 민주자유당은 1992년 제14대 국회의원 선거에서 충북의 전체 의석 아홉 석 중 여섯 석(의석 점유율 66.6%)을 차지하여 1998년 제13대 국회의원 선거에서 신민주공화당이 거둔 두 석(의석 점유율 22.2%)보다 훨씬 좋은 성적을 거두었다. 충북은 외형상으로 이 기간 동안에 지역주의 투표 성향이 크게 신장되었다.

그러나 1991년 시 · 도의회 선거와 1992년 제14대 국회의원 선거에서 갑자기 충북의 민주자유당 지지율이 상승한 것에 대해서는 조심스러운 해석이 필요하다. 충북에서 지역주의 투표 성향이 1988년보다 1991년과 1992년에 더 증폭되었다고 해석하는 것은 사실에 부합하지 않는다. 충북은 '집권당 우선주의'와 같은 중앙 권력을 추수하는 지역 정체성을 갖고 있다. 이런 성향으로 충북은 1987년과 1988년 선거에서 충청도에 연고를 둔 신민주공화당이 아니라 여당인 민주정의당을 지지하였다. 충북의 '집권당 우선주의' 성향은 변하지 않아 민주정의당이 '삼당 합당'하여 민주자유당이 된 1991년과 1992년 선거에서도 민주정의당의 후신인 집권당 민주자유당을 지지하였다. 충북은 민주정의당과 민주자유당은 다 같이 집권당이라는 동질성을 갖고 있다고 보았으나, 신민주공화당과 민주자유당은 동일체라고 보지 않았다. 즉 충북은 1987년 제13대 대통령 선거와 1988년 제13대 국회의원 선거, 그리고 1991년 시 · 도의회 의원 선거와 1992년 제14대 국회의원 선거 모두 집권당을 지지한 것이지, 지역주의 투표 성향이 갑자기 분출하여 1991년 시 · 도의회 의원 선거와 1992년 제14대 국회의원 선거에서 민주자유당을 선택한 것이 아니었다. 더더욱 충북은 이 시점까지 김종필과 신민주공화당을 내집단으로 생각하지 않았기 때문에 신민주공화당을 이 선거에서 지지할 이유가 없었다.

지금까지의 논의를 근거로 1992년 제14대 국회의원 선거에서의 각 당의 충청도 득표율을 이전 선거와 비교해 보기로 한다. 민주자유당은 〈표 8-5〉에서 보는 것처럼, 충청도 전체적으로 40.1%의 득표율을 기록하여 1988년 제13대 국회의원 선거의 신민주공화당 득표율 42.1%를 약간 밑돌았다. '삼당 합당'을 하였음에도 불구하고 지지율이 오히려 떨어졌다. 이러한 현상은 대전 · 충남 때문이었다. 신민주공화당은 1988년 제13대 국회의원 충남(대전 포함) 선거에서 46.5%를 득표하였는데, 1992년 제14대 국회의원 충남 선거에서 민주자유당은 43.4%, 대전에서 27.6%를 득표하여 대전 · 충남은 1988년보다 지역주의 투표 성향이 옅어졌다고 보아야 할 정도로 득표율이 떨어졌다.

반면에 충북은 이와 반대 현상이 나타났다. 1988년 제13대 국회의원 충북 선거에서 신민주공화당의 득표율은 33.3%이었는데, 1992년 제14대 국회의원 충북 선거에서 민주자유당의 득표율이 44.6%로 상승하였다. 이 득표율은 1988년 제13대 국회의원 충북 선거에서의 민주정의당 득표율

43.7%와 거의 비슷한 것으로 어느 것과 비교하더라도 1992년 득표율이 상승한 것은 틀림없다. 충북이 지역주의 투표 행태에 조금 더 가까이 간 것은 틀림없지만, 상당 부분은 '집권당 우선주의'와 같은 지역 정체성이 작용한 결과이다. 이 선거를 계기로 충북이 지역주의 투표 행태를 보였다고 평가하는 것은 지나친 해석이다.

〈표 8-5〉 1992년 제14대 국회의원 선거 투표율과 정당별 득표율

	총투표자수 (천명)	투표율 (%)	정당별 득표율(%)					
			제1당	제2당	제3당	제4당	무소속	기타
			민주자유당	민주당	통일국민당	신정치개혁당	무소속	기타
전국	20,843	71.9	38.5	29.2	17.4	1.8	11.5	1.7
충청도	2,117	74.5	40.1	22.6	19.1	2.4	15.4	0.4
대전광역시	493	70.1	27.6	25.5	21.3	1.3	23.8	0.5
충청남도	934	76.0	43.4	20.1	16.0	3.0	17.5	0.0
충청북도	690	76.0	44.6	23.8	21.5	2.6	6.5	0.9

출처: 이재열 · 강희경 · 설동훈(2004: 145)

충청도가 '삼당 합당'의 주체로 활동하는 것에 불만을 갖고 있으면서 호남에 거부감을 갖고 있는 유권자들은 지역주의 투표 성향으로부터 한 발 물러섰다. 이들은 충청도와 아무런 관련이 없는 통일국민당 후보들을 지지하는 것으로 그들의 의사를 표시하였다. 1992년 제14대 국회의원 선거에서 통일국민당 후보들이 충청도에서 뜻밖에 선전하여, 충북에서 두 석, 충남에서 네 석이나 당선된 것은(충청도 전체 의석 점유율 21.4%) 모두 이것과 관련된 것이다. 대전과 충북에서의 통일국민당 지지율은 각각 21.3%와 21.5%로 통일국민당의 전국 지지율 17.4%를 상회하였다. 그리고 대전과 충남에서는 무소속이 선전하였다. 대전에서의 무소속 득표율은

23.8%, 충남은 17.5%로 전국 무소속 득표율 11.5%보다 상당히 높았다(〈표 8-5〉 참조). '삼당 합당'과 호남을 모두 탐탁하게 생각하지 않는 충청도 유권자들이 통일국민당과 함께 무소속을 지지한 것이었다.

3) 1992년 12월 18일 제14대 대통령 선거

1992년 제14대 대통령 선거는 김영삼이 대통령이라는 권력을 장악하기 위해 정치적 반대 세력이었던 민주정의당과 신민주공화당과 '합당'하여 치른 자신의 선거이었다. '삼당 합당'은 지역주의 전략을 최대한 구사하기 위해 영남과 충청도를 지역적으로 통합한 '선거 연합'이었다. '지역주의를 좀 부추겨야 한다'는 유명한 '초원복집' 사건도 이 선거에서 발생하였다.

1987년 제13대 대통령 선거와 1992년 제14대 대통령 선거에서 김영삼과 김대중이 획득한 지역별 득표율을 비교해보면 지역주의 투표 성향의 심화를 쉽게 확인할 수 있다. 1987년 제13대 대통령 선거에서는 유력한 대통령 후보가 네 명이었고, 1992년 제14대 대통령 선거에서는 유력 후보가 세 명이었기 때문에 두 후보의 득표율은 특별한 사유가 없는 한 증가할 수밖에 없다.

〈표 8-6〉 1987년 제13대 대통령 선거와 1992년 제14대 대통령 선거에서의 김영삼 후보의 지역별 득표율과 득표율 증가폭 (단위: %, % 포인트)

	전국	수도권	부산·경남	대구·경북	호남	대전·충남	충북
제13대	28.0	28.7	53.7	26.6	1.2	16.1	28.2
제14대	42.0	36.5	72.8	62.5	4.3	36.3	38.3
증가폭	14.0	7.8	19.1	35.9	3.1	20.2	10.1

출처: 중앙선거관리위원회(2009b: 526)/ 충북: 중앙선거관리위원회 선거통계시스템

'삼당 합당'의 주역인 김영삼 후보는 지배 지역에서의 득표율 증가가 뚜렷하였다. 〈표 8-6〉에서 보는 것과 같이 김영삼 후보의 1992년 제14대 대통령 선거 전국 득표율은 42.0%로 1987년 제13대 대통령 선거 때의 득표율 28.0%보다 14.0% 포인트가 증가하였다. 전국 득표 증가율보다 득표율이 높아진 지역은 모두 '삼당 합당'과 관련된 지역이었다. 부산 · 경남 지역은 19.1% 포인트, 대구 · 경북 지역은 무려 35.9% 포인트, 그리고 대전 · 충남 지역은 20.2% 포인트가 높아졌다. 이 가운데서 대구 · 경북 지역의 득표율 증가가 가장 현저하였는데, 그 이유는 1987년 제13대 대통령 선거에서 대구 · 경북 지역을 대표하는 민주정의당이 이 선거에서는 민주자유당 김영삼 후보를 지지하였기 때문이었다. 한 마디로 말해서 대구 · 경북은 부산 · 경남과 같이 하나의 영남 지역이 되었다.

'삼당 합당' 지역에 속하지만, 김영삼 후보의 득표율 증가폭이 전국 평균보다 적은 유일한 지역이 충북(10.1% 포인트 증가)이라는 것이 관심을 끈다. 이것은 충북의 고유한 지역 정체성이라기보다는 통계상의 기저 효과 때문이다. 즉 1987년 제13대 대통령 선거에서 김종필 후보의 충남(대전이 포함됨)과 충북의 득표율 차이 때문이다. 1987년 제13대 대통령 선거에서 김종필은 충남에서 45.0%를 득표한 반면에 충북에서는 고작 13.5%를 득표하는데 그쳤다. 이것은 김영삼 후보를 비롯하여 다른 후보들이 충남에서 상대적으로 덜 득표하고 충북에서는 더 득표하였다는 뜻이다. 1987년 제13대 대통령 선거에서 김영삼 후보는 충남에서 16.1% 득표에 그쳤지만, 충북에서는 28.2%를 득표하였다. 1992년 제14대 대통령 선거에서 김영삼은 대전 · 충남과 충북에서 각각 35-38%를 득표하여, 충북에서는 기저 효과로 증가폭이 작을 수밖에 없었다. 결론적으로 김영삼은 1987년 선거 결과와 관계없이 충북을 포함하여 충청도에서도 '삼당 합당'의 수혜를 톡톡히 입었다. 한편으로, 1992년 제14대 대통령 선거에서 충북의 김영삼 득표율 자체가 대전 · 충남보다 근소하기는 하지만 더 높았다는 것은 일종의 충북의 '집권당 우선주의'의 일면인데, 이것도 김영삼에게 유리하게 작용하였다.

〈표 8-7〉 1987년 제13대 대통령 선거와 1992년 제14대 대통령 선거에서의 김대중 후보의 지역별 득표율과 득표율 증가폭 (단위: %, % 포인트)

	전국	수도권	부산 · 경남	대구 · 경북	호남	대전 · 충남	충북
제13대	27.0	28.4	6.9	2.5	88.4	12.4	11.0
제14대	33.8	35.2	10.9	8.9	91.9	28.6	26.0
증가폭	6.8	6.8	4.0	6.4	3.5	16.2	15.0

출처: 중앙선거관리위원회(2009b: 526)/ 충북: 중앙선거관리위원회 선거통계시스템

반면에 호남을 지배 지역으로 갖고 있는 김대중 후보는 비호남 지역의 호남 포위로 득표율 증가가 제한될 수밖에 없었다. 김대중 후보는 1992년 제14대 대통령 선거에서 33.8%의 전국 득표율을 기록하여 1987년 제13대 대통령 선거 때보다 6.8% 포인트 득표율 증가가 있었다. 김영삼 후보의 증가폭 14.0% 포인트보다는 증가폭이 작았다. 그런데 김대중 후보의 전국 평균 증가폭을 상회한 지역은 충청권밖에 없었다. 대전 · 충남은 16.2% 포인트, 충북은 15.0% 포인트 증가하였다. 호남 지역에서의 득표율 증가폭은 3.5% 포인트로 모든 지역 중에서 가장 낮았다(〈표 8-7〉 참조). 이것은 김대중이 1987년 제13대 대통령 선거에서 이미 호남에서 높은 지지를 받은 기저 효과 때문이었다. 영남 지역에서 김대중 후보의 득표율 증가폭이 전국 평균에 못 미치는 것은 비지배 지역에서의 배척이라는 지역주의 투표 행태의 특성 때문이다.

그럼 '삼당 합당'에 참여한 충청도에서 김대중의 지지율이 전국 득표율보다 훨씬 더 많이 증가한 이유는 무엇인가? 이유는 두 가지이다. 하나는 김대중이 1987년 제13대 대통령 선거에서 충청도에서 획득한 득표율이 워낙 낮았기 때문이다. 그는 1987년 제13대 대통령 선거에서 대전 · 충남에서 12.4%, 충북에서 11.0%밖에 득표하지 못했다. 이러한 낮은 득표율 때문에 1992년 제14대 대통령 선거에서 조금만 지지율이 올라도 증가폭은 확연히 상승한다. 두 번째 이유는 충청도 사람들이 김종필이 민주자유당

내에서 권력의 주체가 되지 못하고 2인자 역할에 머무는 것에 불만을 나타냈기 때문이다. 앞서 논의한 바와 같이 김종필은 내각제 파문에서 김영삼과의 권력 투쟁에서 패배하여 핵심 권력으로부터 소외되기 시작하였다. 충청도 유권자들은 이 점을 불만스러워했다. 이 상황의 수혜자는 김대중과 정주영이었다. 1992년 제14대 대통령 충청도 선거에서 김대중 후보가 27.8%, 통일국민당 정주영 후보가 24.3%를 득표하여 김영삼 후보가 획득한 36.9%에 크게 밀리지 않은 것은(〈표 8-8 참조〉) 충청도 유권자들의 바로 이러한 심정적 요인이 작용한 것이었다. 즉 일부 충청도 유권자들은 김종필을 견제하는 영남 세력에 동조하기 싫고, 또한 김종필이 충청도의 결기를 제대로 보여 주지도 못하는 것에 대하여 불만을 가졌다. 여기에 '삼당합당'에 원칙적으로 반대하는 유권자들은 김대중 후보를 지지하였고, 호남을 지지하는 것에 부담감을 느끼는 유권자들은 통일국민당의 정주영 후보를 선택하였다.

〈표 8-8〉 1992년 제14대 대통령 선거 투표율과 후보별 득표율

	투표자수 (천명)	투표율 (%)	후보별 득표율(%)				
			1위	2위	3위	4위	기타
			김영삼	김대중	정주영	박찬종	기타
전국	24,095	84.0	42.0	33.8	16.3	6.4	1.5
충청도	2,306	82.6	36.9	27.8	24.3	8.7	2.3
대전광역시	583	82.6	35.2	28.7	23.3	11.2	1.6
충청남도	973	81.7	36.9	28.5	25.2	6.7	2.5
충청북도	750	83.9	38.3	26.0	23.9	9.4	2.5

출처: 이재열 · 강희경 · 설동훈(2004: 133)

3. 자유민주연합 활동 기간 (1995년 3월-2006년 3월)

1) 1995년 6월 27일 제1회 지방 선거

민주자유당은 1990년 2월 합당 이후 내각제 개헌 각서 파문을 비롯하여 줄곧 민정계 · 민주계 · 공화계 간에 갈등이 끊이지 않았다. 김영삼 대통령을 정점으로 하는 주류 민주계가 1994년 말부터 '개혁'을 내세워 김종필의 일선 후퇴를 요구하고 이를 김종필이 거부함으로써 김영삼과 김종필 사이에 갈등이 극에 달하였다. 현직 대통령과의 권력 투쟁에서 질 수밖에 없는 김종필은 마침내 1995년 2월 9일 민주자유당을 탈당하였다. 사실은 '탈당 당'한 것이다. 그는 곧장 박준규 전 국회의장, 최각규 전 경제 부총리, 김용환 의원 등 구 민주공화당 인사들과 같이 1995년 3월 30일 자유민주연합을 창당하였다. 김종필은 1990년 '삼당 합당'으로 신민주공화당 총재에서 물러난 지 오년만에 자유민주연합 총재가 되었다(중앙선거관리위원회, 2009c: 37). 자유민주연합은 민주계의 무시로 무산된 내각제를 창당이념으로 제시하여, 1960년 제3공화국 이후 내각제를 공식으로 표방한 첫 번째 정당이 되었다(중앙선거관리위원회, 2009c: 39).

자유민주연합은 동시에 충청도를 기반으로 하는 사실상의 지역 정당을 표방한 최초의 정당이기도 하였다. 이런 이유로 자유민주연합은 비충청권 지역에서 심각한 인물난을 겪었다. 자유민주연합은 충청도 이외의 지역을 의식할 필요가 없어 1995년 제1회 동시 지방 선거에서 '충청도 핫바지론'과 같은 지역주의를 자극하는 발언을 노골적으로 표명하였다. 다른 정당들도 지역주의를 중요한 선거 전략으로 내세우지만, 타 지역의 반발을 의식하여 적어도 공식적으로는 지역주의를 자극하는 말을 자제하는데, 자유민주연합은 그렇지 않았다(중앙선거관리위원회, 2009c: 55).

1995년 6월 27일 '제1회 전국 동시 지방 선거'는 시 · 도 지사(광역 단체장) 선거, 자치구 · 시 · 군의 장(기초 단체장) 선거, 시 · 도의회 의원(광역 의원) 선거, 자치구 · 시 · 군의회 의원(기초 의원) 선거 등 네 개의 선거가 동시에 실시되었다. 이 선거는 김영삼 정부가 출범한 지 이년이 지난 시점에 실시되어 중간 평가적 성격도 띠었다. 이 선거에 즈음하여 김대중 아시아 · 태평양평화재단 이사장은 '지역 등권론'을 내세우며 본격적으로 정치 활동을 재개하였다. 이에 따라 이 선거에서 이른바 '신삼김 시대'가 다시 전개되었다(중앙선거관리위원회, 2009c: 25).

김종필은 자신이 영남 정권으로부터 밀려난 피해자라는 것을 충청도 유권자들에게 각인시키고 충청권을 결집시키기 위한 전략으로 '충청도 핫바지론'을 강력하게 피력하였다. 예를 들어, 그는 1995년 6월 13일 온양 온천역 앞 유세에서 "이 선거에서 똘똘 뭉쳐 김영삼 정권을 혼내 주고 내년 국회의원 선거와 이년 후 대통령 선거에서 충청도 기백이 훨훨 타오르도록 하자"고 충청 도민의 지역 정서를 한껏 자극하였다. 상대 정당과 후보자들은 당연히 김종필과 자유민주연합이 지역 감정을 노골적으로 조장한다며 격렬하게 비판하였다. '충청도 핫바지론'은 자유민주연합 모든 후보들의 단골 주제였다. 변웅전 의원은 1995년 6월 23일 서산 지역 정당 연설회에서 "현 정권은 충청도의 자존심이자 칠천만의 지도자인 김종필 총재를 헌신짝처럼 버림으로써 충청도를 핫바지로 만들었다"며 예의 '핫바지론'을 거론하였다. 심대평 충남 지사 후보는 "민족 정기를 지켜온 선비 정신에 핫바지가 웬 말이냐"며 거들었다. 김학원 후보는 대전 서구 제4선거구 시의원 합동 유세에서 연설 도중 갑자기 양복 바지에 껴입은 흰색 핫바지를 가리키며 "이 선거에서 똘똘 뭉쳐 핫바지를 완전히 벗어버리자"며 시종 '핫바지론'을 전개하였다. 자유민주연합 후보들은 유세 때마다 "야당 국회의원밖에 없는 광주도 대전보다는 교부금을 몇 배나 더 많이 타가고 있다"고 충청도 푸대접을 거론하며 지역 감정을 자극하였다(중앙선거관리위원회, 2009c: 110-111).

‘충청도 핫바지론’과 ‘충청도 푸대접론’과 ‘멍청도’론은 대전과 충남 지역에서만 거론되지 않았다. 충북 지역의 거의 모든 자유민주연합 후보들도 선거 유세에서 반드시 이것을 거론하였다. 주병덕 충북 도지사 후보는 “30년간 야당만 해온 호남은 도로가 뻥뻥 뚫리는 등 대접을 받는데 충북은 오히려 푸대접만 받고 있다”, “이 선거에서 ‘멍청도’에서 ‘똑청도’로, ‘핫바지’에서 ‘칼바지’로 변신하자”며 지지를 호소하였다. 김현수 청주 시장 후보는 “경상도 당은 30년간 집권했고 전라도 당은 30년간 제1 야당을 해왔다. 충청도는 선거 때마다 찍을 당이 없어서 이리저리 이용만 당하고 ‘멍청도’에 ‘핫바지’ 소리까지 듣는 신세가 되었다”고 지역 감정을 유발하는 발언을 거침없이 쏟아내었다(중앙선거관리위원회, 2009c: 111).

민주당과 자유민주연합은 공식적으로 연대 협정을 맺지는 않았지만, 이 선거에서 선거 공조를 시작하였다. 선거 결과는 김대중의 민주당 승리로 끝났다. 그리고 민주당과 선거 공조를 시도한 자유민주연합도 승리를 맛보았다. 전국 15개 시 · 도 지사 선거에서 민주자유당이 가장 많은 다섯 명의 당선자를 냈지만, 선거 공조를 한 민주당과 자유민주연합은 각각 네 명씩을 당선시켜 두 당을 합해 여덟 명이 당선되어 민주자유당을 앞섰다. 전국적으로 230명을 뽑는 자치구 · 시 · 군의 장 선거와 972명을 뽑는 시 · 도의회 의원 선거에서 민주당은 가장 많은 84명(점유율 36.5%)과 390명(의석 점유율 40.1%)의 당선자를 내어, 자치구 · 시 · 군의 장 선거에서 70명(점유율 30.4%), 시 · 도의회 의원 선거에서 335명(의석 점유율 34.5%)의 당선자를 확보한 민주자유당을 눌렀다. 자유민주연합은 자치구 · 시 · 군의 장 선거에서 23명(점유율 10.0%), 시 · 도의회 의원 선거에서 94명(의석 점유율 9.7%)을 당선시켰다(중앙선거관리위원회, 2009c: 25).

1995년 제1회 지방 선거는 자유민주연합이 영남과의 지역 연합을 끊고 호남과 새롭게 지역적 선거 공조를 함으로써 지역주의의 양상만 달라졌을 뿐 지역주의 투표 행태는 변함이 없었다. 세 정당은 모두 지배 지역에서 높은 득표율을, 비지배 지역에서 낮은 득표율을 기록하는 전형적인 지역주의 투표 행태를 보였다. 선거 결과 민주당은 호남권에서 74.4%를 얻어 1992년 제14대 국회의원 선거 때보다 지지율이 12.4% 포인트 상승하였다. 민주당의 호남 지지율이 원래 높았다는 것을 감안하면, 12.4% 포인트의 지지율 증가는 매우 큰 증가폭이다. 자치구 · 시 · 군의 장 선거에서 민주당은 광주 100%, 전남 91.7%, 전북 92.9%의 점유율을 보였다. 지역구 시 · 도의회 의원 선거에서도 민주당은 광주 100%, 전남 91.2%, 전북 94.2%의 의석 점유율을 기록하였다. 그러나 민주당은 경남과 경북에서에서는 후보를 공천조차 하지 못했다(중앙선거관리위원회, 2009c: 157).

민주자유당은 이 선거에서 전두환과 노태우를 형사 처벌하려는 움직임을 보여(노태우와 전두환은 1995년 11월과 12월에 구속됨) 대구 · 경북 지역에서의 득표율과 의석 점유율이 저조하였다. 대구 · 경북에서는 자치구 · 시 · 군의 장 선거에서 무소속 후보에게도 밀렸다. 경남에서도 무소속 후보들이 많이 당선되었다. 그러나 이들 무소속 후보들은 대부분 민주자유당 성향이므로 이 지역에서 지역주의 투표 행태가 약화되었다고 평가할 수는 없다. 민주자유당의 또 다른 지배 지역인 부산은 지역주의 투표 행태가 강력하게 관철되었다. 자치구 · 시 · 군의 장 부산 선거에서 민주자유당은 87.5%의 점유율, 지역구 시 · 도의회 의원 선거에서 90.9%의 의석 점유율을 기록하였다(중앙선거관리위원회, 2009c: 157).

자유민주연합은 충청도 지역 정당임을 숨기지 않아 비지배 지역인 서울과 부산을 비롯하여 호남권 전체에 후보를 공천하지 못했다. 그러나 지배 지역인 충청도(대전 · 충남 · 충북) 시 · 도지사 선거에서 모두 이기는 괄목할 만한 성적을 거두었다. 자치구 · 시 · 군의 장 선거에서도 자유민주연합은 대전 80%, 충남 100%의 압도적인 점유율을 보였다. 지역구 시 · 도의회 의원 선거에서도 자유민주연합은 대전 100%, 충남 89.1%의 의석 점유율을 기록하였다(중앙선거관리위원회, 2009c: 157). '충청도 핫바지론'으로 지역 정서를 자극한 대전 · 충남의 지역주의 투표 행태의 강도는 거의 호남 수준이었다. 시 · 도지사 선거에서 자유민주연합은 충남에서 67.9%, 대전에서 63.8%의 득표율을 기록하여 민주당이 광주에서 얻은 득표율 89.7%에는 못 미치나 전남(73.5%)과 전북(67.2%)에서 획득한 득표율과 거의 차이가 없었다.

〈표 8-9〉 1995년 제1회 지방 선거의 정당별 득표율

	유효 투표수 (천명)	정당별 득표율(%)				
		제1당	제2당	제3당	무소속	기타
시 · 도지사		민주자유당	민주당	자유민주연합	무소속	기타
전국	20,647	33.3	30.1	17.3	19.1	0.2
충청도	2,132	21.0	16.1	56.7	6.2	
대전광역시	538	20.9	10.8	63.8	4.5	
충청남도	907	19.2	12.9	67.9		
충청북도	686	23.3	24.5	36.4	15.8	
구 · 시 · 군의장		민주자유당	민주당	자유민주연합	무소속	
전국	20,532	31.8	28.8	8.0	31.4	
충청도	2,127	24.8	12.0	44.4	18.7	
대전광역시	536	17.3	18.1	57.0	7.6	
충청남도	904	24.8	7.0	53.6	14.6	
충청북도	686	30.7	13.9	22.6	32.8	
시 · 도의원		민주자유당	민주당	자유민주연합	무소속	기타
전국	19,423	36.4	32.7	7.2	23.7	0.0
충청도	2,053	26.2	14.9	41.7	17.2	0.0
대전광역시	529	12.8	16.2	55.5	15.5	
충청남도	868	27.1	8.4	54.5	10.0	0.1
충청북도	655	35.9	22.6	13.4	28.1	

출처: 이재열 · 강희경 · 설동훈(2004: 150-151)

자유민주연합은 〈표 8-9〉에서 보는 것처럼 대전과 충남에서 시 · 도지사 선거, 시 · 군의 장 선거, 그리고 지역구 시 · 도의회 의원 선거에서 모두 득표율 1위를 기록하였다. 자유민주연합이 전국적으로는 제3당에 불과하였지만, 대전 · 충남에서는 전국 1, 2위 정당을 상당한 격차로 따돌린 1위 정당이 되었다. 대전 시장과 충남 도지사 선거에서 각각 63.8%와 67.9%를 득표하였다. 반면에 민주자유당의 득표율은 대전 20.9%, 충남 19.2%에 불과하여 자유민주연합의 삼분의 일에 지나지 않았다. 시 · 도지사 선거에서 전국 3위를 차지한 민주당도 대전과 충남에서의 득표율은 각각 10.8%와 12.9%에 지나지 않아 자유민주연합 득표율의 육분의 일 수준에 머물렀다. 이러한 경향은 시 · 군의 장 선거와 지역구 시 · 도의회 의원 선거에서도 마찬가지이었다. 시 · 군의 장 선거에서 자유민주연합은 대전에서 57.0%, 충남에서 53.6%의 득표율을 기록하여, 민주자유당과 민주당을 크게 앞질렀다. 지역구 시 · 도의회 의원 선거에서도 같은 결과가 산출되었다.

자유민주연합이 '충청도 핫바지론'으로 충청도 유권자들의 지역 정서를 한껏 자극하였지만, 충북 유권자들은 이에 크게 반응을 보이지 않았다. 충북은 1995년 제1회 지방 선거에서 지역주의 투표 행태를 분명히 보이기는 했지만, 대전 · 충남에 선뜻 합류하지는 않았다. 대전과 충남은 '충청도 핫바지론'에 의하여 적극적으로 지역주의 투표 행태를 보인 반면에 충북은 이에 미치지 못했다. 자유민주연합은 충북 도지사 선거에서만 이겼을 뿐 자치구 · 시 · 군의 장 선거에서는 전체 11곳 중 단 두 곳에서만 승리하였다. 지역구 시 · 도의회 의원 선거에서도 전체 36석 중 네 석(의석 점유율 11.1%)만을 차지하여 대전과 충남에서의 실적과 매우 달랐다. 이 선거에서 민주자유당이 12석, 민주당과 무소속이 각각 열석씩을 차지하여 자유민주연합을 크게 앞섰다(중앙선거관리위원회 선거통계시스템).

자유민주연합은 충북 도지사 선거에서 36.4%를 득표하여 승리였지만, 득표율은 대전 · 충남의 절반 정도에 지나지 않았다. 시 · 군의 장 선거에서의 득표율은 22.6%로 민주자유당의 득표율 30.7%보다 뒤졌다. 득표율 13.9%를 기록한 민주당보다 앞섰을 뿐이었다. 자유민주연합은 지역구 시 · 도의회 의원 선거에서는 민주자유당(35.9%)은 말할 것도 없고 민주당(22.6%)에도 뒤지는 3위를 차지하였다(13.4%). 뿐만 아니라 시 · 군의 장 선거와 지역구 시 · 도의회 의원 선거 모두 무소속 후보의 득표율에도 뒤졌다(〈표 8-9〉 참조). 자유민주연합은 충북에서 시 · 도지사 선거를 제외한 나머지 선거에서는 완패하였다. 자유민주연합 후보들이 대전과 충남 지역처럼 충북에서도 지역 감정을 건드리는 발언을 서슴없이 했음에도 불구하고 충북 유권자들은 도지사 선거에서만 반응을 보였다. 외집단 배제와 내집단 단합을 도모하는 '충청도 핫바지론'은 대전과 충남만큼 효과를 거두지 못했다.

그럼에도 불구하고 충북에서 지역주의 투표 행태가 본격화된 것은 1995년 제1회 지방 선거부터로 보는 것이 합당하다. 이유는 두 가지이다. 첫째, 이 선거에서 김종필과 자유민주연합 후보들은 노골적으로 '충청도 핫바지론'을 펼쳤다. '충청도 핫바지론'은 한국 정당사에서 공개적으로 지배 지역의 단합과 비지배 지역에 대한 폄하를 서슴지 않은 최초의 언술이었다. 이것을 수용한다는 것은 지역주의 투표를 주저하지 않겠다는 뜻이다. 충북 유권자들은 이 담론을 행동으로 지지하지는 않았지만, 심정적으로 호응하였다. 둘째 이유는 자유민주연합이 충북에서 기초 자치 단체장과 도의회 선거에서 패배했지만, 지방 선거의 핵심인 도지사 선거에서 이겼기 때문이다. 도지사 선거의 승리는 도정을 자유민주연합의 의도대로 풀어나갈 수 있기 때문에 1995년 제1회 지방 선거를 기점으로 충북 유권자들이 지역주의에 근거하여 투표 행위를 시작한 것으로 평가하기에 부족함이 없다. 1995년 시점에서 충북은 자유민주연합의 충청도 지배에 완전히 합류하지는 않았지만, 광역 단체장 선거에서 승리함으로서 넓은 의미에서 자유민주연합의 지배 지역으로 편입되기 시작하였다고 볼 수 있다. 결론적으로 충북은 이 선거에서 한편으로 지역주의 투표에 망설이지 않고 참여한 반면에 기초 자치 단체장 선거 등에서는 여전히 집권당을 지지하여 지금까지 유지되어 온 '집권당 우선주의' 태도에도 관심을 거두지 않은 이중적 모습을 나타내었다.

2) 1996년 4월 11일 제15대 국회의원 선거

1996년 제15대 국회의원 선거는 1995년 제1회 지방 선거의 거의 완벽한 재판이었다. 신한국당과 새정치국민회의와 자유민주연합의 '삼당 분할 구도'가 그대로 되풀이되었고 새정치국민회의와 자유민주연합은 'DJP 연대'에 의한 비공식적인 '지역 연합'을 계속하였다. 이러한 선거 구도는 지역주의 투표 행태의 심층적 재현으로 이어졌다. 1996년 2월 7일 민주자유당은 신한국당으로 당명을 변경하였다(중앙선거관리위원회, 2009c: 591). 신한국당은 1996년 제15대 국회의원 선거에서 부산 · 경남의 총 44석 중 38석(의석 점유율 86.4%)을 얻었으나 호남 지역에서는 한 석, 충청도에서는 세 석밖에 얻지 못했다. 새정치국민회의는 호남 지역의 총 37석 중 36석(의석 점유율 97.2%)을 차지하였으나 영남권과 충청권에서는 단 한 석도 획득하지 못하였다. 자유민주연합도 충청 지역에서 총 28석 중 24석(의석 점유율 85.7%)을 얻었으나 부산 · 경남과 호남 지역에서는 당선자를 전혀 내지 못했다(중앙선거관리위원회, 2009c: 287).

신한국당은 부산 · 경남 지역에서, 새정치국민회의는 호남 지역에서, 자유민주연합은 충청도에서 상대 정당보다 높은 득표율을 기록하였다. 뿐만 아니라 세 당 모두 1992년 제14대 국회의원 선거에 비해 대구 · 경북을 제외한 지배 지역에서의 득표율이 높아졌다. 〈표 8-10〉에서 보는 바와 같이 신한국당은 부산 · 경남 지역에서 3.4% 포인트 높은 52.0%의 지지율을 얻었다. 새정치국민회의 역시 호남 지역에서의 득표율이 71.6%로 1992년 제14대 국회의원 선거 득표율보다 9.6% 포인트 더 높아졌다. 다만 대구 · 경북에서는 지역주의가 다소 변형된 형태로 나타났다. 1992년 제14대 국회의원 선거에서 민주자유당은 48.2%의 득표율을 얻었으나, 1996년 제15대 국회의원 선거에서는 신한국당의 지지율이 30.5%로 뚝 떨어졌다. 이 지역에서는 김영삼 정권에 대한 불만(김영삼 대통령의 전두환과 노태우 구속이 계기)을 대립 정당인 새정치국민회의만 아니라면 어느 정당이라도 지지할 기세로 지역주의를 표현하였다. 이들은 민주자유당으로부터 구박을 받은 자유민주연합을 동병상련의 심정으로 지지하였다. 자유민주연합은 대구에서 신한국당의 득표율보다 11.3% 포인트 앞선 35.8%를 득표하였다. 대구에서의 자유민주연합 의석수는 신한국당에 비해 무려 여섯 석이나 많았다(중앙선거관리위원회, 2009c: 287).

〈표 8-10〉 1992년 제14대 국회의원 선거와 1996년 제15대 국회의원 선거에서의 정당별 지역별 득표율 (단위: %)

선거	정당	부산 · 경남	대구 · 경북	호남	충청도
제14대	민주자유당	48.6	48.2	24.4	40.1
	민주당	13.8	8.7	62.0	22.6
제15대	신한국당	52.0	30.5	17.6	27.8
	새정치국민회의	5.4	1.5	71.6	8.4
	자유민주연합	5.2	27.5	0.7	47.0

출처: 중앙선거관리위원회(2009c: 288)

충청도에서는 자유민주연합이 충청도의 지배 정당으로 확실히 자리매김하였다. 민주자유당이 제14대 국회의원 충청도 선거에서 40.1%를 득표하였던 것이 1996년 제15대 국회의원 선거에서는 신한국당이 27.8%밖에 득표하지 못하였다. 충청도 유권자들이 영남 정권에 대한 지지를 빠르게 거둬들였다. 이 대신에 자유민주연합은 지역 유권자들로부터 전폭적인 지지를 얻었다. 자유민주연합은 충청도에서 2위를 한 신한국당에 19.2% 포인트 많은 득표율 47.0%를 단숨에 기록하였다(〈표 8-10〉 참조).

자유민주연합이 충청도에서 획득한 득표율 47.0%(충남 51.2%, 대전 49.8%, 39.4%)는 신한국당이 경남에서 기록한 득표율 46.5%와 부산 득표율 55.8%와 거의 맞먹는다. 자유민주연합의 전국 득표율이 16.2%에 불과한 것과 비교하면, 충청도 득표율 47.0%는 전국 득표율의 약 세 배에 달하는 엄청난 규모이었다. 김종필은 이 선거에서도 다른 지역 사람들(특히 영남)이 충청도를 우습게보고 있다는 의미의 '충청도 핫바지론'을 1995년 제1회 지방 선거에 이어 거듭 제기하였다. 그리고 이 언술은 충청도의 지역주의를 최대로 강화시키는 계기로 작용하였다. 이번에는 충북 유권자들도 대전 · 충남 유권자들과 같이 이에 적극적으로 호응하였다.

1996년 제15대 국회의원 선거에서는 충청도, 특히 충북의 선거 결과에 주목해야 한다. 1995년 제1회 지방 선거에서 김종필이 제기한 '충청도 핫바지론'은 대전과 충남에서 즉효를 발휘하였으나, 충북에서는 도지사 선거에서만 효력을 거두었을 뿐 시 · 군의 장 선거와 지역구 시 · 도의회 의원 선거에서는 효과를 내지 못했다. 그러나 1996년 제15대 국회의원 선거는 달랐다. 충북도 이 선거에서 대전 · 충남처럼 지역주의 투표 행태를 확실히 보였다. 충북의 총 의석수 여덟 석 중 다섯 석을 자유민주연합이 차지하여 의석 점유율이 62.5%에 이르렀다. 비록 의석 점유율이 100%에 달한 대전이나 92.3%인 충남에는 못 미쳤지만, 의석 점유율이 60%를 넘는 초유의 일이 충북에서도 발생하였다. 충북의 '집권당 우선주의'는 지역주의 투표의 기세에 눌려 이 선거에서 처음으로 표면화되지 않았다.

충북의 득표율 순위도 크게 신장되었다. 1995년 제1회 지방 선거에서 충북은 도지사 선거에서만 1위를 하였지만(시 · 군의 장 선거는 2위, 지역구 시 · 도의회 의원 선거는 3위), 1996년 제15대 국회의원 선거에서는 신한국당(31.5%)과 새정치국민회의(8.9%)를 제치고 득표율 39.4%로 국회의원 선거 사상 처음으로 1위를 하였다. 1995년 제1회 기초 단체장과 광역 의원 지방 선거에서 30% 내외에 달했던 무소속 득표율도 10.9%로 크게 떨어졌는데(〈표 8-11〉 참조), 이것도 자유민주연합 후보들에 대한 충북 유권자들의 지지가 강화되었기 때문이었다. 한 마디로 말해서 자유민주연합은 충북에서도 대전 · 충남처럼 지배 정당이 되었다.

〈표 8-11〉 1996년 제15대 국회의원 선거 투표율과 정당별 득표율

	총투표자수 (천명)	투표율 (%)	정당별 득표율(%)					
			제1당	제2당	제3당	제4당	무소속	기타
			신한국당	국민회의	자유민주연합	통합민주당	무소속	기타
전국	20,123	63.9	34.5	25.3	16.2	11.2	11.8	0.9
충청도	2,090	67.0	27.8	8.4	47.0	9.4	6.9	0.4
대전광역시	530	63.0	21.4	11.4	49.8	12.6	4.1	0.6
충청남도	885	68.7	28.9	6.1	51.2	7.9	5.5	0.3
충청북도	675	68.3	31.5	8.9	39.4	8.9	10.9	0.4

출처: 이재열 · 강희경 · 설동훈(2004: 145)

이제 충북도 대전 · 충남과 동일한 지역 정체성을 본격적으로 표현하기 시작하였다. 코헨식으로 말하면, 충북은 지역사회의 경계를 충북에서 충청도로 재구성하였다. 충북이 지역주의 투표 행태에 본격적으로 가담하기 시작한 것은 1995년 제1회 지방 선거부터이고, 완전히 대전 · 충남과 일체가 된 것은 1996년 제15대 국회의원 선거부터이다. 영남 지역 주민이 패권적 지역주의를 추구하고, 호남 유권자들이 이에 저항적 지역주의로 항의하는 형태로 권력을 추구하는 것처럼 충청도 주민들도 더 이상 머뭇거리지 않고 반사적 지역주의로 권력을 획득하는 작업에 나섰다. 대전과 충남이 1995년 제1회 지방 선거부터 지역주의 투표 행태를 거칠 것 없이 폭발시킨 것을 충북은 1년의 예열 기간을 거쳐 1996년 제15대 국회의원 선거부터 폭발적으로 분출하였다.

1996년 제15대 국회의원 선거도 지역주의 투표로 진행되었다는 것은

통합민주당[1]과 자유민주연합의 투표율과 의석수를 비교해 보면 분명하게 알 수 있다. 통합민주당의 전국 득표율 11.2%는 자유민주연합에 비해 5.0% 포인트밖에 뒤지지 않았는데(〈표 8-11〉 참조), 지역구 의석은 통합민주당이 아홉 석에 불과하여 자유민주연합 41석과 크게 차이가 났다(〈표 6-11〉 참조). 그 이유는 간단하다. 자유민주연합은 지배 지역을 갖고 있어 지배 지역에서 대거 당선자를 배출한 반면에 통합민주당은 지배 지역을 갖고 있지 못해 지역구에서 당선자를 내지 못하였기 때문이었다.

3) 1997년 12월 18일 제15대 대통령 선거

1997년 제15대 대통령 선거는 새정치국민회의 김대중 후보가 한나라당 이회창 후보를 1.6% 포인트라는 근소한 차이로 앞서 승리하였다. 1971년부터 네 번의 도전 끝에 대통령에 당선된 김대중의 승리 요인은 여러 가지가 있었다. 1997년 선거 직전에 발생한 외환 위기로 인한 국민들의 고통, 전 경기지사 이인제의 한나라당 탈당에 이은 국민신당 창당과 대통령 출마, 그리고 한나라당 이회창 후보 아들의 병역 기피 의혹 등이 그것이다.

여기에 1995년 제1회 동시 지방 선거부터 다져 온 김대중과 김종필의 '선거 공조'가 1997년 제15대 대통령 선거를 앞두고 공식화된 것이 가장 결정

1) 통합민주당의 역사는 '꼬마 민주당'으로까지 거슬러가야 그 내용을 알 수 있다. '꼬마 민주당'(실제 당명은 민주당)과 신민주연합당은 1991년 9월 16일 민주당으로 합당하였다. 김대중과 이기택이 공동 대표를 맡았다(중앙선거관리위원회, 2009b: 668). 1992년 제14대 대통령 선거에서 김대중 공동 대표가 패배하고, 정계를 은퇴한 이후 심각한 당내 계파 갈등을 겪었고, 결국 1995년 제1회 지방 선거 이후 이기택 계열만이 민주당에 남았다. 민주당은 1995년 12월 21일 '삼김 청산'과 지역 할거주의 타파를 주장하는 장을병과 홍성우 등이 창당한 개혁 신당과 신설 합당하여 통합민주당이 되었다. 통합민주당은 1996년 6월 13일 다시 민주당으로 당명을 변경하였고(중앙선거관리위원회, 2009e: 18), 민주당은 1997년 9월 11일 제15대 대통령 선거 후보로 조순 총재를 추대하였다. 민주당은 1997년 11월 24일 신한국당과 합당하여 한나라당이 되었다. 이 과정에서 노무현과 김원기 등이 탈당하고 새정치국민회의에 입당하였다. 한나라당은 제15대 대통령 선거에서 이회창을 대통령 후보로 내세우고 조순은 한나라당 총재가 되었다(중앙선거관리위원회, 2009c: 592).

적인 역할을 하였다. 새정치국민회의와 자유민주연합은 제15대 국회에서 합동 의원 총회를 20여회나 개최할 정도로 국회에서 협력 관계를 유지하였다. 1996년 6월에는 양당 간 정책 공동 추진협의회를 구성하여 정책 연합을 추진하였다. 두 당은 여기서 한 걸음 더 나아가 정책 공조를 '선거 공조'로 확대하였다. 1996년 9월 12일 서울 노원 구청장 재선거와 11월 18일 경기 오산 시장 보궐 선거, 그리고 1997년 3월 인천 서구와 수원 장안구 국회의원 보궐 선거에서 양당은 단일 후보를 출마시켜 모두 승리하였다. 양당은 1997년 7월 중순부터 제15대 대통령 선거 후보 단일화 협상을 본격화하여 10월 27일 최종적으로 합의에 이르렀다. 김대중 총재가 대통령 후보가 되고, 김종필 총재는 차기 '공동 정부'의 국무총리를 맡고, 각료 배분과 지방 선거 공천 등에서 배분 비율을 동일하게 하고, 1999년 말까지 내각제 개헌을 추진하기로 한다는 것이 주요 합의 내용이었다(중앙선거관리위원회, 2009c: 321). 김종필은 1990년 '삼당 합당'에서처럼 또 한 번 본인이 출마를 포기하는 대신 내각제 개헌을 고리로 '선거 연합'을 하였다.

'DJP 연대'에 의한 '선거 연합'은 호남과 충청도를 묶어 선거에 승리하려는 '지역 연합'이었다. 김대중과 김종필은 후보 단일화 협상이 마무리된 직후 곧바로 경북 출신 무소속 박태준 의원을 이 연대에 포함시키는 '3자 연대'에 나섰다. 이들은 대구 · 경북을 대표한다고 생각하는 박태준을 끌어들여 '반 한나라당', 정확하게는 '반 부산 · 경남'을 묶는 지역 연합을 생각하였다. 1990년의 '삼당 합당'이 호남을 배제한 지역 연합이었다면, 'DJT 연대'는 부산 · 경남을 배제한 지역 연합이었다. 이를 통상적으로 'DJT 연대'라고 부른다(중앙선거관리위원회, 2009c: 320). 'DJP 연대'는 성공했지만, 'DJT 연대'는 실패하였다. 김대중과 김종필, 그리고 박태준은 대구 · 경북 유권자들의 강건한 지역주의 투표 성향을 간과하였다. 이 지역 유권자들은 한나라당을 지배 정당으로 생각할 뿐, 박태준을 대구 · 경북의 지도자로 여기지 않았다. 김대중과 김종필은 그들이 호남과 충청도(정확하게는 대전 · 충남) 주민들로부터 받고 있는 정서적 일체감을 박태준도 대구 · 경북 지역 유권자들로부터 얻고 있을 것으로 생각하였는데, 사실은 그렇지 않았다.

〈표 8-12〉 1997년 제15대 대통령 선거 투표율과 후보별 득표율

	투표자수 (천명)	투표율 (%)	후보별 득표율(%)				
			1위	2위	3위	4위	기타
			김대중	이회창	이인제	권영길	기타
전국	26,043	80.7	40.3	38.7	19.2	1.2	0.6
충청도	2,522	78.1	43.9	27.4	26.6	1.1	0.9
대전광역시	693	78.6	45.0	29.2	24.1	1.2	0.5
충청남도	1,024	77.0	48.3	23.5	26.1	1.0	1.1
충청북도	805	79.3	37.4	30.8	29.4	1.3	1.1

출처: 이재열 · 강희경 · 설동훈(2004: 133)

지역 등권론에 의한 호남과 충청도의 '지역 연합', 즉 두 지역의 지역주의적 투표 행태가 김대중이 대통령으로 당선되는데 가장 결정적인 원인이 되었다. 이 점에서 충청도의 기여는 지대하였다. 1997년 제15대 대통령 선거에서 김대중은 〈표 8-12〉에서 확인할 수 있는 것처럼 충청도 전체에서 43.9%를 획득하여 출신지가 충남인 한나라당 이회창 후보(27.4%)와 국민신당 이인제 후보(26.6%)를 모두 크게 따돌렸다. 충남에서 김대중과 두 후보 간의 득표율 차이는 오히려 더 벌어졌다. 충남에서 김대중은 48.3%를 득표한 반면에 이회창은 23.5%, 이인제는 26.1%를 얻어 그 차이가 22-25% 포인트에 달했다. 충북에서는 대전 · 충남보다는 김대중과 두 후보 간의 득표율 격차가 줄어들었지만, 김대중 후보가 두 후보를 모두 7-9% 포인트 정도 앞섰다. 충북은 1995년 제1회 지방 선거에 이어 1997년 제15대 대통령 선거에서도 '충청도 핫바지론'에 의해 충청도를 상징적 지역사회 경계로 수용하여 대전 · 충남과 같은 지역 정체성을 표명하였다.

김대중의 대통령 당선이 충청도 유권자에 크게 도움을 받았다는 것은 1992년 제14대 대통령 선거와 1997년 제15대 대통령 선거에서의 그의 득표율을 비교하면 쉽게 알 수 있다. 1992년 제14대 대통령 선거에서 김대중은 충청도 세 지역에서 모두 1위 후보와 7-12% 포인트 뒤지는 2위를 했다. 그런데 1997년 제15대 대통령 선거에서 그는 2위 후보보다 거꾸로 7-16% 포인트를 앞섰다. 즉 'DJP 연대'는 충청도에서만 14-18% 포인트의 효과를 산출하였다. 특히 1992년 제14대 대통령 선거에서 지역주의 투표 성향이 없었던 충북이 이 선거에서 대전 · 충남에 합류한 것이 'DJP 연대' 효과를 배가시켰다.

김종필은 1992년 제14대 대통령 선거와 1997년 제15대 대통령 선거에서 상이한 역할을 하였다. 제14대 대통령 선거에서는 '삼당 합당'한 민주자유당의 대표로서 당 후보인 김영삼을 지지하였고, 제15대 대통령 선거에서는 김대중과 '지역 연합'한 한쪽 당사자로서 충청도 유권자들에게 김대중을 지지해 줄 것을 요청하였다. 두 선거에서의 김종필의 입장과 지지 요청 강도는 전자보다는 후자가 더 강력하였다. 전자는 권력 참여에 머무는 것이고, 후자는 직접 권력을 행사하는 것이기 때문이다. 충청도 유권자들도 이를 인지하여 대통령 선거에 출마한 이회창과 이인제보다 대통령 후보로 출마하지 않은 김종필을 충청도를 대표하는 정치 지도자로 여기고 그의 생각과 방침을 좇았다. '지역 연합'의 결과 김종필은 실세 국무총리가 되어 1990년 '삼당 합당'에서 누릴 수 없었던 권력을 행사하였다. '국민의 정부'(김대중 정권을 일컫는 표어) 초기는 김종필과 자유민주연합의 전성기이었다.

김종필의 영향력은 1987년 제13대 대통령 선거와 1997년 제15대 대통령 선거에서의 김대중 후보의 득표율을 비교해보아도 어느 정도 알 수 있다.[2)]

---

2) 1992년 제14대 대통령 선거는 김종필이 1990년 '삼당 합당'하여 민주자유당 당원으로 선거에 임했기 때문에 충청도의 고유한 투표 성향을 파악하기가 어렵다. 이런 이유로 김종필이 직접 참여한 1987년 제13대 대통령 선거와 비교하였다.

1987년 제13대 대통령 선거에서 김종필은 충청도를 기반으로 대통령으로 출마하였고, 1997년 제15대 대통령 선거에서는 김대중을 지원하였다. 김대중은 〈표 8-13〉에서 확인할 수 있는 것처럼 10년 동안 전국 득표율이 13.3% 포인트 증가하였으나, 충청도에서는 32.0% 포인트가 증가하여 전국 증가폭을 훨씬 앞질렀다. 충남(대전 포함)의 증가폭(34.5% 포인트)이 충북의 그것(26.4% 포인트)보다 컸지만, 충북도 충남에 못지않았다. 충청도에서의 증가폭이 모두 김종필 덕분은 아니지만, 1997년 제15대 대통령 선거를 전후하여 충청도의 지역주의 투표 행태가 최고조에 달하였고, 이를 고스란히 김대중의 득표로 연결시킨 사람이 김종필이다. 김종필이 불러일으킨 지역주의 투표 행태 앞에 충남 출신으로 대통령 후보로 나선 이회창과 이인제는 힘을 쓰지 못했다. 1997년 제15대 대통령 선거는 김종필이 충북을 포함하여 충청도를 호남과 지역적으로 '선거 연합'시켰기 때문에, 즉 충청도가 확실히 지역주의 투표 행태를 보였기 때문에 김대중이 대통령으로 당선될 수 있었다.

〈표 8-13〉 1987년 제13대 대통령 선거와 1997년 제15대 대통령 선거에서의 김대중 후보의 충청도 득표율과 득표율 증가폭 (단위: %, % 포인트)

	전국	충청도	충남	충북
1987년 제13대 대통령 선거	27.0	11.9	12.4	11.0
1997년 제15대 대통령 선거	40.3	43.9	46.9*	37.4
증가폭	13.3	32.0	34.5	26.4

* 1992 제14대 대통령 선거와 1997년 제15대 대통령 선거에서는 대전이 포함된 수치

출처: 이재열 · 강희경 · 설동훈(2004: 133)과 중앙선거관리위원회 선거통계시스템에서 계산

충청도에서 김종필의 힘은 충청도가 영남 정권으로부터 핍박을 받았다는 것에서 연유한다. 김영삼 대통령이 '삼당 합당' 주역 중의 한 명인 김종필을 강제로 쫓아낸 것을 충청도 주민들은 김종필만이 아니라 자신들

이 모멸당한 것으로 인식하였다. 김종필이 선거 유세에서 제기한 '충청도가 핫바지냐'는 반문은 충청 도민의 감성을 충분히 자극하였다. 지역주의가 강하지 않았던 충북마저도 이에 호응할 정도로 당시 충청 도민의 마음은 영남에 대한 적의로 충만하였다. 영남 지역 지배 정당인 한나라당 대통령 후보로 출마한 충남 출신 이회창은 충청도 유권자들의 이러한 정서를 극복할 수 없었다. 이것이 이회창이 전국 득표율보다 자신의 고향인 충청도에서 저조한 득표율을 기록하고 김대중에게 밀린 이유이다. 국민신당 이인제 후보도 마찬가지이다. 영남 정권으로부터 자존심의 손상을 입은 충청도 유권자들이 그를 통해 충청도의 한을 풀기에는 그는 당선권에 있지 못하였다. 현실적으로 정권 획득 가능성이 높은 쪽은 김종필이 지원하고 호남의 열렬한 지지를 받는 김대중이었다. 한나라당을 탈당하여 독자 출마한 이인제가 영남 정권 후보인 이회창의 권력 장악 기회를 잠식한다는 점에서 이회창보다 호응도가 좋았을 뿐이었다. 이인제는 충청도 득표율이 26.6%로 그의 전국 득표율 19.2%를 상회하였다는 것에 만족해야 했다.

4) 1998년 6월 4일 제2회 지방 선거

1998년 전국 동시 지방 선거가 두 번째로 실시되었다. 이 선거에서 공동여당인 새정치국민회의와 자유민주연합은 모두 16곳의 광역 단체장 중 열 곳에서 승리해서 '선거 연합'의 위력을 다시 한 번 과시하였다. 한나라당은 지배 지역인 영남 다섯 곳(부산 · 경남 · 울산 · 대구 · 경북) 전부와 대체로 영남과 유사한 투표 행태를 보여 온 강원도에서 승리하였다. 기초 단체장 선거에서도 새정치국민회의가 84곳을 차지하였고, 자유민주연합이 29곳에서 당선자를 배출하여, 공동 여당은 전체 232곳 중 103곳을 차지하여(점유율 44.3%) 승리하였다. 지역구 광역 의회 당선자도 기초 단체장 선거와 비슷한 양상을 나타내었다. 새정치국민회의가 271명, 자유민주연합이

82명을 당선시켜 공동 여당의 의석 점유율은 57.3%에 달하였다. 한나라당 후보들은 224명이 당선되어 한나라당의 의석 점유율은 36.4%이었다.

〈표 8-14〉 1998년 제2회 지방 선거의 정당별 득표율

	유효 투표수 (천명)	정당별 득표율(%)				
		제1당	제2당	제3당	무소속	기타
시 · 도지사		한나라당	새정치국민회의	자유민주연합	무소속	기타
전국	16,711	40.6	34.5	15.3	8.1	1.5
충청도	1,773	15.6		78.6	4.9	0.8
대전광역시	388			73.7	8.2	18.1
충청남도	776	15.4		84.6		
충청북도	609	25.9		74.1		
구 · 시 · 군의장		한나라당	새정치국민회의	자유민주연합	무소속	기타
전국	16,666	32.8	32.1	12.9	20.7	1.5
충청도	1,755	2.5	21.1	48.0	24.3	4.1
대전광역시	388	2.6	24.6	56.4	7.6	8.8
충청남도	758	3.0	15.3	52.1	24.9	4.8
충청북도	609	1.8	26.0	37.6	34.2	0.4
시 · 도 의 원		한나라당	새정치국민회의	자유민주연합	무소속	기타
전국	15,605	35.6	35.6	14.0	13.5	1.3
충청도	1,646	3.1	26.4	53.8	13.6	3.0
대전광역시	383	1.3	25.8	60.8	9.2	2.9
충청남도	678	1.8	23.5	55.9	13.9	5.0
충청북도	585	5.9	30.3	46.9	16.2	0.8

출처: 이재열 · 강희경 · 설동훈(2004: 150-151)

이 선거는 1995년 제1회 지방 선거와 1996년 제15대 국회의원 선거와 1997년 제15대 대통령 선거와 마찬가지로 새정치국민회의와 자유민주연합의 지역적 '선거 연합'의 결과로 영남 지역이 고립되었으나, 세 지역 모두 지역주의 투표 행태를 보였다. 그 결과 1998년 제2회 지방 선거에서 영남과 호남, 그리고 충청도는 모두 지배 정당이 지배 지역에서 시 · 도지사와 시 · 도의회 의원 선거를 모두 독점하였다. 내용적으로는 1995년 제1회 지방 선거보다 지역주의 투표 행태가 더욱 심화되었다.

자유민주연합은 〈표 8-14〉에서 보는 것처럼 1998년 제2회 지방 선거 중 충청도 선거를 압도하였다. 세 군데 시 · 도지사 선거에서 자유민주연합의 충청도 득표율은 78.6%로 지역주의 투표 행태가 영호남 못지않았다. 자유민주연합은 충청도 지역에서 확실한 지배 정당이 되었다. 이 선거에서 자유민주연합의 전국 득표율이 15.3%라는 것과 비교해 보면 충청도에서의 득표율 집중도를 알 수 있다. 다른 말로 하면, 자유민주연합은 충청도 이외의 지역에서는 영향력이 거의 없는 충청도 지역 정당이었다.

자유민주연합의 충청도 지배 현상은 구 · 시 · 군의 장 선거와 지역구 시 · 도의원 선거에서도 확인할 수 있다. 구 · 시 · 군의 장 선거에서 자유민주연합의 전국 득표율은 12.9%에 불과하였지만, 충청도의 득표율은 48.0%로 근 네 배에 달하였다. 시 · 도의원 선거에서도 자유민주연합은 전국에서 14.0%의 지지밖에 받지 못하였으나 충청도에서는 53.8%를 득표하여 역시 네 배 가까이 되었다. 대전과 충남은 구 · 시 · 군의 장 선거와 시 · 도의원 선거에서 모두 득표율이 50%를 넘었다. 결론적으로 1998년 제2회 지방 선거는 충청도 유권자들이 영호남 유권자 못지않게 확실하게 지역주의로 투표하였다.

충북도 대전 · 충남과 다르지 않았다. 충북은 1996년 제15대 국회의원 선거와 1997년 제15대 대통령 선거처럼 지역주의 투표 행태를 본격화했다. 단지 자유민주연합의 충북 득표율이 대전 · 충남보다 조금 떨어졌을 뿐이었다. 자유민주연합은 충북 도지사 선거에서 공동 여당인 새정치국민회의가 후보를 공천하지 않은 것도 작용하였지만, 한나라당 후보와 비교할 수 없을 정도의 높은 득표율(74.1%)로 당 후보를 당선시켰다. 구 · 시 · 군의 장 선거 득표율에서도 자유민주연합은 새정치국민회의와 한나라당을 누르고 37.6%로 1위를 차지하였다. 이 선거에서 한나라당은 득표율이 1.8%에 지나지 않아 완전히 참패하였다. 시 · 도의원 선거에서도 자유민주연합의 득표율이 46.9%를 기록하여 대전과 충남보다는 낮았지만, 2위 정당인 새정치국민회의를 상당한 격차를 벌리면서 1위를 하였다. 여기서도 한나라당의 득표율은 5.9%에 그쳤다. 한나라당은 충북을 포함하여 충청도에서 완전히 무명에 가까웠다. 그만큼 충북이 지역주의 투표 행태를 확실히 보였다. 이 선거에서 충북은 지역 정체성 측면에서 대전 · 충남에 완전히 합류하였다.

5) 2000년 4월 13일 제16대 국회의원 선거

김대중이 1997년 대통령에 당선된 뒤 자유민주연합 김종필 총재와 내각 책임제 개헌을 추진하기로 한 약속을 지키지 않아 공동 여당 간에 분열이 싹트기 시작하였다. 1990년 '삼당 합당'이나 1997년 'DJP 연대' 모두 대통령 당선자들이 내각제 개헌을 탐탁하지 않게 생각하였다. 새정치국민회의는 1999년 7월 내각제 개헌 유보를 공식적으로 발표하였고, 이것을 계기로 두 여당 간의 균열도 공식화되었다. 당연히 '선거 연합'도 실질적으로 파기되었다.

김종필은 상대방의 위약에 별다른 대응 방법이 없었다. 1995년에는 민주자유당을 탈당하고 자유민주연합을 창당하였지만, 2000년에는 그럴 수도 없었다. 전국은 말할 것도 없고 충청도 내에서의 그의 지지도도 이미 많이 약화되었다. 2000년 4월 제16대 국회의원 선거를 앞두고 새정치국민회의는 재야 운동권을 영입하여 2000년 1월 새천년민주당을 창당하였다. 자유민주연합을 의식하지 않겠다는 것이다. 두 당은 이름만 공동 여당일 뿐이었다. '지역 연합'이 붕괴된 상태에서 새천년민주당과 자유민주연합이 개별적으로 선거 경쟁에 참여함으로써 영남에 기반을 둔 한나라당이 승기를 잡을 것으로 예견되었다.

예견은 현실이 되었다. 2000년 제16대 국회의원 선거에서 한나라당이 133석(지역구 112석, 비례 대표 21석)을 차지하여 과반에 미치지는 못했지만 제1당이 되었다. 득표율은 39.0%이었다. 새천년민주당은 115석(지역구 96석, 비례 대표 19석)을 획득하였고, 득표율은 35.9%이었다. 자유민주연합은 17석(지역구 12석, 비례 대표 5석)을 차지하여 원내 교섭 단체를 구성하는데 실패하였다. 득표율은 9.8%를 기록하여 한 자릿수에 머물렀다. 자유민주연합이 충청도 이외의 지역에서 당선된 곳은 경기도 단 한 곳에 불과하여 철저히 '지역 정당'으로 고립되었다.

〈표 8-15〉 2000년 제16대 국회의원 선거 투표율과 정당별 득표율

	총투표자수 (천명)	투표율 (%)	정당별 득표율(%)					
			제1당	제2당	제3당	제4당	무소속	기타
			한나라당	새천년 민주당	자유민주 연합	민주 국민당	무소속	기타
전국	19,157	57.2	39.0	35.9	9.8	3.7	9.4	2.3
충청도	1,966	58.5	23.2	30.0	34.8	0.9	6.9	4.2
대전광역시	500	53.3	23.3	28.4	34.3	0.9	9.9	3.1
충청남도	827	60.1	17.4	30.0	39.2	1.1	4.9	7.4
충청북도	639	60.8	30.6	31.3	29.5	0.7	7.1	0.8

출처: 이재열 · 강희경 · 설동훈(2004: 145)

한나라당은 1998년 제2회 지방 선거에서의 참패와 달리 충청도 전체에서 기력을 많이 회복하였다. 한나라당의 충청도 득표율은 〈표 8-15〉에서

보는 것처럼 23.2%로 2위와 차이가 크게 나지 않는 3위이었다. 1998년 제2회 지방 선거에 비해서는 열배 이상 득표력이 향상되었다. 득표율 면에서 보면, 이 선거에서 자유민주연합의 지역주의 투표 행태가 간신히 유지되는 가운데 한나라당과 새천년민주당과 각축하는 모양새가 되었다.

자유민주연합은 2000년 제16대 국회의원 충청도 선거에서 득표율 34.8%를 기록하였다. 만약 충청도에서 선전하지 못했더라면 전국 득표율은 더 낮아졌을 것이다. 대전과 충남에서는 새천년민주당에 앞서 득표율 1위를 하였다(대전 34.3%, 충남 39.2%). 그러나 2위와의 득표율 차이가 크지 않아 대전 · 충남에서의 지역주의 투표 행태는 많이 약화되었다. 의석 점유율도 득표율과 비슷하였다. 자유민주연합은 대전과 충남에서 새천년민주당과 의석수에서 크게 차이가 나지 않는 1위 정당을 간신히 유지하였다. 김욱은 2000년 제16대 국회의원 선거에서부터 충청도에서의 자유민주연합의 독점적 지위가 흔들리기 시작했다고 평가하였다(김욱, 2004: 71). 충청도의 국회의원 총의석수 24석 중 자유민주연합이 11석(의석 점유율 45.8%)을 차지하였고, 새천년민주당이 여덟 석(의석 점유율 33.3%), 한나라당이 네 석(의석 점유율 16.7%)을 획득하였다. 자유민주연합은 1996년 제15대 국회의원 선거에서 획득한 의석수(24석)에 비하면 반 토막조차 유지하지 못했다. 충청도의 지역주의는 영호남에 비해 상당히 약화되었다.

충북은 이 정도도 유지하지 못하였다. 자유민주연합은 충북에서 득표율 29.5%를 기록하여 새천년민주당(31.3%)과 한나라당(30.6%)에 밀려 근소한 차이이기는 하지만 3위가 되었다. 의석수도 한나라당 세 석보다 뒤져 새천년민주당과 같이 두 석을 차지하였을 뿐이었다. 충북 유권자들은 2000년 제16대 국회의원 선거를 계기로 1995년 이전으로 되돌아가기 시작하였다. 충북은 이 선거에서 지역주의 투표 행태로부터 이탈하여 대전 · 충남과의 충청도 정체성을 공유하지 않았다. 충북은 '충청도 핫바지론'으로 촉발된 충청도 지역사회의 상징적 경계 설정에 더 이상 동참하지 않았다. 즉 충북의 지역사회 경계가 충청도에서 충북으로 재구성되었다. 1998

년 제2회 지방 선거가 끝나고 불과 이년도 경과하지 않아 충북에서 격변이 발생한 것이었다. 그만큼 충북의 대전 · 충남과의 일체감은 단단하지 않았다. 김종필을 충북의 지도자로 선뜻 인정하지 않는 충북의 지역 정체성이 이 선거에서 다시 드러났다.

〈표 8-16〉 2000년 제16대 국회의원 선거에서의 유권자의 출신 지역별 지지 정당 비율

(단위: 명, %)

출신 지역	지지 정당							합계
	한나라당	새천년 민주당	자유민주 연합	민주 국민당	기타 정당	무소속	모름	
호남	9.6	65.4	2.7	0.5		17.6	4.3	188(100.0)
영남	74.4	10.0	1.6	2.0	0.4	4.4	7.2	250(100.0)
충청도	26.6	32.4	18.0	1.4	2.2	8.6	10.8	139(100.0)

출처: 김욱(2004: 79)

충청도에서 지역주의가 약화되고 있는 것은 유권자들을 상대로 한 면접 조사에서도 확인된다. 2000년 제16대 국회의원 선거연구회가 출신지를 기준으로 면접 조사(1,100명)한 결과에 의하면(〈표 8-16〉 참조), 충청도 출신 유권자들은 2000년 제16대 국회의원 선거에서 자유민주연합을 고작 18.0%밖에 지지하지 않았다. 반면에 이들은 충청도와 무관한 한나라당(26.6%)과 새천년민주당(32.4)을 자유민주연합보다 더 많이 지지하였다. 이 조사 결과는 충청도 출신 유권자들은 이미 충청도 지역 정당인 자유민주연합에 대한 지지를 철회하기 시작하였다는 것을 말해 준다. 반면에 영남 출신 유권자들은 한나라당을 74.4%, 호남 출신 유권자들은 새천년민주당을 65.4% 지지하였다. 즉 한나라당과 새천년민주당은 여전히 지배 지역을 확고하게 갖고 있는데 비해 자유민주연합은 더 이상 그렇지 못했다.

6) 2002년 6월 13일 제3회 지방 선거

2000년 제16대 국회의원 선거에서 자유민주연합이 원내 교섭 단체를 구성하지 못하자 공식적으로는 여전히 공동 여당인 일부 새천년민주당 소속 국회의원들이 자유민주연합에 입당하여 원내 교섭 단체를 만들어 주었다. 이른바 '의원 꿔주기' 편법으로 두 정당은 많은 비판을 받았다. 그러나 마음이 멀어진 상태에서의 외형적 봉합은 오래갈 수 없었다. 2001년 9월 자유민주연합 의원들이 임동원 통일부장관 해임 건의안에 찬성하자 스스로 자유민주연합에 '임대'당한 새천년민주당 출신 의원들이 격분하여 새천년민주당으로 다시 돌아갔다. 자유민주연합은 잠시나마 유지했던 원내 교섭 단체 자격을 상실하였고, 공동 여당 관계도 사실상 종료되었다. 그리고 자유민주연합은 더 이상 세력을 회복하지 못하였다.

새천년민주당과 자유민주연합 간의 '지역 연합'이 공식적으로 2001년 종료된 이후 두 당이 개별적으로 선거 경쟁에 나섬으로써 영남에 기반을 둔 한나라당이 자연스럽게 유리해졌다. 한나라당은 2002년 제3회 지방 선거에서 시 · 도지사 선거와 구 · 시 · 군의 장 선거와 그리고 시 · 도의원 선거에서 지배 지역인 영남은 말할 것도 없고 수도권과 강원도까지 석권하였다. 영남 유권자들은 영남 지역에서 새천년민주당은 말할 것도 없고 자유민주연합 후보 단 한 명도 당선을 허락하지 않았다. 2002년 제3회 지방 선거에서 한국 최초로 실시된 정당 명부식 광역 의원 비례 대표 선출 제도도 한나라당의 독주는 막지 못했다. 지배 지역인 영남은 말할 것도 없고 서울과 경기도와 그리고 강원도와 충북에서도 한나라당이 50% 이상의 정당 득표율을 기록하였다.

자유민주연합은 2000년 제16대 국회의원 선거에 이어 이 선거에서 완전히 지역 정당이 되었다. 자유민주연합은 〈표 8-17〉에서 보는 것처럼 시 · 도지사 선거에서 전국 득표율이 5.2%, 구 · 시 · 군의 장 선거에서 4.2%, 그리고 광역 의원 비례 대표 선거에서 6.5%를 얻는데 그쳤다. 모든

〈표 8-17〉 2002년 제3회 지방 선거의 정당별 득표율

	유효 투표수 (천명)	정당별 득표율(%)				
		제1당	제2당	제3당	무소속	기타
시 · 도지사		한나라당	새천년민주당	자유민주연합	무소속	기타
전국	16,683	52.9	29.2	5.2	7.4	5.3
충청도	1,758	44.7		49.5	5.7	
대전광역시	411	46.6		40.2	13.2	
충청남도	760	33.0		67.0	0.0	
충청북도	586	58.6		33.5	7.9	
구 · 시 · 군의장		한나라당	새천년민주당	자유민주연합	무소속	기타
전국	16,595	44.5	26.7	4.2	22.4	2.1
충청도	1,748	35.7	14.5	32.8	15.1	1.9
대전광역시	410	37.9	7.0	49.4	5.7	
충청남도	751	33.3	12.3	35.7	14.3	4.5
충청북도	587	37.4	22.5	17.4	22.7	
광역 비례대표		한나라당	새천년민주당	민주노동당	자유민주연합	기타
전국	16,483	52.1	29.1	8.1	6.5	4.1
충청도	1,735	41.5	13.5	6.2	33.1	5.8
대전광역시	408	42.9	12.6	7.5	35.0	2.0
충청남도	750	33.1	11.9	4.5	40.5	10.1
충청북도	577	51.3	16.2	7.3	22.2	3.0

출처: 이재열 · 강희경 · 설동훈(2004: 150-152)

선거에서 득표율이 10%도 되지 않음으로써 명실공히 왜소한 지역 정당이 되었다. 자유민주연합이 얻은 득표율은 대부분 충청도에서 획득한 것이었다. 시 · 도지사 선거에서의 자유민주연합 충청도 득표율은 49.5%에 달해 근소하게나마 한나라당의 득표율 44.7%를 앞섰다. 구 · 시 · 군의 장 선거에서는 충청도 득표율이 32.8%로 1위인 한나라당 득표율 35.7%보다 다소 못 미쳤다. 광역 의원 비례 대표 선거에서도 33.1%로 41.5%를 득표한 한나라당에 뒤졌다. 즉 시 · 도지사 선거를 제외한 모든 선거에서 한나라당에 밀렸다. 자유민주연합은 이렇게 쇠퇴하였고, 충청도의 지역주의 투표 행태는 대전과 충남에서만 겨우 명맥을 유지하였다.

자유민주연합은 대전 · 충남에서의 미약한 지역주의 투표 행태 덕분으로 구 · 시 · 군의 장 점유율과 광역 의원 의석 점유율 면에서 득표율을 조금 상회하는 성적을 거두었다. 자유민주연합은 대전에서는 전체 구 · 시 · 군의 장 다섯 곳을 모두 석권하였고, 충남에서는 총 15곳 중 일곱 곳에서 승리하였다(점유율 46.7%). 광역 의원 선거에서는 대전에서 여덟 석(의석 점유율 50.0%), 충남에서 19석(의석 점유율 59.4%)을 획득하였다. 그러나 여기까지이었다. 자유민주연합은 충북을 제외하고 충청도 지역 경계를 벗어나서는 단 한 석도 획득하지 못하여 새천년민주당과의 '선거 연합'이 깨진 이후 자유민주연합의 쇠약함이 여지없이 드러났다. 광역 의원 비례 선거에서도 자유민주연합은 총 네 석을 할당받았는데, 대전 한 석, 충남 두 석, 충북 한 석으로 충청도 경계 밖에서는 단 한 석도 추가하지 못하였다.

충청도의 지역주의 투표의 쇠퇴 추세는 〈표 8-18〉로 확인할 수 있다. 구 · 시 · 군의 장 선거에서의 자유민주연합 전국 득표율은 사년 동안 8.7% 포인트 줄어들고, 충청도에서는 15.2% 포인트가 감소하여 충청도에서의 감소폭이 두 배 가까이 되었다. 충북의 감소폭은 20.2% 포인트로 가장 컸다. 뿐만 아니라 2002년 득표율 자체가 17.4%에 지나지 않아 충북은 탈지역주의 투표로 방향을 완전히 전환하였다. 이 선거에서 자유민주연합은 한나라당(37.4%)과 새천년민주당(22,5%)에 이어 정당 득표율 순위가 3위로 밀렸다. 심지어는 무소속 후보들의 득표율 22.7%에도 미치지 못했다(〈표 8-17〉 참조). 구 · 시 · 군의 장 선거의 점유율도 마찬가지이었다. 자유민주연합은 충북의 전체 11곳 중 세 곳에서만 승리하여(점유율 27.3%), 다섯 곳에서 승리하여 점유율이 45.5%에 달한 한나라당에 뒤졌다. 대전 · 충남에 한정된 미약한 지역주의 투표 행태도 그나마 충북에서는 발견하기가 어려웠다.

〈표 8-18〉 1998년 제2회 지방 선거와 2002년 제3회 지방 선거 구 · 시 · 군의 장 선거에서의 자유민주연합의 충청도 득표율과 득표율 감소폭 (단위: %, % 포인트)

	전국	충청도	대전	충남	충북
제2회 구 · 시 · 군의 장 선거	12.9	48.0	56.4	52.1	37.6
제3회 구 · 시 · 군의 장 선거	4.2	32.8	49.4	35.7	17.4
감소폭	8.7	15.2	7.0	16.4	20.2

출처: 이재열 · 강희경 · 설동훈(2004: 151)에서 계산

자유민주연합의 충북 선거 결과는 대전 · 충남보다 더 저조하였다. 자유민주연합은 충북 도지사 선거에서 득표율이 33.5%에 머물러 한나라당의 득표율 58.6%에 크게 뒤졌다. 광역 의원 비례 대표 선거에서도 자유민주연합은 22.2%의 득표율로 한나라당 득표율 51.3%의 절반에도 못 미쳤다. 지역구 시 · 도의원 선거에서도 자유민주연합은 충북의 전체 의석 24석 중에서 단 두 석을 얻는데 그쳤다(의석 점유율 8.3%). 반면에 한나라당은 19석을 차지하였다(의석 점유율 79.2%). 총 세 석이 걸린 광역 의원 비례 대표 선거에서도 한나라당이 두 석을 획득하였고, 자유민주연합은 한 석만을 차지하였다. 결론적으로 2002년 제3회 지방 선거에서 충북은 대전 · 충남과 달리 거의 지역주의 투표 행태를 보이지 않았다.

7) 2002년 12월 19일 제16대 대통령 선거

2002년 제16대 대통령 선거는 지역주의 투표 행태와 밀접한 관련이 있는 삼김씨가 퇴장한 이후 치러진 첫 번째 대통령 선거였다. 김종필이 1987년에 신민주공화당, 1995년에 자유민주연합을 창당하여 한국 정치와 충청도 지역 정치에 영향을 미친 것도 종말에 이르렀다. 김종필은 2002년 제16대 대통령 선거에서 대통령 후보로 등록하거나, 아니면 다른 후보를 지원하지도 않았다. 아니 그 어떤 선택도 할 수 없었다. 충청도 유권자들은 이제 충청도 지역 정당의 유지도 쉽지 않다는 것을 알게 되었다. 충북은 아예 충청도(대전 · 충남) 지역주의로부터 완전히 철수하였다.

삼김씨가 물리적으로 퇴장함으로써 출신지 지도자와의 정서적 일체감에 뿌리박은 지역주의는 사라졌다. 이 대신에 '후보자가 속한 정당이 상징하는 지역', 즉 지배 지역의 이해관계를 대변하는 정당이 지역주의의 기준이 되었다. 인물이 아니라 정당이 지역주의의 기준이 되어, 지역주의는 심화되고 제도화되었다. 2002년 제16대 대통령 선거에서 출마한 새천년민주당 노무현 후보는 부산 출신이지만, 호남을 기반으로 하는 정당을 대리하였고, 이미 한나라당 후보를 역임하고 두 번째로 출마하는 이회창 후보는 충남 출신이지만 영남 지배 정당인 한나라당의 이해관계를 대표하였다. 영호남 유권자들은 개인 후보를 보고 투표하는 것이 아니라 그들 지역의 지배 정당을 투표 결정 기준으로 삼았다.

지역주의의 기준이 변경된 것은 1997년 제15대 대통령 선거에서 이회창이 한나라당 후보로 출마한 것이 최초이었다. 이것이 2002년 제16대 대통령 선거에서 전면적으로 등장하였다. 동시에 이 선거는 지역주의의 기준을 내용적으로 바꾼 선거이기도 하다. 대통령으로 당선된 노무현 후보는 지역주의 타파와 지방 분권을 가장 중요한 정치 목표로 삼은 후보였다. 그는 지역주의 타파를 위해 '행정 수도의 충청도 이전'이라는 파격적인 공약을 제시하였다. 이 공약은 해당 지역인 충청도 유권자들과 서울을 포함한 수도권 유권자들은 물론이고 직접 당사자가 아닌 지역 유권자들도 주목할 수밖에 없는 공약이었다. 이 공약은 충남 출신인 한나라당 이회창 후보의 충청도(특히 대전과 충남) 득표력을 현저하게 감퇴시켰다. 충청도 유권자들이 거주 지역의 실리를 중시함으로써 이회창은 이들의 시야에서 멀어졌다. 이 공약은 지역주의의 기준을 원초적인 감정에 의존하는 '출신지 중심'에서 지역의 이해관계를 기반으로 하는 '거주지 중심'으로 변화시켰다. 유권자의 거주지가 지역주의의 판단 기준이 된 것은 2002년 제16대 대통령 선거가 처음이었다.

〈표 8-19〉 2002년 제16대 대통령 선거 투표율과 후보별 득표율

	투표자수 (천명)	투표율 (%)	후보별 득표율(%)				
			1위	2위	3위	4위	기타
			노무현	이회창	권영길	이한동	기타
전국	24,785	70.8	48.9	46.6	3.9	0.3	0.3
충청도	2,332	67.1	52.5	41.3	5.3	0.4	0.5
대전광역시	675	67.6	55.1	39.8	4.4	0.3	0.3
충청남도	923	66.0	52.2	41.2	5.4	0.5	0.6
충청북도	734	68.0	50.4	42.9	5.8	0.4	0.5

출처: 이재열 · 강희경 · 설동훈(2004: 134)

2002년 제16대 대통령 선거에서의 충청도의 득표율을 〈표 8-19〉를 통해 살펴보면, 노무현 후보는 충청도에서 52.5%를 득표하여 전국 득표율 48.9%를 앞섰다. 노무현 후보는 대전과 충남과 그리고 충북 지역 모두 득표율이 50%를 상회하였다. 충청도 유권자들은 실리에 바탕을 둔 거주민 중심의 새로운 지역주의를 모두 비슷한 정도로 수용하였다. 반면에 이회창 후보는 충청도에서 41.3%를 얻어 전국 득표율 46.6%에 미치지 못했다. 노무현 후보가 충청도에서 11.3% 포인트를 앞섰기 때문에 대통령에 당선될

수 있었다. 두 후보 간의 차이는 대전에서 15.3% 포인트로 가장 크게 벌어졌고, 충북의 차이가 가장 적어 7.5% 포인트였다.

〈표 8-20〉 2002년 제16대 대통령 선거에서의 유권자의 출신 지역별 선호 정당[3] 비율

(단위: 명, %)

출신 지역	선호 정당						
	한나라당	새천년 민주당	자유민주 연합	국민통합 21	민주 노동당	기타 정당	합계
호남	3.4	94.1			1.5	1.0	204(100.0)
영남	67.0	14.7	0.4	3.9	12.9	1.1	279(100.0)
충청도	35.0	48.7	5.1	4.3	6.8		117(100.0)

* 선호 정당이 없다고 응답한 유권자는 분석에서 제외

출처: 김욱(2004: 79)

지역주의의 기준이 후보의 출신지에서 지배 정당의 이해관계를 대변하는 정당의 후보로, 지역주의의 내용이 유권자의 출신지에서 거주지로 바뀐 가운데, 지배 정당이 없는 충청도의 지역주의는 영호남 지역과 달리 당연히 약화되었다. 이것은 유권자의 출신지를 기준으로 선호 정당을 조사한 〈표 8-20〉에서도 확인할 수 있다. 충청도 출신 유권자 중 자유민주연합을 선호하는 응답자는 5.1%에 불과하였다. 반면에 충청도 출신 유권자 중 새천년민주당 선호자는 48.7%, 한나라당 선호자는 35.0%에 달하였다. 충청도 출신자 중에서 자유민주연합 선호자들은 새천년민주당 선호자의

3) 2000년 제16대 국회의원 선거 조사에서는 '지지 정당'(어느 정당에 실제로 투표하였는가?)을 질문 항목으로 사용한 데 반해, 2002년 제16대 대통령 선거 조사에서는 '선호 정당'(어느 정당을 선호하는가?)을 사용하였다. 이것은 2002년 제16대 대통령 선거에서 자유민주연합 후보가 출마하지 않은 관계로 부득이한 선택이었다. 이러한 개념상의 차이로 두 표의 직접적인 비교는 조심스러울 수밖에 없다(김욱, 2004: 79). 그러나 일반적으로 지지 정당과 선호 정당이 불일치할 확률이 높지 않으므로 해석상의 큰 오류는 없다.

구분의 일에 지나지 않았다. 한편 영남 지역 출신 유권자들은 한나라당을 67.0%, 호남 지역 출신 유권자들은 새천년민주당을 무려 94.1%나 선호하여 영호남의 지역주의 투표 성향은 변함이 없었다. 물론 2002년 제16대 대통령 선거에서 자유민주연합 후보가 출마하지 않았고, 1992년 제14대와 1997년 제15대 대통령 선거와 달리 자유민주연합이 어느 정당과도 선거연합하지 않았다는 점을 이 조사 결과를 해석할 때 감안해야 하지만(김욱, 2004: 79), 자유민주연합은 충청도 유권자들로부터 거의 잊혀진 정당이 되었다. 2000년 자유민주연합 지지도가 그나마 18.0%이었는데, 2002년 선호도에서는 5.1%로 급속도로 축소된 것이 모든 것을 말해 준다.

1995년 제1회 지방 선거에서 대전과 충남에서 불기 시작한 강력한 지역주의 투표 행태는 1996년 제15대 국회의원 선거와 1998년 제2회 지방 선거에 이르러 충북을 포함하는 전 충청도로 확산되었다. 그러나 절정은 길지 않았다. 충청도의 지역주의 투표 행태는 2000년 제16대 국회의원 선거를 거치면서 약화되었고, 2002년 제16대 대통령 선거에서는 아예 존재하지 않았다. 급기야는 2000년 제16대 국회의원 선거에서 자유민주연합 의원들이 탈당하기까지 하였다. 충청도에서의 '전통적 지역주의'의 쇠퇴는 2002년 제16대 대통령 선거에서 노무현 후보의 정책 중심의 '새로운 지역주의'에 길을 열어 주었다(김욱, 2004: 80). 2002년 제16대 대통령 선거에서 충청도의 지역주의는 '맹목적'이고 '즉자적'이며 '직접적'인 배타적 지역주의와 달리 거주 지역의 실질적인 이익을 중시하는 '실용주의적' 또는 '합리적' 지역주의로 변모하였다(이준한 · 임경훈, 2005: 227). 윤종빈은 이것을 새로운 '전략적 지역주의'의 등장이라고 평가하였다(윤종빈, 2007: 18).

8) 2004년 4월 15일 제17대 국회의원 선거

2004년 제17대 국회의원 선거는 우발적인 요인이 매우 중요한 투표 결정 요인으로 작용하였다. 노무현 대통령에 대한 한나라당과 새천년민주당과 그리고 자유민주연합 의원들의 불합리한 탄핵 의결이 그것이다. 노무현 대통령은 그의 탈지역주의 신념대로 호남의 지역주의에 의존하는 새천년민주당을 탈당하고 지역주의 극복을 정치 목표로 내세운 열린 우리당 창당에 깊이 관여하였다. 제16대 국회에서 다수 의석을 차지하고 있는 한나라당과 새천년민주당과 그리고 자유민주연합 의원들은 노무현 대통령이 '열린 우리당이 이겼으면 좋겠다'는 한 발언을 꼬투리삼아 2004년 3월 12일 현직 대통령 탄핵안을 가결시키는 초유의 일을 벌였다. 노무현 대통령의 발언은 사실 별 것이 아니었다. 정치인으로서 충분히 할 수 있는 발언이었지만, 세 정당은 대통령이 '공무원의 선거 중립 의무를 위반하였다'라는 이유로 탄핵하였다. 시민들이 격분하여 연일 시위를 벌였고, 헌법재판소가 2004년 5월 14일 탄핵소추안을 기각하여 법적으로 종결되었다.

그러나 제17대 국회의원 선거가 헌법재판소 판결보다 앞서 실시됨으로써 탄핵을 발의한 정당들에 대한 국민들의 심판이 정치적으로 먼저 이루어졌다. 2004년 4월 15일 실시된 제17대 국회의원 선거에서 한나라당은 121석(지역구 100석과 비례 대표 21석)을 차지하여 원내 제1당의 지위를 잃어버렸다. 그러나 탄핵 역풍에 비해서는 매우 선전하였다. 영남 지역의 변함없는 지역주의 투표 행태 덕분이었다. 새천년민주당과 자유민주연합은 사실상 와해됐다. 새천년민주당은 아홉 석(지역구는 전남에서만 다섯 석과 비례대표 네 석), 자유민주연합은 충남에서만 네 석(비례 대표 배정받지 못함)을 획득했을 뿐이었다. 2000년 제16대 지역구 의석수와 비교해 보면 새천년민주당은 96석에서 다섯 석으로, 자유민주연합은 12석에서 네 석으로 급격하게 축소되었다. 노무현 대통령에 대한 불합리한 탄핵이 가져온 자업자득이었다. 노무현 대통령에 대한 탄핵은 충청도의 지역주의, 특히 충북의 지역주의 투표 행태를 완전히 무화시키는데 크게 기여하였다.

반면에 지역주의에 의존하지 않으려는 신생 정당 열린 우리당은 152석(지역구 129석과 비례 대표 23석)을 차지하여 단번에 과반 의석을 넘겼다.

1987년 민주화 이후 집권당이 과반수 의석을 차지한 것은 이 선거가 처음이었다. 만약 선거 기간 중에 열린 우리당 정동영 의장이 '60-70대는 투표하지 않아도 괜찮다'는 노인 폄하 발언이 없었다면 열린 우리당은 더 좋은 성적을 올렸을 것이다. 이 발언에 대한 비판이 제기된 이후 열린 우리당의 기세는 많이 약화되었다. 정동영 의원은 이 발언으로 선거대책위원장과 비례 대표 후보를 사퇴하였다.

이 선거에서 초선 의원이 대거 당선되어 그 비율이 63%에 이르렀다. 이 비율은 2000년 제16대 국회 초선 의원 비율 41%는 말할 것도 없고 일종의 정초 선거였던 1988년 제13대 국회 초선 의원 비율 56%보다 높았다(강원택, 2010: 215). 초선 의원의 대거 당선도 정치적 퇴행에 전념한 정치인들에 대한 국민들의 응징의 결과이었다.

새롭게 도입된 정당 투표제가 지역주의 투표 행태를 부분적으로 완화시켰다. 2002년 광역 의원 비례 대표 선거에서 처음으로 도입된 정당 명부제에 의한 비례 대표 선출 방식이 2004년 제17대 국회의원 선거에도 채택되었다. 유권자들이 한 표를 정당에 투표하는 '1인 2표' 제도는 적어도 비례 대표 선거에서는 유권자들이 사표를 걱정하지 않고 그들의 이념적 가치에 따라 투표할 수 있는 길을 열어주었다. 실제로 이 선거에서 이념적 색채가 뚜렷한 민주노동당이 의미있는 득표를 하였다. 민주노동당은 정당 투표에서 13.0%를 득표하여 비례 대표 여덟 석을 할당받아 이 제도의 주인공이 되었다.

정당이 획득한 정당 득표율과 지역구 득표율을 활용하여 정당과 지역의 지역주의 투표의 강도를 어느 정도 측정할 수 있다. 정당 득표율이 지역구 득표율을 상회하면, 유권자들이 정당의 지역적 연고보다는 정강과 정책을 투표 결정의 판단 기준으로 삼았다고 볼 수 있다. 반면에 지역구 득표율이 정당 득표율보다 높으면 유권자들이 정당의 이념보다 지역적 연고를 더 중시했다고 말할 수 있다. 정당 득표율이 지역구 득표율보다 높은 정당은 〈표 8-21〉에서 보는 것처럼 민주노동당과 자유민주연합뿐이었다. 진보적 이념을 표방하는 민주노동당의 정당 득표율이 지역구 득표율보다 8.7% 포인트 더 많다는 것은 충분히 납득이 간다. 정당 득표율이 높을수록 지역적 연고로 득표하지 않는다는 뜻이므로 민주노동당은 확실히 지역 균열과 무관하고 이념 균열과 연관된 정당이었다.

〈표 8-21〉 2004년 제17대 국회의원 선거에서의 주요 정당의 비례 대표 득표율과 지역구 득표율 차이 (단위: %, % 포인트)

	열린 우리당			한나라당			민주노동당			새천년민주당			자유민주연합		
	비례	지역구	차이	비례	지역구	차이	비례	지역구	차이	비례	지역구	차이	비례	지역구	차이
서울	37.7	42.8	-5.1	36.7	41.3	-4.6	12.6	3.4	**9.2**	8.4	9.8	-1.4	2.1	0.7	**1.4**
부산	33.7	38.9	-5.2	49.4	52.5	-3.1	12.0	2.9	**9.1**	1.9	0.8	**1.1**	0.7	0.3	**0.4**
대구	22.3	26.7	-4.4	62.1	62.4	-0.3	11.6	2.5	**9.1**	1.1	1.8	-0.7	0.8	0.5	**0.3**
인천	39.5	44.7	-5.2	34.6	38.9	-4.3	15.3	7.4	**7.9**	5.4	5.2	**0.2**	2.1	0.6	**1.5**
광주	51.6	54.0	-2.4	1.8	0.1	**1.7**	13.1	5.6	**7.5**	31.1	36.4	-5.3	0.3	0.4	-0.1
대전	43.8	45.8	-2.0	24.3	22.4	**1.9**	11.8	1.5	**10.3**	3.1	3.3	-0.2	14.5	22.1	-7.6
울산	31.2	28.1	**3.1**	36.4	36.3	0.1	21.9	18.0	**3.9**	1.5	0.6	**0.9**	0.8	0.8	-
경기	40.2	45.7	-5.3	35.4	40.7	-5.3	13.5	4.1	**9.4**	6.1	6.7	-0.6	2.0	0.7	**1.3**
강원	38.1	38.8	-0.7	40.6	43.3	-2.7	12.8	4.2	**8.6**	3.5	6.4	-2.9	1.3	0.2	**1.1**
충북	44.7	50.5	-5.8	30.3	32.6	-2.3	13.1	3.3	**9.8**	2.2	1.0	**1.2**	6.3	9.2	-2.9
충남	38.0	38.9	-0.9	21.2	15.8	**5.4**	10.5	2.2	**8.3**	2.8	3.6	-0.8	23.8	33.7	-9.9
전북	67.3	64.6	2.7	3.4	0.1	**3.3**	11.1	4.6	**6.5**	13.6	18.7	-5.1	1.0	0.1	0.9
전남	46.7	46.9	-0.2	2.9	0.8	**2.1**	11.2	2.6	**8.6**	33.8	38.4	-4.6	1.0	0.6	**0.4**
경북	23.0	25.8	-2.8	58.3	54.6	3.7	12.0	3.4	**8.6**	1.4	0.4	**1.0**	1.2	0.6	**0.6**
경남	31.7	34.4	-2.7	47.3	47.7	-0.4	15.8	8.4	**7.4**	1.4	0.6	**0.8**	0.8	0.6	**0.2**
제주	46.0	49.4	-3.4	30.8	40.2	-9.4	14.1	3.4	**10.7**	5.1	3.8	**1.3**	1.1	0.6	**0.5**
전국	38.3	41.9	-3.6	35.8	37.9	-2.1	13.0	4.3	**8.7**	7.1	7.9	-0.8	2.8	2.6	**0.2**

출처: 지역구 득표율은 정대화(2005: 200), 비례 대표 득표율은 중앙선거관리위원회 선거통계시스템

자유민주연합의 정당 득표율이 지역구 득표율보다 많은 것은 쉽게 이해가 가지 않지만, 그 내용을 자세히 보면 충분히 설명이 가능하다. 자유민주연합은 전국 기준으로 정당 득표율이 지역구 득표율보다 0.2% 포인트밖에 높지 않았다. 그러나 자유민주연합의 정당 득표율보다 지역구 득표율이 높은 지역은 모두 충청도 지역이라는 점에서 자유민주연합을 지지한 유권자들은 실제로는 지역주의 투표 행태를 보인 것이다. 정당 득표율과 지역구 득표율과의 차이가 가장 큰 지역은 충남(-9.9% 포인트)이고, 다음이 대전(-7.6% 포인트)과 충북(-2.9% 포인트)이었다. 이 수치는 자유민주연합이 지역주의 투표 행태에 의존하는 지역 정당이라는 것을 확실히 말해 주고 있다. 자유민주연합은 정당 득표율이 지역구 득표율보다 낮은 한나라당(-2.1% 포인트)과 열린 우리당(-3.6% 포인트)과 그리고 새천년민주당(-0.8% 포인트)과 사실상 차이가 없는 지역주의 투표 행태에 의존한 정당이었다.

자유민주연합과 성격이 매우 흡사한 정당은 2002년 제17대 국회의원 선거에서 똑같이 급전직하로 몰락한 새천년민주당이었다. 호남에 연고를 두고 있는 새천년민주당은 광주와 전남과 전북에서 정당 득표율이 지역구 득표율보다 현저하게 낮았다. 광주는 -5.3% 포인트, 전북이 -5.1% 포인트, 전남이 -4.6% 포인트였다. 자유민주연합과 새천년민주당처럼 특정 지역에서의 지지에만 의존하는 지역 정당은 정당 득표율과 지역구 득표율의 차이로 지역주의 정당 여부를 쉽게 판정할 수 있다. 반면에 열린 우리당이나 한나라당처럼 전국 정당을 지향하는 정당에서는 이 지표의 설명력이 다소 떨어진다. 예를 들어, 한나라당의 경우에 부산(-3.1% 포인트)과 대구(-0.3% 포인트)와 그리고 경남(-0.4% 포인트)에서는 정당 득표율이 지역구 득표율보다 낮아 이 지역에서의 지역주의 투표 행태를 설명할 수 있지만, 경북(3.7% 포인트)에서는 이와 반대의 현상이 나타나 설명하기가 어렵다.

2004년 제17대 국회의원 선거에서 자유민주연합은 지역구, 그것도 충남에서만 네 석을 얻는 데 그쳤다. 정당 득표율은 2.8%에 그쳐 비례 대표를 한 석도 얻지 못하여 원내 교섭 단체는 물론이고 당의 존폐 여부까지 고려해야 하는 심각한 상황에 몰렸다. 통상적으로 비례 대표 홀수 번호에는 여성들을 배치하는 관례를 무시하고 스스로 비례 대표 1번으로 출마한 자유민주연합 김종필 총재도 낙선하였다. 명분도 실리도 모두 잃어버렸다. 김종필이 이와 같이 무리한 방법을 동원한다는 것 자체가 자유민주연합의 허약한 당세를 반증하는 것이었다. 김종필 총재는 결국 선거 결과에 책임을 지고 국회의원 선거가 끝난 지 사일 후인 2004년 4월 19일 정계에서 은퇴했다.

〈표 8-22〉 제15대-제17대 국회의원 충청도 선거에서의 정당별 지역구 당선자 수 비교

(단위: 명)

지역	제15대 국회의원 선거 (1996년)			제16대 국회의원 선거 (2000년)				제17대 국회의원 선거 (2004년)		
	a	b	g	c	d	b	e	c	f	b
대전		7		1	2	3			6	
충남	1	12			4	6	1	1	5	4
충북	2	5	1	3	2	2			8	
충청도	3	24	1	4	8	11	1	1	19	4

* a: 신한국당 / b: 자유민주연합/ c: 한나라당/ d: 새천년민주당/ e: 희망의 한국신당/ f: 열린 우리당 / g: 무소속

출처: 중앙선거관리위원회 선거통계시스템

자유민주연합은 충북은 물론이고 대전과 충남에서도 영향력이 완전히 쇠퇴하였다. 자유민주연합은 2000년 제16대 국회의원 선거 이후 세력이 약화되었다. 자유민주연합이 1996년 15대 국회의원 선거에서 획득한 의석수가 24석이었는데, 2000년 제16대 국회의원 선거에서는 11석, 2004년 제17대 국회의원 선거에서는 네 석으로 계속 감소해 왔다(〈표 8-22〉 참조). 자유민주연합의 쇠퇴는 2004년 제17대 국회의원 선거에서 갑자기 발생한

것이 아니라 2000년 제16대 국회의원 선거부터 점진적으로 그러나 확실하게 진행되어 왔다(김욱, 2004: 73). 2000년 제16대 국회의원 충청도 선거에서 자유민주연합의 약화를 민주당과 한나라당이 대신하였고, 2004년 제17대 국회의원 선거에서는 열린 우리당이 아예 자유민주연합을 제치고 지역의 다수 정당으로 부상하였다. 이 선거에서 지역적 연고가 없는 열린 우리당이 충청도(정확하게 표현하면 대전과 충남)의 지배 정당인 자유민주연합을 제치고 대전의 여섯 석, 충북의 여덟 석을 전부 차지하였다. 충남에서는 열석 중 다섯 석을 획득하였다. 24석의 충청도의 의석 중 19석을 열린 우리당이 점유하였다. 노무현 대통령이 탄핵되면, 충청도로 오기로 되어 있는 행정 수도 이전이 무산될 것을 염려한 거주지 중심의 새로운 지역주의도 크게 작용하였다.

자유민주연합은 〈표 8-23〉에서 보는 것처럼 2004년 제17대 국회의원 선거에서 전국 득표율이 2.8%라는 초라한 성적을 거두어 새천년민주당에 이어 전국 5위 정당이 되었다. 2002년 제3회 지방 선거 전국 득표율 5.2%에 이어 연이은 추락이었다. 2.8%의 득표율은 비례 대표 의석을 배분받을 수 있는 기준에도 미달하기 때문에 자유민주연합이 받은 충격은 대단히 컸다. 그나마 이 득표율도 오로지 충청도, 정확하게 말해서 대전과 충남에서만 득표한 것이었다. 자유민주연합이 충청도 전체에서 15.6%를 득표하였는데, 이것은 전국에서 얻은 표(600,462표)의 51.7%(310,421표)에 해당한다. 즉 자유민주연합은 절반 이상을 충청도에서 득표함으로써 완연한 지역 정당이 되었다. 그리고 충청도에서 얻은 득표도 대전과 충남에서 획득한 표가 대부분이었다. 충청도 전체의 87.4%를 대전(86,644표)과 충남(184,699표)에서 획득하였다. 자유민주연합은 충남에서 23.8%를 득표하여 열린 우리당에 이어 제2당이 되었고, 대전에서는 14.5%를 득표하여 제3당이 되었다. 그러나 충북에서는 고작 6.3%를 득표하여 민주노동당에 이어 제4당이 되었다. 사실상 충북에서의 자유민주연합은 유명무실한 군소정당이었다. 세력이 약화된 자유민주연합은 2006년 제4회 지방 선거를 앞두고 2006년 2월 한나라당에 흡수 통합되어 지역 정당으로서의 명맥도 소멸되었다.

〈표 8-23〉 2004년 제17대 국회의원 선거 투표율과 정당별 득표율*

	총투표자수 (천명)	투표율 (%)	정당별 득표율(%)				
			제1당	제2당	제3당	제4당	기타 (자유민주연합)
			열린 우리당	한나라당	민주 노동당	새천년 민주당	기타 (자유민주연합)
전국	21,582	60.6	38.3	35.8	13.0	7.1	5.8(2.8)
충청도	2,033	57.5	41.8	25.0	11.7	2.7	18.8(15.6)
대전광역시	605	58.9	43.8	24.3	11.8	3.1	17.0(14.5)
충청남도	794	56.0	38.0	21.2	10.5	2.8	27.5(23.8)
충청북도	635	58.2	44.7	30.3	13.1	2.2	9.7(6.3)

* 지역구 후보들의 득표율 합산이 아니라 정당 명부별 정당 득표율

출처: 이재열 · 강희경 · 설동훈(2004: 145)과 중앙선거관리위원회 선거통계시스템

열린 우리당은 충청도에서 41.8%를 득표하여 25.0%를 득표한 한나라당을 크게 앞섰다. 노무현 대통령 탄핵에 앞장 선 것에 대한 반작용으로서는 한나라당은 자유민주연합보다 약한 벌을 받았다. 열린 우리당은 지역주의 투표 행태가 사라진 충북에서 44.7%를 득표하여 충청도에서 가장 높은 득표율을 기록하였다. 민주노동당은 전국적으로나 충청도에서 지역에 관계없이 10%대 초반의 고른 득표율을 올려 지역 균열과 무관한 정당이라는 것이 확인되었다(표 8-23〉 참조).

1987년 제13대 대통령 선거부터 나타난 충청도(정확하게는 대전 · 충남)의 지역주의 투표 행태는 영호남과 달리 계속되지 않았다. 이것은 2002년 제16대 대통령 선거에서 확실해졌고, 2004년 제17대 국회의원 선거에

서 완전히 종료되었다. 이와 같이 충청도에서 지역주의 투표 행태가 사라진 가장 큰 이유는 최고 권력인 대통령직을 획득하려는 정당이 존재하지 않기 때문이었다. 김종필의 신민주공화당과 자유민주연합은 국가 권력을 획득하려고 하지 않았다. 유권자들 입장에서는 최고 권력을 얻으려 하지 않는 정당에 정당 일체감을 가질 수 없었다. 이것은 2006년과 2008년과 2010년에 충청도 지역 정당을 내세우고 창당한 국민중심당과 자유선진당과 그리고 국민중심연합도 마찬가지 운명이었다.

충북은 대전 · 충남보다 지역주의 투표 행태를 보인 시기가 늦었지만 철수 시기는 오히려 빨랐다. 2000년 제16대 국회의원 선거부터 지역주의로부터 발을 뺐다. 그리고 지역주의 투표 행태를 보인 시기에도 그 농도는 대전 · 충남에 비해 훨씬 묽었다. 충북 주민들이 이러한 모습을 보이는 가장 결정적인 이유는 김종필을 충북의 지도자로 여기지 않기 때문이었다. 충북 유권자들이 1987년 제13대 대통령 선거에서 김종필을 지지한 비율이 13.5%에 불과하였다는 것은 이러한 사실의 서막이었다. 충북 유권자들이 대전 · 충남에 동조하기 시작한 것은 김종필이 1995년 영남이 대주주인 민주자유당으로부터 쫓겨나다시피 축출된 것에서 '충청도 정체성'의 훼손을 목격하였기 때문이었다. 충북 주민들은 김종필이 주장하는 것처럼 '충청도가 핫바지가 아니다'라는 것을 보여 주기 위해 자유민주연합을 지지하였다. 김종필 개인을 지지한 것이 아니었다. 충청도는 1997년 새정치국민회의와의 '선거 연합'으로 영남 정권을 응징하고 권력의 공동 담당자가 됨으로써 그 동안 손상된 충청도 자존심과 정체성을 어느 정도 회복하였다. 그러나 이것으로 끝이었다. 충북은 최고 권력을 꿈꾸지 않고, 그럴 가능성도 제시하지 않고, 그리고 충북의 현안도 해결하지 못하는 김종필과 자유민주연합을 더 이상 충청도의 상징으로 여기지 않았다. 이에 관해서는 제9장에서 자세히 논의한다.

4. 국민중심당과 자유선진당 활동 기간 (2006년 6월-2012년 5월)

자유민주연합이 2006년 한나라당에 흡수 통합되어 사라진 뒤 충청도에서는 자유민주연합보다 더 명백하게 지역 정당을 표방하는 정당들이 창당되었다. 제일 먼저 창당된 정당은 충남 도지사 출신 심대평이 주도한 국민중심당이었다. 그는 자유민주연합이 2006년 한나라당에 흡수 통합될 때 한나라당에 입당하지 않은 자유민주연합 의원들과 함께 2006년 1월 17일 국민중심당을 창당하였다. 심대평이 국민중심당을 창당한 배경 중의 하나는 한나라당이 충청도로의 행정 수도 이전을 반대하는 것에 대한 반발도 작용하였다. 그러나 국민중심당은 현역 의원수가 세 명에서 다섯 명에 불과하여 군소 정당의 틀을 처음부터 벗어나지 못해 영향력이 거의 없었다. 심대평은 2007년 12월 3일 무소속 이회창에게 대통령 후보를 양보하고 대통령 후보직에서 사퇴하였다. 국민중심당은 2008년 2월 12일 자유선진당과 합당하면서 소멸되었다.

대통령 선거에 세 번 출마한 이회창이 2008년 2월 1일 충청도를 기반으로 자유선진당을 창당하였다. 그는 2002년 제16대 대통령 선거에서 새천년민주당 노무현 후보의 '행정 수도의 충청도 이전' 공약을 격렬하게 반대한 이력이 있었지만, 2008년 창당할 때에는 입장을 바꾸었다. 자유선진당은 창당과 동시에 심대평의 국민중심당을 흡수 통합하였다. 자유선진당은 2008년 제18대 국회의원 선거에서 대전과 충남에서 한 때 바람을 일으켰지만, 2012년 제19대 국회의원 선거에서는 명맥만을 유지할 정도로 참패하였다. 한편 심대평은 이회창이 만든 자유선진당에 합류한 후 일년 후인 2009년 8월 30일 자유선진당을 탈당하고 과거의 국민중심당과 당명이 비슷한 국민중심연합을 2010년 4월 1일에 창당하였다. 자유선진당은 2011년에 심대평의 국민중심연합과 이인제 의원과 재통합하였다. 이회창은 2012년 제18대 국회의원 선거에서 참패하자 2012년 5월 20일 자유선진당을 탈당하였다. 자유선진당은 2012년 5월 29일 당명을 선진통일당으로 변경하였다가 2012년 10월 25일 새누리당과 합당하여 완전히 역사의 무대에서 사라졌다.

자유민주연합과 달리 충청도 지역 정당들이 짧은 기간 동안 부침을 거듭한 것은 앞서 말한 것처럼 이들 정당은 중앙 권력을 획득하려고 노력하지 않고 그럴 가능성을 전혀 제시하지 못하였기 때문이었다. 처음부터 충청도, 아니 대전 · 충남당으로 스스로 규정한 정당에 이 지역 유권자들이 흔쾌히 투표할 수는 없었다. 중앙 권력을 지향하면서 영남과 호남을 지배지역으로 갖고 있는 오늘날의 새누리당과 민주당 계열 정당과의 경쟁에서 이들 지역 정당들은 상대가 되지 못하였다.

1) 2006년 5월 31일 제4회 지방 선거

2006년 제4회 지방 선거에서 한나라당이 충청도의 다수당이 되었다. 2004년 제17대 국회의원 선거에서 열린 우리당에 밀렸던 것에 비하면 대단한 쾌승이었다. 대전에서는 한나라당이 시 · 도지사 선거와 다섯 곳의 구 · 시 · 군의 장 선거를 모두 석권하였다. 지역구 시 · 도 의회 의원 선거에서도 한나라당이 압승하였다. 대전의 16석 모두를 차지하였고, 충남의 34석 중 19석을 차지하였다(의석 점유율 55.9%). 지역구 구 · 시 · 군의회 의원 선거도 마찬가지이었다. 대전의 전체 55석 중 30석을 차지하여 다수당이 되었다(의석 점유율 54.5%). 충남에서는 도지사 선거에서 승리하였고, 16곳의 구 · 시 · 군의 장 선거 중 여섯 곳에서 승리하였다(점유율 37.5%). 이 선거에서 국민중심당이 유일하게 일곱 곳에서 당선하여 한나라당을 앞섰다. 한나라당은 충남의 지역구 구 · 시 · 군의회 의원 전체 152석 중 66석을 차지하여 의석 점유율이 43.4%로 원내 과반을 넘지는 못했으나 이 지역 제1당이 되었다.

한나라당의 선전은 충북에서도 이어졌다. 도지사 선거에서 승리하였고, 전체 12곳의 시 · 군의 장 선거 중 다섯 곳에서 승리하였다(점유율 41.7%). 지역구 시 · 도 의회 의원 선거에서도 한나라당은 전체 28석 중 25석을 차지하여 완승하였다(의석 점유율 89.3%). 그리고 지역구 구 · 시 · 군의회 의원 전체 114석 중 61석을 차지하여 의석 점유율이 53.5%에 이르렀다(중앙선거관리위원회, 선거통계시스템).

한나라당은 충청도뿐만이 아니라 전국에서 압승하였다. 전국 16곳의 시 · 도지사 선거에서 한나라당은 12곳에서 승리하였다. 한나라당의 압승 배경 중의 하나는 우연한 사건도 작용하였다. 한나라당 박근혜 대표가 2006년 5월 20일 서울에서 테러를 당해 얼굴 수술을 마친 이후 첫 마디가 '대전은요?'이었다. 당시 대전 시장 선거가 예측불허이었는데, 수술을 마치자마자 대전 선거 상황에 관심을 표한 것이 전국적으로 한나라당이 승리하는데 크게 기여하였다. 정치 지도자의 침착함, 개인의 안위보다 공적인 것을 우선하는 태도 등이 대전을 포함하여 전국의 유권자들에게 깊이 각인되었다.

〈표 8-24〉 2006년 제4회 지방 선거에서의 광역 단체장의 소속 정당과 광역 단체장 소속 정당의 광역 의회 의석 점유율 (단위: %)

		광역 단체장 소속 정당	광역 단체장 소속 정당의 광역 의회 의석 점유율	평가
충청도	대전	한나라당	89.5	완전 일당 독점
	충남	한나라당	55.3	일당 독점
	충북	한나라당	87.1	완전 일당 독점

* '완전 일당 독점'은 단체장 소속 정당이 광역 의회의 2/3 이상을 차지한 경우
* '일당 독점'은 광역 의회의 과반 이상을 차지한 경우

출처: 중앙선거관리위원회 선거통계시스템/ 안청시(2008, 124)

2006년 제4회 지방 선거에서 한나라당이 충청도에서 압승함으로써 충청도 세 지역 모두 의회가 집행부를 견제할 가능성이 완전히 없어졌다. 〈표 8-24〉에서 보는 것처럼 대전과 충북에서는 '완전 일당 독점', 충남에서는 '일당 독점' 현상이 발생하였다(안청시, 2008: 123). 지배 정당이 지배하는 지역에서는 이와 같은 일이 흔한 일이지만, 충청도는 지배 정당이 없는 상태이었는데도 특정 정당이 독점하는 현상이 발생하였다. 특정 정당의 지역 독점은 반드시 지역 균열로만 이루어지는 것은 아니라는 것을 2006년 제4회 지방 선거는 잘 보여주었다.

2006년 제4회 지방 선거 중 충청도 선거 결과를 보면, 충북은 2000년 이후 지속되어 온 탈지역주의 투표 행태가 계속되었다. 여기에 대전이 가세하였다. 다만 충남에서는 국민중심당이 제1당은 되지 못하였지만, 도지사 선거를 제외하고 시 · 군의 장 선거와 광역 의원 비례 대표 선거에서 한나라당을 근접 추격하여 미약하게나마 지역주의 투표 행태를 표출하였다. 국민중심당은 충청도(정확하게는 대전과 충남)의 지역 정당을 표방하였지만, 선거 결과는 그들의 기대에 훨씬 못 미쳤다. 국민중심당은 2006년 제4회 지방 선거에서 전국적으로 시 · 군의 장 선거에서 일곱 명이 당선되었는데, 모두 충남에 국한되었다(점유율 43.8%) 대전과 충북에서는 단 한 곳도 승리하지 못했다. 지역구 시 · 도의원도 13명이 당선되었는데, 모두 충남에 한정되었다(의석 점유율 38.2%). 지역구 구 · 시 · 군의회 의원 당선자 56명도 충남 52명(의석 점유율 34.2%), 대전 네 명(의석 점유율 7.3%)에 국한되었고, 나머지 지역에서는 단 한 석도 당선되지 못했다. 광역 의원 비례 선거에서도 충남과 대전에서 각각 한 명씩만 당선되었을 뿐이었다. 기초 의원 비례 선거에서도 11명 전원이 충남에서만 당선되었다. 그마저 충남 기초 의회의 의석 점유율이 42.3%로 한나라당 50.0%에 밀렸다(중앙선거관리위원회 선거통계시스템). 이 선거에서 충남만이 미약하게나마 지역주의 투표 행태를 보였고, 국민중심당이 왜소한 충남 지역 정당으로 그 역할을 수행하였다.

〈표 8-25〉 2006년 제4회 지방 선거의 정당별 득표율

	유효 투표수 (천명)	정당별 득표율(%)				
		제1당	제2당	제3당	무소속	기타 (국민중심당)
시 · 도지사		한나라당	열린우리당	민주당	민주노동당	기타 (국민중심당)
전국	18,858	55.2	27.1	9.1	5.8	2.8(1.7)
충청도	1,953	49.8	29.7	0.3	5.4	15.1(13.5)
대전광역시	528	43.8	41.1	1.2	2.8	11.1(10.5)
충청남도	819	46.3	21.7		6.4	25.5(25.5)
충청북도	605	59.7	30.6		6.5	3.2(3.2)
구 · 시 · 군의장		한나라당	열린우리당	민주당	민주노동당	기타 (국민중심당)
전국	18,522	50.8	23.1	8.3	3.5	14.4(2.2)
충청도	1,951	45.2	28.4	0.04	0.5	25.8(19.0)
대전광역시	526	48.3	27.2		1.4	23.1(17.2)
충청남도	820	39.1	23.3	0.1	0.3	37.2(32.7)
충청북도	605	50.8	36.6			12.6(1.9)
광역 비례대표		한나라당	열린우리당	민주노동당	민주당	기타 (국민중심당)
전국	18,763	53.8	21.6	12.1	9.9	2.6(2.3)
충청도	1,940	46.7	24.8	9.8		18.7(18.7)
대전광역시	525	46.4	26.5	8.8		18.3(18.3)
충청남도	814	41.3	20.3	8.7		29.7(29.7)
충청북도	601	54.1	29.3	12.4		4.1(4.1)

출처: 중앙선거관리위원회 선거통계시스템에서 계산

국민중심당이 충청도의 이해관계를 대변한다고 표방하였지만, 충청도 유권자들은 이를 인정하지 않았다. 국민중심당의 전국 득표율은 〈표 8-25〉에서 보는 것처럼 시 · 도지사 선거에서 1.7%, 구 · 시 · 군의 장 선거에서 2.2%, 광역 의원 비례 대표 선거에서 2.3%로 도무지 정당으로서의 존재감을 찾아볼 수 없었다. 전국 득표라는 것도 사실은 충청도에서 득표한 것에 지나지 않았다. 국민중심당이 충청도에서 획득한 시 · 도지사 선거 득표율은 13.5%, 구 · 시 · 군의 장 선거 19.0%, 광역 의원 비례 대표 선거 18.7%로 충청도 제1당인 한나라당 득표율과는 너무 차이가 났다(20-36% 포인트 차이). 뿐만 아니라 충청도 2위 득표 정당인 열린 우리당과도 차이가 제법 컸다(6-16% 포인트 차이). 국민중심당은 지역 정당임에도 불구하고 정당의 존립 기반 자체가 흔들릴 정도로 지역에서도 존재감이 거의 없었다. 그나마 충남에서 열린 우리당을 제치고 2위를 했기 때문에 당장 소멸하는 것을 면하였다. 그러나 이것도 시간을 버는 역할만을 하였을 뿐이다. 국민중심당은 지역 유권자들로부터 인정받지 못함으로써 스스로 소멸될 운명만을 기다릴 뿐이었고, 2008년 2월에 그 운명이 찾아왔다.

충북 유권자들은 한나라당을 지지하였다. 각급 선거에서의 한나라당의 충북 득표율은 모두 50%를 넘었다. 충북의 투표 유형은 여느 때와 같이 전국 유형과 매우 비슷하였다. 충북의 국민중심당 득표율은 형편없었다. 국민중심당은 충북 도지사 선거에서 3.2%, 구 · 시 · 군의 장 선거에서 1.9%, 광역 의원 비례 대표 선거에서 4.1%를 획득하여 거의 전국 득표율과 비슷하였다. 국민중심당은 그들의 기대와 달리 충북에서 전혀 인정받지 못하였다. 다시 말해 충북 유권자들은 국민중심당을 일반적인 정당으로도 인정하지 않았다.

2) 2007년 12월 19일 제17대 대통령 선거

2007년 제17대 대통령 선거는 투표일 이전에 선거 결과를 누구나 예측

할 수 있을 정도로 승패 여부가 드러난 선거이었다. 모든 사람의 예상대로 야당인 한나라당 이명박 후보가 대통합민주신당 정동영 후보를 큰 표 차이로 누르고 당선되었다. 유권자들은 노무현 정부 기간 내내 폭등한 부동산 가격과 이로 인한 가족 재생산 비용의 상승에 염증을 내었고(회고적 평가), 동시에 현대 재벌 경영자이었던 이명박 후보가 한국 경제의 성장도 이루어낼 것이라고 기대한 결과이었다(전망적 평가).

정동영 후보는 선거 패배에 전적인 책임이 있지만, 조금 억울한 측면도 있었다. 대통령 단임제에서 잘 성립하지 않는 전 정부에 대한 회고적 평가를 고스란히 일종의 '현직 계승 후보'인 그가 떠안아야 했기 때문이다. 이 선거는 투표 결정 요인으로 쟁점 투표가 상당히 작용하였다. 그러나 지역 균열이 표면화되지 않았을 뿐, 영호남 지역의 지역주의 투표 행태는 여전하였다. 단지 호남 지역에서의 지역주의 투표 행태의 강도가 조금 줄어들었다.

충청도 입장에서 보면, 이 선거는 1987년 제13대 대통령 선거처럼 지역의 지배 정당 후보가 출마하거나 1992년 제14대와 1997년 제15대 대통령 선거처럼 지역을 근거로 한 '선거 연합'이 있었거나, 2002년 제16대 대통령 선거처럼 '출신지'에서 '거주지'로 지역주의 기준을 바꾸게 하는 공약도 없는 답답한 선거이었다. 대통합민주신당 정동영 후보는 말할 것도 없고, 서울시장 출신의 한나라당 이명박 후보도 행정 중심 복합 도시를 충청도에 건설하겠다는 것을 약속하였다. 이명박 후보의 약속은 조금 미심쩍기는 했지만, 공개적으로 이를 뒤집는 말을 하지 않았으므로 충청도에서 이것이 선거 쟁점이 되지는 않았다. 이명박 후보는 대통령이 된 뒤에 행정 중심 복합 도시 '세종시'를 후퇴시키려는 법안을 제출하였다. 일부 충청도 유권자들의 의심이 단순한 기우는 아니었으나 2007년 대통령 선거가 진행되는 시점에서는 이것은 전혀 쟁점이 되지 않았다.

2007년 제17대 대통령 선거는 한나라당 이명박 후보의 완승이라기보다는 대통합민주신당 정동영 후보의 참패였다. 이명박 후보의 득표율 48.7%

보다는 정동영 후보의 득표율 26.1%가 더 선명하게 부각되었다. 여당 후보가 이렇게 저조한 득표율을 기록한 적이 없었고, 유력한 두 후보의 차이가 이렇게 크게 난 적도 없었다. 정동영 후보는 대통령 후보로 세 번째 나섰으나 이번에는 무소속으로 출마한 이회창 후보에게도 11.0% 포인트 밖에 앞서지 못했다는 것에서 그의 참패를 읽을 수 있다.

이회창은 대통령 선거가 한찬 진행중인 막바지에 무소속으로 대통령 후보에 출마하였다. 본인도 당선을 기대하지는 않았다. 당선을 조금이라도 바란다면 정당 후보로 출마했을 것이다. 1997년 제15대와 2002년 제16대 대통령 선거에서 한나라당 후보로 영남의 지역주의 투표 행태에 크게 덕을 본 이회창은 2007년 제17대 대통령 선거에서는 본인의 출신지인 충청도 주민들의 지지를 기대하고 대통령 선거에 참여하였다. 충남 출신 대통령 후보로는 국민중심당 심대평도 있었다. 그러나 그는 2006년 제4회 지방 선거에서 국민중심당의 실력을 확인한 뒤 지지도가 더 높은 무소속 이회창 후보 지지를 선언하고 2007년 12월 3일 대통령 후보직을 사퇴하였다.

이회창은 2007년 제17대 대통령 선거에서 15.1%를 득표하여 예상외로 선전하였다. 1987년 제13대 대통령 선거에서 정당 후보로 출마한 김종필이 8.1%를 득표한 것에 비해 보면 놀랍기까지 한 선전이었다. 이회창의 득표율 15.1%는 물론 충청도 유권자들의 높은 지지의 결과이었다. 충청도 주민들은 전국 득표율의 근 두 배인 29.0%의 득표율을 이회창에게 안겨주었다. 특히 충남의 지지율은 이보다 더 높아 33.2%에 달하였다. 충청도 유권자들이 이회창을 상대적으로 많이 지지한 것은 그가 충청도 출신이라는 같은 동향 의식과 함께 2002년 제3회 지방 선거 이후 충청도를 기반으로 하는 정당(자유민주연합과 국민중심당)의 약화된 모습에 대한 충청도(특히 대전과 충남) 주민들의 반작용 때문이라고 할 수 있다. 이것은 2007년 제17대 대통령 선거가 끝나고 약 이개월 뒤인 2008년 2월에 이회창이 중심이 되어 자유선진당을 창당하는 밑거름이 되었다.

〈표 8-26〉 2007년 제17대 대통령 선거 투표율과 후보별 득표율

	투표자수 (천명)	투표율 (%)	후보별 득표율(%)				
			1위	2위	3위	4위	기타
			이명박	정동영	이회창	문국현	기타
전국	23,733	63.0	48.7	26.1	15.1	5.8	4.3
충청도	2,307	61.1	37.1	22.6	29.0	5.7	5.6
대전광역시	680	61.9	36.3	23.6	28.9	7.1	4.2
충청남도	924	60.3	34.3	21.1	33.2	4.7	6.7
충청북도	703	61.3	41.6	23.8	23.4	5.7	5.5

출처: 중앙선거관리위원회 선거통계시스템

그렇지만, 이회창 후보가 충청도를 상징하는 후보가 되지는 못했다. 충청도 유권자들은 〈표 8-26〉에서 보는 것처럼 그에게 29.0%라는 상당한 득표율을 안겨 주었지만, 영남의 지배 정당인 한나라당을 떠나 고향 유권자들에 기대어 정당도 만들지 못하고 화급하게 무소속으로 출마한 그를 지역주의의 상징으로 생각하지 않았고, 그리고 사표를 만들 생각도 없었다. 대전과 충남, 그리고 충북 등 충청도 어느 곳에서도 이회창 후보는 1위를 하지 못했다. 1987년 제13대 대통령 선거에서 김종필은 전국 득표율에서는 저조했지만, 그래도 충남(대전 포함)에서는 2위와 상당한 격차를 내는 1위를 하였다. 대전 · 충남 유권자들은 이회창을 대통합민주신당 정동영보다 더 많이 지지하고, 한나라당 이명박에 근접하는 정도의 표를 주었을 뿐이었다. 이회창은 충청도 전체에서 이명박보다 8.1% 포인트 뒤졌고, 정동영보다 6.4% 포인트 앞섰다. 이회창의 고향인 충남에서는 이명박 후보를 바짝 따라잡아 불과 1.1% 포인트 차이밖에 나지 않았다. 2007년 제17대 대통령 선거에서 이회창이 분명히 선전한 것은 틀림없으나 본인의 출신지에서도 1위를 하지 못한 것은 그의 명백한 지역적 한계이었다.

충북 유권자들은 이회창을 충청도의 상징적 인물로 생각하는 농도가 대

전 · 충남보다 상당히 낮았다. 이회창의 충북 득표율은 충청도 세 지역 중에서 이명박과 가장 격차가 많이 벌어져 18.2% 포인트 차이가 났다. 이만큼 충북의 지역 정체성은 대전 · 충남의 지역 정체성과 달랐다.

3) 2008년 4월 9일 제18대 국회의원 선거

2008년 제18대 국회의원 선거에서 특기할 것은 충청도를 지배 지역으로 갖기를 희망하는 자유선진당이 등장한 것이다. 1997년을 전후하여 충청도 지배 정당으로서 중앙 권력자의 일원이 된 자유민주연합의 역할을 대신할 정당이 2002년 제3회 지방 선거를 끝으로 소멸된 것에 대한 반작용으로 충청도 지배 정당을 희원하는 자유선진당이 출범하였다. 심대평이 2006년에 창당한 국민중심당은 대전 · 충남 유권자들이 기대를 충족시켜주지 못했다. 이것도 이회창이 자유선진당을 창당하는 계기가 되었다.

자유선진당은 2008년 제18대 국회의원 선거에서 그들의 희망만큼은 아니지만, 대전 · 충남에서 바람을 일으키며 18석(지역구 14석, 비례대표 네 석)을 얻어 66석을 획득한 통합민주당에 이어 원내 제3당이 되었다. 자유선진당이 지역구에서 획득한 14석은 모두 충청도에서 거둔 것이다. 충청도 의석 점유율은 58.3%에 달했다. 자유선진당은 충청도 이외의 지역에서는 단 한 석도 획득하지 못해 완벽한 지역 정당이 되었으나, 대전 · 충남에서는 비교적 견고한 지배 정당이 되었다. 자유선진당은 대전에서 다섯 석(의석 점유율 83.3%), 충남에서 여덟 석(의석 점유율 80.0%)을 획득하였다. 자유선진당을 통해 영호남을 견제하려는 대전 · 충남 유권자들의 바램이 2002년 제16대 대통령 선거와 2004년 제17대 국회의원 선거, 그리고 2006년 제4회 지방 선거에서 거의 보이지 않았던 지역주의 투표 성향을 부활시켰다.

자유선진당의 경계는 대전 · 충남으로 명백하게 제한되었다. 자유선진당의 충청도 지배 정당의 꿈은 충북에서는 이루어지 않았다. 냉정하게 말하면 애초부터 이 꿈은 이루어질 수 없었다. 김종필도 진정한 의미에서 충북을 지배 지역으로 가져 보지 못하였는데, 한나라당 후보로 두 번이나 대통령 후보로 출마한 이회창이 충북을 상징하는 정치 지도자로 부상할 수는 없었다. 무엇보다도 중앙 권력을 획득할 가능성이 없는 인물과 정당이 지역의 지배 정당이 되는 것은 근본적인 한계가 있었다. 지역주의는 특정 개인 지도자가 아니라 지역의 지배 정당과 지역을 상징하는 정당의 대표자가 국가 권력을 장악할 가능성이 있을 때 형성되고, 공고화된다. 이 점에서 이회창이 기대한 지역주의의 한계는 명백하였다. 더욱이 대전 · 충남의 지역 정체성과 일정한 거리가 있는 충북으로서는 자유선진당은 애정을 표현해야 할 지역 정당이 아니고 보통의 군소 정당 이외에 아무 것도 아니었다.

자유선진당은 충북에서 단 한 석(의석 점유율 12.5%)을 얻는데 그쳤다. 사실 충북에서 획득한 의석도 엄밀히 말하면 자유선진당 의석이라고 할 수는 없다. 충북 보은 · 옥천 · 영동 지역구에서 당선된 이용희 의원은 골수 통합민주당 의원이었다. 그런데 통합민주당이 공천을 주지 않자 그는 곧바로 자유선진당으로 입당하여 정당보다는 개인의 힘으로 당선되었다. 그를 엄밀한 자유선진당 의원이라고 볼 수 없는 또 하나의 이유는 그의 아들이 2012년 제19대 국회의원 선거에서 그를 대신하여 출마하였는데, 자유선진당이 아니라 통합민주당의 후신인 민주통합당으로 출마하였기 때문이다.

자유선진당의 부상을 자유민주연합이 쇠퇴기에 접어들었던 2004년 제17대 국회의원 선거와 2006년 제4회 지방 선거 중 국민중심당의 득표율이 높았던 구 · 시 · 군의 장(기초 단체장) 선거에서의 충청도 득표율과 비교하여 살펴보기로 한다. 〈표 8-27〉에서 보는 것처럼 자유선진당은 충청도 득표율 증가폭이 전국 증가폭보다 훨씬 컸다. 전국 득표율은 2004년 자유민주연합이 참여한 제17대 국회의원 선거보다 1.0% 포인트가 증가하였으나 충청도 전체로는 12.7% 포인트나 신장하였다. 2006년 국민중심당이 참여한 제4회 기초 단체장 선거와 비교하여도 전국 득표율이 4.6% 포인트 증가한 것에 비해 충청도에서는 10.3% 포인트가 신장하였다.

〈표 8-27〉 2004년 제17대 국회의원 선거와 2006년 제4회 기초 단체장 선거와 2008년 제18대 국회의원 선거에서의 충청도 지역 정당의 득표율 변화 (단위: %, % 포인트)

	정당	전국	충청도	대전	충남	충북
2004년 제17대 국회의원 선거	자유민주연합	5.8	15.6	14.5	23.8	6.3
2006년 제4회 기초 단체장 선거	국민중심당	2.2	19.0	17.2	32.7	1.9
2008년 제18대 국회의원 선거	자유선진당	6.8	29.3	34.3	37.8	13.7
2004-2008년 비교		1.0	12.7	19.8	14.0	7.4
2006-2008년 비교		4.6	10.3	17.1	5.1	11.8

출처: 중앙선거관리위원회 선거통계시스템에서 계산

이러한 경향은 대전과 충남은 말할 것도 없고, 심지어는 대전 · 충남과 일정한 거리가 있는 충북에서도 똑같이 나타났다. 즉 자유선진당에 대한 충청도 유권자들의 기대는 2004년의 자유민주연합이나 2006년의 국민중심당보다 월등히 높았다. 이 중에서도 대전의 기대감이 가장 뚜렷하였다. 대전은 2004년 제17대 국회의원 선거보다 19.8% 포인트, 2006년 제4회 기초자치 단체장 선거보다 17.1% 포인트 더 자유선진당을 지지하여 2004년 이후 대전 유권자들이 가장 지역주의 투표 행태에 경도되었다. 충북의 증가폭은 충남과 비슷하였지만, 득표율 자체가 대전이나 충남에 비해 너무 낮아서(2004년 제17대 국회의원 선거 6.3%, 2006년 제4회 기초자치 단체장 선거 1.9%, 2008년 제18대 국회의원 선거 13.7%) 의미 부여에 한계가 있다.

〈표 8-28〉 2008년 제18대 국회의원 선거 투표율과 정당별 득표율*

	총투표자수 (천명)	투표율 (%)	정당별 득표율(%)				
			제1당	제2당	제3당	제4당	기타
			한나라당	통합민주당	친박연대	자유선진당	기타
전국	17,416	46.1	37.5	25.2	13.2	6.8	17.3
충청도	1,811	47.7	28.6	18.2	9.2	29.3	14.7
대전광역시	499	45.3	24.8	18.6	8.7	34.3	13.6
충청남도	744	48.2	27.1	13.5	7.2	37.8	14.4
충청북도	567	49.3	34.0	23.9	12.3	13.7	16.1

* 지역구 후보들의 득표율 합산이 아니라 정당 명부별 정당 득표율

출처: 중앙선거관리위원회 선거통계시스템에서 계산

2008년 제18대 국회의원 선거에서 자유선진당의 전국 득표율과 충청도 득표율을 다른 정당의 득표율과 비교함으로써 자유선진당의 좌표를 분석하기로 한다(〈표 8-28〉 참조). 자유선진당은 이 선거에서 전국 득표율이 6.8%에 불과하여 득표율로는 제4당이 되었다. 제3정당인 친박연대의 득표율 13.2%의 거의 절반에 지나지 않았다. 그러나 의석수에서는 친박연대(여섯 석)를 앞서서 제3당이 되었는데, 그것은 대전 · 충남에서의 지역주의 투표 행태 덕분이었다. 자유선진당이 지역 정당이라는 것은 이것으로도 입증된다.

반면에 자유선진당은 2008년 제18대 국회의원 충청도 선거에서 29.3%의 득표율을 기록하여 제1당이 되었다. 대전 34.3%, 충남 37.8%의 득표율로 전국 득표율이 가장 높은 한나라당을 제쳤다. 대전에서는 한나라당에 9.5% 포인트, 충남에서는 10.7% 포인트 앞섰다. 그러나 충북에서는 고작 13.7%를 득표하여 충북에서 득표율 1위를 한 한나라당과 무려 20.3% 포인트나 차이가 날 정도로 완전히 열세였다. 나아가 통합민주당에도 10.2% 포인트 뒤졌다. 뿐만 아니라 박근혜 후원 단체와 같은 성격의 친박연대에

도 불과 1.4% 포인트 앞서서 겨우 3위를 했다. 자유선진당은 대전과 충남에서는 영남의 한나라당과 호남의 통합민주당만큼은 아니지만 지역의 이익을 대리할 수 있는 지역의 군소 지배 정당이었지만, 충북에서는 전혀 영향력이 없는 무명의 정당일 뿐이었다.

4) 2010년 6월 2일 제5회 지방 선거

충청도를 기반으로 하는 두 개의 지역 정당인 자유선진당과 국민중심연합이 2010년 제5회 지방 선거에 출전하였다. 심대평은 자유선진당에 합류한 지 일년 정도가 지난 2009년 8월 30일 자유선진당을 탈당하고 과거의 국민중심당과 당명이 비슷한 국민중심연합을 2010년 4월 1일에 창당하였다. 심대평의 국민중심연합은 이회창의 자유선진당과 2010년 제5회 지방 선거에서 대전 · 충남의 지역 정당을 가리는 경쟁에 나섰지만 국민중심연합은 심대평의 출신 지역인 공주에서 시장과 기초 의원 단 두 명만을 당선시키는 데 그쳐 자유선진당에 완패하였다. 이로써 대전 · 충남을 대표하는 지역 정당은 자유선진당이 되었다. 심대평은 2011년 11월 15일 다시 자유선진당에 합류하였다. 어느 한 개인의 변화무쌍한 변신과 정당의 끊임없는 이합집산이 유권자들의 정당 일체감을 이끌어낼 수 없다는 것은 명백하다. 심대평의 실패는 유권자들에게 비전도 제시하지 않고 그들을 의식하지도 않은 당연한 귀결이었다.

자유선진당은 국민중심연합에 이겼지만, 기대에는 미치지 못했다. 16곳의 시 · 도지사 선거에서 대전에서만 이겼을 뿐 충남에서는 민주당 후보에게 패배했고 충북에서는 아예 후보를 출마시키지도 못했다. 구 · 시 · 군의 장 선거에서 전국 228곳 중 13곳에서 당선되었지만 모두 충청도에 국한되었다. 대전 세 곳(점유율 60.0%), 충남 일곱 곳(점유율 43.8%), 충북 세 곳(점유율 25.0%)이 전부였다. 지역구 시 · 도의원 선거 당선자 38명도 모두 충청도에 국한되었다(대전 15석으로 의석 점유율 78.9%, 충남 19석으로 의석 점유율 52.8%, 충북 네 석으로 의석 점유율 14.3%). 지역구 구 · 시 · 군의회 의원 선거 당선자 95명도 충청도 경계를 벗어나지 못했다(대전 23석으로 의석 점유율 41.8%, 충남 60석으로 의석 점유율 39.5%, 충북 12석으로 의석 점유율 10.5%). 전체적으로 2006년 제4회 지방 선거에서 자유선진당은 국민중심당보다는 실적이 출중하였지만, 당선자가 모두 충청도에 한정되어서 지역 정당을 벗어나지 못하였다.

충북 상황은 더 좋지 않았다. 자유선진당은 충북에서 도지사 후보를 내지도 못하였다. 자유선진당의 지역 경계는 충청도 전체가 아니라 대전 · 충남에 국한되었다. 자유선진당은 충북 지역구 시 · 도의원 선거에서 민주당 의석수 20석에 한참 떨어지는 네 석만을 획득하였다. 지역구 구 · 시 · 군의회 선거에서는 전체 114석 중 12석을 차지하여 소수 제3당이 되었다. 충북에서는 2006년 제4회 지방 선거와 달리 한나라당이 아니라 민주당이 지방의회를 지배하는 다수당이 되었다.

자유선진당의 전국 득표율은 매우 미미하였다. 〈표 8-29〉에서 보는 것처럼 자유선진당은 시 · 도지사 선거에서의 전국 득표율 3.5%, 구 · 시 · 군의 장 선거 3.2%, 광역 의원 비례 대표 선거 4.5%를 획득하여 2006년 제4회 지방 선거에서 국민중심당이 거둔 각급 선거에서의 전국 득표율보다 조금 나은 수준에 머물렀다. 이로써 자유선진당은 전국 정당이 아니라 명백한 지역 정당임이 확인되었다. 그것도 대전 · 충남에 국한된 지역 정당이었다. 자유선진당은 구 · 시 · 군의 장 선거에서 대전과 충남에서 각각 35.0%와 35.9%로 득표율 1위를 하였다. 광역 의원 비례 대표 선거에서도 대전 37.0%, 충남 38.0%의 득표율을 기록하여 민주당과 한나라당을 제치고 1위를 하였다. 그러나 이들 정당과 득표율 차이가 크지 않다는 점에서 자유선진당이 대전과 충남에서 우월적 지위를 차지하였다고 평가하기는 어렵다.

〈표 8-29〉 2010년 제5회 지방 선거의 정당별 득표율

	유효 투표수 (천명)	정당별 득표율(%)				
		제1당	제2당	제3당	제4당	기타
시 · 도지사		한나라당	민주당	국민참여당	자유선진당	기타
전국	20,652	45.7	30.6	10.9	3.5	9.4
충청도	2,144	29.7	39.9		29.1	1.3
대전광역시	592	28.5	23.3		46.7	1.5
충청남도	869	17.8	42.3		39.9	
충청북도	683	45.9	51.2			2.9
구 · 시 · 군의장		한라나당	민주당	자유선진당	민주노동당	기타 (국민중심연합)
전국	20,120	38.6	35.3	3.2	3.1	19.8(0.2)
충청도	2,151	31.0	33.8	26.7		8.5(1.9)
대전광역시	586	29.9	33.0	35.0		2.1(1.7)
충청남도	882	27.2	23.7	35.9		13.1(3.5)
충청북도	684	36.9	47.5	7.8		7.9
광역 비례대표		한나라당	민주당	민주노동당	국민참여당	기타 (자유선진당)
전국	20,664	39.8	35.1	7.4	6.7	11.1(4.5)
충청도	2,128	27.3	34.1	3.6	3.3	31.7(28.1)
대전광역시	586	24.8	29.8	2.5	3.8	39.0(37.0)
충청남도	865	23.8	28.2	3.8	2.7	41.5(38.0)
충청북도	677	34.0	45.3	4.2	3.6	12.9(7.9)

출처: 중앙선거관리위원회 선거통계시스템에서 계산

자유선진당이 충북에서 얻은 지지율은 구 · 시 · 군의 장 선거에서 7.8%, 광역 의원 비례 대표 선거에서 7.9%로 모두 한 자릿수였다. 구 · 시 · 군의 장 선거에서 득표율 47.5%로 1위를 한 민주당과 36.9%로 2위를 한 한나라당과 비교하기도 면구할 정도로 득표율 차이가 매우 컸다. 두 정당 득표율의 오분의 일에서 칠분의 일 수준에 지나지 않았다. 광역 의원 비례 대표 선거에서도 이러한 현상은 재현되었다. 이 선거에서 1위를 한 민주당의 득표율 45.3%와 한나라당 득표율 34.0%에 비해 26-37% 포인트나 차이가 났다.

결론적으로 충북 유권자들은 자유선진당을 지역 정당으로도 인정하지 않았다. 국민참여당이나 민주노동당과 득표율 차이가 크지 않은 군소 정당에 지나지 않았다. 투표 행태로 보았을 때 충북 유권자들과 대전 · 충남 유권자들 간의 투표 행태의 차이는 일시적 현상이 아니라, 지역 고유의 특성, 즉 지역 정체성으로 내화되었다.

5) 2012년 4월 11일 제19대 국회의원 선거

2012년 4월 국회의원 선거와 12월 대통령 선거를 앞두고 중앙 권력을 놓고 겨루는 한나라당과 민주당은 전열을 가다듬었다. 두 정당은 모두 당명을 바꾸었다. 한나라당은 이명박 정부의 실정으로부터 벗어나기 위하여, 즉 회고적 평가로부터 조금이라도 멀어지기 위해 2012년 2월 13일 당명을 새누리당으로, 당의 상징 색을 파란 색에서 빨간 색으로 변경하였다. 민주당도 2011년 12월 16일 한국노동조합총연맹과 문재인 · 이해찬 등의 시민통합당과 합당하여 민주통합당으로 당명을 교체하였다. 이들 정당과 중앙 권력을 다툴 정도의 힘을 갖고 있지 못한 자유선진당은 2011년 충남에 근거를 둔 심대평의 국민중심연합과 이인제 의원과 재통합하였다.

2012년 4월 11일 실시된 제19대 국회의원 선거에서 새누리당은 전국뿐만 아니라 충청도에서도 완승하였다. 새누리당은 충청도 전체 25석 중 12석(충남 네 석, 대전 세 석, 충북 다섯 석)을 차지하여 충청권 제1당이 되었다. 새누리당의 충청도 승리는 특히 충북에서의 약진에 기인하였다. 2008년 제18대 국회의원 선거에서 한나라당이 충청도에서 얻은 의석이 단 한 석에 지나지 않았다는 것에 비해 그야말로 비약적인 승리를 거두었다. 반면에 민주통합당은 대전과 충남과 그리고 세종시에서 비교적 선전했지만 충북에서는 완패하였다. 민주통합당은 2008년 제18대 국회의원 선거보다 두 석이 많은 열석을 충청도에서 획득하였으나 새누리당의 비약적 약진에 빛이 바랬다. 2012년 제19대 국회의원 선거에서 새로운 광역 행정구가 된 세종시에서 종래 자유선진당을 지지하던 유권자들이 민주통합당으로 방향을 바꾼 것이 그나마 민주통합당으로서는 위안거리가 되었다.

대전 · 충남의 지역 정당인 자유선진당은 거의 완전히 몰락하였다. 자유선진당은 충남에서 세 석을 얻었는데, 이것이 이 당이 전국에서 획득한 의석의 전부이었다. 자유선진당은 비례 대표 두 석을 추가하였지만, 완전 참패를 벗어날 수는 없었다. 2012년 7월부터 특별 자치시가 된 세종시에 충남 도지사를 역임하였고, 공주 출신인 심대평이 자유선진당 후보로 출마하였지만, 선거 직전에 출마한 민주통합당 이해찬 후보에게 패배한 것이 자유선진당의 현실을 상징하였다. 자유선진당이 2008년 제18대 국회의원 선거에서도 오로지 충청도에서만 지역구 의석을 확보하였지만 비례 대표 네 석을 포함하여 총 18석을 획득한 것에 비하면, 너무나 초라한 성적이었다. 자유선진당은 대전에서 한 석도 얻지 못하여 대전 · 충남 지역 정당으로서의 존재감도 사라졌다. 자유선진당은 2012년 5월 29일 당명을 선진통일당으로 변경하였다가 2012년 10월 25일 새누리당과 합당하여 완전히 역사의 무대에서 사라졌다. 이제 대전 · 충남을 기반으로 하는 지역 정당은 완전히 소멸하였다.

대전 · 충남 유권자들은 중앙 권력을 장악할 의사와 능력이 없으며, 지역 정당을 유지하기에도 급급한 자유선진당을 더 이상 지지하지 않기로 결정하였다. 이들은 지지 방향을 대거 새누리당으로 돌렸다. 한나라당이 2008년 제18대 국회의원 선거에서 충청도 전체에서 단 한 석만을 획득하였던 것에서 불과 사년만에 12석이나 차지할 정도로 상전벽해가 된 것은 자유선진당 지지자들의 대대적인 방향 전환이 있었기 때문에 가능하였다. 자유선진당 지지자들은 대전과 충남에서는 새누리당으로, 새로 선거구가 된 세종시에서는 민주통합당으로 발길을 돌렸다. 이로써 자유선진당은 지역 정당은커녕 정당으로서의 명맥도 유지하지 못할 정도로 왜소해졌고, 대전 · 충남에서의 흐릿한 지역주의 투표 행태는 깃발조차 나부끼지 못하였다.

〈표 8-30〉 2012년 제19대 국회의원 선거 투표율과 정당별 득표율*

	총투표자수 (천명)	투표율 (%)	정당별 득표율(%)				
			제1당	제2당	제3당	제4당	기타
			새누리당	민주 통합당	통합 진보당	자유 선진당	기타
전국	21,807	54.2	42.8	36.5	10.3	3.2	7.2
충청도	2,183	53.7	37.9	33.3	7.7	15.1	6.0
대전광역시	636	54.2	34.3	33.7	9.0	17.9	5.1
충청남도	832	52.4	36.6	30.4	6.8	20.4	5.8
세 종시	47	59.2	27.8	38.7	5.4	22.6	5.5
충청북도	667	54.6	43.8	36.0	7.7	5.3	7.2

* 지역구 후보들의 득표율 합산이 아니라 정당 명부별 정당 득표율

출처: 중앙선거관리위원회 선거통계시스템

자유선진당이 명목만의 지역 정당에 불과하다는 것은 득표율로 쉽게 확인할 수 있다. 〈표 8-30〉에서 알 수 있듯이 2012년 제19대 국회의원 선거에서 자유선진당의 전국 득표율은 3.2%에 지나지 않았다. 1위 정당인 새누리당(42.8%)과 2위 정당인 민주통합당(36.5%)은 말할 것도 없고 3위 정당

인 통합진보당의 득표율 10.3%에도 한참 뒤졌다. 자유선진당의 득표율은 사년 전인 2008년 제18대 국회의원 선거에서 획득한 전국 득표율 6.8%의 절반에 불과하였다. 자유선진당의 몰락은 저조한 충청도 득표율에서 확연히 드러난다. 2008년 제18대 국회의원 선거에서 29.3%이었던 충청도 득표율이 2012년 제19대 국회의원 선거에서는 15.1%로 거의 절반 정도로 줄어들었다. 대전은 34.3%에서 17.9%로, 충남은 37.8%에서 20.4%로 떨어졌다. 대전 · 충남의 지역 정당이라는 존재감도 더 이상 찾아보기 어렵게 되었다.

자유선진당의 추락은 충북에서 더욱 명백하였다. 자유선진당은 2008년 제18대 국회의원 충북 선거에서 득표율이 13.3%이었는데, 2012년 제19대 국회의원 선거에서는 한자리수인 5.3%로 떨어져 거의 삼분의 일 수준이 되었다. 자유선진당의 충북 득표율은 심지어 통합진보당의 득표율 7.7%보다도 낮아 자유선진당의 위상은 형편없게 되었다. 충북에서 자유선진당은 원래 보통의 군소 정당이었는데, 이것을 이 선거 결과가 다시 한 번 확인시켜 주었다. 투표 행태로 보았을 때, 충북의 지역사회 경계는 완전히 대전 · 충남과 달랐다. 지역 정당으로서의 자유선진당의 존재감 상실은 더 이상 대전 · 충남에서도 지역주의 투표 행태가 발현할 수 없게 만들었다. 대전 · 충남의 지역주의 투표 행태는 이제 완전히 과거가 되었다.

5. 지역 정당이 존재하지 않는 기간 (2012년 5월-2014년 현재)

2012년 12월 19일 제18대 대통령 선거는 사상 처음으로 충청도 지배 정당 또는 지역 정당, 그리고 충청도 출신 인물과 충청도와 관련된 정책과 전략 그 어느 것도 연결되지 않는 선거로 진행되었다. 1987년 제13대 대통령 선거는 충청도 출신 김종필이 신민주공화당을 만들어 직접 출마하였고,

1992년 제14대 대통령 선거와 1997년 제15대 대통령 선거는 충청도를 기반으로 하는 정당(신민주공화당과 자유민주연합)이 다른 정당과 합당을 하거나 '지역 연합'함으로써 권력의 주책임자는 아니지만, 권력의 한 축으로서 참여하였다. 2002년 제16대 대통령 선거는 '행정 수도 충청도 이전' 공약에 의해 지역주의의 내용이 '출신지'에서 '거주지'로 바뀌었다. 2007년 제17대 대통령 선거는 두 번에 걸쳐 한나라당 대통령 후보였던 이회창이 충청도 유권자들의 애향심을 기대하고 개인 자격으로 출마하였다.

2012년 제18대 대통령 선거에서 새누리당 박근혜 후보가 대통령으로 당선되는 데는 〈표 8-31〉에서 확인할 수 있는 것처럼 충청도에서의 우세가 적지 않은 기여를 하였다. 2012년 7월 1일 특별 자치시가 된 세종시를 포함하여 모든 충청도 지역에서 박근혜 후보가 민주통합당 문재인 후보를 앞섰다. 충청도 전체적으로 박근혜 후보는 문재인 후보보다 9.3%포인트 앞섰다. 두 후보 간의 격차는 충남에서 가장 컸고(13.9% 포인트), 대전에서 가장 적었다(0.3% 포인트).

〈표 8-31〉 2012년 제18대 대통령 선거 투표율과 후보별 득표율

	투표자수 (천명)	투표율 (%)	후보별 득표율(%)				
			1위	2위	3위	4위	기타
			박근혜	문재인	강지원	김순자	기타
전국	30,721	75.8	51.6	48.0	0.17	0.15	0.10
충청도	3,063	74.6	54.4	45.1	0.16	0.22	0.10
대전광역시	904	76.5	50.0	49.7	0.14	0.10	0.08
충청남도	1,168	72.9	56.7	42.8	0.16	0.27	0.10
세종특별시	65	74.1	51.9	47.6	0.15	0.23	0.11
충청북도	926	75.0	56.2	43.3	0.16	0.24	0.10

출처: 중앙선거관리위원회 선거통계시스템

2012년 대통령 선거에서 '행정 수도 충청도 이전'처럼 충청도 유권자들의 관심을 환기시키는 공약은 없었다. 다만 현재의 세종시를 있게 한 공로가 누구에게 있느냐의 문제로 새누리당 박근혜 후보와 민주통합당 문재인 후보 간에 작은 싸움이 있었을 뿐이었다. 박근혜는 이명박 대통령의 세종시 수정안을 폐기시킨 장본인이라는 것이고, 문재인은 세종시는 노무현 정부가 기획하여 성사시킨 것이라는 것을 강조하였다.

이 싸움은 대체로 박근혜의 승리로 끝났다. 두 후보가 주장하는 것 자체는 모두 맞는 말이지만, 문재인 후보는 노무현 정부에 대한 유권자들의 부정적인 회고적 평가의 덫에 걸려 유리한 환경에 있지 못하였다. 특별 자치시인 세종시를 둘러싼 논쟁에서 문재인 후보가 박근혜 후보에게 뒤진 것은 그로서는 매우 안타까운 일이었다. 왜냐하면 충청도는 문재인 후보와 민주통합당에게 특별한 연고가 있는 지역이기 때문이었다. 세종시는 2002년 제16대 대통령 선거에서 새천년민주당 노무현 후보가 공약하여 설립된 도시이고, 민주통합당이 세종시를 행정 중심 복합 도시로조차 만들려 하지 않는 이명박 정부와 끊임없이 투쟁해 온 지역이었다. 세종시를 만들고 지킨 문재인 후보가 그 혜택을 누리지 못하고, 오히려 박근혜 후보가 이익을 얻었다. 박근혜 후보는 이명박 정부가 세종시를 행정 중심 복합 도시로 만들려 하지 않는 것에 반대하여 소위 '수정안'을 폐기시켰다. 충청도 유권자들은 '세종시를 지킨 사람'이 문재인과 민주통합당이 아니라 박근혜로 보았다. 충청도 유권자들은 '세종시를 지킨 사람' 박근혜에게 감사의 인사를 대통령 당선으로 전했다.

충북은 충남 못지않게 박근혜 후보가 문재인 후보를 따돌린 지역이다. 두 후보 간의 격차는 12.9% 포인트나 벌어졌다. 충북에서 박근혜 후보가 앞선 이유는 박근혜가 '세종시를 지켜낸 사람'이라는 충북 유권자들의 생각에도 있지만, 또 하나의 이유는 박근혜의 어머니인 육영수에 있다. 국민들은 육영수의 이미지를 단아하고 '한국의 어머니'와 같은 인상으로 받아들이고 있다. 박근혜 후보 입장에서는 훌륭한 득표 요인이었다. 육영수

〈표 8-32〉 충북 옥천과 영동에서의 박근혜 후보와 문재인 후보 간의 득표율 비교 (2012년 제18대 대통령 선거) (단위: %, % 포인트)

	새누리당 박근혜(1)	민주통합당 문재인(2)	(1) - (2)
충북	56.2	43.3	12.9
옥천	64.5	34.6	29.9
영동	64.1	35.1	29.0
보은	61.9	37.1	24.8

출처: 중앙선거관리위원회 선거통계계시스템

의 고향은 충북 옥천이다. 옥천에서 박근혜 후보는 〈표 8-32〉에서 확인할 수 있듯이 문재인 후보를 29.9% 포인트나 앞섰다. 충북 평균 득표율 차이 12.9% 포인트에 비해 두 배나 차이가 났다. 박근혜의 지지 열기는 옥천만으로 그치지 않았다. 옥천 인근의 영동과 보은에도 영향을 미쳤다(이 지역을 통상 '남부 3군'으로 부른다). 영동에서는 박근혜 후보가 문재인 후보를 29.0% 포인트 차이로 앞서 옥천과 거의 같았다. 보은에서도 두 후보 간에 24.8% 포인트 차이가 나 옥천과 영동에 버금갔다. 육영수에 대한 옥천 군민의 애틋함은 '남부 3군'을 넘어 충북 전역에 조용히 영향을 미쳤다.

제 9 장

지역사회 경계의 상징적 구성과 충북의 지역주의 투표

1 • 상징적 경계 구성과 지역주의 투표
2 • 충북의 '충청도 지역사회 경계 구성' 시기(1995-2000년 또는 1988-2000년)의 지역주의 투표 행태
3 • 충북의 '충북 지역사회 경계 재구성' 시기(2000-2014년 현재)의 탈지역주의 투표 행태

1. 상징적 경계 구성과 지역주의 투표

영남과 호남은 1987년 민주화 이후 지금까지 변함없이 지역주의 투표 행태를 보이고 있다. 경북과 경남과 그리고 대구와 부산과 울산 사람들의 투표 행태는 일반인들이 의식하지 못할 정도로 거의 동일하다. 1987년 제13대 대통령 선거와 1988년 제13대 국회의원 선거에서 영남이 대구 · 경북과 부산 · 경남으로 나뉘어지고, 김영삼 대통령이 전두환과 노태우를 구속할 무렵에 실시된 1995년 제1회 지방 선거와 1996년 제15대 국회의원 선거에서 대구와 경북이 반발한 경우 이외에는 실제적으로 대구와 부산 간의 투표 행태의 차이는 없었다. 호남 내부 간의 투표 행태의 차이는 더욱 없었다.

반면에 수도권과 강원도와 그리고 제주도는 지역주의 투표 행태와 거의 무관한 지역이다. 수도권 지역은 전국 각지에서 사람들이 몰려와 살고 있으므로 지역주의가 출현하기 어렵고, 제주도는 인구 규모가 작아 정치적으로 독특한 입장을 표출하기가 쉽지 않다. 강원도는 1992년 제14대 대통령 선거에 강원도 출신 정주영이 출마했을 때를 제외하고는 지역주의 투표 행태를 노출하지 않았다. 사실, 이 선거에서 강원도는 정주영에게 다수 득표를 안겨 주지도 않아 지역주의 투표 행태를 보였다고 말하기도 어렵다. 강원도가 역대 선거에서 대체로 영남과 유사한 투표 성향을 보이는 경우가 많았지만, 그렇다고 강원도가 영남과 지역 정체성을 같이 하고 있다고 볼 수는 없다.

충청도는 영호남보다는 약하지만, 그에 버금가는 지역주의 투표 행태를 나타내고 있다. 그러나 영남과 호남과 달리 충청도가 혼연일체가 되어 동일한 지역주의 투표 행태를 보인 경우는 많지 않았다. 충청도의 지역주의 투표 행태는 대전 · 충남과 충북으로 나누어 분석하는 것이 합리적이다. 왜냐하면 두 지역은 충청도라는 지역사회 경계를 같이 한 기간보다는 다른 길을 걸은 기간이 더 길었고, 지역주의 투표 행태의 강도도 차이가 있기 때문이다.

대전 · 충남은 1987년 민주화 이후 2002년 제3회 지방 선거까지는 농담의 차이는 있지만 일관되게 지역주의 투표 행태를 보여 왔다. 그러나 2002년 제16대 대통령 선거에서는 지역주의 투표 행태가 아예 존재하지 않았다. 이후 지역주의 투표 행태는 급격히 약화되어, 특히 2004년 제17대 국회의원 선거와 2006년 제4회 지방 선거에서 지역 균열에 의한 투표 행태는 거의 존재하지 않았다. 그러다가 2008년 제18대 국회의원 선거에서는 지배 정당으로까지는 볼 수 없는 지역 정당(자유선진당)이 출현하였다. 그러나 이것도 잠시였다. 2012년 제19대 국회의원 선거에서는 지역 정당마저도 거의 소멸 단계에 들어섰고, 같은 해 실시된 제18대 대통령 선거에서는 지역주의와는 완전히 무관한 지역이 되었다.

대전과 충남 유권자들은 1987년부터 2002년까지는 확실하게, 그 후는 간헐적으로 영남과 호남의 지배 정당들이 중앙 권력을 장악하기 위하여 지역주의 투표 행태를 지속하는 것에 대한 반작용으로 끊임없이 충청도 지배 정당, 또는 이것이 힘에 부치면 지역 정당을 만들어 왔다. 이러한 시도는 때로는 크게 성공을 거두어 지역주의 투표 행태의 강도가 영호남 지역과 맞먹을 정도가 되기도 하였지만, 대체로 대전 · 충남의 지역주의 투표 강도는 영남과 호남 지역에 비해 약했던 것이 사실이다.

결론적으로 대전 · 충남의 지배 정당과 지역 정당은 영호남과 달리 부침이 있었다. 김종필이 만든 신민주공화당과 자유민주연합, 심대평이 창당한 국민중심당과 국민중심연합, 그리고 이회창이 설립한 자유선진당은 대전 · 충남의 지역주의 강도에 따라 생성과 소멸이 반복되었다. 자유민주연합만이 1995년 제1회 지방 선거를 시작으로 1996년 제15대 국회의원 선거와 1997년 제15대 대통령 선거를 거쳐 1998년 제2회 지방 선거까지 충청도 지배 정당으로서의 역할을 수행하였다. 자유민주연합은 1997년에 새정치국민회의와 지역 연합하여 중앙 권력을 공동으로 장악하기도 하였다. 이 때 충북 주민들도 대전 · 충남 주민들과 더불어 충청도 지역사회 경계 재구성 작업에 기꺼이 동참하여 자유민주연합을 전폭적으로 지지하였다.

그러나 이 기간 이외의 자유민주연합과 신민주공화당과 자유선진당, 그리고 국민중심당은 지배 정당 수준에는 이르지 못하고 지역 정당으로서 기능하였다. 국민중심연합은 처음부터 대전과 충남 유권자들로부터 철저히 외면받았다.

충청도 주민들이 충청도 지역사회 경계를 재설정한 계기는 누차 언급한 것처럼 1995년 민주자유당 영남권 인사들에 의한 김종필의 축출이었다. 대전 · 충남 사람들만이 아니라 충북 사람들도 분개하였다. 김종필 개인의 '토사구팽'이 아니라 충청도 주민 전체의 '토사구팽'으로 대단한 모멸로 받아들였다. 자존심이 크게 훼손당한 충청도 주민들은 충청도를 '상징'하는 자유민주연합을 전폭적으로 지지하고, 나아가서 호남과의 지역 연합도 적극적으로 모색하여 영남 정권 응징에 나섰다. 충청도 전역이 충청도 지역사회의 경계 재설정에 동참하여 충청도 전체가 자유민주연합의 지배 지역이 되었다.

지금까지 대전 · 충남과 달리 기본적으로 집권당 편에 서 있었던 충북의 변화도 이 때 발생하였다. 자유민주연합으로 출마한 충북 후보들은 이 시기에 실시된 각급 선거에서 대전 · 충남 후보들과 마찬가지로 거침없이 '충청도 핫바지론'과 같은 지역 감정을 유발하는 언변을 쏟아내었다. 이것의 정치적 귀결이 충청도 전체의 지역주의 투표 행태이었다. 충청도의 지역주의 투표는 1995년 제1회 지방 선거에서 대전 · 충남이 먼저 폭발하였고, 충북은 1년 뒤 제15대 국회의원 선거에서 대대적으로 분출하기 시작하였다.

충북이 대전 · 충남과 동일한 지역사회 경계 재구성에 나선 것은 2000년 제16대 국회의원 선거 직전까지였다. 충북은 이 기간을 제외하고는 대전 · 충남과 달리 지배 정당이라 할 정당은 말할 것도 없고, 지역 정당이라 규정할 정당도 존재하지 않았다. 대전 · 충남에서 지역 정당의 역할을 하는 경우에도 충북에서는 보통의 군소 정당에 지나지 않았다. 일반적으로 알려진 것과 달리 대전 · 충남의 지역 정당은 충북의 경계를 넘지 못하였다.

충북이 대전 · 충남과 같이 지역주의 투표 행태를 보인 경우를 포함하여 두 지역이 서로 다른 투표 양태를 보이는 이유는 지역사회에 대한 두 지역의 상징적 경계 구성 방식이 다르기 때문이다. 대전 · 충남의 유권자들은 지역을 대표하는 인물(김종필, 이회창, 심대평 등)이나 또는 지역의 이해관계를 대변하는 정당(신민주공화당, 자유민주연합, 자유선진당, 국민중심당)을 그들과 동일시하였지만, 충북은 이와 같은 태도를 취하지 않았다. 충북 주민들은 정치 지도자 개인이나 지역 정당을 지역사회 경계 구성 작업에 포함하지 않았다. 이들은 충청도 지역사회가 다른 지역사회로부터 존중받아야 한다는 것, 다시 말하여 적어도 부당하게 공격받고 모멸받아서는 안 된다는 것을 지역사회 경계 구성 작업에서 최우선적으로 고려하였다. 그런데 1995년에 김종필이 영남 정권으로부터 핍박받고 내쳐지는 것을 충북 주민들은 충청도 지역사회가 부당하게 영남 지역사회로부터 모멸받는 것으로 간주하였다. 대전 · 충남 주민들도 이러한 모멸감을 같이 느꼈으므로 이들 두 지역 주민들은 외형상으로 동일한 태도를 취했다. 그러나 그 내면을 살펴보면 여전히 충북 주민들은 대전 · 충남 주민들과 달리 충남 출신 정치인이나 이들이 만든 정당을 그들의 내집단으로 받아들이지 않았다.

충북 사람들은 기본적으로 김종필을 충북의 지도자로 여기지 않았다. 이회창과 심대평을 충북의 내집단 구성원으로 받아들이지 않았다. 충북은 이들과 심정적 일체감을 거의 갖고 있지 않았다. 이들은 늘 충북을 충청도의 일원으로 생각하여 언제든지 그들이 손을 내밀면 충북이 맞잡아 줄 것으로 생각하였지만, 충북 사람들의 내면에 이들은 충북의 내집단 구성원으로 자리잡고 있지 않았으며 이들과는 언제나 거리가 있었다. 정권으로부터 탄압받고 '충청도 핫바지론'과 같은 상징적 담론을 펼친 김종필도 충북의 내집단 구성원이 아니었는데, 이회창과 심대평이 충북 주민들의 마음속에 존재할 리가 없었다. 아무리 이회창이 자유선진당이 '충청도 당'이라는 것을 주장하여도 충북 사람들은 귀담아듣지 않았다. 심대평과 그의 정당 국민중심당과 국민중심연합은 아예 충북 주민들 마음속에 고려의 대상조차 되지 못했다. 이들이 만든 정당은 충북 주민들의 지역사회 경계에 포함될 수가 없었다. 충북 주민들은 이 대신에 '김종필의 토사구팽'처럼 충청도 지역사회의 경계 그 자체가 무너지는 것을 무겁게 받아들였다. 그들은 충청도 지역사회 경계가 다른 지역사회로부터 훼절되는 것에 대해 그 원인 제공자를 징치하고자 했다. 이 방법의 하나가 충북 주민들이 충청도의 행정적 경계를 상징적 지역사회 경계로 내면화하는 것이었다. 그리고 충청도 지역사회 경계가 손상되는 것을 막기 위한 정치적 수단이 강력한 지역주의 투표라고 생각하였다.

물론 충북이 지역주의 투표 행태에 동참한 계기가 충청도라는 지역사회 경계에 대한 상징적 의미 부여에만 있었던 것은 아니었다. 권력 획득의 가능성이 있을 때 지역주의 투표 행태가 강화되는 것은 다른 지역과 마찬가지이었다. 예를 들어, 1995년 제1회 지방 선거를 앞두고 김대중이 '지역 등권론'을 주장하였는데, 이것은 다분히 충청도를 의식하고 한 발언이었다. 김대중은 1990년 '삼당 합당'이 가져온 지역 연합의 위력을 충분히 경험하였기에 김종필이 민주자유당으로부터 축출되어 충청도를 기반으로 하는 정당을 창당하자 호남과 충청도를 묶는 '선거 연합'으로 최고 권력을 장악하려고 하였다. 김종필과 충청도는 1987년 제13대 대통령 선거에서 충청도 단독으로는 최고 권력을 획득한다는 것이 무망하다는 것을 인지하고 '내각제'를 고리로 '선거 연합'함으로써 최고 권력 획득에 나섰다. 충청도 유권자들은 '공동 정부'를 구성하고 운영하는 것이 '삼당 합당'처럼 단순히 권력의 일원이 되는 것보다 더 효율적인 권력 개입이라고 판단하였다. 이 목표를 위해 충북 유권자들이 별다른 이의없이 호남과 충청도의 '선거 연합' 전략을 추종한 측면이 있다. 그러나 이 이면에는 충북 유권자들이 충청도 지역사회가 중앙 권력이나 다른 지역사회로부터 받은 핍박과 모멸로 인한, 코헨이 말하는 지역사회의 상징적 경계 재구성이 자리잡고 있었다.

김종필을 비롯한 충남 출신 지도자들을 충북의 내집단 구성원으로 여기지 않는 상징적 경계 구성 방식의 차이로 인해 충북 유권자들은 대전·충남 유권자들만큼 '선거 연합' 지지 강도가 강하지는 않았다. 더구나 이

장 뒷부분에서 언급하는 것처럼 김종필이 공동 정권의 일원이었음에도 불구하고 충북의 이해관계를 제대로 반영하지 않자 충북 사람들은 김종필이 충북의 내집단 구성원이 아니라는 것을 재확인하고는 곧장 그에 대한 기대를 버렸다. 충북 사람들이 충청도 지역사회 경계 구성 작업에서 철수한 것이었다. 충북은 정치적으로 지역주의 투표에 더 이상 동참하지 않았다.

2. 충북의 '충청도 지역사회 경계 구성' 시기 (1995-2000년 또는 1988-2000년)의 지역주의 투표 행태

충북이 대전 · 충남과 동일한 지역주의 정체성을 표명한 시기는 길게 보면 1988년 제13대 국회의원 선거부터 2000년 제16대 국회의원 선거 직전까지이다. 그리고 충북이 대전 · 충남과 확실하게 지역주의 투표 행태에 보조를 맞추고 충청도 지역사회 경계를 수용한 것은 1995년 제1회 지방 선거부터 2000년 직전까지이다.

충북은 1988년 제13대 국회의원 선거에서 1987년 제13대 대통령 선거에서 영호남 지역이 보인 지역주의 투표 행태에 자극받아 신민주공화당을 제13대 대통령 선거 때보다 확실하게 지지하였다. 신민주공화당의 득표율이 13.5%에서 33.3%로 크게 신장되었다. 그러나 이 선거를 충북이 지역주의 투표 행태를 온전히 보인 최초의 선거라고 평가하기에는 부족한 측면이 있다. 충북은 이 선거에서도 충남과 달리 김종필의 신민주공화당을 1위로 지지하지 않았다. 한 지역에서 득표율이 다른 정당을 압도하지는 못할망정 1위는 해야 지역주의 투표라고 명명할 수 있는데, 충북은 그렇지 않았다. 충북의 신민주공화당 득표율 33.3%는 민주정의당 득표율 43.6%에 10.3% 포인트나 뒤졌다. 이런 이유로 충북이 이 선거에서 지역주의 투표 행태를 보였다고 말하기는 어렵다.

그러나 여기서 중요한 것은 충북은 불과 4개월 전에 실시된 1987년 제13대 대통령 선거보다 훨씬 더 충남(1988년 당시는 대전은 광역시가 아님)에 가까운 행동을 하였다는 것이다. 신민주공화당이 충북과 충남에서 얻은 득표율의 차이는 1987년 제13대 대통령 선거에서의 득표율 차이보다 현저하게 줄어들었다. 1987년 제13대 대통령 선거에서 김종필이 획득한 충남과 충북의 득표율의 차이가 31.5% 포인트인데 비하여, 1988년 제13대 국회의원 선거에서의 두 지역의 득표율 차이는 13.2% 포인트로 크게 줄어들었다. 지역주의 투표 행태는 각 지역 대표가 경쟁하는 대통령 선거보다 동향 출신끼리 경쟁하는 국회의원 선거에서 본질적으로 낮을 수밖에 없는데도 불구하고 신민주공화당의 득표율이 충북에서 크게 증가하여 충남과의 득표율 차이를 줄였다는 것은 충북이 그만큼 충청도 지역사회 경계 재구성 작업에 나서기 시작하였다는 점에서 충분히 의미를 부여할 수 있는 상황 변화이었다.

1987년 대통령 선거보다 1988년 국회의원 선거에서 신민주공화당이 충북에서 얻은 득표율의 신장은 다른 지역과 비교하면 더욱 의미가 있다. 지역주의 투표 행태가 강력한 대구 · 경북과 호남 지역은 모두 1988년 제13대 국회의원 선거의 정당 득표율이 1987년 제13대 대통령 선거의 후보 득표율보다 훨씬 낮았다. 1987년 제13대 대통령 선거에서 평화민주당 김대중 후보는 호남 지역에서 88.4%를 득표하였는데, 1988년 제13대 국회의원 선거에서 평화민주당은 69.1%의 득표율을 기록하여 19.3% 포인트 득표율이 낮아졌다. 대구 · 경북의 민주정의당 득표율도 19.1% 포인트(1987년 68.1%, 1988년 49.0%) 낮아졌다. 반면에 부산 · 경남과 충남은 충북처럼 1988년 득표율이 더 높아졌다. 부산 · 경남의 통일민주당 득표율은 1987년 37.0%에서 1988년 43.9%로 6.9% 포인트 높아졌다(중앙선거관리위원회 선거통계시스템에서 계산). 충남은 1.5% 포인트(1987년 45.0%, 1988년 46.5%) 높아졌다. 두 지역 모두 1987년 제13대 대통령 선거에서 대구 · 경북과 호남 유권자들처럼 행동하지 않은 것에 대한 반작용의 결과이었다. 충북은 전국 그 어느 지역보다도 1987년보다 1988년 선거에서의 신민주공화당 득표율이 가파르게 상승한 매우 특이한 지역이다(13.5%에서 33.3%로 19.8% 포인트). 이 정도의 득표율 증가는 절대적 수준에서는 지역주의 투표 행태라고 할 수 없지만, 상대적 관점에서는 충북이 지역주의 투표 행태로 급속도로 방향을 틀었다고 평가할 수는 있다.

사실 1988년 제13대 국회의원 선거에서 충북 유권자들은 이중적인 선택을 했다. 정당 지지율에서는 지역주의 투표 성향을 일정 부분 나타내었지만, 국회의원 당선자 비율에서는 여전히 충남과 달리 신민주공화당(의석 점유율 22.2%)이 아니라 민주정의당을 선택하였다. 국회의원 선거는 같은 지역 출신들끼리 경쟁하기 때문에 정당 지지율보다는 의석 점유율로 지역주의 성향을 파악하는 것이 더 타당하다. 이 점에서 충북 주민들은 '지역주의'에 딱 한 발만 내딛었다고 볼 수 있다.

충북이 그 어떤 지역보다 지역주의 투표 행태 쪽으로 속도감있게 전환하였지만, 충북은 1988년 제13대 국회의원 선거에서도 신민주공화당을 지역의 지배 정당으로 인정하지 않았다. 굳이 의미를 부여한다면 신민주공화당을 충북의 지역 정당으로 인식하기 시작하였다. 즉 충북 유권자들이 김종필의 신민주공화당에 대해 마음의 문을 열기 시작한 선거라고 해석할 수 있다. 충북은 넓게 보면, 이 때부터 지역주의 투표 행태가 시작되었다. 그러나 충북을 포함하여 충청도의 지역주의는 영호남의 지역주의(패권적 지역주의와 저항적 지역주의)처럼 패권 유지와 정권 획득과 같은 뚜렷한 목표 의식을 갖고 있지는 않았다. 여전히 다른 지역에 의해 소외당하지 않으려는 수준의 반사적 지역주의에 머무르고 있었다.

충북이 외형적으로 지역주의 투표 행태를 여지없이 보인 선거는 1991년 시 · 도 의회 의원 선거에서이다. 이 선거에서 충북은 대전 · 충남보다 더 외형적으로 지역주의 투표 행태를 보였다. 1990년 '삼당 합당'으로 영남과 충청도가 호남을 포위하는 형태로 진행된 이 선거에서 김종필이 합류한 민주자유당이 충북에서 획득한 의석 점유율(81.6%)이 놀랍게도 김종필 지지 강도가 상대적으로 더 강력한 대전(60.9%)과 충남(67.3%)보다도 훨씬 높았다. 지역주의 투표 성향이 두드러지지 않았던 충북이 갑자기 지역주의 투표 성향의 농도가 짙어졌다는 것은 실로 놀라운 일이 아닐 수 없었다.

1992년 제14대 국회의원 선거에서도 이러한 현상은 계속되었다. 민주자유당은 충북의 전체 의석 아홉 석 중 여섯 석(의석 점유율 66.6%)을 차지하는 선전을 하였지만, 충남에서는 전체 14석 중 절반인 일곱 석을 차지하였고 대전에서는 전체 의석 다섯 석 중 단 한 석만을 획득하였을 뿐이었다. 충북의 경우에는 의석수(여섯 석)와 의석 점유율(66.7%)이 1988년 제13대 국회의원 선거에서의 신민주공화당 의석수(두 석)와 의석 점유율(22.2%)를 훨씬 뛰어넘었다. 이것은 득표율에서도 확인된다. 1992년 제14대 국회의원 선거에서 민주자유당은 충북에서 44.6%의 득표율을 올려 대전 득표율 27.6%와 충남 득표율 43.4%를 상회하였다. 표면상으로 볼 때, 충북은 지역주의 투표 성향이 확실히 강화되었다. 이러한 경향은 1992년 12월에 실시된 제14대 대통령 선거로 이어졌다. 충북에서의 민주자유당 김영삼 후보 지지율(38.3%)이 대전(35.2%)과 충남(36.9%)보다 더 높았다. 충북이 대전 · 충남보다 외형적으로 김종필이 합류한 민주자유당을 더 지지하는 현상이 계속 유지되었다.

그러나 1991년과 두 번에 걸친 1992년의 선거 결과를 단순히 충북이 지역주의 투표 성향이 강화되었다고 해석해서는 곤란하다. 충북 유권자들이 민주자유당을 지지한 것은 민주자유당에 참여한 김종필과 구신민주공화당 세력을 지지해서라기보다는 집권당인 민주자유당을 지지한 것으로 보아야 한다. 1987년의 민주정의당을 지지하는 연장선상에서 충북 특유의 '집권당 우선주의'와 같은 지역 정체성이 작용한 것이다. 충북은 민주정의당과 민주자유당은 동질적으로 보았으나, 신민주공화당과 민주자유당은 동일한 연장선상에 있다고 보지 않았다. 따라서 이 시기의 충북의 투표 결과를 김종필에 대한 지지로 해석하거나, 충북의 지역주의 투표 행태가 1991년부터 본격화되었다고 평가하는 것은 내용상 무리한 해석이다.

충청도의 지역주의 투표 행태의 근본적 지형이 바뀐 것은 김종필이 민주자유당으로부터, 더 정확하게 말하면 영남 정권으로부터 사실상 축출되면서 충청도를 기반으로 하는 지역 정당인 자유민주연합을 창당하면서부터이다. 여기에 1992년 제14대 대통령 선거에서 패배한 이후 정계에서 은퇴한 김대중이 '지역 등권론'을 내세우며 김종필과 연대를 모색한 것이 또 하나의 계기가 되었다. 김대중과 김종필의 연대는 영남을 포위하는 새로운 지역 연합의 출발이었다. 'DJP 연대'는 1990년의 '삼당 합당'처럼 지역을 근거로 한 '선거 연합'이라는 점에서는 같았지만, 두 가지 점에서 달랐다. 하나는 '지역 등권론'이라는 이론적 뒷받침을 받았다는 것이고, 또 하나는 특히 충청도 주민들이 지역적 정서 내지는 지역 감정을 표현하는데 주저하지 않았다는 것이다. 1990년의 '삼당 합당' 주역들은 세 정당이 합당해야 하는 이유와 정당성을 제대로 주장하지 못하였다. 권력으로부터 핍박받는 호남을 지역적으로 포위하는 것이 명백한 상황에서 합당의 정당성을 주장하기에는 그들의 입장이 매우 옹색하였다. 그러나 1995년 '지역 등권론'은 패권 지역으로부터 소외된 지역이 제대로 발전하기 위해서는 모든 지역이 권력을 동일하게 가져야 하고 이를 위해서는 열세 지역들이 연합하여야 한다는 논리를 제시하였다. 1995년은 당당하게 '지역 연합'을 주장한 점에서 1990년과 달랐다.

이러한 당당함과 함께 충청도 주민들은 충청도가 부당하게 영남 정권으로부터 모멸받았다는 울분에서 자유민주연합 관계자들이 지역 감정적 발언을 거침없이 쏟아내는 것에 대해 전혀 비난하지 않았다. 1995년 제1회 지방 선거에서 자유민주연합 김현수 청주 시장 후보가 제8장에서 언급한 것처럼 "경상도 당은 30년간 집권했고 전라도 당은 30년간 제1야당을 해왔다. 충청도는 선기 때마다 찍을 당이 없이시 이리지리 이용만 딩하고 '밍청도'에 '핫바지' 소리까지 듣는 신세가 되었다"고 하는 등 지역 감정을 자극하는 발언을 한껏 토해내었지만(중앙선거관리위원회, 2009c: 111), 충북 주민들은 이를 크게 질책하지 않았다.

자유민주연합 김종필 총재는 충청도 유권자들에게 자신이 영남 정권으로부터 밀려난 피해자라는 것을, 그리고 충청도가 다른 지역(영남 지역)으로부터 무시당하고 있다는 것을 한 마디로 '충청도 핫바지론'으로 응축하여 표현하였다. 이에 대한 반응은 대전과 충남에서 먼저 폭발하였다. 1995년 제1회 지방 선거에서 자유민주연합은 자치구 · 시 · 군의 장 선거에서 대전 80%, 충남 100%의 압도적인 점유율을 보였다. 지역주의 투표 행태의 강도가 가히 전남북 수준과 비슷하였다.

충북에서의 자유민주연합의 영향력은 바로 나타나지 않았다. 충북에서는 1995년 제1회 지방 선거에서 자유민주연합이 도지사 당선자를 내었지만, 자치구 · 시 · 군의 장 선거(전체 11곳 중 두 곳을 차지하여 점유율 18.2%)와 지역구 시 · 도 의회 의원(전체 36석 중 네 석을 획득하여 의석 점유율 11.1%)에서는 민주자유당과 민주당에 밀렸다. 대전 · 충남과 매우 다른 모습이었다. 충북에서 '충청도 핫바지론'은 대전과 충남만큼 먹혀 들어가지 않았다.

그럼에도 불구하고 충북의 지역주의 투표 행태는 대전 · 충남처럼 1995년 제1회 지방 선거부터 시작되었다고 보는 것이 맞다. 이유는 두 가지이다. 하나는 지방 선거의 핵심인 충북 도지사 선거에서 자유민주연합이 승리하였다. 광역 행정 기관을 장악하였다는 것은 상징적인 의미뿐만 아니라 실제적으로도 막강한 행정 권한을 행사할 수 있다는 점에서 지방 선거를 승리했다고 볼 수 있다. 두 번째 이유는 충북 주민들은 이 때부터 충청도 지역사회 경계를 상징적으로 재구성하였다. 상징적으로 지역사회 경계를 구성한다는 것은 주민들이 지역사회의 경계를 마음속으로 재생산한다는 의미이다. 충북 주민들은 출마 후보들이 '충청도 핫바지론'으로 내집단 유대감을 한껏 끌어올리고, 외집단에 대한 적개심을 표출하는 것에 대해서 별다른 반감을 갖거나 질책하지 않았다. 마음속으로 이 주장을 받아들였다. 충북 주민들은 코헨이 주장하는 지역 정체성의 상징적 구성 모델을 통하여 충청도 지역사회 경계 재생산 작업에 완벽하게 합류하였다.

충북에서 지역주의 투표 행태가 지표상으로 완벽하게 표출된 것은 1995년 제1회 지방 선거가 종료된 지 채 1년이 되지 않은 시점에서 실시된 1996년 제15대 국회의원 선거이었다. 충북의 전체 의석 여덟 석 중 다섯 석을 자유민주연합이 차지하여 의석 점유율이 62.5%에 이르렀다. 비록 의석 점유율이 100%에 달한 대전이나 92.3%인 충남에는 미치지 못했지만, 의석 점유율이 62.5%라는 것은 실로 대단한 것이었다. 충청도 전체적으로는 28개 의석 중 24석을 자유민주연합이 그야말로 석권했다. 당시 여당인 신한국당은 충남에서 한 석, 충북에서 두 석을 얻는 데 그쳤다. 자유민주연합은 이제 충북의 지배 정당으로 발돋움하였다. 그 동안 대전 · 충남과의 일체감에 다소 머뭇거렸던 충북이 상징화된 충청도 지역사회 경계를 마음속으로 받아들임으로써 더 이상 주저하지 않고 지역주의 투표를 현시하였다.

1996년 제15대 국회의원 선거 이후 충청도는 영남과 호남처럼 확고한 지역 결집력을 보였다. 그 동안 충청도라는 지역 범주에 역사적인 귀속감을 느끼기는 하지만 실제로는 일정한 거리를 두어 왔던 충북이 본격적으로 충청도 일체감을 표명하였다. 충북은 1997년 제15대 대통령 선거에서 지역주의 투표 행태를 제도화하고 심화시켰다. 김종필과 김대중은 소위 'DJP 연대'에 의한 호남과 충청도의 '선거 연합'으로 공동 정부를 구성할 것을 약속하였다. 충북 유권자들은 대전 · 충남 유권자들처럼 그들의 지역사회 경계 재구성 작업을 실행하였다. 충북에서 호남 출신 김대중 후보의 지지율이 충남 출신 한나라당 이회창 후보와 국민신당 이인제 후보를 앞섰다. 이 선거에서 충북과 충남의 득표율 차이가 이전보다 많이 축소되었다. 김대중은 충남에서 48.3%, 대전에서 45.0%를 득표하였고, 충북에서도 37.4%를 기록하였다. 시간이 경과할수록 두 지역의 지역사회 경계는 일치하였다.

충북의 지역주의 투표 성향이 최고조에 달한 것은 1998년 6월 제2회 지방 선거이었다. 충북은 이 선거에서 영호남에 맞먹는 지역주의 투표 행태를 보였다. 자유민주연합은 충북 도지사 선거에서 74.1%라는 높은 득표율을 기록하였다. 자유민주연합이 충남 도지사 선거에서 얻은 득표율 84.6%에 불과 10.5% 포인트밖에 차이가 나지 않았고, 대전 시장 득표율 73.7%보다는 매우 근소한 차이이기는 하지만 앞섰다. 지금까지의 어느 선거에서도 볼 수 없었던 현상이었다. 물론 1998년 제2회 시 · 도 지사 선거는 새정치국민회의와 자유민주연합 간의 공동 정권 취지에 따라 충청권에서는 새정치국민회의가 후보를 공천하지 않아서 자유민주연합이 실제 능력보다 더 많이 득표한 측면이 있지만, 상대방 한나라당과의 득표율 격차가 역대 어느 선거보다도 크게 벌어져(충북 48.2% 포인트) 마치 영호남 지역 선거와 같은 모습을 보여 주었다. 충북의 지역주의 투표 행태의 강도는 절정에 달하였다. 그만큼 충북 주민 가슴 속에 충청도 지역사회 경계가 상징적으로 재생산되고 있었다.

1998년 제2회 지방 선거 구 · 시 · 군의 장 선거에서도 자유민주연합은 충북 전체 11 곳 중 여섯 곳에서 승리하여 점유율이 54.5%에 이르렀다. 시 · 도 의원 선거에서도 총 24명 중 17명이 당선되어 의석 점유율이 70.8%에 달하였다. 충북의 지역주의 투표 행태는 확고했고, 지역사회 경계가 대전 · 충남과 확실하게 같아졌다. 이 당시 충북 유권자들의 지역주의 투표 열기는 출마 후보들이 느끼지 못할 정도로 달아올랐다. 자유민주연합 청원군 군수 후보 변종석은 당선되리라고 기대하지 않고 일찍 잠자리에 들었다가 뒤늦게 일어나 당선 소감을 피력하였다는 일화가 있을 정도로 유권자들의 밑바닥 정서에는 새롭게 상징화된 충청도 지역사회의 경계 의식이 대단하였다.

그럼에도 불구하고 지역주의 투표 성향과 관련된 충청도 지역 정체성의 본류는 충북이 아니라 대전 · 충남이었다. 충북의 지역주의 투표 행태가 한껏 고양되기 시작한 1995년 제1회 시 · 도 지사 선거와 1996년 제15대 국회의원 선거에서 충북은 대전 · 충남보다 자유민주연합 득표율이 많게는 30%

포인트, 적게는 10% 포인트 정도 적었다. 충북이 지역주의 투표 행태를 강력하게 구현하였지만, 그 강도는 대전과 충남에 미치지 못하였다. 즉 충북의 충청도 지역사회의 상징적 경계 구성력은 늘 대전 · 충남보다 약했다.

3. 충북의 '충북 지역사회 경계 재구성' 시기 (2000-2014년 현재)의 탈지역주의 투표 행태

충북이 대전 · 충남과 같이 충청도 지역사회 경계를 공동으로 구성한 기간은 오래 지속되지 않았다. 충북 유권자들은 2000년 제16대 국회의원 선거를 계기로 1995년 또는 1988년 이전으로 되돌아가기 시작하였다. 지역주의 투표 행태로부터 이탈하고 대전 · 충남 합류로부터 퇴각하기 시작하였다. 충북은 이제 더 이상 '충청도 핫바지론'이라는 상징적인 충청도 경계 생산에 동참하지 않았다. 충북이 대전 · 충남과 비슷한 지역 정체성과 지역주의 투표 행태를 보인 예외에서 독자적인 지역 정체성을 표현하는 일상으로 되돌아갔다.

충청도 지역사회의 경계를 재생산하는 주요 원천이었던 자유민주연합이 충북 주민들 마음속에서 빠르게 사라지기 시작하였다. 자유민주연합의 쇠퇴는 충북만이 아니라 전국적인 현상이었다. 2000년 제16대 국회의원 선거를 앞두고 총선시민연대가 벌인 낙천 · 낙선 대상자 선정 비율이 가장 높았던 정당이 자유민주연합이었다. 당 총재인 김종필도 낙선 대상자 중의 한 명이었다. 자유민주연합이 쇠퇴는 낙천 · 낙선 운동에만 원인이 있었던 것은 아니었다.

자유민주연합은 자신의 정체성을 국민들에게 명확하게 제시하는 데 실패하였다. 자유민주연합은 2000년 제16대 국회의원 선거 직전에 새천년민주당과 합당을 논의하다가 느닷없이 야당 선언을 하여 국민들은 자유민주연합의 정체성이 무엇인지를 파악할 수 없었다. 공식적으로는 여전히 공동 정권의 일원인 자유민주연합이 야당을 선언하는 것에서 국민들은 그 진정성을 의심하였다. 자유민주연합은 2000년 제16대 국회의원 선거 직후에 국무총리와 국회 부의장과 장관직 일부를 새천년민주당으로부터 할당받고 다시 여당의 일원이 되었다. 야당성을 강조하다가 순식간에 도로 여당이 되었다. 김종필과 자유민주연합의 이러한 정치 행보가 예전과 같은 호소력을 가질 수 없었다. 더욱이 대전 · 충남 주민들과 달리 김종필을 무조건적으로 지지하지 않는 충북 주민들 입장에서는 자유민주연합에 대해 정체성의 혼란을 겪지 않을 수 없었다. 충북 유권자들은 중앙 권력을 유지하기 위한 방안을 모색하기보다는 현실에 안주하는 자유민주연합의 지역주의를 더 이상 인정하지 않았다. 충북에서의 김종필과 자유민주연합의 부활은 2000년 제16대 국회의원 선거에서 끝났다. 충북 주민들은 다시 1995년 또는 1988년 이전으로 되돌아갔다. 이 말은 충북은 이제 충청도 지역사회의 경계 구성 작업에서 퇴각하기 시작하였다는 것이다. 그리고 1995년 또는 1988년 이전처럼 충북의 독자적인 지역사회의 경계 구성 활동에 나서기 시작하였다는 말이기도 하다.

한편, 충북이 2000년부터 충청도 지역사회의 경계 구성 작업에서 퇴각하기 시작한 충북만의 이유도 있었다. 충북이 1997년 12월 대통령 선거로 공동 여당이 되기는 하였지만, 실익을 보지 못하였다. 예를 들어, 1997년 외환 위기의 여파로 충북에 본점을 두거나 연고가 있는 각급 금융 기관(충북은행, 청솔종합금융, 중앙리스, 태양생명)이 퇴출되고, 충북 청주에 본사를 둔 LG반도체가 경기도 이천에 본사를 둔 현대전자에 흡수 합병되고, 충북이 청주 인근 오송으로 강력하게 희망한 호남고속전철 기점역이 충남 천안으로 확정[1]된 것 등이 그 사례이다. 충북이 공동 정부, 즉 집권당 지역임

1) 충북 주민들의 강력한 항의 운동으로 2005년 6월 30일 오송역은 호남선 분기역으로 최종 확정되었다.

에도 불구하고 이익을 보기는 커녕 오히려 다른 지역보다 더 피해를 보고 있다는 울분이 터져 나왔다. 자유민주연합은 이러한 충북 사람들의 분노를 해결해 주지 못했다. 김종필과 자유민주연합이 충북의 현안을 해결하지 않고 단순히 권력 향유자로서 안주하는 것에 대한 충북 주민들의 실망감은 깊어갔다. 충북 주민들은 김종필이 충북 내집단 구성원이 아니라는 평소의 생각을 재확인하게 되었다. 자유민주연합이 충북을 지배 지역으로 생각하지 않자, 충북 유권자들은 자유민주연합을 지배 정당으로 인정하지 않기 시작하였다. 급기야는 2000년 제16대 국회의원 선거 직전 충북 출신 자유민주연합 도의원 전원과 전직 시장이 탈당하여 한나라당에 입당하는 일이 발생하였다(강희경, 2001: 108).

이들의 탈당은 충북의 독자적인 지역사회 경계 재규정 작업이 현실화되기 시작하였다는 것을 의미한다. 즉, 충북에서 더 이상 '지역주의'가 권력 회로로서 작동하지 않는다는 것을 충북의 권력자들이 의식하였다. 2000년 10월 26일 실시된 충북 지역 세 군데 광역 의원 보궐 선거에서 두 지역은 한나라당이, 한 지역은 새천년민주당 후보가 당선됨으로써 이것은 거듭 확인되었다.[2] 그러나 이것은 예고편에 지나지 않았다. 충북의 탈지역주의 투표 경향은 2002년 제3회 지방 선거에서 더욱 뚜렷하였다. 자유민주연합이 새천년민주당과 아슬아슬하게 유지해 오던 공동 정부가 2001년 임동원 통일부장관 해임 건의안에 자유민주연합 의원들이 찬성함으로써 사실상 종료되었다. 새천년민주당과의 공동 정부가 종료된 이후 실시된 첫 번째 선거가 2002년 제3회 지방 선거인데, 이 선거에서 자유민주연합의 홀로서기는 대전 · 충남과 달리 충북에서 이루어지지 않았다. 광역 단체장 선거에서 한나라당 후보가 자유민주연합 후보를 제치고 충북에서 당선되었다. 더 이상 충북은 자유민주연합의 지배 지역이 아니라는 것이 만방에 천명되었다.

2) 반면에 같은 날 실시된 대전 · 충남의 보궐 선거(대전 서구청장 선거와 충남 부여군 광역 의원 선거)에서는 자유민주연합 후보들이 모두 당선되었다(강희경, 2002a: 108-109).

이후 2002년 제16대 대통령 선거를 비롯하여 2012년 제18대 대통령 선거에 이르기까지 모든 각급 선거에서 충북은 지역주의 투표 성향과 관계없었다. 2004년 제17대 국회의원 선거에서 자유민주연합은 충북에서 단 한 석도 획득하지 못하였다. 2008년 제18대 국회의원 선거에서 대전 · 충남에서는 자유선진당이 단기간에 제1당이 되었지만(대전 전체 여섯 석 중 다섯 석, 충남 11석 중 여덟 석 획득), 충북에서는 총 여덟 석 중 단 한 석만을 차지하였다. 이 선거에서 여섯 석을 획득한 통합민주당이 충북의 다수당이 되었다. 보은 · 옥천 · 영동에서 당선된 자유선진당 이용희 의원은 원래 통합민주당 출신이었지만, 공천을 받지 못해 탈당한 경우로서 만약 공천을 받았더라면 여기서도 통합민주당이 당선되었을 가능성이 대단히 높았다. 만약 이러한 일이 발생하였다면, 자유선진당은 충북에서 전멸한 것이 된다. 2012년 제19대 국회의원 선거에서 자유선진당은 충북에서 당선권에 든 후보가 한 명도 없었다. 뿐만 아니라 자유선진당은 총 여덟 개 선거구 중 겨우 네 군데에서 후보를 내는데 급급하였다. 충북은 2000년 이후 대전 · 충남과 다른 지역 정체성을 거침없이 표출하였다. 충북 주민들은 더 이상 정치적으로 대전 · 충남 주민들과 지역사회 경계를 공유하고 있지 않았다. 두 지역 주민들이 내면화하고 있는 상징적 지역사회 경계는 확연히 달랐다.

제 10 장

'권력 회로 이론'과 '현직 효과 이론'으로 본 2008년과 2012년 국회의원 충북 선거

2000년 제16대 국회의원 선거부터 충북은 지역주의 투표 행태를 보이지 않았다. 대전 · 충남은 지역주의 투표 행태의 강도가 조금 줄어들었고, 영호남 지역은 전혀 변화가 없었다. 이러한 흐름은 2002년 제3회 지방 선거에도 계속되었다. 2004년 제17대 국회의원 선거는 현직 대통령 탄핵이라는 대형 돌발 사건이 발생하여 이를 추진하였던 영남 지역의 지배 정당인 한나라당을 제외하고는 호남의 새천년민주당과 대전 · 충남의 자유민주연합은 완전히 철퇴를 맞아 얼마 뒤 역사의 무대 뒤로 사라졌다. 2006년 제4회 지방 선거에서 대전 · 충남 지역은 지역주의 투표 행태와는 거의 무관한 지역이 되었다. 국민중심당이 지역 정당으로 출전했지만 충남에서만 소수의 당선자를 내고, 곧 역사가 되었다.

2008년 제18대 국회의원 선거는 하나의 흐름으로 자리잡을 것 같았던 대전 · 충남의 탈지역주의 투표 행태와는 반대로 지역주의 투표 행태가 복원되는 일이 발생하였다. 한나라당 후보로 두 번, 무소속 후보로 한 번 대통령에 출마한 경력을 갖고 있는 이회창이 지역주의에 기대어 자유선진당을 창당하였다. 전국적인 지지는 받지 못했지만 대전 · 충남 유권자들은 호응하였다. 그러나 자유선진당의 불꽃은 너무나 짧게 타올랐다. 2012년 제19대 국회의원 선거에서 더 이상 점화되지 못하고 그대로 소실되었다. 자유선진당은 2012년 12월 제18대 대통령 선거를 앞두고 새누리당에 통합되어 짧은 생애를 마쳤다. 충청도의 지역주의 투표 행태는 완전히 종료되었다. 충청도의 지역 정당에 불과한 자유선진당이 국가 권력을 장악할 능력이 없다는 것을 대전 · 충남 유권자들이 일찍 알아차렸기 때문이었다.

자유선진당은 그들의 기대와 달리, 그러나 충북 유권자들의 예측대로 충북에 전혀 영향력을 미치지 못했다. 충북 유권자들은 2000년 이후 견지해 온 탈지역주의 투표 행태를 대전 · 충남 지역과 관계없이 계속 유지하였다. 이 장에서는 2008년 제18대 국회의원 선거와 2012년 제19대 국회의원 충북 선거를 구체적인 사례로 충북의 투표 결정 요인은 무엇인가를 살펴보려고 한다. 2008년 제18대 국회의원 충북 선거는 제3장에서 논의한 클레그의 권력 회로 모형으로 논의한다. 구체적으로 '의무적 통과 지점'으로서의 정당과 정책, '의미와 성원 자격의 관계를 규정하는 규칙'으로서의 지역주의를 중심으로 분석한다. 권력 회로로서의 지역주의의 유무에 따른 충북과 대전 · 충남의 상이한 선거 결과를 비교한다. 2012년 제19대 국회의원 충북 선거는 현직 의원들의 부정적 평가에 근거한 '현직 효과 이론'으로 분석한다.

1. '권력 회로 이론'과 2008년 제18대 국회의원 충북 선거

2008년 제18대 국회의원 선거는 전국적으로는 여당인 한나라당이 이겼지만, 충북에서는 통합민주당이, 대전 · 충남에서는 선거에 임박한 시점에 창당한 자유선진당이 승리하였다. 한나라당은 전국 선거 결과와 달리 충청도에서 참패하였다. 대전 · 충남에서 한 석도 얻지 못했다. 충북에서는 통합민주당이 후보자를 내지 않은 제천시 · 단양군 선거구에서 딱 한 석을 얻었다.

충북 지역에서 통합민주당이 전체 여덟 석 중 여섯 석을 얻어서 한나라당을 제압했지만, 두 당 후보 간의 득표율 차이는 크지 않았다. 청주시 상당구의 통합민주당 홍재형 후보와 한나라당 한대수 후보 간에 16.0% 포인트 차이가 나 가장 컸고, 나머지는 2-10% 포인트 범위 내의 비교적 근소한 차이이었다. 그러나 충남에서의 자유선진당 후보와 한나라당 후보 간의 득표율 차이는 매우 컸다. 천안시 을의 자유선진당 박상돈 후보와 한나라당 김호연 후보 간의 7.0% 포인트가 가장 작은 차이이고, 공주시 · 연기군의 자유선진당 심대평 후보와 한나라당 오병주 후보 간의 37.8% 포인트가 가장 큰 차이이었다. 나머지 대부분의 선거구에서도 두 당 후보 간의 득표율 차이는 30% 포인트 전후로 크게 벌어져 자유선진당이 그야말로 압승을 거두었다(중앙선거관리위원회, 선거통계시스템). 결론적으로 말해서, 대전 · 충남처럼 자유선진당이라는 지역 정당이 존재하여 유권자들이 지역주의 투표 행태를 보인 곳에서는 1, 2위 후보 간의 득표율 차이가 컸고, 충북처럼 지역주의 투표 행태가 없는 곳에서는 득표율 차이가 적었다. 대전 · 충남에서는 자유선진당이 지배 정당이었지만, 충북은 전혀 그렇지 않았다.

〈표 10-1〉 2008년 제18대 국회의원 충청도 선거에서의 정당별 의석수와 정당 득표율

(단위: 석, %)

	통합민주당		한나라당		자유선진당		무소속	합계
	의석수	정당 득표율	의석수	정당 득표율	의석수	정당 득표율		
충북	6	23.9	1	34.0	1	13.7		8
충남	1	13.5		27.1	8	37.8	1	10
대전	1	18.6		24.8	5	34.3		6
전국	66	25.2	131	37.5	14	6.8		245

출처: 중앙선거관리위원회 선거통계시스템

비례 대표 선출을 위한 대전 · 충남에서의 정당 득표율은 〈표 10-1〉에서 보는 것처럼 자유선진당이 한나라당을 제치고 1위를 하였다. 자유선진당의 정당 득표율은 대전 34.3%, 충남 37.8%로 한나라당보다 각각 9.5% 포인트와 10.7% 포인트 앞섰다. 자유선진당이 한나라당을 지역구 득표율에서 크게 앞선 것과 같은 현상이 재현되었다. 전국적으로는 자유선진당이 군소 정당에 불과하였지만(정당 득표율 6.8%), 대전 · 충남에서는 지배 정당으로 위치하였다.

반면에 지역주의 투표 행태와 무관한 충북에서는 정당 득표율과 지역구 득표율이 완전히 반대되는 현상이 발생하였다. 한나라당은 정당 득표율에서 통합민주당을 크게 앞섰다. 한나라당의 정당 득표율은 34.0%로 통합민주당 23.9%보다 10.1% 포인트 차이가 나 한나라당이 월등히 앞질렀다. 한나라당이 전국 정당 득표율에서 통합민주당을 앞선 것처럼 충북에서도 정당 득표율에서 통합민주당을 제쳤다. 그런데 지역구 선거에서는 한나라당 후보들이 전혀 힘을 쓰지 못하고 비록 득표율 차이가 크지는 않았지만 통합민주당 후보들에게 모두 패배하는 이상한 일이 벌어졌다.

설명이 필요한 현상이다. 대전 · 충남의 선거 결과는 지역주의 투표 성향의 결과라는 점이 명백하다. 클레그의 권력 회로 이론으로 설명하면, 대전 · 충남에서는 지역주의가 '의미와 성원 자격의 관계를 규정하는 규칙'으로서 권력을 생산하는 도관이 되었다. 문제는 충북이다. 두 가지로 설명할 수 있다. 하나는 이 장에서 설명하려는 클레그 이론을 활용하는 것이고, 다른 하나는 정당 투표제의 정당별 분할 투표 행태를 통해서 설명하는 것이다. 먼저 후자부터 설명하면, 통합민주당 지지자들이 충북 선거에서 전략적 투표를 했다는 것이다. 2004년 제17대 국회의원 선거에서 처음으로 도입된 1인 2투표제, 즉 '2표 병립제' 제도는 유권자들이 지역구 선거에서 선택한 후보자의 소속 정당과 비례 대표 선거에서의 지지 정당을 동일하게 투표할 수도 있고(일관 투표: straight-ticket voting), 지역구 후보자의 소속 정당과 다른 정당을 정당 투표로 선택할 수도 있다(분할 투표: split-ticket voting)(박찬욱, 2005: 112).

박찬욱이 2004년 제17대 국회의원 선거를 조사한 것에 의하면, 분할 투표자의 규모는 20.8%이었다. 한국 갤럽 조사는 35.3%이었고, 성균관대학의 '한국 종합 사회조사'는 24.7%이었다. 세 조사 모두 분할 투표자의 규모가 제법 되었다(박찬욱, 2005: 115-116; 159). 그리고 2008년 제18대 국회의원 선거에서의 분할 투표자들은 27.3%로 2004년 제17대 국회의원 선거와 거의 차이가 없었다. 참고로 2012년 제19대 국회의원 선거의 분할 투표자는 17.5%이었다(송정민 · 노환희 · 하헌주 · 길정아, 2012: 304).

분할 투표는 정치 의식이 높고, 이념적으로 진보적이고, 직업적으로는 사무직과 생산직 노동자가 주로 많이 한다(직업은 통계적으로 유의미하지는 않았다). 지역 변수도 통계적으로 유의미하지는 않았는데, 호남 사람들(29.1%)이 제일 많이 분할 투표를 하고, 영남 유권자들(17.5%)이 가장 적게 하였다. 충청도의 분할 투표자(22.6%)는 전국 평균보다 약간 높았다(박찬욱, 2005: 118). 분할 투표 비율이 높은 지역일수록 지역주의 투표 행태가 약화될 가능성이 높지만, 2004년 제17대 국회의원 선거에서는 호남 유권자들이 열린 우리당과 새천년민주당으로 분할 투표했을 가능성도 높아 호남 지역에서 분할 투표 비율이 높다고 하여 반드시 호남의 지역주의 투표 성향이 영남 지역보다 약화되었다고 말할 수는 없다(박찬욱, 2005: 153).

정당별로는 민주노동당을 지지할수록, 그리고 한나라당을 지지하지 않을수록 분할 투표를 상대적으로 많이 하였다. 분할 투표 비율이 가장 낮은 정당은 한나라당이었다(9.9%). 2012년 제19대 국회의원 선거에서도 분할 투표자 비율이 가장 적은 정당은 새누리당이었다(송정민 · 노환희 · 하현주 · 길정아, 2012: 311). 이것은 오늘날의 새누리당 지지자들의 당에 대한 충성심이 가장 강력하다는 뜻이다. 그리고 분할 투표 비율이 가장 높은 정당은 민주노동당이었다(70.8%). 즉 한나라당 지지자들이 비례 대표 선거에서 일관 투표를 제일 많이 하고, 민주노동당 지지자들이 분할 투표를 가장 많이 한다. 다시 말해 민주노동당 지지자들은 정당 투표에서는 민주노동당을 찍고 지역구 선거에서는 다른 정당 후보자에게 투표하고, 한나라당 지지자들은 정당 투표나 지역구 투표나 한나라당을 선택하는 경향이 강하다(박찬욱, 2005: 126-129).

박찬욱의 2004년 제17대 국회의원 선거 분석에 의하면, 열린 우리당 지지자들은 차이가 크진 않지만 한나라당 지지자들보다 분할 투표를 조금 많이 하고, 민주노동당 지지자들보다는 일관 투표를 훨씬 많이 하였다(분할 투표 비율 12.2%). 이러한 경향이 바뀌지 않았다고 가정할 때, 2008년 제18대 국회의원 선거에서 통합민주당 지지자들은 정당 투표에서 한나라당 지지자들보다 통합민주당에 투표하지 않았을 가능성이 높다. 통합민주당이 전국 정당 득표율에서나 충북 정당 득표율에서 한나라당보다 낮은 득표율을 보이는 것은 이러한 통합민주당 지지자들의 분할 투표 경향과 일부 관련이 있다고 볼 수 있다. 충북에서 통합민주당의 정당 득표율이 한나라당에 뒤지면서도 지역구에서 한나라당 후보들을 이긴 이유의 일단을 이것으로 어느 정도 짐작할 수 있다(강희경, 2009: 86).

두 번째 설명 방식은 클레그의 권력 회로 이론으로 정당 득표율이 한나라당에 뒤진 통합민주당이 지역구 선거에서 한나라당을 이기고 승리한 이유를 설명하는 것이다.[1] 클레그의 이론으로 2018년 제18대 국회의원 충북 선거 결과의 원인을 설명하기 위해 먼저 클레그의 이론 틀과 개념을 충북과 연결하여 간략히 살펴보기로 한다.

1) 의무적 통과 지점으로서의 '정책'과 '정당'

충북은 2000년 제16대 국회의원 선거 이후 각급 선거에서 '지역주의 투표 성향'이 발현되지 않았다. 2008년 제18대 국회의원 선거도 마찬가지였다. 클레그의 이론 틀에 의하면, 충북에서는 '지역주의'라는 사회 통합 회로의 '의미와 성원 자격의 관계를 규정하는 규칙'이 작동하지 않았다. 지역주의 회로가 작동하지 않는 충북에서 자유선진당의 지지율이 발생할 리가 없다.

클레그의 조직 이론은 제3장에서 논의한 것처럼 우리 눈으로 볼 수 있는 권력, 예를 들면, 국회의원이나 도지사나 시장과 같은 권력을 행태적 권

1) 이 부분은 강희경의 2009년 논문을 바탕으로 작성하였다.

력이라고 정의하면서, 이것은 성향적 권력의 사회 통합 회로와 촉진적 권력의 체계 통합 회로를 장악해야 사회 구조적으로 생산(당선)된다고 보았다. 행태적 권력을 생산하고, 재생산하기 위해서는 먼저 사회 통합 회로의 '의무적 통과 지점'과 '성원 자격 규칙'을 확보해야 한다. 그리고 궁극적으로는 체계 통합 회로의 '규율 · 생산 기술의 쇄신'이라는 구조적 도관을 장악해야 한다. '성원 자격 규칙'은 '의무적 통과 지점'과 같이 사회 통합 회로에 속하는 도관이지만, 더 상위에 위치하고 있다.

'규율 · 생산 기술의 쇄신'에 해당하는 구체적인 사례는 '민주화'나 '지방 자치의 실시'인데, 이것은 1987년과 1991년에 완성되어 더 이상 현실적인 도관으로서의 역할을 하지 못한다. '의미와 성원 자격의 관계를 규정하는 규칙'은 사회 구성원들을 특정 범주로 할당하는 규칙으로서 '지역주의' 또는 '지역주의적 투표 행태'가 대표적이다. 예를 들어 영남 지역에서는 영남 지역 사람이 '성원 자격'이 되는 것이고, 대전 · 충남 지역에서는 대전 · 충남 사람이 '성원 자격'을 갖춘 것이 된다. 그런데 지역주의가 '성원 자격 규칙'이라는 권력 회로를 구성하지 못하는 지역에서는 지역주의는 아무 소용이 없다. 2000년 이후 충북이 바로 이런 지역이다.

'의무적 통과 지점'은 행태적 권력의 생산에 직접 영향을 미친다. 예를 들면, '지역의 명문고'와 '정당'과 그리고 '정책' 등이 여기에 해당한다. 서울을 제외한 나머지 지역에서는 그 지역의 명문고를 졸업하지 못하면 거의 후보가 되지 못하고, 그리고 후보가 되더라도 당선 확률이 높지 않다. '정당'도 의무적 통과 지점이다. 진보 정당은 울산과 창원 같은 지역이 아닌 곳에서는 군소 정당으로 취급된다. 군소 정당은 '의무적 통과 지점'에 속하지 않아 후보가 낙선할 확률이 높다. 현재의 새누리당이나 민주당 계열과 같은 대중 정당이 '의무적 통과 지점'이 된다. 개인적으로 훌륭한 후보라도 대중 정당 후보가 되지 못하면 패배 가능성이 높다. 진보 인사들이 진보 정당을 택하지 않고 대중 정당 후보로 출마하는 이유도 바로 '정당'이 '의무적 통과 지점'이라는 것을 잘 알기 때문이다.

행태적 권력 생산에서 '의무적 통과 지점'보다 더 영향력이 있는 것은 '성원 자격 규칙'이고, 이보다 더 중요한 것은 '규율 · 생산 기술의 쇄신'이다. '민주화'와 '지방 자치 실시' 같은 것이 '규율 · 생산 기술의 쇄신'인데, 이미 이것은 한국에서 '쇄신'되어 2008년 제18대 국회의원 선거 당시에는 존재하지 않았다. '의미와 성원 자격의 관계를 규정하는 규칙'의 대표적인 한국의 사례는 앞에서 언급한 것처럼 '지역주의' 또는 '지역주의적 투표 행태'이다. 후보들이 출마 지역의 '명문고'와 '정당'과 '정책'과 같은 '의무적 통과 지점'을 확보하여도 '지역주의'라는 '성원 자격 규칙'의 구조적 위치를 확보하고 있지 못하면 당선이라는 행태적 권력은 생산할 수 없다. 지역주의 투표 행태가 강력한 지역에서는 '성원 자격 규칙'으로서의 '지역주의'를 확보하고 있지 않은 후보는 출마하여도 낙선할 수밖에 없다.

'바보 노무현'은 이렇게 탄생하였다. 노무현은 한나라당에 맞서 오늘날 민주당 계열 정당 후보로 출마하였는데, '지역주의'라는 권력 회로를 장악하지 못해 번번이 낙선하였다(1992년 제14대 국회의원 부산 동구 선거, 1995년 제1회 부산 시장 선거, 2000년 제16대 국회의원 부산 북구 선거). 그러나 그는 1998년 서울 종로구 재보궐 선거에서 당선된 적이 있는데, 이것은 서울이 '지역주의'라는 권력 회로가 작동하지 않는 지역이기 때문이었다. 2008년 제18대 국회의원 선거에서 영호남과 대전 · 충남이 바로 '성원 자격 규칙'으로서의 '지역주의' 권력 회로가 작동한 지역이었다. '의무적 통과 지점'보다 이 '성원 자격 규칙'이 더 중요한 권력 생산 회로이기 때문에 '지역 명문고'를 나오지 않은 후보도 '의미와 성원 자격의 관계를 규정하는 규칙'으로서의 '지역주의'를 확보하고 있으면 당선 가능성이 그만큼 높아진다.

'정책'도 '의무적 통과 지점'이 될 수 있다. 한국 유권자들은 일반적으로 '정책'을 그다지 중시하지 않는다. 이것은 다음 조사로도 확인된다. 중앙선거관리위원회가 미디어리서치에 의뢰해 2008년 조사한 보고서(2008년 4월 11일, 전국 19세 이상 성인 남녀 755명, 95% 신뢰 수준 ±3.1% 포인트)

에 의하면, 유권자들은 정책보다는 후보자 개인과 정당을 일차적인 투표 결정 요인으로 생각하였다. 후보 결정 요인으로 '인물/능력'이 37.6%로 가장 많았고, '소속 정당'이 25.9%로 그 다음이었다. '정책/공약'은 19.1%로 세 번째 요인이었다. 더구나 선거가 임박할수록 '소속 정당'의 비중은 증가하는데 비해, '정책/공약'은 그렇지 않았다. 선거 실시 한 달 전에 이루어진 2008년 3월 조사에서는 '정책/공약'을 중시하겠다는 응답이 33.5%이고, '소속 정당'이라고 답한 비율은 12.1%로 '정책/공약'을 훨씬 더 많이 고려하였으나(미디어리서치, 2008: 7), 2008년 4월 조사에서는 '소속 정당'이 13.8% 포인트 증가하고 '정책/공약'은 14.4% 포인트가 줄어 선거가 임박할수록 '정책/공약'보다는 '소속 정당'을 더 고려하였다. 투표가 종료된 2008년 4월 11일 조사에서 유권자들은 언론과 시민 단체에서 제공한 후보자들의 정책과 공약을 투표 결정 요인으로 '반영'했다는 응답이 43.8%로 상당히 높았다. 그러나 2008년 같은 문항의 3월 조사에서는 이 비율이 과반수를 넘어 65.3%에 달해서 선거가 임박할수록 투표 결정 요인으로서의 정책 요인의 비중은 줄어들었다(미디어리서치, 2008: 12).

한국 선거에서 '정책'은 유권자의 투표 선택과 그다지 관련이 없다. 설령 관련이 있다 하더라도 유권자들이 '정책' 자체를 선호하여 후보를 선택하는 것이 아니라 지지하는 정당이나 정치 지도자가 제시하는 정책을 선호하는 것이다. 심지어는 지지하는 정당이나 정치 지도자가 정책을 바꾸면 유권자도 그에 맞추어 선호하는 정책을 변경하고, 정당과 후보를 추종한다(김재한, 2002: 49).

대부분의 '정책'은 유권자들이 그 내용을 파악하는 데 시간과 비용이 많이 들어 그다지 관심을 끌지 못한다. 이런 정책은 '의무적 통과 지점'의 역할을 하지 못한다. 그러나 모든 '정책'이 다 그런 것은 아니다. 2002년 제16대 대통령 선거에서 노무현 후보가 공약한 '행정 수도의 충청도 이전'은 그 내용이 간명했고, 지역 주민들에게 미치는 영향도 매우 컸다. 이런 '정책'은 '의무적 통과 지점'에 속한다. 노무현 후보는 이것을 통과하여 충청도 유권자들로부터 상당한 지지를 이끌어내었다. 반면에 한나라당 이회창 후보는 이를 통과하지 못해 충남 출신임에도 불구하고 충남에서 크게 패했고, 결국 대통령 선거에 실패하였다. 2004년 제17대 국회의원 선거에서도 노무현 대통령 탄핵이 헌법재판소에 의해 인용되면 '행정 수도 이전'이 물거품이 될 것을 우려한 충청도 유권자들이 압도적으로 열린 우리당을 지지하였는데, 이것도 '의무적 통과 지점'으로서의 '정책'의 영향력을 말해준다.

2008년 제18대 국회의원 선거에서 한나라당이 서울의 강북 지역에서 '뉴타운 공약'을 내세운 것도 '의무적 통과 지점'의 사례에 해당한다. 이 공약은 서울의 강북 선거구에 거주하는 지주와 집 소유자와 세입자에게 막대한 파급 효과를 낳았다. 원래 지역 발전 공약은 국회의원 선거보다는 행정을 집행하는 대통령이나 지방자치 단체장 선거에 더 부합하고 영향력이 있다(강원택, 2008: 3). 더구나 소수당이거나 야당이라면 정책을 실현하기가 어려워 국회의원 선거에서 정책의 영향력은 일반적으로 크지 않다. 그렇지만, 2008년 제18대 국회의원 서울 선거에서의 '뉴타운 공약'은 국회의원 선거에 엄청난 파괴력을 행사하였다. 당시 통합민주당 후보들은 이 '의무적 통과 지점'을 통과하지 않으면 낙선이라는 것을 인지하고 뒤늦게 '뉴타운 공약'을 제시했지만, 유권자들이 '뉴타운 공약'은 한나라당이 먼저 제시한 것을 모를 리 없어 거의 낙선하고 말았다. '행정 수도 이전'과 '뉴타운 공약' 같은 '정책'은 '의무적 통과 지점'으로서의 구조적 힘이 매우 강력하였다.

2008년 제18대 국회의원 충북 선거에서 '지역주의'라는 '의미와 성원 자격의 관계를 규정하는 규칙'은 없었지만, 사회적 통합 회로의 또 하나의 도관인 '의무적 통과 지점'은 작동하였다. 충북 선거에서 기동한 '의무적 통과 지점'으로서의 '정책'은 '수도권 규제 완화'에 대한 각 '정당'의 찬반 여부이었다. 2008년 제18대 국회의원 충북 선거에서는 '수도권 규제 완화'에 대하여 각 정당의 중앙당 입장과 관계없이 후보들은 반대가 대세였고, 단지 이를 어떻게 실현하느냐가 핵심 쟁점이었다. 이와 같이 정당과 관계없이 모든 후보들이 '수도권 규제를 풀어서는 안 된다'는 입장을 가질 수밖에 없는 상황이 바로 '의무적 통과 지점'이다. 찬성하는 순간 후보의 행태적 권력 생산은 불가능하기 때문에 반대할 수밖에 없는 '의무'가 되는 것이다.

2) 의무적 통과 지점으로서의 '수도권 규제 완화 반대'

충북, 특히 청주 인근 선거구에서는 '수도권 규제 완화 반대'가 2002년 제16대 대통령 선거에서의 '행정 수도 이전' 못지않게 '의무적 통과 지점'으로서의 권력 회로 역할을 하였다. 이 '정책'이 충북 유권자들에게 미치는 영향력은 명확하였다. '수도권 규제'가 완화되면, 가장 큰 타격을 받는 지역은 수도권과 가까운 충북과 충남이다. 충청도 지역에서 이 '정책'은 한나라당에게 유리할 것이 하나도 없는 정책이었다. 반면에 야당인 통합민주당과 자유선진당은 '수도권 규제 완화 반대'가 불리할 것이 전혀 없었다. 충북과 충남에서 통합민주당과 자유선진당 후보들은 '수도권 규제 완화 반대'로 '정책'이라는 '의무적 통과 지점'을 통과하려는 것이고, 반면에 한나라당 후보들은 이것이 권력 회로가 되면 이 지점을 통과할 수 없어 낙선할 수밖에 없다. 결과적으로 통합민주당과 자유선진당 후보들은 '수도권 규제 완화 반대'라는 '의무적 통과 지점'을 통과하여 행태적 권력을 생산(당선)하였고, 이 지점을 통과하지 못한 한나라당 후보들은 행태적 권력을 생산하지 못했다(낙선). 이것이 충북의 통합민주당 후보들이 정당 득표율이 한나라당 후보들보다 낮으면서도 지역구에서 이길 수 있었던 중요한 이유이다.

2008년 제18대 국회의원 선거에서 한나라당과 통합민주당은 중앙당 차원에서 충북과 관련된 특별한 정책을 제시하지는 않았지만, 중앙선거관리위원회는 '수도권 규제 완화' 여부에 대하여 각 정당으로부터 의견을 제출받아 이것을 정리하여 〈표 10-2〉와 같이 공표하였다. 한나라당은 '수도권 규제 완화'에 대해 '조건부 찬성' 입장을 제출하였다. 통합민주당은 이에 반해 '조건부 반대' 입장을 표명하였다. 통합민주당 후보들은 중앙당 공식 방침보다 더 적극적으로 '수도권 규제 완화'에 대해 반대하였다. 수도권 규제가 풀리면, 수도권에 공장과 사업장이 입지하여 수도권 주민들에게 이득을 안겨 주지만, 충북을 포함하여 수도권과 가까운 비수도권 지역에는 공장이 철수하여 고용이 불안정해질 수 있다. 충북 입장에서는 수도권을 규제해야 공장도 들어오고 고용도 증가하게 된다. '수도권 규제 완화 저지'가 한편으로 지역 발전 공약이었다. 충북의 유권자들은 이 정책에 관심을 보이지 않을 수 없었다. 충남 유권자들도 마찬가지이었다. 통합민주당과 자유선진당 후보들은 이런 이유로 이 정책을 중앙당 공식 입장보다도 더 강력하게 반대하였다.

물론 충북의 유권자들이 〈표 10-2〉를 보고 투표하지는 않았다. 그러나 각 당 후보자들이 개인 연설회나 정책 토론회와 공식 홍보물에서 자신의 입장을 개진하고, 지역 언론이 이를 보도함으로써 유권자들은 비교적 이 정책의 의미(이 정책이 지역 발전에 미치는 영향)를 잘 알고 있었다.

〈표 10-2〉 '수도권 규제 완화'에 관한 각 정당의 공식 입장

정당	공식 입장	답변 요지
통합민주당	**조건부 반대**	• 국토 균형 발전 정책의 방향과 시책은 수도권 과밀화를 억제하고 지역 경제 활성화를 촉진하여 국가 경쟁력을 강화해야 하는 시대 흐름에 부합되어야 함. • 향후의 수도권 규제는 중앙 정부 · 수도권과 지방 간의 합의에 의거하는 계획적 관리를 통한 수도권과 지방 간 상생 정책이 바람직함.

한나라당	조건부 찬성	• 좋은 일자리 창출 능력이 있는데도 불구하고 각종 규제를 받고 있는 수도권 등에 대해서는 규제 완화가 필요하고, 대신 지방 산업 경쟁력 강화를 위한 재정 지출 확대 정책으로 국토 균형 발전을 도모해야 함.
자유선진당	조건부 반대	• 지방 경제의 공동화와 수도권 · 지방 간 갈등 방지를 위한 대책이 충분히 마련되지 않은 상태에서 전면적인 수도권 규제 완화는 바람직하지 않음. • 단, 수도권 경제 자유 구역 내 기업 활동과 관련해 내 · 외국인의 역차별은 시정되어야 함.
민주노동당	반대	• 수도권 집중화 현상은 삶의 질과 경쟁력을 악화시킬 뿐만 아니라, 국토 균형 발전을 심각하게 저해하고 있음. 이런 상황에서 규제를 완화하면 각종 개발 사업이 봇물 터지듯 쏟아져 인구 집중과 환경 오염을 더욱 가속화할 것임. 현재 수도권을 제외한 국민들은 수도권 규제 완화와 과밀화를 반대하고 있으며 지역 발전을 요구하고 있음. 각 지역이 골고루 발전하기 위해 수도권의 양적 집중을 억제할 수 있는 방안이 유지되어야 함.
창조한국당	조건부 찬성	• 수도권 경쟁력과 지역 경쟁력은 영합(zero sum) 관계가 아닌 상생 관계에 있음. • 따라서 수도권에 인구와 경제력 집중이 더 심화되지 않도록 하되, 성장 관리 권역 산업단지에 입주하는 외자 기업에게 허용하는 수준의 공장 신증설은 허용(환경 및 일자리 파괴 산업은 제외). • 현행 '수도권 정비 계획법'을 '수도권 성장 관리법'(가칭)으로 대체.
친박연대	조건부 찬성	• 국토 균형 발전의 기조는 유지하되, 도시형 첨단 산업의 촉진으로 국가 경쟁력을 강화하는 방향으로 수도권 규제 완화 필요.

출처: 중앙선거관리위원회(2008, 17-19)

한나라당과 창조한국당과 친박연대는 '수도권 규제 완화'에 대해 '조건부 찬성'하였다. 집권당인 한나라당은 '수도권 규제 완화'가 투표 결정 요인으로 작용하는 것을 그다지 달가워하지 않았다. 이 정책은 이중적이다. 수도권에는 유리하나 충청도, 특히 수도권과 가까운 충북 지역에서는 불리하다. 한나라당 후보들이 이를 모를 리 없다. 반면에 야당인 통합민주당과 자유선진당은 '조건부 반대'하였는데, 자유선진당은 당의 근거 지역이 충청도이므로 당연히 반대하였고, 전국 정당을 지향하는 통합민주당은 수도권과 충청도 주민을 모두 고려하여 수도권 규제는 타당하지 않다는 완곡한 입장을 보였다. 지역 연고가 없는 민주노동당이 원론적 입장에서 가장 강력하게 반대하였다.

충북 지역구 선거에 출마한 통합민주당과 자유선진당과 그리고 민주노동당 후보들은 '수도권 규제 완화'에 대한 각 정당의 공식적인 주장보다 더 강력하게 그들의 반대 의견을 개진하였다. 충북의 5개 선거구 토론회[2]에서 이들 정당 후보들은 '수도권 규제 완화' 문제를 충북의 주요 쟁점으로 부각시켰다. 이들은 '수도권 규제 완화'가 충북 지역에 미칠 부정적 영향을 강력하게 피력하였다. 반면에 한나라당 후보들은 수세적 입장에서 '수도권 규제 완화'가 실제로 이루어지지 않도록 조치하겠다는 입장을 취하였다. 한나라당 후보들은 다소 모호한 입장을 취할 수밖에 없었다. 지역구에서 '수도권 규제 완화'가 중요한 정책적 쟁점이 된 상황에서 당의 공식 주장을 그대로 따를 수는 없었다. 이렇게 하면, '의무적 통과 지점'을 통과하지 못한다는 것을 의미하고, 그것은 곧 패배를 뜻한다는 것을 그들은 잘 알고 있었다. 그래서 한나라당 후보들은 토론회에서 '수도권 규제 완화'가 미칠 영

2) 충북대 사회과학연구소와 중부매일과 청주 CBS는 2008년 3월 31일부터 4월 4일까지 공동으로 "2008 충북의 선택: 제18대 국회의원 선거 후보자 정책 토론회"를 개최하였다. 이 토론회는 충북의 8개 선거구 중 청주 상당, 청주 흥덕갑, 청주 흥덕을, 청원, 증평 · 진천 · 괴산 · 음성의 5개 선거구를 대상으로 약 두 시간씩 진행되었다.

향을 최소화시킬 것이라고 주장하였다.

한나라당 후보들은 이 쟁점에 관해 야당 후보들이 적극적으로 공세를 취하고, 그리고 중앙당 차원에서의 '수도권 규제 완화' 추진이 충북 선거에서 매우 불리하게 작용하는 이유를 잘 인식하고 있었다. 그들은 4개월 전에 압도적으로 당선된 이명박 대통령의 선의에 호소하여 실질적으로 충북에 피해가 없도록 설득하겠다고까지 하였으나, 이것이 실효성있는 대책이 아니라는 것을 유권자들이 모를 리가 없었다.

> "**지역 균형 발전을 위해 방침을 지키겠다는 말씀이 있었기 때문에** 야당이 홍보하듯 갑자기 완화해서 충북에 피해 주지는 않을 것이다. **대통령이 언제 완화하겠다고 공식 발표한 적이 없다. 무슨 수를 써도 이런 일이 일어나지 않도록 한나라당 차원에서 모든 역량 다해 막겠다.** 너무 정치적으로 이슈화된 것 같다"(청주 상당구 후보자 토론회, 한나라당 한대수 후보, 충북대학교 사회과학연구소, 2008: 73).

한나라당 후보들은 개인적으로 당선이 되면, 야당 후보보다 더 수도권을 규제하고, 시민 단체와 연계하여 규제책을 내놓겠다는 주장도 펼쳤다. 당선이 되면 중앙당 입장과 달리 '수도권 규제 완화'를 반대하고 이를 위해 시민 단체와 연계하겠다는 말을 진심으로 곧이들을 어리석은 유권자는 별로 없었다. 그렇지만 한나라당 후보들은 이렇게 말할 수밖에 없었다. 왜냐하면 수도권 규제를 푸는데 찬성하는 순간 그들은 낙선을 각오해야 했기 때문이었다.

> "수도권 발전, 지방 균형 발전 다 중요하다. **수도권 규제 완화는 없을 것이다.** 오히려 열린우리당 정권 때보다 균형 발전 강화해, 청원 발전 가속화될 것이다. **만약 수도권 규제 완화가 현실적으로 발생하면 지역 시민 단체와 연계해 당파를 초월해 공동 대응하겠다**"(청원군 선거구 후보자 토론회, 한

나라당 오성균 후보, 충북대학교 사회과학연구소, 2008: 102).

통합민주당을 비롯한 야당 후보들은 소속 정당과 관계없이 수도권 규제가 완화되면, 실질적으로 충북 경제를 약화시키고 심지어는 파탄낼 것이라고 구체적인 자료를 제시하면서 반대 입장을 피력하였다. 그만큼 이들은 이 쟁점이 충북 유권자들에게 호소력이 있다고 판단하였다.

> "**절대 반대한다.** 전국토의 11.8%에 사람과 돈과 산업이 전부 몰려 있다. **충북뿐 아니라 전국토 균형 발전 위해 반드시 규제돼야 한다**"(청원군 후보자 토론회, 자유선진당 장한량 후보, 충북대학교 사회과학연구소, 2008: 102).

> "이명박 정부가 수도권 규제 완화를 하겠다고 했다. **누가 청주와 오송 · 오창에 오겠는가. 청주 관문 공항도 다 물건너가는 얘기다. 하이닉스 3 · 4차 공장도 이천으로 가지 왜 청주로 오겠나. 우리가 잘 생각해봐야 할 심각한 문제이다**"(청주 상당구 후보자 토론회, 통합민주당 홍재형 후보, 충북대학교 사회과학연구소, 2008: 73).

충북 지역 5개 선거구 토론회에서 후보자들은 '수도권 규제 완화'라는 '정책'에 민감하게 반응하였다. 그들은 곧 충북 지역 발전에 부정적 영향을 초래할 이 정책이 투표 결정 요인으로서 상당한 파급력이 있다는 것을 잘 파악하고 있었다. '의무적 통과 지점'이란 바로 이런 것을 말한다. 이것을 장악하지 못하면 행태적 권력을 생산하지 못한다는 것을 후보들은 거의 본능적으로 알았다. 그렇기 때문에 한 쪽에서는 토론이나 개인 유세에서 이 쟁점을 계속 부각시켰고, 동시에 다른 쪽에서는 쟁점으로 부각되는 것을 최선을 다해 막으려고 했다. 이 점에서 중앙당이 '조건부 찬성'하고 있는 한나라당 후보들은 불리할 수밖에 없었다. 당선을 최고 가치로 생각하는 후보들 입장에서는 급기야 당의 공식적 방침과는 반대로 이 쟁점에 '반대'하기도 하였다. 그러나 아무리 '개인적'으로 반대하더라도 '당'이 찬성하고 있기 때문에 한나라당 후보들이 유권자들에게 쉽게 다가가기가 어려웠다. 이 경우 후보가 소속하고 있는 '정당'도 '의무적 통과 지점'이 된다. 한나라당 후보들은 후보 개인의 입장과 관계없이 중앙당이 '수도권 규제 완화를 조건부 찬성'하기 때문에 '정당'과 '정책'에서 '의무적 통과 지점'을 통과할 수가 없었고, 그들은 끝내 행태적 권력을 생산할 수 없었다. 즉 낙선할 수밖에 없었다.

반면에 당이 이 쟁점에 대해 '조건부 반대'하고 있는 통합민주당과 자유선진당 후보들은 '의무적 통과 지점'을 장악한 상태이기 때문에 상당한 이점을 확보하고 선거전에 나선 형국이 되었다. 민주노동당은 이 쟁점에 가장 강력하게 '반대' 입장을 표명하여 '의무적 통과 지점'을 가장 확실히 장악했지만, 또 다른 '의무적 통과 지점'인 '정당' 요인이 취약해 이 쟁점만으로는 행태적 권력을 생산(당선)할 수 없었다. 충북 유권자들은 현실적으로 충북 지역에서 당선 가능성이 있는 정당 후보는 한나라당과 통합민주당 후보라고 생각하였다. 민주노동당 후보가 당선되려면 울산이나 창원처럼 노동자 밀집 거주 지역이라는 기본 조건을 가지고 있어야 하는데, 충북에서 이러한 선거구는 존재하지 않기 때문에 민주노동당은 당선권에 드는 정당이 아니었다. 민주노동당에게는 '정당'이 사회 통합 회로의 도관이 되지 못하였다.

충북과 대전·충남은 클레그의 이론 틀 중에서 작동하는 권력 회로가 서로 달랐다. 충북 선거에서는 '지역주의'가 권력 회로로서 작동하지 않았다. 비단 2008년 제18대 국회의원 선거뿐만 아니라 2000년 이후 각급 선거에서 충북에서는 더 이상 '지역주의'는 권력 회로가 되지 못하였다. 2008년 제18대 국회의원 충북 선거에서는 지금까지 논의한 것처럼 '수도권 규제 완화 반대'라는 '정책'이 '의무적 통과 지점'으로서 가장 영향력이 큰 권력 회로가 되었다. 이것만이 권력을 생산하는 기제로 작동하였다. 당연히 '정책'이라는 '의무적 통과 지점'을 확보하고 있는 통합민주당 후보는 대부분 당선되었고, 그렇지 못한 한나라당 후보는 통합민주당이 출마하지 않은 지역구를 제외하고는 전원 낙선하였다. 한편으로, 충청도에서 이 '정책'이 권력 회로가 되었다는 것은 지역 기준이 '출신지'가 아니라 '거주지'로 바뀌었다는 의미도 갖고 있다. '수도권 규제 완화'는 충청도 출신자가 아니라 현재 거주하고 있는 충청도 주민들에게 영향을 미치기 때문이다.

대전 · 충남 지역에서는 '수도권 규제 완화 반대'라는 '의무적 통과 지점' 이외에 '지역주의'가 '성원 자격 규칙'으로서 강력하게 작동함으로써 자유선진당 후보가 거의 대부분 당선될 수 있었다. 대전 · 충남에서 통합민주당 후보는 '수도권 규제 완화 반대'라는 '의무적 통과 지점'만 장악하였을 뿐이었다. 반면에 자유선진당 후보들은 '지역주의'라는 '성원 자격 규칙'도 함께 확보하고 있었다. 이 규칙이 '의무적 통과 지점'보다 한 단계 저변에 위치한 권력 회로라는 클레그의 이론에 따를 때, 결과는 분명하였다. 대전 · 충남에서는 '지역주의'라는 '성원 자격 규칙'과 함께 '수도권 규제 완화 반대'라는 '의무적 통과 지점'을 동시에 장악한 자유선진당 후보에게 이 중 어느 것도 확보하지 못한 한나라당 후보가 대적할 수는 없었다. '정책'만 장악한 통합민주당 후보도 자유선진당 후보를 이길 수 없었다. 대전 · 충남 지역의 선거 결과는 한나라당 후보의 전원 낙선이었다. 대전 · 충남에서 자유선진당이 한나라당 후보들을 지역구 득표율과 정당 득표율에서 크게 따돌리고 승리할 수 있었던 이유는 바로 자유선진당이 '의무적 통과 지점'과 '성원 자격 규칙'을 모두 장악하였기 때문이었다. 충청권 전체에서 한나라당 패배라는 공통적 귀결과 동시에 충북에서의 통합민주당과 대전 · 충남에서의 자유선진당의 승리는 이렇게 달리 이루어졌다.

2. '현직 효과 이론'과 2012년 제19대 국회의원 충북 선거[3)]

2012년 제19대 국회의원 선거는 당명과 로고를 바꿀 정도로 위기감을 느낀 새누리당이 예상과 달리 민주통합당을 누르고 승리하였다. 새누리당은 전체 의석 300석 중에서 152석을 획득하여 2008년 제18대 국회에 연이어 원내 과반 의석을 차지하였다. 반면에 민주통합당은 최소한 원내 제1당이 될 것이라는 예상과 달리 127석을 획득하는 데 그쳤다.

충청도 전체로는 새누리당이 24석 중 12석을 차지였고, 민주통합당은 열석을 획득하였다. 새누리당은 2008년 제18대 국회의원 대전 · 충남 선거에서 한 석도 획득하지 못한 것에 비해 대전에서 세 석, 충남에서 네 석을 차지하여 그야말로 상전벽해가 되었다. 충북에서도 한 석만을 점유하던 의석수가 다섯 석으로 늘어나 사년전과는 비교할 수가 없을 정도로 성공적인 선거를 치렀다. 민주통합당은 한나라당처럼 대전과 충남에서 의석수가 늘고(두 지역 모두 한 석이 세 석이 됨), 신설된 세종시에서 의석을 차지하였지만, 충북에서 여섯 석이 세 석으로 줄어들어 충청도 전체로는 승리도 패배도 아닌 선거가 되었다. 그러나 충북에서는 완패하였다. 새누리당과 민주통합당이 대전과 충남에서 의석수를 늘린 것은 순전히 자유선진당의 쇠락 때문이었다. 자유선진당은 충남에서 세 석을 차지했는데, 이 수치는 전국 의석수와 같았다(〈표 10-3〉 참조). 즉 자유선진당을 지지한 지역은 충남에 국한되었고, 대전에서도 외면당하였다. 충북에서의 자유선진당 지지는 물론 존재하지 않아 2000년 이후의 탈지역주의 투표 행태가 계속되었다.

비례 대표 선출을 위한 정당 득표율은 〈표 10-3〉에서 확인할 수 있듯이

---

3) 이 부분은 강희경의 2013년 논문을 바탕으로 작성하였다.

한나라당이 세종 특별시에서만 민주통합당에 뒤졌을 뿐 충북과 대전·충남에서 모두 앞섰다. 충북에서는 한나라당이 43.8%, 민주통합당이 36.0%를 득표하여 두 당 간에 득표율 차이가 7.8% 포인트이었다. 두 당의 충북 득표율은 2008년 제18대 국회의원 선거와 같이 전국 득표율(새누리당 42.8%, 민주통합당 36.5%)과 거의 같았다. 다만 2008년 제18대 국회의원 충북 선거와 달라진 점은 이번 선거에서 새누리당이 지역구 득표율에서도 민주통합당에 이겼다는 것이다.

〈표 10-3〉 2012년 제19대 국회의원 충청도 선거에서의 정당별 의석수와 정당 득표율

(단위: 석, %)

	새누리당		민주통합당		자유선진당		합계
	의석수	정당 득표율	의석수	정당 득표율	의석수	정당 득표율	
충북	5	43.8	3	36.0		5.3	8
충남	4	36.6	3	30.4	3	20.4	10
대전	3	34.3	3	33.7		17.9	6
세종		27.8	1	38.7		22.6	1
전국	127	42.8	106	36.5	3	3.2	246

출처: 중앙선거관리위원회 선거통계시스템

대전·충남을 지역적 기반으로 두고 있는 자유선진당은 이 지역에서 모두 정당 득표율이 새누리당과 민주통합당과 비교적 격차가 크게 나는 3위에 그쳐 지역 정당의 위상도 확보하지 못하였다. 충북에서의 정당 득표율은 겨우 5.3%밖에 되지 않아, 충북은 대전·충남과 달리 지역주의 투표 행태와 완전히 무관한 지역이라는 것을 다시 한 번 확인할 수 있었다. 자유선진당은 대전·충남에서 지역 정당으로서의 위상도 확보하지 못했

고, 충북에서는 하나의 군소 정당에 지나지 않았다.

1) 야당 심판론과 현직 효과

2012년 제19대 국회의원 충북 선거의 투표 결정 요인을 설명할 수 있는 적합한 정치학 이론이 별로 없다. 충북 선거에서는 지역 균열과 이념 균열이 존재하지 않아 사회 균열 이론은 적용되지 않는다. 특정 정당에 대한 오랜 애착심을 뜻하는 정당 일체감 이론도 역시 충북 선거에 적용하기 쉽지 않다. 한나라당은 선거 직전에 몰락할 지도 모른다는 두려움에 당명과 로고, 색깔과 지도자 모두를 바꾸었다. 유권자들이 새누리당이 한나라당의 후신이라는 것을 모르지는 않지만, 정당이 스스로를 부정하고 새로운 출발을 도모하는데 정당 일체감이 있을 리 없다. 정당의 이름을 바꾼 것은 통합민주당도 마찬가지이다. 통합민주당은 2008년 민주당으로 당명을 변경하고, 다시 2011년 시민통합당과 한국노총과 통합하여 민주통합당으로 이름을 변경하였다. 그리고 정당 재편성 이론은 정당 일체감 이론과 같이 전국적 규모 분석에나 맞는 이론으로 충북 선거를 분석하는데 도움이 되지 않는다.

2008년 제18대 국회의원 충북 선거 분석에 유용하였던 클레그의 권력 회로 이론은 2012년 제19대 국회의원 충북 선거에서는 무용지물이었다. 성향적 권력과 촉진적 권력의 권력 회로가 전혀 작동하지 않았다. '의미와 성원 자격의 관계를 규정하는 규칙'으로서의 '지역주의'는 2008년처럼 존재하지 않았고, '수도권 규제 완화 반대'와 같은 '정책'은 이번 선거에서는 '의무적 통과 지점'으로서 전혀 기능하지 않았다. 새누리당과 민주통합당 중앙당은 '일자리 창출'과 '경제 민주화'를 포함하여 각각 10대 공약을 발표했지만, 충북 유권자들이 관심을 끌 만한 내용은 없었다. 두 당의 충북 지역 후보자들이 발표한 지역 공약도 마찬가지이었다.[4] '청주 국제공항 활성화'와 '교통 인프라 확충' 같은 것은 2008년 제18대 국회의원 선거에서의 '수도권 규제 완화'처럼 권력 회로로 기능할 수 있는 '정책'은 아니었다. 클레그의 권력 회로 이론을 적용할 수 있는 선거구는 2012년 제19대 국회의원 선거에서 신설된 세종시이었다. 유권자들이 세종시를 입안한 책임자 중의 한 명인 민주통합당 이해찬 후보를 선택한 것이 세종시를 제대로 발전시킬 수 있는 청사진으로서의 '정책'을 중시했기 때문이다. 여기서는 '정책'이 '의무적 통과 지점'이 되었다.

현직 효과 이론에서 말하는 '현직 효과'란 현직 의원이나 단체장들이 도전 후보보다 미디어 노출, 의원 설명회 개최, 유권자에 대한 우편물 발송, 선거 자금 모금, 민원 해결을 통한 유권자와의 접촉면 확대 등의 이점을 활용하여 재선에 성공하는 것을 말한다. 현직이 본인에게 유리하게 선거구를 조정하거나 심지어는 도전 후보로 하여금 아예 출마를 포기하게 만드는 것도 현직 효과에 속한다. '현직'이라는 투표 결정 요인은 '정당' 요인처럼 유권자들에게 후보 선택의 편리한 기준으로 작용한다.

일반적으로 현직들은 현직 효과를 누리지만, 그러나 항상 그런 것만은 아니다. 현직으로 활동하는 동안 부정적 평가를 받게 되면, 유권자들에게 잘 알려져 있다는 이유로 오히려 재선에 불리하게 작용할 수도 있다. 즉 현직 후보가 유권자들로부터 긍정적인 평가를 받으면 '위험 회피' 경향으로 현직 후보를 선호하지만, 반대의 경우는 '위험 추구' 경향을 띠어 도전

---

4) 각 정당이 제시한 대표적인 충북 지역 공약은 다음과 같다(충청타임즈, 2012년 3월 23일).

◇ 새누리당

1. 국제과학비즈니스벨트 개정 및 충북 경제자유구역(FEZ) 지정, 2. 충북 내륙 교통 인프라 확충(청원~제천간 고속화 도로와 영동~보은 간 국도 건설 사업 조기 추진), 3. 청주 국제공항 경쟁력 강화(활주로 연장과 화물청사 증축, 천안~청주공항 복선 전철 연장 추진, 항공 정비 복합단지(MRO) 조성 지원), 4. 남부 3군(보은 · 옥천 · 영동) 산업단지 조성 지원

◇ 민주통합당

1. 국립암센터 분원 유치, 2. 세종시 국회 분원 건립, 3. 청주 국제공항 활성화 방안 추진, 4. 골목 상권과 영세 상인 보호

후보를 선택한다(Quattrone ansd Tversky, 1988, 황아란, 1999: 369에서 재인용).

〈표 10-4〉 2008년 제18대 국회의원 선거에 출마한 제17대 국회의원의 의정 활동에 대한 유권자들의 평가 (단위: %)

	매우 만족	대체로 만족	대체로 불만	매우 불만	기타	합계
전체	2.1	21.3	37.0	11.2	28.4	100.0
한나라당 투표자	2.4	26.9	38.0	8.5	24.2	100.0
통합민주당 투표자	2.8	28.6	35.2	9.4	24.0	100.0
친박연대 투표자	0	18.0	46.0	12.0	24.0	100.0
자유선진당 투표자	2.3	25.6	34.9	11.6	26.6	100.0
무소속 후보 투표자	1.4	16.9	49.3	12.7	19.7	100.0

출처: 이내영(2009a: 60)

현직으로 재직하는 동안 받은 부정적 평가가 다음번 선거에서 낙선으로 이어진다는 조사 자료가 있다. 〈표 10-4〉에서 보는 것처럼, 제17대 국회의원들의 의정 활동에 대해 불만을 가진 유권자들은 2008년 제18대 국회의원 선거에서 기존 정당 후보보다는 무소속 후보나 신설 정당인 친박연대 후보에게 투표하였다. 무소속 후보에 투표한 유권자들이 제17대 국회의원의 의정 활동에 가장 불만이 높았다('대체로 불만'과 '매우 불만'을 합치면 62.0%). 다음이 친박연대에 투표한 유권자들로 58.0%가 불만을 표시하였다. 반면에 한나라당과 자유선진당 지지자들의 '불만' 비율은 46.5%, 통합민주당 지지자들은 44.6%로 기존 정당 후보들은 무소속과 친박연대 지지자들에 비해 불만 비율이 12-18% 포인트 정도 적었다.

실제로 2008년 제18대 국회의원 선거에서 무소속이 1987년 민주화 이후 역대 어느 선거보다도 많은 25명이나 당선되었다.[5] 여기에 한나라당에서 공천을 받지 못한 인사들이 박근혜 지지 결사체 성격으로 만든 친박연대 후보들이 여섯 명이나 당선된 것도 모두 현직 의원에 대한 높은 부정적 평가가 원인의 일부로 작용하였다. 무소속 당선자와 친박연대 당선자를 합치면 모두 31명이나 된다. 기존 정당의 현직 의원을 긍정적으로 평가하는 유권자들은 신생 정당이나 무소속을 선택할 이유가 없다는 점에서 이 자료는 현직에 대한 부정적 평가가 현직을 낙선시키는 요인이 된다는 것을 간접적으로 말해 주고 있다.

현직 효과를 통해 선거 결과를 분석하는데 가장 큰 어려운 점은 제3장에서 논의한 바와 같이 현직 효과를 측정하는 방법이 학자들마다 서로 다르다는 것이다. 그런데 이 문제는 2002년 제3회 지방 선거에서 도입된 1인 2표의 정당 투표제(유권자들이 한 표는 지역구 선거에, 또 다른 한 표는 정당에 투표하는 제도)로 간단히 해결되었다(국회의원 선거로는 2004년 제17대 국회의원 선거에서 최초 실시). 임성학은 정당 후보들이 그들이 속한 정당의 득표율보다 개인적으로 더 득표하는지, 또는 덜 득표하는지를 비교함으로써 현직 후보의 개인적 득표력을 측정하였다. 그는 후보의 득표율에서 같은 선거구에서 후보가 속한 정당의 정당 득표율을 뺀 것을 '후보 요인 득표율'이라고 정의하였다(임성학, 2009). 이 글에서도 이 방법으로 2012년 제19대 국회의원 충북 선거의 현직 효과를 측정하였다.

한국은 미국과 달리 현직 국회의원들이 현직 효과를 누리기보다는 오히려 손해를 보는 경우가 많다. 윤종빈의 연구에 의하면, 초 · 재선 의원이 삼 · 사선 의원보다 2004년 제17대 국회의원 선거에서 득표율 증가치가 더 높았다(윤종빈, 2010: 27). 한국에서는 다선 의원일수록 국정이나 지역구 활동보다는 정당 내 정치 활동에 치중함으로써 유권자들의 긍정적 평가를 받기가

---

5) 무소속 의석수는 1987년 제13대 아홉 석, 1992년 제14대 21석, 1996년 제15대 16석, 2000년 제16대 다섯 석, 2004년 제17대 두 석, 2012년 제19대 세 석이었다.

쉽지 않다. 현직 의원이 국정 활동이나 지역구에서 뚜렷한 업적이 없으면 유권자들이 부정적으로 평가하여 현직을 교체하려고 하는 경향이 강하다.

2012년 제19대 국회의원 충북 선거에서 민주통합당과 새누리당은 각각 상대 당을 향해 '정권 심판론'과 '야당 심판론'을 적극적으로 제기하였다. 야당인 민주통합당은 전국적인 '정권 심판론'을 주장하여 일종의 회고적 투표를 충북 유권자들에게 요구하였다. 반면에 여당인 새누리당은 충북의 민주통합당 현직 의원들의 정치적 실적을 심판해야 한다고 주장하였다. 새누리당의 야당 심판론은 민주통합당 의원에 대한 회고적 평가를 유권자들에게 요구하는 것이었다. 이것은 도전 후보들이 현직 의원에 대한 부정적 평가를 선거 전략으로 활용한다는 점에서 현직 효과 이론에 해당한다.

야당 심판론 자체는 논리적으로 성립하지 않는다. 권력이 있어야 심판의 대상이 되는 것인데, 권력을 갖고 있지 않은 정당을 심판한다는 것은 논리적으로 타당하지 않다. 그러나 충북에 국한해서 보면, 이것이 전혀 말이 안 되는 것은 아니다. 2012년 제19대 국회의원 선거 당시 충북의 여덟 명 현직 국회의원들 중 한 명은 정계를 은퇴하였고(이용희 의원), 두 명은 새누리당 의원이고(송광호 의원과 윤진식 의원), 나머지는 모두 민주통합당 소속 의원으로 충북은 민주통합당이 여당이었다. 정계를 은퇴한 이용희 의원도 사실상 민주통합당 소속 의원이라고 할 수 있다. 그는 제18대 국회에서만 자유선진당 소속 의원이었고, 그 이전까지는 통합민주당 소속 의원이었다. 그의 실제 정치적 정체성도 민주통합당이었다. 무엇보다도 본인의 지역구를 아들에게 물려주었는데, 아들이 공천받은 정당이 민주통합당이었다.

한편으로 2012년 제19대 국회의원 선거가 진행될 당시 국회의원은 말할 것도 없고, 충북 도지사, 청주 시장, 도의원, 그리고 시의원과 군의원 등 선출직 대다수가 민주통합당 소속이었다. 지방 정치의 집행부와 의회를 민주통합당이 장악하고 있었다. 새누리당 도전 후보들은 충북의 다수당인 민주통합당 의원들이 중앙 무대에서 충북을 위해 쌓아 놓은 실적이 없다고 비판하였다. 새누리당 충북 지부는 2012년 4월 2일 민주통합당 중앙당이 영남권 총선 공약으로 '남부권 신공항 유치'를 발표하자, "그러면 청주공항 활성화를 위해 그 동안 '남부권 신공항'을 반대한다고 말해 온 것은 무엇이냐"고 반문하면서 "민주통합당 청주 · 청원 국회의원들이 도대체 국회 부의장, 당 대변인, 국회 상임위원장 등 국회와 당내 요직을 차지하고 있으면서 그 동안 무엇을 했는지 의심스럽다"는 성명을 발표한 바 있는데(충청일보, 2012년 4월 3일), 이것이 새누리당이 제기하는 '야당 심판론'의 단적인 내용이다. 민주통합당 국회의원들이 사년, 팔년, 그리고 12년 동안 의정 활동을 하면서 충북을 위해 해 놓은 것이 없으니, 이제는 바꾸어야 한다는 것이다. 현직 후보의 부정적 평가를 강조함으로써 유권자들로 하여금 '위험을 추구'하여 도전 후보를 선택하게 하려는 전략이다.

이와 같은 새누리당의 전략은 새누리당이 현역 민주통합당 의원을 이기고 승리한 지역(청주 상당/ 증평 · 진천 · 괴산 · 음성/ 보은 · 옥천 · 영동)을 분석해보면 쉽게 알 수 있다. 청주 상당 지역구는 민주통합당 홍재형 의원(국회 부의장)이 사선을 목표로 출마하였다. 그는 민주통합당이 여당이 되면 국회의장에 출마하려고 했을 정도로 민주통합당의 중진 의원이었다. 새누리당 정우택 후보는 홍재형 후보가 12년 동안 청주를 위해 한 것이 없으며, 당선되더라도 고령이라 더 이상 일을 할 수 없다는 것을 부각시켰다. 보은 · 옥천 · 영동 지역구는 이용희 의원이 정계를 은퇴하고 그 아들인 이재한 후보가 민주통합당 공천을 받아 출마한 지역이다. 상당수의 유권자들은 아버지를 염두에 두고 아들 후보에게 투표하였다. 새누리당 박덕흠 후보는 대를 이어 출마하는 것에 대해 일종의 '심판'이 이루어져야 한다고 주장하였다. 증평 · 진천 · 괴산 · 음성 지역구는 민주통합당 정범구 의원[6]이 재선을 목표로 출마한 지역인데, 새누리당 경대수 후보는 정범구 의원

6) 정범구 후보는 제18대 국회의원 보궐 선거에서 당선되었다.

이 그 동안 지역구를 위해 한 일이 없다는 것을 지속적으로 강조하였다. 음성 출신인 정범구 후보가 음성에서 고전하였는데, 이것도 '야당 심판론'과 직접 관련된다고 볼 수 있다.

민주통합당 의원들이 다시 당선된 청주의 두 지역구와 청원군에서도 새누리당 후보들이 줄기차게 '야당 심판론'을 제기하였다. 앞서 예를 든 것처럼 영남권에서 주장하는 '신공항' 논의를 효율적으로 막지 못하고 '청주 공항 활성화'는 말로만 끝났다는 것이다. 새누리당 후보들은 민주통합당 청주시, 청원군 출신 후보들이 의원으로 활동한 팔년과 12년 동안 충북을 위해 해 놓은 것이 없다고 업무 수행에 대한 부정적 평가를 꾸준히 제기하였다. 결론적으로 민주통합당 현직 의원들은 새누리당이 제기하는 회고적인 부정적 평가가 성공하여 현직 효과를 누리지 못했다.

2012년 제19대 국회의원 충북 지역 선거에서 일반적으로 현직 효과라고 분류되는 것들 자체가 영향을 미치지 못했다. 청주는 국회가 있는 서울에서 가까워 무료 교통 편의라는 것이 기본적으로 크지 않았다. 소속 정당이 제공하는 선거 전략과 기술도 새누리당이 민주통합당보다도 더 큰 정당이기 때문에 도전 후보라 할지라도 불리하지 않았다. 정치 후원금도 예비 후보자 제도를 통하여 도전 후보들이 충분히 거둘 수 있었다. 새누리당 후보들의 재력 자체가 민주통합당 후보보다 월등하여, 전문 인력을 고용하는데도 아무런 문제가 없었다.

현직 의원들이 의정 설명회를 개최하고 국회의원으로서 언론에 노출되는 기회가 많아 도전 후보에 비해 인지도가 높다는 것이 실제 현직 효과라 할 수 있다. 이것도 구체적인 후보를 들여다보면, 반드시 그렇지만은 않았다. 청주 상당에 출마한 새누리당의 정우택 후보는 충북 도지사를 역임하여 인지도에 있어 민주통합당 홍재형 후보에 전혀 밀리지 않는다. 증평·진천·괴산·음성 선거구의 경대수 후보는 현역인 민주통합당 정범구 후보에게 인지도에서 뒤지지만, 그는 이미 제18대 보궐 선거에서 민주통합당 정범구 후보와 겨룬 적이 있어 인지도가 전혀 없는 편이 아니다. 낙선도 인

지도를 구성하기 때문이다.

2) 충북 선거에서의 현직 효과 분석

임성학이 개발한 '후보 요인 득표율'로 2012년 제19대 국회의원 충북 선거의 현직 효과를 측정하였다. 이 방법은 현직 효과를 합리적이고 효과적으로 측정할 수 있게 한다. 2012년 제19대 국회의원 충북 선거를 '후보 요인 득표율'로 현직 효과를 측정한 결과 현직들은 현직 효과를 거의 누리지 못해 사실상 '현직 효과 없음' 현상이 나타났다.

충북에서 현직으로 당선된 후보는 모두 다섯 명이다. 민주통합당의 오제세(청주 흥덕갑), 노영민(청주 흥덕을), 변재일(청원) 후보와 새누리당의 윤진식(충주), 송광호(제천 · 단양) 후보가 그들이다. 이들 현직 의원들의 재선율은 62.5%로서 높은 것은 아니지만, 그렇다고 결코 낮은 것도 아니다. 보은 · 옥천 · 영동 선거구는 새누리당과 민주통합당 후보가 모두 신진 후보들이지만, 민주통합당의 이재한 후보는 아버지 이용희 의원을 세습하는 후보로서 일종의 '변칙적'인 '현직 의원'이라고 할 수 있다. 이곤수식으로 말하면, '변칙적'인 '현직 계승 후보'이다. 현직에서 낙선한 후보는 청주 상당 선거구의 홍재형 의원과 증평 · 진천 · 괴산 · 음성 선거구의 정범구 의원으로 모두 민주통합당 의원들이었다.

현직들은 일반적으로 현직 효과를 누린다. 만약 현직 효과가 없다면, 현직 후보가 현직으로 있는 동안 유권자들로부터 매우 부정적인 평가를 받았다는 것을 뜻한다. 문제는 긍정적으로 나타나는 수치가 어느 정도인가이다. 2012년 제19대 국회의원 선거에서의 충북 지역 현직 후보들의 현직 효과는 모두 긍정적으로 나타났다(〈표 10-5〉 참조). 현직 후보의 후보 요인 득표율은 10.4% 포인트, 비현직 후보들의 후보 요인 득표율은 7.3%로 현직들이 비현직들보다 후보 요인 득표율이 더 높았다. 그리고 현직 당선자는 비현직 당선자보다(각각 11.6% 포인트와 6.7% 포인트), 현직 낙선자는 비현직 낙선자보다(각각 8.0% 포인트와 5.3% 포인트), 그리고 현직 당선자는 현직 낙선자보다(각각 11.6% 포인트와 8.0% 포인트) 후보 요인 득표율이 높아서 모든 경우에 현직들이 현직 효과를 누렸다.

〈표 10-5〉 2012년 제19대 국회의원 선거에서의 충북 지역 후보들의 후보 요인 득표율

(단위: %, % 포인트)

		후보 지역구 득표율: (1)	후보 지역구 정당 득표율*: (2)	후보 요인 득표율: (1)-(2)
현직	당선	54.1	42.5	11.6
	낙선	44.3	36.3	8.0
	계	50.8	40.4	10.4
비현직	당선	49.4	42.7	6.7
	낙선	34.2	28.9	5.3
	계	49.7	42.4	7.3

* 중앙선거관리위원회는 정당 득표율을 지역구 선거구와 달리 자치 단체별로 집계한다. 예를 들어 청주 흥덕갑과 흥덕을의 정당 득표율은 이 두 선거구를 합쳐서 발표한다. 필자가 선거관리위원회에 요청하여 각 선거구별로 정당 득표율을 별도로 계산하였다.

출처: 중앙선거관리위원회 선거통계시스템에서 계산

임성학의 연구 결과에 의하면, 2008년 제18대 국회의원 선거에서 현직과 비현직 간의 후보 요인 득표율 차이는 매우 컸다. 현직의 후보 요인 득표율은 12.49%인데 비해 비현직은 1.56%로 그 차이가 10.93% 포인트에 달하였다(임성학, 2009: 286). 이에 비해 2012년 제19대 국회의원 충북 지역 선거에서의 후보 요인 득표율은 현직이 10.4%이고 비현직이 7.3%로 그 차이는 3.1% 포인트밖에 되지 않아 현직과 비현직 간의 차이가 크지 않았다. 이것은 2008년 제18대 국회의원 선거의 삼분의 일에도 못 미치는 수치

로서 그만큼 충북의 현직 효과가 미미했다는 것이다.

2012년 제19대 국회의원 충북 선거에서 충북 현직들의 현직 효과가 상대적으로 저조하다는 것을 2008년 제18대 국회의원 충북 선거에서의 충북 현직들의 현직 효과(〈표 10-6〉 참조)와 비교해 보면 더욱 분명히 알 수 있다. 2008년 제18대 국회의원 충북 선거에서 현직 당선자들의 후보 요인 득표율은 18.1% 포인트로 2012년 제19대 국회의원 충북 선거의 11.6% 포인트보다 훨씬 높았다. 2008년 제18대 국회의원 충북 선거의 후보 요인 득표율은 임성학이 발표한 2008년 제18대 국회의원 선거 평균 15.13%보다도 높았다. 즉 2008년 제18대 국회의원 선거에서 충북의 현직 의원들은 현직 전체 평균보다도 더 많은 현직 효과를 누렸다. 그런데 2012년 제19대 국회의원 선거에 출마한 충북 현직 후보들의 현직 효과는 4년전보다 급격히 떨어졌다. 더욱이 2012년 제19대 국회의원 충북 선거에서는 상대적으로 현직 효과를 많이 거둔 새누리당 후보들도 포함되어 있었다는 점에서 민주통합당 후보들의 실제 현직 효과는 앞에서 제시한 수치보다 더 떨어진다. 민주통합당 의원들은 현직으로 인한 특별한 이익을 보기는커녕 오히려 현직으로 인한 불이익을 보았다고까지 표현해도 될 정도로 사실상 현직 효과를 누리지 못했다.

〈표 10-6〉 2008년 제18대 국회의원 선거에서의 충북 지역 후보들의 후보 요인 득표율

(단위: %, % 포인트)

		후보 지역구 득표율: (1)	후보 지역구 정당 득표율*: (2)	후보 요인 득표율: (1)-(2)
현직	**당선**	44.2	26.1	18.1
비현직	**당선**	53.2	42.1	11.0

* 〈표 10-5〉의 정당 득표율 처리 방식과 같음

출처: 중앙선거관리위원회 선거통계시스템에서 계산

2012년 제19대 국회의원 선거에서 충북 현직 의원들이 현직 효과를 누리지 못한 '현직 효과 없음' 현상을 먼저 민주통합당 의원들부터 살펴보기로 한다. 〈표 10-7〉에서 보는 것처럼 2012년 제19대 국회의원 충북 선거에서 재선에 성공한 충북의 민주통합당 후보 세 명(오제세, 노영민, 변재일)의 상대 정당 후보와의 득표율 차이는 2008년의 그것과 크게 차이가 나지 않았다. 오제세 후보와 변재일 후보는 약간 증가하였고(오제세 후보는 5.1%에서 6.4%로, 변재일 후보는 4.7%에서 5.3%로 증가), 노영민 후보는 거의 변화가 없었다. 그러나 2012년 제19대 국회의원 선거에서 이들 세 후보의 후보 요인 득표율은 2008년 제18대 국회의원 선거의 그것보다 현저하게 줄어들었다. 오제세 후보는 제18대 17.0% 포인트에서 제19대 7.2% 포인트로 절반 이상 줄어들었고, 변재일 후보도 15.9% 포인트에서 9.3 포인트로 비교적 크게 줄어들었다. 노영민 후보만이 득표율 차이에서처럼 거의 변화가 없었다(13.1% 포인트에서 12.7% 포인트).

'현직 효과 없음' 현상은 낙선한 현직의 경우 더욱 두드러졌다. 홍재형 후보가 그 사례이다. 홍재형 후보와 상대당 후보와의 득표율 차이는 2008년 제18대 국회의원 선거에서 16.0%이었는데, 2012년 제19대 국회의원 선거에서는 -10.5%로 두 선거 간에 무려 26.5% 포인트 차이가 났다. 두 후보 간의 후보 요인 득표율도 2008년 제18대 국회의원 선거의 24.4% 포인트에서 2012년 제19대 국회의원 선거 6.1% 포인트로 그 차이가 18.3% 포인트에 이르렀다. 홍재형 후보는 2012년 제19대 국회의원 선거에서 현직 효과를 누리기는 했지만, 2008년에 비해 너무나 급전직하로 후보 요인 득표율이 떨어져 현직 효과를 상대적으로 보지 못했다.

〈표 10-7〉 2008년 제18大 국회의원 선거와 2012년 제19大 국회의원 선거에서의 충북 지역 현직 후보와 경쟁 후보 간의 득표율 차이와 후보 요인 득표율의 변화 추이

(단위: %, % 포인트)

2008년 제18大 국회의원 선거					
	통합민주당 후보 득표율	한나라당 후보 득표율	통합민주당 정당 득표율	득표율 차이	현직 후보 요인 득표율
청주 흥덕갑	43.4 (오제세)	38.3 (윤경식)	26.4	5.1	17.0
청주 흥덕을	37.5 (노영민)	26.1 (송태영)	24.4	11.4	13.1
청원군	44.6 (변재일)	39.9 (오성균)	28.7	4.7	15.9
청주 상당	51.7 (홍재형)	35.7 (한대수)	27.3	16.0	24.4
충주	48.0 (이시종)	46.1 (윤진식)	27.1	1.9	20.9
제천 · 단양	후보 없음	53.2 (송광호)	40.8**	-	12.4
보은 · 옥천 · 영동	43.8*** (이용희)	41.1 (심규철)	25.9***	2.7	17.9
증평 · 진천 · 괴산 · 음성	38.8 (김종률)	36.2 (김경회)	26.4	2.6	12.4

2012년 제19대 국회의원 선거					
	새누리당 후보 득표율	민주통합당 후보 득표율	민주통합당 정당 득표율	득표율 차이	현직 후보 요인 득표율
청주 흥덕갑	38.3 (윤경식)	44.7 (오제세)	37.5	6.4	7.2
청주 흥덕을	42.0 (김준환)	53.0 (노영민)	40.3	11.0	12.7
청원군	44.0 (이승훈)	49.3 (변재일)	40.0	5.3	9.3
청주 상당	53.9 (정우택)	43.4 (홍재형)	37.3	-10.5	6.1
충주	69.3 (윤진식)	후보 없음	51.6*	-	17.7
제천 · 단양	56.3 (송광호)	35.5 (서재관)	48.5*	20.8	7.8
보은 · 옥천 · 영동	40.7 (박덕흠)	30.9 (이재한)	44.3*	9.8	-3.6
증평 · 진천 · 괴산 · 음성	53.7 (경대수)	36.3 (정범구)	37.5	17.4	-1.2

@: 2012년 제19대 국회의원 보은 · 옥천 · 영동 선거구는 모든 후보가 비현직 후보

*: 새누리당 정당 득표율 / **: 한나라당 정당 득표율 / ***: 자유선진당 정당 득표율

출처: 중앙선거관리위원회 선거통계시스템에서 계산

증평 · 진천 · 괴산 · 음성 선거구에 출마한 민주통합당 정범구 후보는 2012년 제19대 국회의원 선거에서 후보 요인 득표율이 -1.2% 포인트로 절대적으로 현직 효과가 없었다. 그는 정당 득표율에도 못 미치는 후보 득표율을 획득하여 아예 현직 효과 자체가 존재하지 않았다. 2008년 제18대 국회의원 선거에서 같은 당 김종률 후보의 후보 요인 득표율이 12.4% 포

인트라는 것과 크게 대조를 이루었다.

새누리당 후보로 현직 출마한 경우는 두 사례인데, 충주 선거구의 윤진식 후보[7]는 17.7% 포인트의 후보 요인 득표율을 기록하여 상당한 현직 효과를 보았다. 그러나 이 선거구에서는 민주통합당 후보가 야권 연대에 의해 출마하지 않음으로써 윤진식 후보의 득표율이 더 높아졌다는 것을 감안해야 한다. 제천 · 단양 선거구에 출마한 송광호 후보의 후보 요인 득표율은 7.8% 포인트로 민주통합당 현직 후보들이 거둔 후보 요인 득표율과 크게 차이가 나지 않았다. 그러나 이 선거구의 후보 득표율과 새누리당 정당 득표율이 다른 선거구보다 모두 높다는 점을(각각 56.3%, 48.5%) 고려하면, 민주통합당 후보보다 질적으로 더 나은 후보 요인 득표율이라고 평가해야 한다. 다만 송광호 후보도 2008년 제18대 국회의원 선거보다 2012년 제19대 국회의원 선거에서의 후보 요인 득표율이 많이 줄어들어(12.4% 포인트에서 7.8% 포인트로) 현직 효과 자체는 감소하였다.

2012년 제19대 국회의원 선거에서 충북 지역 현직 의원들의 현직 효과가 상대적으로 미미하다는 것은 대전과 충남의 현직 의원들의 그것과 비교해 보면 더욱 확실히 알 수 있다. 대전의 민주통합당 이상민 의원은 현직 후보 득표율이 무려 29.8% 포인트에 달하였고, 충남의 자유선진당 이명수 의원과 이인제 의원을 합친 후보 요인 득표율은 20.8% 포인트로 충북 현직 당선자의 후보 요인 득표율 11.6% 포인트보다 두세 배 정도 높았다. 이것은 그만큼 충북의 현직 민주통합당 의원들이 현직 효과를 상대적으로 보지 못하였다는 것과, 도전 후보인 새누리당 후보들이 현직 민주통합당 의원들을 '야당 심판론'으로 부정적으로 평가한 것이 성공하였다는 것이다. 민주통합당 현직들은 정치 자금 모금 등의 현직 효과를 누리지 못하는 가운데, 새누리당 도전 후보들이 현직들에 대한 부정적 평가를 유권자들에

7) 윤진식 후보는 2008년 제18대 국회의원 선거에서는 낙선하였고, 2010년 보궐 선거에서 당선되었다.

게 각인시키는 것에 성공하여, '현직 효과 이론'의 유용성을 역으로 입증하였다. 새누리당의 '현직 효과' 무력화 전략은 상당히 성공하였다.

제 11 장

충북의 지역 정체성과 상징적 경계 구성, 그리고 사회 조사를 위한 제언

1 • 지역사회 경계의 상징적 구성과 지역 정체성

2 • 충북 지역사회 경계의 상징적 구성과 집권당 우선주의

3 • 지역사회 활성화와 지역주의 투표 행태의 변화 가능성

4 • 지역 조사구 분류의 문제점

정당은 사회 균열로 인한 사회 집단의 이익을 정치로 수렴하기 위한 조직이다. 자본주의 경제 체제에서 가장 치열한 사회 균열은 인간의 노동력을 상품으로 거래하는 것에서 빚어지는 계급 균열이다. 서구의 정당은 바로 이 균열의 당사자인 자본가 계급과 노동자 계급의 이익을 실현하기 위해 형성되었다. 그러나 비서구 국가에서는 경제적 이해관계가 아니라 인종과 종교, 그리고 지역 간 이해관계를 둘러싸고 정당 간 권력 장악 경쟁을 벌이는 것이 일반적이다. 한국의 경우 1987년 6월 항쟁 이전에는 이러한 경쟁보다도 민주화를 이루려는 정당과 권위주의 정권을 유지하려는 정당 간의 민주화 쟁점을 중심으로 경쟁이 벌어졌다.

1987년 6월 항쟁으로 절차적 민주주의가 완성되자 민주화 쟁점과 관련된 정당 간 경쟁은 순식간에 사라졌다. 이 대신에 비서구 국가의 일반적 특징인 비계급 균열이 전면에 등장하였다. 한국에서는 이 중에서 지역 균열이 가장 중요한 투표 결정 요인이 되었다. 경제적 이해관계에 의한 이념적 차이가 뚜렷하지 않으면, 지역 균열과 같은 요인이 투표 결정 요인으로 대신 부상한다. 1987년 민주 대 반민주라는 정치 균열이 소멸된 이후 정당 간의 이념적 차이를 느끼지 못한 유권자들은 실제로 자신의 지역을 대표하는 정당을 중심으로 투표하였다. 그들은 지역이 받을 수 있는 경제적 혜택과 지역 출신들의 정치적, 사회적 지위 향상을 중시하였다(문우진, 2005: 156). 이것이 한국에서 지역 균열에 의한 지역주의 투표 행태가 일상화된 이유이다. 한국에서 정당 간 이념 균열이 발생한 것은 대체로 2002년 제16대 대통령 선거부터이지만, 경제적 이해관계를 둘러싼 이념적 차이가 아니라 국가 안보와 사회 질서 중심의 이념 간 대립이었다. 정치적, 사회적 쟁점에 관한 이념 균열은 지역주의 투표 행태를 압도하지 못하였다. 2012년 제18대 대통령 선거에서도 지역 균열이 유권자의 투표 행위를 결정하는 가장 중요한 요인으로 작용하였다.

한국은 선거가 있을 때마다 일부 지역을 제외한 대부분의 지역은 지역주의 투표 행태의 직간접적 영향권 안에 노출되어 이제는 모든 유권자들이 지역 균열을 하나의 상수로 받아들이고 있다. 영호남 지역의 투표 결과는 모든 유권자들이 투표가 종료되기 이전에 이미 다 알고 있다. 지역주의 투표 행태가 강력하지 않은 강원도는 대체로 영남의 지배 정당과 일체감을 보이는 경우가 많았다. 제주도는 기본적으로 중립적이지만, 다소 호남 지배 정당에 기울었다. 서울은 대통령 선거에서 강도는 약하지만, 호남과 유사한 투표 행태를 보인 경우가 많았다. 권력의 향방은 이들 지역 이외의 선거 결과가 대체로 결정한다. 충북이 바로 이런 지역 중의 하나이다. 충북의 투표 결과가 전국의 그것과 일치하는 경우가 많았다. 1987년 민주화 이후 대통령 선거는 모두 여섯 번 실시되었는데, 충북에서 다수 득표를 얻은 후보가 예외없이 대통령으로 당선되었다. 충북과 같은 선거 결과를 나타낸 광역 자치 단체는 인천과 대전과 그리고 경기도와 제주도뿐이었다. 국회의원 선거에서도 충북 지역 득표율 수위 정당과 전국 1위 득표율 정당이 일치하고 있다. 공식적으로 정당 투표 제도가 도입된 2004년 제17대 국회의원 선거 이후 실시된 세 번의 국회의원 선거에서 충북처럼 정당 득표율 1위 정당과 전국 1위 정당이 일치한 지역은 서울과 인천과 그리고 경기도뿐이었다. 여섯 번의 대통령 선거와 세 번의 국회의원 선거에서 모두 전국 선거와 같은 선거 결과를 나타낸 지역은 충북과 인천과 경기도뿐이었다.

충북이 전국 선거 결과와 일치하는 현상을 나타낸 선거는 비단 이 선거뿐만이 아니었다. 정당 투표제를 실시하지 않았던 1988년 제13대에서 2000년 제16대 국회의원 선거까지 네 번의 선거는 의석 점유율로 살펴보았는데, 네 번 모두 전국 제1당이 지역 의석 점유율에서도 수위를 기록한 지역은 경북과 경남 두 지역뿐이었다. 충북은 인천, 경기, 강원, 대구, 부산과 더불어 세 번 일치하여 그 다음이었다.

1995년부터 제1회 시 · 도 지사 선거부터 2010년 제5회 시 · 도 지사 선거까지 총 다섯 번 실시된 광역 단체장 선거에서도 충북이 전국 선거 결과와 같은 결과를 나타내는 양상이 거듭되었다. 1998년 제2회 지방 선거는 한나라당과 새정치국민회의가 16명의 광역 단체장 중 각각 여섯 명씩을 당선시켜 공동 1위를 하였으나, 이 선거는 소위 'DJP 연대'에 의해 새정치국민회의와 자유민주연합이 '선거 연합'한 선거로서 전국 1위는 한나라당이 아니라 새정치국민회의와 자유민주연합의 공동 여당으로 보아야 한다. 이를 고려하여 다섯 번의 시 · 도 지사 선거마다 전국에서 가장 많은 광역단체장을 배출한 정당이 시 · 도 지사가 된 지역은 인천이 유일하였다. 다음은 충북과 경기도로 네 번 일치하였다.

1987년 이후 영남과 호남 지배 정당들이 번갈아 집권하는 가운데, 특히 2000년 이후 선거의 변동성이 증대하는 와중에 인천이 전국 선거 결과와 가장 일치하는 빈도가 높은 지역이고, 바로 그 다음이 충북과 경기도이었다. 이것은 이들 세 지역이 전국에서 지역주의 투표 행태와 가장 무관한 지역이라는 뜻이다. 인천과 경기도는 전국 각지에서 인구가 유입되어 특별한 지역색이 없는 지역이므로 지역주의 투표 행태와 무관한 지역이라는 것은 쉽게 이해할 수 있다. 그러나 충북은 수도권과 달리 다른 지역과 인구 이동이 활발한 지역도 아니고, 충청도에는 지역 정당이 존재할 만큼 지역주의 투표 행태가 작동할 조건이 갖추어진 지역이라는 점에서 이러한 선거 결과는 매우 흥미롭다.

충북의 투표 행태는 대전 · 충남과 사뭇 달랐다. 1988년 제13대에서 2000년 제16대 국회의원 선거까지 네 번의 선거에서 충남은 딱 한 번 전국 선거 결과와 같았고, 대전은 아예 한 번도 일치하지 않아 세 번이나 일치한 충북과 매우 대조적이었다. 다른 선거까지 포함하면, 충북은 대전 · 충남과 선거 결과가 일치한 경우보다는 그렇지 않은 적이 더 많았다.

충북이 대전 · 충남 못지않게 지역주의 투표 행태에 적극적이었던 시기는 정확하게는 1995년 제2회 지방 선거부터 2000년 제16대 국회의원 선거 이전까지이다. 지역주의 투표 행태를 확대 해석하더라도 시작 연도가 1988년 제13대 국회의원 선거 이전을 넘지 않는다. 이 기간을 제외한 나머지 기간에는 충북은 대전 · 충남과 유사한 투표 행태를 보이지 않았다. 충북은 대전 · 충남보다 지역주의 투표 행태를 보인 시기가 늦었지만 철수 시기는 더 빨랐다. 충북은 대전 · 충남과 달리 2000년 제16대 국회의원 선거부터 지역주의로부터 거의 완전히 발을 뺐다. 대전 · 충남이 2008년 제18대 국회의원 선거에서 잠시 지역주의 투표 행태로 되돌아 것과 달리 충북은 지역주의 투표와는 완전히 거리를 두었다. 또한 지역주의 투표 행태를 같이 보인 시기에도 충북은 대전 · 충남과 달리 그 농도가 훨씬 묽었다.

충북은 역사적으로도 대전 · 충남과 다른 측면이 많다. 삼국 시대 동안 대부분 백제에 속했던 충남과 달리 충북은 삼국의 각축 지역이었다. 지리적으로도 금강 유역에 속하는 충남과 달리 충북은 주로 한강 유역에 속하였다. 충북은 조선 시대 이전에 충청도라는 동일한 행정 구역 안에 같이 포함되어 있었지만 충남과 상이한 역사적, 지리적 상황에 놓인 적이 많아 충청도 내부의 통합은 그렇게 높지 않았다.

충북이 대전 · 충남과 내부적 통일성이 높지 않은 이유는 1960년대 산업화 과정 이후의 인구 이동에서도 찾을 수 있다. 충청도는 영남과 호남과 달리 충청도 내부적인 인구 이동보다는 서울을 포함하는 수도권과 더 활발하게 인구 이동이 이루어지고 있다. 예를 들어, 2013년에 충북에서 수도권으로 전출한 인구 비율은 50.4%, 대전에서 수도권으로 전출한 인구 비중은 39.9%, 충남에서 수도권으로 전출한 인구는 53.5%에 이른다. 반면에 같은 해에 충북에서 대전과 충남과 그리고 세종시 등 다른 충청도 지역으로 전출한 인구 비중은 23.7%, 대전에서 나머지 충청도 지역으로 전출한 인구 비율은 35.8%, 충남에서 여타 충청도 지역으로 전출한 인구는 23.3%로 수도권으로 전출한 인구 비중에 크게 못 미치고 있다. 이것은 대구와 경북의 경우와 대조를 이루고 있다. 2013년 대구에서 경북으로 전출한 인구 비율이 42.8%로 수도권으로 전출한 인구 비중 28.1%보다 훨씬 많다. 그리고 경북에서 대구로 전출한 인구는 33.0%로서 수도권으로 전출한 비율 30.9%보다 역시 많다(통계청, 국가통계 포털 전출지/전입지별 이동자수). 충청도 지역 내부 간 인구 이동보다는 수도권과의 인구 이동이 활발하다는 것은 그만큼 충청도 내부의 통합된 지역 정체성을 생산하고 재생산하는 구조가 형성되어 있지 않다는 뜻이다.

충북이 지리적으로 한국의 배타적 중심권인 서울과 가깝다는 것도 충북 고유의 지역 정체성이 형성되지 못하는 요인으로 작용한다. 충북은 서울과 일일 생활권은 아니지만, 하루에 왕복할 수 있는 거리에 있어 서울에서 생산된 온갖 정보와 그리고 병원과 백화점 등의 편익 시설을 서울에 의존하는 경향이 높다. 이것은 충북이 독자적인 지역 정체성을 생산하는 우호적인 조건이 아니다. 청주의 중앙 일간지 구독율은 부산이나 광주나 대구 지역보다 훨씬 높아 95% 이상이다(이재열 · 강희경 · 설동훈, 2004: 243-244). 청주에서 발간되는 지방지 구독율이 5%도 되지 않는다는 것은 충북의 자체 정보 생산량과 유통량이 거의 없다는 뜻이다. 서울 수준의 백화점이 청주에 들어온 것도 수년전일 정도로 청주 사람들이 서울에 의존하는 비중은 높다. 이러한 상황에서 충북이 대전 · 충남과 통합된 충청도의 지역 정체성을 생산한다는 것은 쉬운 일이 아니다.

지역 정체성을 표현하는 대표적인 수단은 지역 언어(사투리)를 사용하는 것이다. 그런데 지역 언어는 지역의 고유한 특성을 표현할 뿐으로 다른 지역과의 대립과 갈등을 유발하지는 않는다. 그러나 지역 정체성을 표출하는 또 하나의 수단인 투표 행태는 상대방 지역과의 관계 속에서 발현되는 특성이 있다. 영남과 호남 지역의 투표 행태가 바로 이 특성을 잘 나타내고 있다. 두 지역 주민들은 투표 행위를 통해 내집단 편애와 외집단 폄하 의식을 동시에 표출하고 있다. 지역주의는 내집단을 편애하고 외집단을 폄하하는 심리적 작용을 하고, 이것이 정치적으로 지역의 지배 정당에 대한 정당 일체감을 높인다. 이러한 관계는 2012년 제19대 총선 직후에 실시한 조사에서 통계적으로 입증되었다. 영남에서 성장한 유권자들은 내집단 편애와 외집단 폄하 의식에 의해 새누리당에 대한 정당 일체감이 높고, 호남 지역의 지배 정당인 민주통합당에 대해서는 선호도가 떨어진다. 호남 유권자들은 이와 완전히 반대이다. 그들은 오늘의 민주당 계열 정당에 정당 일체감을 보이고, 현재 새누리당 계열 정당에 배타적인 입장을 취한다. 내집단의 유대감을 증진시키고 외집단과의 대립과 갈등을 유발하는 지역주의는 정당 일체감이라는 감정을 통해 정당 선호에 영향을 미치고, 종국적으로는 지역주의 투표 행태로 귀결된다(윤광일, 2012).

충청도는 영호남 지역과 달리 폄하할 고정 대상 지역을 갖고 있지 않다. 이것이 충청도의 지역주의 투표 성향이 강하게 발산되지 않는 이유 중의 하나이다. 예를 들어, 지역주의 투표 행태가 매우 뚜렷했던 1996년 제15대 국회의원 선거에서 수도권 거주자들의 출신지별 투표 성향을 조사한 자료에 의하면, 호남 출신의 62.7%가 새정치국민회의에, 영남 출신의 62.2%가 신한국당에 투표한 반면에 충청도 출신은 23.1%만이 자유민주연합에 투표하였다. 충청도 출신자들의 32.3%는 오히려 여당인 신한국당에 투표하였다. 수도권에 거주하는 충청도 출신들만 지역주의 투표 성향이 낮은 것이 아니었다. 전국적으로 충청도 출신자들이 이런 경향을 보였다. 지역주의 투표 행태가 두드러졌던 1995년 제1회 지방 선거에서 전국적으로 호남 출신들은 83.2%가, 영남 출신들은 58.9%가 지배 지역 정당에 투표한 반면에, 충청도 출신들은 38.9%만이 지배 정당에 투표하여 영호남 유권자들과 매우 대조적인 태도를 보였다(조기숙, 2000: 139-141).

충청도 내부적으로는 충북의 내집단 편애와 외집단 폄하 감정의 정도가 대전 · 충남보다 매우 낮다. 충청도 주민들, 특히 충북 주민들은 외집단 폄하 감정을 거의 갖고 있지 않다. 충청도가 한 번은 영남과 또 한 번은 호남과 선거 연합을 한 것(1990년 '삼당 합당'에서는 영남, 1997년의 'DJP 연대'에서는 호남)도 바로 폄하할 고정적인 외집단을 갖고 있지 않다는 증거이다. 배척할 외집단이 존재하지 않는 지역주의는 정치적 감정을 배태하기가 쉽지 않다. 이런 이유로 대전 · 충남과 같은 미약한 지역주의 색채마저 거의 존재하지 않는 충북에서 지역주의 투표 성향과 지역 정당에 대한 정당 일체감이 지속적으로 생성될 리가 없다.

1. 지역사회 경계의 상징적 구성과 지역 정체성

지역사회 주민들은 일상생활과 그리고 다른 지역사회와의 교류를 통하여 끊임없이 지역사회의 경계를 재생산한다. 이 과정에서 지역 정체성은 늘 새롭게 만들어진다. 이웃과 직장 동료와 그리고 친구와 같은 소규모 지역사회 활동을 통해서도 지역사회의 경계가 재생산되고 지역 정체성이 형성되지만, 광역 자치 단체처럼 대규모 지역사회가 지역사회의 경계를 재생산하는 경우가 일반적이다. 따라서 지역 정체성도 소규모 지역사회보다는 대규모 지역사회에서 형성되는 것이 보통이다. 광역 자치 단체는 단순히 행정적 경계 기능만 하는 것이 아니라 주민들의 지역사회 경계 생산의 상징적 대상이 되고 있다.

대규모 지역사회의 경계가 재구성됨으로써 지역 주민의 지역주의 투표 행태도 바뀔 수 있다. 예를 들어, 충남 금산군은 1963년 전라북도에서 충청남도로 편입되었는데, 오늘날 금산군 주민들은 호남을 더 이상 지역사회의 상징적 경계로 삼지 않고 충남을 지역사회의 상징적 경계로 재생산하고 있다. 2012년 제18대 대통령 선거에서 금산군 유권자들의 61.1%가 새누리당 박근혜 후보를 지지하였다. 만일 금산군이 계속해서 전북 소속으로 되어 있다면, 아마도 박근혜 후보의 득표율은 전북의 다른 지역과 마찬가지로 10%를 갓 넘는데 그쳤을 것이다. 금산군 주민들이 충남을 지역사회의 경계로 내면화하였기 때문에 박근혜 후보를 문재인 후보보다 더 지지한 것이다. 만약에 지금도 금산군 주민들이 마음속으로 전북을 그들의 상징적 지역사회의 경계로 여기고 있다면, 문재인 후보가 박근혜 후보보다 월등히 더 많은 지지를 받았을 것이다.

이와 마찬가지로 2012년 7월 1일 세종특별자치시가 출범함으로써 여기에 편입된 과거의 충남 공주시 시민들과 연기군 군민들과 그리고 충북 청원군 부용면 주민들은 충남과 충북이라는 과거의 지역사회 경계를 버리고 지금 세종시라는 상징적 지역사회 경계 구성에 주력하고 있다. 이들은 틀림없이 새로운 수도라는 지역사회 경계 구성 작업을 통하여 과거 충북과 충남 도민이라는 지역 정체성 대신에 신수도 시민이라는 지역 정체성을 가지려 할 것이다. 지역사회 경계의 상징적 생산과 재생산은 이런 점에서 지역 정체성 형성에 중요한 영향을 미친다. 상징적 지역사회 경계 구성 활동은 당연히 투표 행위에 영향을 미친다.

2. 충북 지역사회 경계의 상징적 구성과 '집권당 우선주의'

한국의 유권자들은 지역 균열에 의해 그들의 정치적 의사를 표현하기 때문에 지역주의 투표 행위가 지역 정체성을 표현하는 중요한 지표가 된다. 충북이 대전 · 충남과 달리 독자적인 투표 행동을 한 경우가 많다는 것 자체가 대전 · 충남의 지역 정체성과 구별되는 충북의 독특한 지역 정체성이다.

충북 주민들과 대전 · 충남 주민들의 투표 행위가 다른 가장 결정적인 이유 중의 하나는 김종필을 비롯한 소위 충청도 정치 지도자들(예: 이회창과 심대평)에 대한 생각이 서로 다르기 때문이다. 대전 · 충남 사람들은 이들을 대전 · 충남의 지도자, 나아가서 충청도의 지도자로 생각하지만, 충북 사람들은 이들을 충북의 지도자로 여기지 않는다. 이들이 지역 정당(신민주공화당, 자유민주연합, 자유선진당, 국민중심당, 국민중심연합 등)을 창당하여도 충북 유권자들은 대전 · 충남 유권자들과 달리 이에 흔쾌히 동조하지 않았다. 예를 들어, 대전 · 충남 주민들은 김종필을 지역을 대표하는 정치 지도자로 여길 뿐만 아니라 그에 대해 정서적으로도 일체감을 느낀다. 마치 부산 · 경남 주민들이 김영삼을, 호남 지역 사람들이 김대중에 대한 정서적 일체감을 느끼듯이 대전 · 충남 지역 사람들도 김종필에 대해 어느 정도는 정서적으로 일체감을 가지고 있다. 그러나 충북 사람들은 김종필에 대해서 전혀 이러한 감정이 없다.

충북 주민들이 김종필에 대해서만 이런 입장을 취한 것이 아니다. 충북 유권자들은 이회창과 심대평 등 충남 출신 정치인에 대해 대전·충남 유권자들이 보인 반응과는 전혀 다른 태도를 취했다. 이들은 늘 충북을 그들의 안마당으로 여겼지만, 충북 유권자들은 그렇게 생각하지 않았다. 충북 유권자들이 1987년 제13대 대통령 선거에서 김종필에 투표한 비율이 13.5%에 불과하였다는 것은 이러한 사실의 서막이었다. 충북 사람들은 이들이 만든 정당을 충북 유권자들의 지배 정당은 물론이거니와 지역 정당으로도 여긴 적이 거의 없었다.

유일한 예외가 누차 언급한 것처럼 1995년 영남 정권이 김종필을 고의적으로 축출했을 때였다. 이 때는 충북을 포함하여 모든 충청도 사람들이 이것을 김종필 개인의 모멸이 아니라 충청도 사람들이 타 지역 사람들로부터 받은 수모라고 '상징화'했다. 충북 주민들은 이것을 충청도 지역사회가 가치관적으로 훼손된 사건으로 인식하여 충청도 지역사회 경계를 새롭게 '상징적'으로 재구성하였다. 충북 주민들은 김종필의 '충청도 핫바지론'이 상징하듯 결코 허술한 사람들이 아니라는 것을 보여 주기 위해 대전·충남 주민들과 같이 김종필과 그가 창당한 정당을 적극적으로 지지함으로써 충청도의 지역사회 경계를 재생산한 것이었다. 충북 주민들은 충청도 지역사회의 일원으로서 대전·충남 주민들과 같이 지역주의 투표 행태를 본격화하여 충청도 지역사회 경계를 재생산하여 다른 지역사회(특히 영남)와 대립하였다.

충청도 지역사회 경계를 상징적으로 재구성한 충북은 1995년 제1회 지방 선거부터 본격적으로 지역주의 투표 행태를 나타내기 시작하였고, 완전히 대전·충남과 지역사회 경계가 일체가 된 것은 1996년 제15대 국회의원 선거부터이었다. 이 무렵에 충북은 충청도 지역사회 경계를 상징적으로 재규정하는 작업에 대전·충남과 같이 공동으로 참여하였으며, 충북의 지역주의 투표가 절정에 달하였다. 1998년 제2회 지방 선거에서 정당 공천이 허용되지 않는 기초 의원 후보들도 법에 저촉되지 않는 방법으로 자유민주연합 소속이라는 것을 은연중에 선거 공보에 표시하려고 애를 썼다. 선거 이후 당적 확인 결과 청주시 시의원 27명 중 19명이 자유민주연합 당적 보유자들이었다(강희경 · 민경희, 1998: 772). 충북 지역사회의 권력자들은 '지역주의'라는 권력 회로를 통과하지 않으면 충북에서 권력자로 부상할 수 없다는 것을 너무나 잘 알고 있었다. '지역주의'라는 '성원 자격 규칙'과 '충청도 지역사회 경계 재구성' 작업에 동참하지 않고 1998년 제2회 지방 선거에 출마한 사람들은 도지사 후보를 포함하여 전원 낙선하였다.

충청도 주민들은 영남 지역 주민이 패권적 지역주의를 추구하고, 호남 유권자들이 이에 저항적 지역주의로 대항하는 것처럼 더 이상 머뭇거리지 않고 반사적 지역주의로 권력 획득 작업에 적극적으로 나섰다. 충청도 지역사회 경계 구성 재생산에 성공한 충청도 주민들은 1997년 김대중과의 '선거 연합'을 마다하지 않았다. 그리고 그들은 영남 정권을 응징하고 권력의 공동 책임자가 되었다.

그러나 김종필과 자유민주연합이 충청도 지역사회의 경계를 재구성할 수 있는 작업, 예를 들어 내각제 관철을 통한 국가 권력 기반의 재편과 같은 일을 제대로 수행하지 않고, 단순히 권력자에 안주하고, 특히 충북은행 폐쇄 저지와 같은 충북의 이해관계를 대변하지 못하자 충북 사람들은 대전 · 충남과의 지역사회 경계 일체화 과정에서 철수하여 다시 원래로 되돌아갔다. 두 지역 주민들의 내집단 경계가 달라졌다. 충북 주민들의 지역사회 경계와 대전 · 충남 주민들의 그것은 더 이상 일치하지 않았다. 이것은 두 지역의 서로 다른 투표 행위로 표현되었다. 충북 사람들은 충남 출신 특정인에 대한 지지를 통한 지역사회 경계 구성에는 관심이 없었기 때문에 더 이상 대전 · 충남에 동조하지 않고 충북 고유의 지역 정체성을 독자적인 투표 행위로 표출하였다.

투표 행태로 보았을 때, 충북이 대전 · 충남의 지역 정체성과 명확히 구별되는 지역 정체성은 '집권당 우선주의'이다. 충북은 늘 집권당, 즉 중앙 권력을 갖고 있는 세력에 우호적으로 투표하였다. 충북은 1987년 이후 여섯 번의 대통령 선거와 일곱 번의 국회의원 선거(세 번은 정당 득표율, 네 번은 의석 점유율로 측정), 그리고 1995년 이후의 다섯 번의 도지사 선거 등 총 17번의 선거 중 15번을 전국 수위 정당과 같은 투표 결과를 보였다. 반면에 대전과 충남은 그렇지 않았다. 충북은 기본적으로 중앙 권력을 갖고 있는 집권당을 지지하였다. 그러나 대전 · 충남은 지역의 지배 정당은 말할 것도 없고 지역 정당도 열심히 지지하였다. 대전 · 충남 유권자들은 신민주공화당과 자유선진당, 그리고 국민중심당과 같은 지역 정당을 선뜻 지지하였다. 충북 주민들은 자유민주연합이 1995년 제1회 지방 선거부터 1998년 제2회 지방 선거까지 충청도 지배 정당으로 중앙 권력을 갖고 있을 때에는 이 정당을 지지하였으나, 그렇지 않을 때에는 바로 퇴각하였다. 대전 · 충남은 자유민주연합이 지배 정당에서 지역 정당으로 각하된 2000년 제16대 국회의원 선거와 2002년 제4회 지방 선거에서도 지지 강도는 줄어들었지만 완전히 지지를 철회하지는 않았다.

충북이 '집권당 우선주의'를 보인 것은 최근의 일이 아니다. 충북 유권자들은 1987년 제13대 대통령 선거와 1988년 제13대 국회의원 선거에서 신민주공화당을 지지하기보다는 중앙 권력을 장악한 민주자유당을 선택하였다. 이 선거에서 김종필은 충남에서의 득표율과 달리(45.0%) 충북에서는 고작 13.5%의 지지만을 받았다. 충북은 당시 여당 후보인 노태우를 가장 많이 지지하였다(46.9%). 충북 유권자들에게 김종필은 처음부터 당선 가능권에 진입하지 못한 후보였기 때문에 사표를 방지할 목적으로 그를 지지하지 않은 것이 아니라 중앙 권력과의 일체감을 더 중시하였기 때문에 민주자유당을 선택한 것이었다. 1988년 제13대 국회의원 선거에서도 충북은 여전히 신민주공화당보다(33.3%) 집권당인 민주정의당을 더 많이 지지하여(43.7%)(의석 점유율은 신민주공화당 22.2%, 민주정의당 77.8%) 충북의 눈이 어디를 향하고 있는가를 보여 주었다. 그리고 충북이

1991년 시 · 도 의회 의원 선거와 1992년 제14대 국회의원 선거와 제14대 대통령 선거에서 대전 · 충남보다 더 외형적으로 지역주의 투표 행태를 보였지만, 이것도 신민주공화당이 합당한 민주자유당을 지지한 것이 아니라 1990년 '삼당 합당' 이전에 존재했던 민주정의당을 지지한 것으로 보아야 한다. 즉 충북은 오래 전부터 집권당을 지지하는 '집권당 우선주의'를 지역 정체성으로 갖고 있었다.

이에 관한 또 하나의 사례를 들어보면, 1997년 제15대 대통령 선거부터 1998년 제2회 지방 선거 사이에 대부분의 구여권(한나라당) 청주 권력자들은 집권당(자유민주연합과 새정치국민회의)으로 정당을 변경하였다. 1997년 제15대 대통령 선거 당시 여당인 한나라당 국회의원은 다섯 명이었다. 그런데 이 선거에서 여당 후보였던 이회창이 패배하고 자유민주연합과 새정치국민회의가 공동 정부를 구성하자 상황은 급반전하였다. 1998년 제2회 지방 선거에 임박하여 이들 다섯 명 중 한 명을 제외한 네 명이 한나라당을 탈당하여 공동 집권 여당으로 당적을 바꾸었다. 세 명은 자유민주연합을 택하였고 한 명은 새정치국민회의를 선택하였다(강희경 · 민경희, 1998: 772). 이들이 공동 여당으로 재빠르게 변신한 것은 충북에서 '집권당 우선주의'가 작동하고 있음을 본능적으로 파악하였기 때문이었다.

2012년 제18대 대통령 선거에서 충청도에서 미약하나마 선거 쟁점이 된 것은 세종시 발전 방안이었다. 세종시는 2002년 제16대 대통령 선거에서 노무현 후보가 공약으로 제시하여 2012년 7월 1일 발족한 도시로서 연고권을 주장한다면 민주통합당 문재인 후보가 갖고 있다고 볼 수 있다. 그런데 막상 선거에서는 세종시 쟁점 자체가 문재인 후보가 아니라 새누리당 박근혜 후보에게 유리하게 작동하였다. 충청도 주민들은 세종시를 설계한 노무현 정부의 비서실장 출신의 문재인 후보보다 이명박 정부의 세종시 수정안을 폐기시키고 세종시 원안을 고수한 공로자로서 박근혜 후보를 더 높이 평가하였다. 이러한 모순된 상황도 '집권당 우선주의' 개념으로 설명할 수 있다. 충북 유권자들은 2012년 제18대 대통령 선거에서 박근혜 후보가 승리할 가능성이 더 많다고 예측하였다. 박근혜 후보가 중앙 권력을 장악할 가능성이 많다고 판단하는 상황에서 충북 유권자들은 세종시를 존재하게 한 문재인 후보가 아니라 세종시 원안 고수에 일정한 역할을 한 박근혜 후보를 지지하여도 문제될 것이 없다고 판단한 것이었다.

충북은 자체적으로는 중앙 권력을 생산할 수 없다고 판단하기 때문에 직접 중앙 권력을 장악하기보다는 중앙 권력의 일원이 되는 것에 만족한다. 이것은 중앙 권력자가 되기보다는 스스로 일정한 수준에서 욕망을 억제하는 행동으로 나타난다. 즉 충북 주민들은 지역의 인물을 중앙 권력자로 육성하거나 전국적인 인물로 성장시키기보다는 일정한 수준에서 제어를 한다. 지역 정당 또는 지배 정당을 바탕으로 중앙 권력을 장악하려는 영호남 지역과 그리고 어느 면으로는 대전 · 충남과 달리 충북은 3선 이상의 다선 의원을 웬만해서는 배출하지 않는 전통 아닌 전통을 갖고 있다. 신경식 전의원이 사선으로 의원 활동을 마친 것이 유일한 최다선 사례이다. 정종택 전의원과 오용운 전의원은 삼선으로 의정 활동을 마쳤다. 구천서, 김현수, 정기호, 윤경식 의원은 삼선에 도전했다가 고배를 마셨다(충청타임즈, 2012년 4월 13일).

2012년 제19대 국회의원 선거에서 국회 부의장 출신이며 당선되면 국회의장에 도전할 계획을 갖고 있었던 홍재형 의원은 끝내 사선 고지를 넘지 못했다. 2012년 제19대 국회의원 선거에서 당선된 정우택(청주 상당), 오제세(청주 흥덕갑), 노영민(청주 흥덕을), 변재일(청원) 의원은 삼선에 성공하였는데, 이들 중 몇 명이나 다음 번 선거에서 사선에 성공할 지 주목된다. 다선 의원을 좀체로 허용하지 않는 충북의 지역 정체성은 충북이 스스로 중앙 권력이 되기보다는 그것과의 일체감에 만족하는 '집권당 우선주의'의 또 다른 표현이다.

'집권당 우선주의' 현상은 정치적인 것에 한정되지 않는다. 삼성은 2014년 4월부터 대학 총장들의 추천을 받아 신입사원을 뽑는 '신입 사원

총장 추천제'를 실시하겠다고 발표하면서 2014년 1월 24일 전국 200여개 대학에 추천 인원을 할당하였다. 한국대학신문 보도에 의하면, 영남권 대학과 수도권 대학에 할당 비중이 높고, 호남 지역을 포함하여 나머지 지역의 할당량은 많지 않았다. 삼성은 영남권 대학 중에서 경북대 100명, 부산대 90명, 영남대 45명, 부경대 45명 등 약 370여 명을 할당하였다. 수도권 대학은 성균관대 115명, 서울대 110명, 한양대 110명, 고려대 100명, 연세대 100명 등 알려진 것만 약 1,400명을 배정하였다. 반면에 호남 지역에는 전남대 40명, 전북대 30명 등 100여 명을 배정했다. 충북에는 충북대 30명, 청주대 10명 등 약 50여명을 할당하였다(한국대학신문, 2014년 1월 24일).

이러한 할당 결과에 대해 광주시와 광주시의회가 '지역 불균형이 우려된다'며 즉각 반발하였다. 영남권 대학에 비해 호남권 대학의 할당량이 사분의 일 수준에 불과하다고 반발한 것이다. 충북 지역의 할당 인원은 50여명에 불과하였지만, 호남과 달리 충북 어느 단체도 반발하지 않았다. 물론 충북 지역이 반발하기도 전에 삼성이 취소했을 수도 있지만, 적어도 공식적으로는 취소 이전까지 충북 지역의 반발은 없었다. 충북 지역의 중앙 권력에 대한 태도의 일단을 보여 주는 사례이다. 호남 지역의 반발은 마치 패권적 지역주의에 대한 저항적 지역주의 대응을 보는 것 같았다. 충북은 반사적 지역주의가 그렇듯 여기서도 즉각적으로 목소리를 내지 않았다.

충북이 이러한 성향을 보이는 것은 경제력이나 인구 규모에서 중앙 권력을 접수할 가능성이 많지 않다고 현실적으로 판단하기 때문인 것으로 보인다. 인구와 경제 규모가 충북과 비슷한 강원도가 대체로 영남 정권과 비슷한 정치적 지향을 나타내고, 충북보다 규모가 작은 제주도가 호남 정권에 약간 기우는 것과는 조금 다른 정치적 지역 정체성이다. 충북은 이들 지역과 달리 중앙 권력과의 일체감을 중시하는 지역사회 경계 의식, 즉 '집권당 우선주의'와 같은 독특한 지역 정체성을 내포하고 있다. 여기서 충북이 선택할 수 있는 또 하나의 방안은 마치 경북과 경남, 전북과 전남이 동일한 정치적 지향을 추구하는 것처럼 대전 · 충남과 정치적 입장을 같이 하는 것이다. 그러나 이것은 이미 논의한 바와 같이 충청도라는 지역사회 경계가 외부 지역사회와 권력으로부터 훼손되는 특수한 경우를 제외하고는 두 지역의 역사적 상황의 차이나 인구 이동의 제한성이나 충북의 서울 근접성 측면에서 구조적으로 성립하기가 쉽지 않아서 현실적으로 이루어지기 어려운 방안이다.

3. 지역사회 활성화와 지역주의 투표 행태의 변화 가능성

서구에서의 정당 일체감은 부모에 의한 사회화를 통해 어려서부터(12살 무렵) 형성된다. 그러나 한국의 경우는 그렇지 않다. 한정훈의 2013년 조사에 의하면, 정당 정치의 경험이 짧은 한국에서는 부모의 정치 사회화 영향력은 거의 없다(한정훈, 2013: 254). 한국에서는 정치 사회화가 부모보다는 친구와 이웃, 직장 동료 등으로부터 형성되는데, 이 중에서 친구와의 상호작용이 가장 중요한 역할을 하고 있다. 2012년 제18대 대통령 선거 직후에 조사한 결과에 의하면, 대통령 선거에 관해 이야기를 나눈 상대방은 〈표 11-1〉에서 보는 것처럼 '친구 또는 동창'이 29.3%로 가장 많았고, 다음이 '이웃' 17.7%, '직장 동료' 15.6%, '배우자' 13.4%의 순이었다. 서구에서 부모의 비율이 가장 많은 것과 대조적이다. 한정훈은 이것을 한국의 정치 사회화는 친구와 같은 준거집단과의 상호작용을 통해 이루어진다고 해석하였다(한정훈, 2013: 261).

〈표 11-1〉 2012년 대통령 선거에 관해 이야기를 나눈 주변 사람들의 비율 (단위: %)

관계	배우자	부모	형제자매	자녀	친척	직장 동료	교회/친목회	이웃	친구/동창
비율	13.4	6.7	6.8	4.1	3.1	15.6	3.2	17.7	29.3

출처: 한정훈(2013: 262)

준거집단이라는 것은 개인의 사고나 행동의 기준이 되는 사람이나 집단을 말하는데, 이를 이 책의 주제와 관련시켜 보면, 한국에서는 준거집단이 지역사회의 정치적 사회화를 담당하는 주요 핵심 주체가 될 수 있다는 것이다. 제2장에서 논의한 바와 같이 가시적인 지역사회를 구성하는 핵심 집단은 이웃과 친구와 직장 동료이다. 이들과의 상호작용이 활성화되면 지역사회가 활발하게 형성되고, 그렇지 않으면 지역사회는 명목상으로만 존재하게 된다. 부모와 배우자와 자녀와 같은 가족은 지역사회를 구성하지 않는다. 가족보다는 친구와 이웃과 같은 소규모 지역사회에서 정치 사회화가 이루어지는 것이 바람직하다고 할 수 있다. 정치적 선호가 비슷한 지역사회 구성원들과의 정치 토론에서 정치 사회화가 더 강력하게 이루어지기 때문이다.

친구와 이웃과 그리고 직장 동료들이 만드는 지역사회는 가족과 친족과 달리 자발적으로 형성되기 때문에 정치적 상호작용의 장으로서 훌륭한 장소가 된다. 한국에서는 지금까지 이들 준거집단이 주로 지역 균열에 의한 지역주의 투표 행태를 정치 사회화하는 역할을 함으로써 지역사회가 한국의 정치에 부정적인 영향을 미쳤다. 그러나 친구와 이웃과 직장 동료와 같은 준거집단이 서구 사회와 같은 계급과 이념 균열을 정치적으로 사회화하는 역할을 한다면 지역사회는 훌륭한 정치 사회화의 공간이 될 것이다.

한정훈은 이 점에서 최근에 지역주의 투표 행태의 변화 가능성을 엿보고 있다. 그는 2012년 대통령 선거에서 부산 · 경남의 일부 유권자들이 과거보다 더 민주통합당 문재인 후보를 지지한 이유가 바로 이들이 이웃과 친구와 같은 준거집단과의 상호작용에 의해서 고식적인 지역주의 투표 행태와 다른 정치적 태도를 접하였기 때문이라고 해석하였다(한정훈, 2013: 264). 이것은 바로 이웃과 친구와 직장 동료로 구성되는 지역사회가 이념과 계급 균열을 논의하는 공간이 되고 있다는 의미이다. 유권자들이 출신 지역에 따라 특정 정당과 유대감을 형성하는 것이 아니라 이웃과 직장 동료와 그리고 친구와 같은 지역사회가 정치를 토론한다면 지역사회도 활성화되고, 정치 발전에도 기여할 수 있는데, 한정훈은 그 가능성을 2012년 제18대 대통령 선거에서 일부 보았다는 것이다.

주민들이 이웃과 친구와 직장 동료와 그리고 마을 구성원으로서 지역사회에 참여함으로써 일정한 성공을 거둘 수 있다는 것은 경제학자 스티글리츠도 강조하였다. 그는 방글라데시 교외의 그라민(Grameen) 은행이 가난한 농촌 여성들에게 무담보 소액 대출을 하였지만, 상환율이 부유한 도시 대출자들보다 훨씬 더 높은 이유를 지역사회 구성원들의 자발적 참여에서 찾았다(홍민경 역, 2008: 129-130). 세계은행도 지역사회의 중요성을 강조하였다. 세계은행은 지역 주민들을 프로젝트 선별과 기획 과정에 참여시키면 사업의 성공 가능성이 훨씬 높아진다고 주장하였다. 세계은행은 지역사회 주민들이 그들의 생활을 향상시키는 방법을 가장 잘 알고 있다고 판단하고 의사 결정권을 지역 주민들에게 맡겼다. 인도에서 우물 설치 계획과 집행을 주민들에게 직접 맡겼을 때 성공률이 실제로 높았다는 것이다(홍민경 역, 2008: 132). 이웃과 직장 동료와 그리고 친구로 구성되는 지역사회가 구성원들의 자발적인 참여에 의해 활성화된다는 것은 바로 이들 지역사회 구성원들이 지역사회 경계를 주체적으로 재구성하고 재생산하기 때문이다.

4. 지역 조사구 분류의 문제점

대부분의 사람들은 충북과 대전 · 충남의 투표 행태와 지역 정체성은 마치 대구와 부산, 전북과 전남처럼 비슷하다고 생각한다. 실제로 대구와 부산, 전북과 전남은 투표 행태가 유사하다. 그러나 이 책에서 누누이 강조한 것처럼 충북과 대전 · 충남은 그렇지 않다. 두 지역이 비슷한 투표 행태를 보인 기간은 매우 짧았고, 이 기간을 제외하고는 충북은 대전 · 충남과 관계없이 독자적인 투표 행태를 취했다.

충북의 선거 결과가 이와 같이 대전 · 충남과 명백히 다름에도 불구하고 선거와 투표 행태를 연구하는 거의 절대 다수의 연구자들은 충북을 충청도의 일원으로 생각하고 항상 충북을 충청도에 편입시켜 집합 자료나 개별 유권자 행동을 분석하고 있다. 충북 인구의 비율이 3%에 지나지 않아 조사 편의를 이유로 충청도에 포함시키거나, 충북과 대전 · 충남은 충청도라는 동일한 지역적 정체성을 갖고 있다는 편견이 무의식적으로 지속되고 있다.

충북을 고유의 조사구로 분류하지 않고 대전 · 충남에 묶어서 한 조사구로 조사하는 경우는 여론조사와 학술 조사와 그리고 심지어는 권력을 장악하기 위한 정당의 전략적 목적의 조사에서도 무차별적으로 발견된다. 그런데 이상한 것은 충북과 인구 규모가 비슷한 강원도와 충북보다 훨씬 인구가 적은 제주도는 대부분의 조사에서 독립적인 조사구로 처리하고 있다. 한편으로 정치적 정체성이 비슷한 경북이나 경남, 전북이나 전남은 별도의 조사구로 분류하여 조사하는 경우가 많다. 충북이 대전 · 충남과 비슷한 정치적 정체성을 갖고 있으면 충북을 독자적인 조사구로 인정하지 않아도 되지만, 충북이 대전 · 충남과 다른 정치적 지역 정체성을 갖고 있는 것이 명확한데도 불구하고 두 지역을 합쳐서 조사하는 것은 사실의 측면에서나 학술적 측면에서나 잘못된 것이다. 정확한 조사와 연구를 위해서 충북을 별도의 조사구로 설정해야 한다.

다음은 충북을 독자적인 조사구로 인정하지 않고 대전 · 충남과 같이 충청도 전체에 포괄하여 조사한 최근의 몇몇 사례이다.

1) 정당 보고서

정당은 권력을 획득하기 위해 유권자들을 가급적이면 세분해서 접근할 필요가 있다. 성별, 연령별, 직업별, 지역별로 세분하여 각 집단에 맞게 세부적인 전략을 구성하는 것이 권력 획득의 기본 전략이라고 할 수 있다. 지역도 세분하면 세분할수록 그만큼 승리 가능성이 높아진다. 손낙구의 연구가 이 점에서 좋은 사례이다. 손낙구는 중앙선관리위원회에 자료를 요청하여 행정구가 아니라 동별로 자료를 재생산하였다. 그는 동별로 성별, 학력별, 종교별, 자가와 세입, 평수별로 정당 지지도 통계를 작성하였다(손낙구, 2010).

정당은 얼마든지 공식적으로 이러한 자료를 입수할 수 있다. 그러나 실제로는 이러한 전략적 고려없이 일반 조사 기관보다도 못한 지역 분류를 하고 있다. 민주통합당의 제18대 대통령 선거 평가 보고서에 대한 소수 의견 자료가 한 예이다(홍종학, 2013). 민주통합당은 〈표 11-2〉에서 확인할 수 있는 것처럼 내부적으로 2012년 11월 24일 ARS를 통해 문재인 후보와 박근혜 후보와의 지지율을 조사하였다. 이 조사에서 충북을 독립된 조사구로 분류하지 않고, '대전 · 충청'이라는 범주에 포함시켜 조사하였다. 세밀하게 지역별 선거 전략을 수립해야 하는 정당에서 충북이 대전 · 충남과 다른 지역 정체성을 보인다는 것을 처음부터 의식하지 않았다.

'대전 · 충청'이라는 용어도 조금 이상하다. '경북'이나 '경남'은 행정 구역으로 실재하지만, '충청'이나 '전라'라는 행정 구역은 존재하지 않는다. '대전 · 충청'이라는 용어는 대전과 충남과 그리고 충북과 세종시를 지칭한 것으로 보인다. 이것을 '대전 · 충남북 · 세종'이라고 하면 실존하는 행정 구역을 정확하게 기술하는 것이 될 것이다. 정확한 용어와 개념을 사용하지 않고 지역을 적당히 분류하는 것은 권력을 획득하기 위한 정당의 전략으로서 매우 과학적이지 못한 태도이다. 여기서 본질적인 문제는 이 책에서 주장한 바와 같이 충북과 대전 · 충남은 투표 행태가 다른데 이를 하나의 조사구로 묶은 것이다. 이와 같은 논리에서 그 동안의 투표 행태가 상반되어 온 강원도(영남에 가까움)와 제주도(호남에 다소 가까움)를 하나의 조사구로 분류하는 것도 정당의 행태로서는 매우 안일한 태도이다.

〈표 11-2〉 문재인 후보와 박근혜 후보의 상대적 강세/약세 계층 분포
(2012년 11월 24일 민주통합당 ARS 조사) (단위: %)

상대적 강세 계층(박근혜:문재인)	구분	상대적 약세 계층(박근혜:문재인)
서울(41.4 : 47.6) 광주 · 전라(11.9 : 83.2)	거주 지역	경기 · 인천(46.2 : 43.1) 대전 · 충청(52.0 : 40.0) 대구 · 경북(71.8 : 20.4) 부산 · 울산 · 경남(51.6 : 37.1) 강원 · 제주(51.4 : 43.2)

출처: 홍종학(2013: 6)

이 보고서는 이러한 여론조사 결과를 근거로 제18대 대통령 선거에서 '수도권 + PK + 충청' 지역을 공략해야 한다고 지적하고 있다. 이 제안은 충청도가 단일한 이해관계나 지역 정체성을 갖고 있다고 전제하고 있는데, 이것이 사실이 아니라는 것은 이 책에서 누차 지적한 바 있다. 민주통합당은 충북 고유의 전략을 세울 생각조차 없었다.

또 하나 거슬리는 것은 이 표의 제목이다. 내용은 '지역'별 후보의 지지도를 조사한 것인데, 제목은 '계층'으로 되어 있다. 사회과학적으로 지역과 계층은 엄연히 다른 개념인데, 이를 구별하지 않고 있어 사회과학적으로 무지를 드러내고 있다.

2) 학술 논문

학자들의 학술 논문도 마찬가지이다. 충북을 별도의 지역 범주로 설정한 연구 논문은 거의 발견하기 어렵다. 이 중에서 가장 최근에 발표된 세 편의 논문을 소개한다. 조성대는 2013년 2월 27일 민주통합당 대선평가위원회와 한국선거학회 공동 토론회에서 발표한 논문을 통해 민주화 이후 한국 사회의 정치적 갈등 구조는 대부분 영남, 호남, 그리고 부분적으로 충청을 지역적 축으로 하여 지역 정당들이 향리성(parochialism)에 기반을 둔 '편향성의 동원'(mobilization of bias)을 선거 전략으로 채택한 데에 있다고 주장하였다(조성대, 2013: 21-22). 그는 2002년 제16대 대통령 선거와 2012년 제18대 대통령 선거를 비교하는 표를 제시하였는데, 이 표 또한 충북을 별도의 범주로 설정하지 않고 충청도로 묶어서 제시하고 있다(조성대, 2013: 34). 충북이 대전 · 충남과 다른 투표 행태를 보여 왔다는 점에서 이 조사는 사실을 제대로 파악하지 못하는 우를 범하고 있다.

박명호(2013)의 연구는 지역 범주를 수도권, 영남권, 호남권, 충청권, 강원권, 제주권으로 분류하고 있다. 충북과 인구 규모가 비슷한 강원도와 충북보다 인구 규모가 훨씬 적은 제주도를 독립적인 조사구로 설정하면서 충북을 충청도 범주에 묶는 것 자체가 합리적이지 못하다. 충북을 대전과 충남과 함께 묶는 것이 타당하려면 이들 지역의 투표 행태가 비슷해야 한다는 전제가 먼저 성립해야 한다. 그렇지 않다는 것을 이 책 곳곳에서 주장해 왔다.

김석호(2013)는 아예 충청도와 강원도를 하나의 지역 범주로 설정하여 경기 · 인천, 충청 · 강원, 영남권, 호남권이라는 지역 범주를 설정하고 있다. 충북의 정치적 성향이 대전 · 충남과도 다른데, 하물며 이것을 다시 강원도와 같이 묶고 있으니 엄정한 사회과학적 분석 결과를 기대하기 어려운 것은 물론이다.

3) 중앙선거관리위원회와 언론사와 그리고 여론조사 회사의 조사

선거 업무를 총괄 처리하는 국가 기관인 중앙선거관리위원회의 공식 조사의 지역 분류 방식도 충북을 독립적인 지역으로 설정하지 않고 있다. 중앙선거관리위원회가 자체적으로 조사하는 경우는 거의 없고 대부분 여론조사 회사에 의뢰하여 조사하고 있다. 한 예로, 중앙선거관리위원회는 2008년 3월 19일과 4월 11일 미디어리서치에 의뢰하여 '정책 선거 의식조사'를 하였는데, 지역을 서울, 인천, 경기, 대전 · 충남 · 충북, 광주 · 전남 · 전북, 대구 · 경북, 부산 · 울산 · 경남, 강원, 제주로 분류하였다. 이 분류 방식도 기본적으로 박명호(2013)와 같은 논리를 갖고 있다. 대전과 충남과 충북은 비슷한 정치적 입장을 갖고 있다는 것이다. 그러나 충북은 대전 · 충남과 투표 행태가 다르다는 것을 여러 차례 논의하였다. 중앙선거관리위원회가 여론조사 회사에 조사를 의뢰할 때 지역 분류를 독자적으로 할 수 있으나, 그럴 의식이 없기 때문에 과학적이지 못한 지역 분류가 계속되고 있다.

방송사 조사도 마찬가지이다. 방송사도 여론조사 회사에 의뢰하여 조사하고 있다. 방송사가 여론조사 회사에 의뢰하기에 앞서 지역 범주를 스스로 설정할 수 있지만, 이렇게 하는 경우는 사실상 없다. 여론조사 회사의 관습을 그대로 따를 뿐이다. 예를 들어 2012년 11월 KBS의 '대선 기획 여론조사 결과 보고서'는 미디어리서치사가 KBS에서 의뢰를 받아 조사한 것인데, 지역을 서울, 인천, 경기, 대전 · 충남 · 충북, 광주 · 전남 · 전북, 대구 · 경북, 부산 · 울산 · 경남, 강원 · 제주로 분류하였다. 충북의 투표 행태가 대전 · 충남과 같지 않은데 같이 묶여 있어 위에서 지적한 문제를 똑같이 반복하고 있다. 그리고 투표 행태가 현저히 다른 강원도와 제주도를 하나로 묶음으로써 정확한 사회과학적 결과를 기대하기 어렵게 되었다.

대표적인 여론조사 회사 중의 하나인 한국갤럽 조사(2012)도 조금도 다르지 않다. 한국갤럽은 지역 범주를 서울, 인천 · 경기, 강원, 대전 · 충청,

광주 · 전라, 대구 · 경북, 부산 · 울산 · 경남, 제주로 분류하였다. 여기서도 '충청'이라는 이상한 용어를 사용하고 있다. 충남북으로 고쳐야 한다. 충북을 대전 · 충남과 묶는 것의 잘못은 이미 언급하였다. 이러한 지역 분류가 사회과학적으로 의미있는 결과를 생산할 수 없다는 것은 명백하다.

•부록•

1981년 이후 주요 정당의 연표

1. 전두환 정부

민주한국당(약칭 민한당)

· 1981년 1월 1일 창당

· 1981년 3월 25일 제11대 국회의원 선거에서 81석을 획득하여 제1야당이 됨/ 안전기획부의 자금으로 창당되었다는 사실이 알려져 국민들의 지지 상실

· 1985년 1월 22일 신한민주당이 창당되자 의원 대다수가 탈당하여 국회의원 3명의 군소 정당으로 전락

· 1988년 4월 26일 제13대 국회의원 선거에서 총재 유치송을 비롯한 후보자가 모두 낙선하여 정당법에 의해 등록 취소

민주정의당

· 1979년 군사 반란을 통해 실권을 장악한 전두환 등 군부 세력이 정치인들의 정치 활동을 규제한 가운데 창당한 정당/ 사실상 전두환의 집권을

위해 만들어진 정당
· 1981년 1월 17일 등록
· 1981년 제11대 국회의원 선거에서 과반수 의석 획득
· 1985년 제12대 국회의원 선거에서 신생 야당인 신한민주당의 약진에도 불구하고 과반수 이상의 의석 확보
· 1987년 제13대 대통령 선거에서 노태우 후보 대통령으로 당선
· 1988년 제13대 국회의원 선거에서 패배
· 1990년 2월 15일 통일민주당과 신민주공화당과 '삼당 합당'하여 민주자유당으로 신설 합당되어 소멸

한국국민당

· 1981년 1월 23일 구 민주공화당과 유신정우회 인사들이 창당
· 1987년 10월 30일 신민주공화당이 창당되자 당내 의원 일부가 탈당하여 신민주공화당과 민주정의당으로 입당
· 1988년 4월 26일 제13대 국회의원 선거에서 당선자를 내지 못하고 신민주공화당에 흡수

신한민주당(약칭 신민당)

· 1985년 1월 18일 사실상 정치 활동 금지가 풀리지 않은 김영삼과 김대중이 창당
· 1985년 1월 22일 등록
· 1985년 2월 12일 제12대 국회의원 선거에서 창당 한 달만에 수도권을 비롯한 대도시 지역에서 압승을 거두는 돌풍 일으킴(지역구 50석과 전국구 17석 획득)
· 1986년 2월 6일 김영삼 민주화추진협의회 공동의장 신한민주당 입당
· 1986년 12월 이민우 총재가 전두환 정권이 민주화 조치를 먼저 단행할 경우 내각제 개헌을 수용할 수 있다는 이른바 '이민우 구상'을 발표하여,

대통령 직선제 개헌을 주장하는 김영삼과 김대중이 크게 반발하여 1987년 4월 양김이 자파 의원 74명을 이끌고 집단 탈당하여 통일민주당을 창당하면서 당세 급격히 위축
· 1988년 4월 26일 제13대 국회의원 선거에서 후보자가 모두 낙선하여 4월 29일 정당법에 의해 등록 취소

통일민주당

· 1985년 3월 6일 김영삼과 김대중 정치 활동 규제로부터 해금
· 1987년 4월 8일 김영삼 신한민주당 상임고문과 김대중 민주화추진협의회 공동의장이 신한민주당 이민우의 내각제 구성에 반대하며 창당
· 1987년 5월 6일 등록
· 1987년 6월 29일 민주정의당 대표 노태우가 대통령 직선제 개헌을 수용하는 '6 · 29 선언'을 발표하자 김영삼과 김대중이 대통령 후보자 선출 문제를 놓고 대립하여 김대중계 의원들이 10월 29일 집단 탈당하여 평화민주당을 창당함으로써 분당
· 1987년 12월 16일 김영삼이 제13대 대통령 선거에 출마하였으나 노태우에 이어 2위 기록
· 1988년 4월 26일 제13대 국회의원 선거에서 민주정의당과 평화민주당에 이어 제3당이 됨
· 1990년 2월 15일 민주정의당과 신민주공화당 등과 함께 민주자유당으로 신설 합당하여 소멸

평화민주당(약칭 평민당)

· 1987년 10월 28일 김대중 통일민주당 상임고문이 김영삼 통일민주당 총재와의 후보 단일화 협상이 결렬되면서 창당/ 통일민주당 25명과 무소속 네 명의 국회의원 입당
· 1987년 11월 13일 등록

· 1987년 12월 16일 김대중이 제13대 대통령 선거에 출마하였으나 노태우, 김영삼에 이어 3위 기록
· 1988년 4월 26일 제13대 국회의원 선거에서 민주정의당에 이어 제2당이 됨
· 1991년 4월 15일 '삼당 합당' 이후 이우정, 신계륜, 장영달 등 재야 운동가를 영입하여 신민주연합당으로 당명 변경
· 1991년 9월 16일 '삼당 합당'에 반대한 통일민주당 출신 인사들이 주축이 된 소위 '꼬마 민주당'과 신설 합당

신민주공화당

· 김종필이 1979년 박정희 대통령 사망 후 민주공화당 총재가 되었으나 1980년 5 · 17 비상계엄 확대 조치 때 권력형 부정 축재 혐의로 계엄군에 체포된 후 6월 24일 모든 공직에서 사퇴하고 7월 2일 부정 축재 재산을 헌납하고 석방
· 1985년 3월 6일 김종필 정치 활동 규제로부터 해금
· 1987년 9월 28일 김종필 정계 복귀
· 1987년 10월 30일 창당
· 1987년 12월 16일 김종필이 제13대 대통령 선거에 출마하였으나 노태우, 김영삼, 김대중에 이어 4위 기록
· 1988년 4월 26일 제13대 국회의원 선거에서 민주정의당과 평화민주당과 통일민주당에 이어 제4당이 됨
· 1990년 2월 15일 '삼당 합당'으로 민주자유당으로 신설 합당되어 소멸

2. 노태우 정부

민중의 당

· 1988년 3월 11일 등록
· 1988년 4월 26일 제13대 국회의원 선거에서 후보자가 모두 낙선하여 4

월 29일 정당법에 의해 등록 취소

한겨레민주당

· 1987년 12월 16일 제13대 대통령 선거에서 통일민주당의 분당 사태로 민주 세력의 패배를 목도한 예춘호, 조순형, 고영구 등의 야당 인사들과 1974년 4월 3일 '민청학련' 사건에 연루되었던 유인태, 제정구, 원혜영 등이 삼김의 지역 할거 및 민주정의당의 관권 정치에 저항하는 제3의 당을 구상
· 1988년 4월 6일 등록
· 1988년 4월 26일 제13대 국회의원 선거에서 한 석 획득
· 1988년 3월 18일 통일민주당과 평화민주당과 한겨레민주당(가칭)의 통합 협상 무산
· 1991년 3월 13일 주요 인사들이 민주당에 입당하면서 법정 지구당 미달로 정당법에 의해 등록 취소

민주자유당

· 1988년 4월 26일 제13대 국회의원 선거에서 민주정의당이 제1당은 되었으나 '여소야대' 구도에 몰려 정국 안정 유지를 위한 보수 대연합 비밀리에 추진/ 통일민주당 김영삼은 대통령 당선을 위해, 신민주공화당 김종필은 내각제 관철을 위해 '삼당 합당'에 참여
· 1990년 2월 15일 민주정의당과 통일민주당과 신민주공화당이 합당하여 창당
· 1992년 8월 28일 노태우 민주자유당 총재직 사퇴, 9월 18일 탈당하는 등 내분 발생
· 1992년 12월 18일 제14대 대통령 선거에서 김영삼 당선
· 1996년 2월 7일 신한국당으로 당명 변경

민주당(소위 '꼬마 민주당')

· 1990년 6월 15일 '삼당 합당'을 반대하는 이기택, 노무현, 김정길 등의 통일민주당 잔류 세력과 박찬종, 이철 등의 무소속 의원 등이 창당

· 1990년 6월 18일 등록

· 1991년 9월 16일 신민주연합당과 함께 민주당으로 신설 합당하여 소멸

공명민주당

· 1990년 8월 3일 등록

· 1992년 3월 24일 제14대 국회의원 선거에서 후보자가 모두 낙선하여 3월 30일 정당법에 의해 등록 취소

민중당

· 1987년 6월 항쟁 이후 1987년 제13대 대통령 선거에서 민중 후보 독자 출마론을 주장하였던 사람들과 한겨레민주당 계열 참여자들이 창당

· 1990년 11월 19일 등록

· 1992년 3월 24일 제14대 국회의원 선거 후보자가 모두 낙선하여 3월 30일 정당법에 의해 등록 취소/ 일부 인사는 건설국민승리 21과 청년진보당과 민주노동당으로 갔으며, 이재오와 김문수 등은 당시 대통령이었던 김영삼에 의해 민주자유당 입당

신민주연합당(약칭 신민당)

· 1991년 4월 15일 평화민주당이 당명을 바꾸어 창당

· 1991년 9월 16일 '꼬마 민주당'으로 불린 민주당과 함께 민주당으로 신설 합당하여 소멸

통일국민당

· 1992년 1월 3일 현대그룹 정주영 명예회장이 창당

· 1992년 2월 7일에 새한당과 통합
· 1992년 2월 10일 등록
· 1992년 3월 24일 제14대 국회의원 선거에서 지역구 24석과 전국구 7석 획득
· 1992년 12월 18일 제14대 대통령 선거에 정주영은 16.3%의 득표율로 김영삼과 김대중에 이어 3위/ 정주영의 대통령 선거 낙선 후 현대그룹 계열사들이 세무 조사를 받고 대통령 선거법 위반과 특정 경제 범죄 가중 처벌법 위반 등의 혐의로 수사가 진행되자 1993년 2월 국회의원직을 사퇴하고 통일국민당 당사 폐쇄/ 이후 소속 국회의원들이 잇따라 탈당하여 군소 정당으로 전락
· 1994년 7월 8일 잔류파가 박찬종의 신정치개혁당과 함께 신민당으로 신설 합당하여 소멸

신정치개혁당

· 1992년 3월 4일 박찬종이 만든 정당
· 1994년 7월 8일 통일국민당과 함께 신민당으로 신설 합당하여 소멸

진리평화당

· 1992년 11월 6일 등록
· 1993년 1월 18일 신민주당으로 당명 변경
· 1995년 4월 1일 통일한국당으로 당명 변경
· 2004년 2월 13일 자진 해산

친민당

· 1992년 11월 19일 등록
· 1996년 4월 13일 제15대 국회의원 선거 후보자가 모두 낙선하여 정당법에 의해 등록 취소

대한정의당

· 1992년 11월 19일 등록

· 1994년 2월 15일 자진 해산

새한국당

· 1992년 11월 26일 민주자유당 대통령 후보 경선에서 김영삼에게 패한 이종찬이 창당/ 12월 18일 제14대 대통령 선거에서 이종찬이 출마하였으나 지지율이 오르지 않자 박철언과 김용환 의원은 통일국민당으로 입당, 이종찬 자신도 12월 13일에 통일국민당 정주영 후보 지지 선언하고 출마 포기

· 1995년 3월 7일 이기택이 이끄는 민주당에 흡수 합당

3. 김영삼 정부

대한민주당

· 1993년 10월 20일 등록

· 1996년 4월 11일 제15대 국회의원 선거에서 후보자가 모두 낙선하여 4월 13일 정당법에 의해 등록 취소

신민당

· 1994년 7월 8일 통일국민당과 신정치개혁당이 합당

· 1995년 5월 31일 자유민주연합으로 합당

정명당

· 1995년 1월 13일 등록

· 1996년 3월 29일 기독성민당으로 당명 변경

· 2001년 3월 19일 등록 취소

민주당

· 1995년 3월 7일 새한국당을 흡수 합당
· 1995년 12월 21일 개혁신당과 함께 통합민주당으로 신설 합당

자유민주연합(약칭 자민련)

· 1994년말부터 김영삼의 민주계가 김종필의 일선 후퇴를 요구하여 김종필과 김영삼 사이에 갈등 폭발하여 1995년 2월 9일 김종필이 민주자유당 탈당하고 만든 정당
· 1995년 3월 30일 창당 대회에서 내각제 당헌 및 강령 채택
· 1995년 4월 3일 등록
· 1995년 5월 31일 김복동의 신민당과 합당하여 자유민주연합으로 신설 창당
· 1996년 4월 11일 제15대 국회의원 선거에서 50석 획득
· 1997년 12월 18일 제15대 대통령 선거에서 새정치국민회의 김대중 후보와 'DJP 연대'를 통해 '국민의 정부' 창출
· 2004년 4월 15일 제17대 국회의원 선거에서 네 석을 획득하는 데 그쳐 급격히 쇠퇴
· 2006년 3월 10일 자진 해산/ 일부는 국민중심당에 흡수

새정치국민회의(약칭 국민회의)

· 1992년 12월 18일 제14대 대통령 선거에서 낙선하고 정계를 은퇴하였던 김대중이 정계 복귀 이후 만든 정당/ 당시 민주당 소속 의원 95명 중 65명이 민주당을 탈당하고 신당에 참여하여 창당과 동시에 제1야당이 됨
· 1995년 9월 11일 등록
· 1997년 12월 18일 제15대 대통령 선거에서 자유민주연합과 '선거 연합' 하여 김대중이 대통령으로 당선
· 2000년 1월 24일 새천년민주당에 흡수 합당

개혁신당

· 장을병 전 성균관대학교 총장과 홍성우 변호사와 박형규 목사 등이 '삼김 청산'과 세대 교체와 지역 할거 구도 타파를 주장하며 만든 정당

· 1995년 11월 29일 등록

· 1995년 12월 21일 민주당과 합당하여 통합민주당으로 신설 합당

통합민주당

· 1995년 12월 21일 새정치국민회의에 합류하지 않은 민주당 세력이 개혁신당과 통합하여 통합민주당으로 당명 변경

· 1996년 4월 11일 제15대 국회의원 선거에서 제4당 차지

· 1996년 6월 13일 민주당으로 당명 변경

· 1997년 11월 24일 신한국당과 함께 한나라당으로 신설 합당하여 소멸/ 이 과정에서 노무현, 김원기, 김정길 등이 탈당하고 새정치국민회의에 입당

신한국당

· 1996년 2월 7일 민주자유당에서 당명 변경/ 1996년 4월 11일 제15대 국회의원 선거를 앞두고 김영삼이 제5공화국의 흔적이 강한 민주자유당이라는 당명 폐기/ 민주정의당계와 신민주공화당계 세력을 몰아내고, 대신에 이회창, 박찬종, 이재오, 김문수, 이우재, 홍준표 등을 영입

· 1997년 11월 24일 민주당(총재 조순)과 한나라당으로 신설 합당하여 소멸/ 같은 날 김영삼 신한국당 탈당

21세기한독당(약칭 한독당)

· 1996년 3월 25일 등록

· 1996년 4월 11일 제15대 국회의원 선거 후보자가 모두 낙선하여 4월 13일 정당법에 의해 등록 취소

민주국민연합

· 1997년 9월 4일 등록

· 1998년 5월 21일 등록 취소

공화당

· 1997년 9월 4일 등록

· 2000년 4월 13일 제16대 국회의원 선거 후보자가 모두 낙선하여 4월 14일 정당법에 의해 등록 취소

국민신당

· 1997년 제15대 신한국당 대통령 선거 후보 경선에서 패배한 이인제가 주도하여 창당한 정당

· 1997년 11월 10일 등록

· 1997년 12월 18일 제15대 대통령 선거에 이인제 출마하여 3위로 낙신

· 1998년 9월 24일 자진 해산/ 당대표 이만섭과 이인제는 새정치국민회의, 김학원 의원은 자유민주연합에 입당

바른나라 정치연합(약칭 바른 정치연합)

· 1997년 11월 19일 등록

· 1999년 2월 12일 자진 해산

한나라당

· 1997년 11월 24일 신한국당과 민주당이 합당하여 창당/ 한국 정당 사상 15년간 최장 존속 기록

· 1997년 12월 18일 제15대 대통령 선거에서 이회창 패배

· 1998년 6월 4일 제2회 지방 선거에서 영남과 강원도를 제외한 전 지역에서 참패

· 2000년 4월 13일 제16대 국회의원 선거에서 새정치국민회의와 자유민주연연합 두 공동 여당을 누르고 제1당 차지
· 2002년 12월 19일 제16대 대통령 선거에서 이회창 패배
· 2004년 3월 23일 박근혜 당 대표 선출
· 2004년 4월 15일 제17대 국회의원 선거에서 노무현 대통령 탄핵의 반작용으로 패배
· 2006년 5월 31일 제5회 지방 선거에서 압승
· 2007년 12월 19일 제17대 대통령 선거에서 이명박 승리
· 2008년 4월 9일 제18대 국회의원 선거에서 압승/ 광우병 쇠고기 문제로 지지율 급락
· 2010년 6월 2일 제6회 지방 선거에서 참패
· 2012년 2월 13일 새누리당으로 당명 개칭

건설국민승리 21(약칭 국민승리 21)

· 1996년 노동법 날치기 사건을 겪은 후 전국민주노동조합총연맹(민주노총)이 주도하여 창당된 정당
· 1997년 11월 24일 등록
· 1997년 9월 7일 당시 민주노총 위원장이던 권영길을 대통령 후보로 추대
· 1999년 11월 15일 자진 해산

4. 김대중 정부

새천년민주당

· 2000년 1월 20일 새정치국민회의를 확대 개편하여 창당
· 2002년 12월 19일 제16대 대통령 선거에서 노무현 후보가 당선되어 정권 연장에 성공

· 2003년 9월 29일 노무현 대통령이 탈당하여 야당이 됨
· 2004년 3월 12일 한나라당과 자유민주연합과 함께 대통령 탄핵을 주도하였다가 국민의 지지를 잃음
· 2005년 5월 6일 민주당으로 당명 변경
· 2007년 6월 27일 중도개혁통합신당과 함께 중도통합민주당으로 신설합당하여 해산

민주노동당

· 2000년 1월 30일 창당/ 건설국민승리 21의 후신
· 2004년 4월 15일 제17대 국회의원 선거에서 13.0%의 정당 득표율로 지역구 두 석과 비례 대표 여덟 석 획득
· 2007년 12월 19일 제17대 대통령 선거에서 권영길 후보 3.0% 지지율 획득
· 2008년 2월 8일 심상정, 노회찬 등 평등파가 탈당하여 진보신당 창당
· 2008년 4월 9일 제18대 국회의원 선거에서 분당의 여파로 지역구 두 석과 비례 대표 세 석 획득에 그침
· 2011년 12월 6일 국민참여당과 새진보통합연대(진보신당 탈당파)와 통합진보당으로 신설 합당하여 소멸

민주국민당(약칭 민국당)

· 2000년 3월 8일 한나라당에서 탈당한 조순과 김윤환 등이 주도하여 만든 정당
· 2004년 4월 15일 제17대 국회의원 선거에서 후보자가 모두 낙선하여 정당법에 의해 등록 취소

개혁국민정당

· 2002년 11월 16일 유시민, 명계남, 문성근 등 친노 계열의 인사들이 창당, 한나라당에서 김원웅 등이 합류

· 2003년 11월 3일 유시민이 탈당하여 한나라당과 민주당내 개혁파 의원들과 열린 우리당 창당 과정에 합류
· 2004년 9월 정당법 요건을 충족하지 못하여 소멸

한국미래연합

· 2002년 4월 22일 창당
· 2002년 11월 19일 한나라당에 흡수

5. 노무현 정부

열린 우리당(약칭 우리당)

· 2003년 11월 11일 개혁국민정당과 한나라당과 새천년민주당의 개혁 세력들이 창당
· 2003년 11월 17일 등록
· 2004년 4월 15일 제17대 국회의원 선거에서 노무현 대통령 탄핵의 반작용으로 과반수 의석 확보
· 2004년 5월 20일 노무현 대통령이 입당하여 집권 여당이 됨/ 노무현 대통령 집권 기간 재보궐 선거와 2006년 지방 선거에서 연달아 참패
· 2005년 7월 28일 지역 구도 극복을 위한 선거 제도 개편을 전제로 한나라당에게 총리 지명권과 조각권 등을 부여하는 대연정을 제안했으나 거부당하고 자중지란에 빠짐
· 2007년 8월 18일 신당인 대통합민주신당에 흡수되는 형식으로 합당

민주당

· 2005년 5월 6일 새천년민주당에서 민주당으로 당명 변경
· 2007년 5월 17일 이인제가 국민중심당을 탈당하고 입당

· 2007년 6월 27일 중도개혁통합신당과 합당하여 중도통합민주당(소속 의원 34명) 출범
· 2007년 8월 13일 민주당으로 원상 복구
· 2008년 2월 17일 대통합민주신당과 함께 통합민주당으로 합당하여 소멸

국민중심당

· 김종필 등 한나라당 입당파를 제외한 구 신민주공화당과 심대평 등 자유민주연합 탈당파와 국민신당 계열 인사들이 만든 보수 정당
· 2006년 1월 17일 창당
· 2008년 2월 12일에 자유선진당에 통합되어 소멸

대통합민주신당

· 2007년 8월 5일 열린 우리당과 중도통합민주당 탈당파와 한나라당을 탈당한 손학규의 선진평화연대 세력과 시민 사회단체의 미래창조연대 등이 만든 정당
· 2007년 8월 20일 열린 우리당을 흡수하는 형식으로 합당/ 143석으로 원내 제1당이 됨
· 2007년 12월 19일 제17대 대통령 선거에 정동영이 대통령 후보로 출마하였으나 참패
· 2008년 2월 17일 민주당과 함께 통합민주당으로 합당하여 소멸

미래희망연대

· 2007년 9월 28일 참주인연합으로 창당
· 2008년 3월 12일 미래한국당으로 당명 변경
· 2008년 3월 19일 제18대 국회의원 선거에서 친박근혜 계열 당원들이 한나라당을 집단 탈당하고 미래한국당에 입당하면서 당명을 '친박연대'로 변경

· 2010년 2월 12일 박근혜가 한나라당에 머무르면서 당명을 미래희망연대로 변경
· 2010년 7월 14일 한나라당과 합당 의결하여 소멸

창조한국당

· 2007년 10월 30일 문국현이 창당한 정당
· 2009년 11월 문국현 의원직 상실
· 2012년 4월 11일 제19대 국회의원 선거에서 후보자가 모두 낙선하여 4월 26일 정당법에 의해 등록 취소

자유선진당

· 2008년 2월 1일 이회창 전 한나라당 총재가 만든 보수 정당
· 2008년 2월 12일 국민중심당과 통합
· 2009년 8월 30일 심대평 대표 탈당
· 2010년 3월 17일 이회창 대표 취임
· 2011년 9월 8일 국민중심연합의 심대평과 이인제 의원 합류
· 2012년 4월 11일 제19대 국회의원 선거에서 다섯 석 획득
· 2012년 5월 20일 이회창 전 대표 탈당
· 2012년 5월 29일 선진통일당으로 당명 변경
· 2012년 10월 25일 새누리당과 합당하여 소멸

통합민주당

· 2008년 2월 17일 대통합민주신당과 민주당이 합당하여 창당
· 2008년 7월 6일 민주당으로 당명 변경

6. 이명박 정부

진보신당

· 2008년 3월 16일 민주노동당에서 탈당한 민중 민주계 당원 중심의 사회민주주의 정당

· 2009년 3월 29일 노회찬 당 대표 선출

· 2011년 3월 27일 당대회에서 북한의 '3대 세습'을 반대하는 당 강령 채택

· 2011년 9월 23일 노회찬과 심상정 탈당

· 2012년 4월 사회당과 합당

· 2012년 4월 11일 제19대 국회의원 선거에서 후보자가 모두 낙선하여 정당법에 의해 등록 취소

민주당

· 2008년 7월 6일 통합민주당이 민주당으로 당명 변경

· 2010년 6월 2일 제5회 지방 선거에서 여당을 제치고 승리했으나 그 후 보궐 선거에서 연달아 패배

· 2011년 12월 16일 이해찬과 문성근 등의 시민통합당과 한국노동조합총연맹과 함께 야권 중통합의 일환으로 민주통합당으로 합당

국민참여당

· 2010년 1월 17일 열린 우리당을 흡수 합당한 대통합민주신당과 민주당의 합당 때 합류하지 않은 친노 직계 세력이 주축이 되어 창당/ 사실상 2002년에 창당되었던 개혁국민정당의 후신, 참여정부와 국민의 정부의 가치와 노선 계승 표방

· 2011년 12월 6일 민주노동당과 새진보통합연대와 함께 야권 소통합의 일환으로 통합진보당으로 합당

국민중심연합

· 2010년 4월 1일 심대평이 자유선진당을 탈당한 후 창당

· 2011년 10월 10일 자유선진당과 합당으로 소멸

평화민주당

· 2010년 4월 8일 한화갑이 창당한 정당

· 2010년 제5회 지방 선거에서 한 명의 당선자도 배출하지 못함/ 당 대표 한화갑 탈당

· 2012년 2월 14일 국민행복당에 흡수 합당

미래연합

· 2010년 4월 18일 친박연대가 미래희망연대로 당명을 바꾸고 한나라당에 통합되자, 이규택과 비당권파들이 탈당하여 창당/ 성향은 기존의 친박연대와 동일

· 2012년 2월 9일 이규택 대표 탈당하여 새누리당 입당

· 2012년 4월 11일 제19대 국회의원 선거에서 득표수 미달로 등록 취소

통합진보당(약칭 진보당)

· 2011년 12월 6일 야권 소통합의 일환으로 민주노동당과 국민참여당과 새진보통합연대의 합당으로 출범한 정당/ 기본적인 입장은 민주노동당과 비슷

· 2012년 4월 11일 제19대 국회의원 선거 비례 대표 경선 과정에서 부정선거 의혹이 제기되어 민주노동계와 참여계 일부와 진보신당 상당수가 탈당해 2012년 10월 21일 진보정의당 창당하여 분당됨

· 2012년 12월 19일 제18대 대통령 선거에서 대통령 후보 이정희가 야권 승리를 위해 중도 사퇴

· 2013년 11월 5일 정부가 통합진보당 해산 심판 청구를 헌법재판소에 신청

· 2013년 8월 28일 이석기 의원에 대한 의원회관 압수 수색으로 시작된 '내란 음모 사건'으로 2014년 5월 현재 재판 진행중

시민통합당

· 2011년 12월 7일 진보 성향의 시민단체 인사와 친노무현 세력이 민주당과의 신설 합당을 목적으로 창당한 정당

· 2011년 12월 16일 민주당과 한국노동조합총연맹과 함께 야권 중통합의 일환으로 민주통합당으로 합당

민주통합당(약칭 민주당)

· 2011년 12월 16일 민주당과 시민통합당과 한국노동조합총연맹의 합당으로 출범한 정당/ 상징색은 열린 우리당에서 이어져 온 노란색 사용

· 2012년 4월 11일 제19대 국회의원 선거에서 사실상 패배

· 2012년 12월 19일 제18대 대통령 선거에서 문재인 패배

· 2013년 5월 4일 민주당으로 개명

새누리당

· 2011년 10월 26일 재보궐 선거에서 한나라당이 패배하자 박근혜가 비상대책위원장으로 선임됨

· 2012년 2월 13일 새누리당으로 당명 개칭/ 상징색은 기존 한나라당과 정반대인 빨강색 사용

· 2012년 4월 11일 제19대 국회의원 선거에서 패배가 예상되었으나 승리

· 2012년 12월 19일 제18대 대통령 선거에서 박근혜 대통령으로 당선

· 2012년 10월 25일 선진통일당과 합당

선진통일당(약칭은 자유선진당과 같은 선진당)

· 2012년 5월 29일 자유선진당 이인제 비상대책위원장이 선진통일당으로

당명 개칭
· 2012년 11월 16일 새누리당에 흡수 합당

진보정의당(약칭 정의당)

· 2012년 10월 21일 통합진보당의 부정 경선 사건 이후 민주노동당 인천연합과 국민참여당과 진보신당 탈당파(노회찬, 심상정 등)가 주도하여 창당한 정당
· 2012년 11월 26일 심상정 의원이 야권 단일화를 위해 2012년 제18대 대통령 선거 후보 등록 포기
· 2013년 7월 21일 당명을 진보정의당에서 정의당으로 개명하고 당 대표로 천호선 선출

7. 박근혜 정부

민주당

· 2013년 5월 4일 민주통합당이 민주당으로 당명 개칭/ 상징색은 파란색으로 변경

새정치민주연합

· 2014년 3월 26일 민주당이 안철수의 가칭 새정치연합과 신설 창당하여 새정치민주연합으로 당명 변경

* 위의 자료는 중앙선거관리위원회의 『대한민국 선거사 제4집(1980. 1. 1-1988. 2. 24)』, 『대한민국 선거사 제5집(1988. 2. 25-1993. 2. 24)』, 『대한민국 선거사 제6집(1993. 2. 25-1998. 2. 24)』, 『대한민국 정당사 제4집(1988. 2. 25-1993. 2. 24)』, 『대한민국 정당사 제5집(1993. 2. 25-1998. 2. 24)』과 위키백과의 대한민국 역대 정당(http://ko.wikipedia.org/w/index.php?title=대한민국의_역대_정당&oldid=12172433)을 참고하여 정리한 것이다.

• 참고문헌 •

가시리 신문화 공간 조성 추진위원회, 2010, 『제주 가시리』, 모모프린코

가상준, 2007, "2007년 대선과 이념", 한국NGO학회, 『NGO 연구』, 제5권 제1호, 27-58

강경태, 2007, "지역색을 넘어: 부산광역시", 이준한 외, 『제4회 지방선거 현장 리포트』, 푸른 길, 219-243

강원택, 1998, "유권자의 이념적 성향과 투표 행태", 이남영 편. 『한국의 선거Ⅱ: 제15대 대통령 선거를 중심으로』, 푸른 길, 45-96

강원택, 1999, "지방 선거에 대한 중앙 정치의 영향: 지방적 행사 혹은 중앙 정치의 대리전?", 조중빈 편, 1999, 『한국의 선거 Ⅲ: 1998년 지방 선거를 중심으로』, 푸른 길, 77-114

강원택, 2000, "지역주의 투표와 합리적 선택: 비판적 고찰", 한국정치학회. 『한국정치학회보』, 제34집 제2호, 51-67

강원택, 2002, "유권자의 정치 이념과 16대 총선: 지역 균열과 이념 균열의 중첩?", 진영재 편, 『한국의 선거 Ⅳ: 16대 총선을 중심으로』, 99-132

강원택, 2003, 『한국의 선거 정치: 이념, 지역, 세대와 미디어』, 푸른 길

강원택, 2005, “제17대 총선에서 민주노동당 지지에 대한 분석”, 박찬욱 편, 『제17대 국회의원 총선거 분석』, 푸른 길, 245-273

강원택, 2008, “18대 총선과 정치 개혁의 과제”, 새사회전략정책연구원(KINS) 창립 1주년 기념 심포지엄, 1-17

강원택, 2010, 『한국 선거 정치의 변화와 지속: 이념, 이슈, 캠페인과 투표 참여』, 나남

강원택, 2011, “제3공화국의 선거”, 한국선거학회 편, 2011, 『한국 선거 60년: 이론과 실제』, 오름, 93-116

강원택, 2012, “왜 회고적 평가가 이뤄지지 않았을까: 2012년 국회의원 선거 분석”, 한국정치학회, 『한국정치학회보』, 제46집 제4호, 129-147

강원택, 2013, “사회 계층과 투표 선택”, 서울대학교 한국정치연구소 학술대회 ‘2012 대선에서 나타난 한국 정치의 특성과 변화’(2013년 01월 23일)

강원택·이현우·정원칠, 2013, “2013 파워 조직 신뢰영향력 조사의 주요 결과”, EAI 여론 브리핑 제136호(2013년 8월 22일)

강희경, 2000, “지역사회의 상징 구성 모형으로 본 지역 정체성”, 한국사회문화학회, 『사회와 문화』, 제12집, 97-120

강희경, 2001, “투표 행위로 본 충북의 지역 정체성”, 지역사회학회, 『지역사회학』, 제3호, 91-117

강희경, 2002a, “충북, 탈지역주의로의 회귀?”, 한림대학교 사회학과 엮음, 『한국사회학 평론』, 제7호, 89-118.

강희경, 2002b, “지역주의, 지역주의적 투표 그리고 지역 정체성”, 충북대학교 사회과학연구소, 『사회과학연구』, 제19권 제2호, 21-48.

강희경, 2009, “충북의 탈지역주의적 투표 성향과 권력 회로; 제18대 총선 결과를 중심으로”, 지역사회학회, 『지역사회학』, 제11권 1호, 69-99

강희경, 2013, “‘현직효과 이론’으로 본 제19대 총선 충북 선거”, 지역사회학회, 『지역사회학』, 제15권 제1호, 153-186

강희경·민경희, 1998, “지역사회 권력자의 권력 자원에 관한 연구”, 한국사회학회, 『한국사회학』, 제32집 겨울호, 757-786
경제·인문사회연구회, 2012, 『우리 사회는 공정한가』, 한국경제신문
경향신문, 2013년 9월 18일 ‘미 400대 부자 자산 사상 최대 … 빈부 격차는 최악’
고선규, 2007, “중선구제 도입과 선거 운동의 변화: 경기도”, 이준한 외, 『제4회 지방선거 현장 리포트』, 푸른 길, 13-46
광장, 2008, “18대 국회의원 총선거의 의미와 전망”, 재단법인 광장, “Agora Issue Briefing” 2: 1-16
구자인·유정규·곽동원·최태영, 2011,『마을 만들기, 진안군 10년의 경험과 시스템: 더디가도 제대로 가는 길』, 국토연구원
김만흠, 1994, “정치 균열, 정당 정치, 그리고 지역주의”, 한국정치학회, 『한국정치학회보』, 제28집 제2호, 215-237
김만흠, 2002, “전환기의 한국 정치와 지역주의”, 한국산업사회학회, 『2002년 비판사회학대회, 정치 변동과 사회 개혁』, 281-299
김석호, 2013, “사회 연결망 특성이 지지 후보 선택 시기 및 투표 참여에 미치는 영향: 연결망 내 행위자 간 지지 성향 불일치의 효과를 중심으로”, 서울대학교 한국정치연구소 학술대회 ‘2012 대선에서 나타난 한국 정치의 특성과 변화’(2013년 01월 23일)
김용웅·차미숙·강현수, 2009, 『신지역발전론』, 한울
김욱, 2004, “17대 총선과 충청권 정치 지형의 변화: 지역주의의 약화 및 변화를 중심으로”, 한국정치·정보학회, 『정치·정보 연구』, 제7권 제1호, 69-87
김욱, 2006, "16대 대선에서 세대, 이념 그리고 가치의 영향력“, 어수영 편, 『한국의 선거 Ⅳ: 제16대 대통령 선거와 제17대 국회의원 선거』, 오름, 75-108
김욱, 2011, “선거와 한국 정치”, 한국선거학회 편, 2011, 『한국 선거 60년:

이론과 실제』, 오름, 17-26
김의영, 2005, "제17대 총선에서 시민 단체의 선거 참여: 시민 단체, 대의민주주의, 참여민주주의, 낙천·낙선 운동", 박찬욱 편, 『제17대 국회의원 총선거 분석』, 푸른 길, 46-75
김일철, 1986, 『사회 구조와 사회 행위론』, 전예원
김재한, 1999, "한국의 이념 성향과 선거 정치: 1998년 지방 선거를 중심으로", 조중빈 편, 『한국의 선거 Ⅲ: 1998년 지방 선거를 중심으로』, 푸른 길, 115-148
김재한, 2002, "고효율·민주적 정책 정당 실현을 위한 탈(脫) 규제의 처방", 한국정당학회, 『한국정당학회보』, 제1권 제1호, 47-63
김형준·유성모, 1996, "유권자의 정당 지지 분석: 서울 지역을 중심으로", 한국정치학회, 『한국정치학회보』, 제30집 제4호, 299-320
노환희·송정민, 2013, "세대 균열에 대한 고찰: 세대 효과인가, 연령 효과인가", 박찬욱·강원택 편, 『2012년 대통령 선거 분석』, 나남, 139-184
라도삼, 2012, 『마을 문화 만들기 사례와 전략 연구』, 서울시정개발연구원
류재성·송병권 · 홍지연, 2008, "누가 경제 투표를 하는가?: 사회경제적 변인 분석", 박찬욱 편, 『제17대 대통령 선거를 분석한다』, 생각의 나무, 249-288
문용직, 1997, "국회의원 선거에서의 현직 국회의원 효과", 경남대학교 극동문제연구소, 『한국과 국제 정치』, 제13권 2호, 161-190
문우진, 2005, "지역 본위 투표와 합리적 선택 이론: 공간 모형 분석", 경남대학교 극동문제연구소, 『한국과 국제 정치』, 제21권 제3호, 151-186
문우진, 2009, "지역주의와 이념 성향: 17대 총선 분석", 한국정당학회, 『한국정당학회보』, 제8권 제1호, 87-113
문우진, 2011, "정치 정보, 정당, 선거 제도와 소득 불평등", 한국정치학회, 『한국정치학회보』, 제45집 제2호, 73-97
문우진, 2012, "대통령 지지도의 필연적 하락의 법칙: 누가 왜 대통령에 대

한 지지를 바꾸는가?", 한국정치학회, 『한국정치학회보』, 제46집 제1호, 175-201

미디어리서치. 2008. "정책 선거 의식 결과 보고서"(2008년 4월 11일)

박명호, 2013, "민주통합당의 리더십의 취약성과 계파 정치의 한계", 민주통합당 대선평가위원회·한국선거학회 공동 토론회(2013년 2월 27일), '민주통합당의 18대 대선 패배, 100년 정당의 길을 모색한다', 38-59

박명호·김민선, 2008, "한국 총선에서 나타난 현직자의 재선 추이에 관한 분석: 16-18대 총선 결과를 중심으로", 동국대학교 사회과학연구원, 『사회과학연구』, 제15권 제1호, 161-176

박상훈, 2001, "한국의 유권자는 지역주의에 의해 투표하나: 제16대 총선의 사례", 한국정치학회, 『한국정치학회보』, 제35집 제2호, 113-134

박원호, 2013, "정당 일체감의 재구성", 박찬욱·강원택 편, 『2012년 대통령 선거 분석』, 나남, 51-74

박찬욱, 1993, "제14대 국회의원 총선거에서의 정당 지지 분석", 이남영 편, 『한국의 선거 ①』, 나남, 67-114

박찬욱, 2005, "제17대 총선에서 2표 병립제와 유권자의 분할 투표", 박찬욱 편, 2005, 『제17대 국회의원 총선거 분석』, 푸른 길, 103-176

박찬욱, 2006, "한국 시민의 투표 행태 분석: 제16대(2002년) 대통령 선거에 있어서 사회 균열과 유권자의 후보자 선택", 임혁백·고바야시 요시아키 편, 『시민 사회의 정치 과정: 한국과 일본의 비교』, 아연출판부, 156-195

박찬욱·강원택, 2012, "2012년 총선의 의미와 특성", 박찬욱·강원택 편, 『2012년 국회의원 선거 분석』, 나남, 15-33

박찬욱·김경미·이승민, 2008, "제17대 대통령 선거에서 유권자의 사회경제적 특성과 이념 정향이 후보 선택에 미친 영향", 박찬욱 편, 『제17대 대통령 선거를 분석한다』, 생각의 나무, 191-248

서복경, 2011, “제1공화국의 선거”, 한국선거학회 편, 2011, 『한국 선거 60년: 이론과 실제』, 오름, 29-60

선대인, 2013, “『불평등의 대가』와 한국의 현실”, 이순희 역, 『불평등의 대가: 분열된 사회는 왜 위험한가』, 열린 책들, 13-23

성경륭, 2013, “18대 대선의 비판적 평가와 민주 진보 진영의 미래”, 미발표 논문

손낙구, 2010, 『대한민국 정치 사회 지도: 집약본』, 후마니타스

송정민·노환희·하헌주·길정아, 2012, “제19대 총선과 분할 투표: 유권자의 특성 및 야권 연대의 효과를 중심으로”, 박찬욱·강원택 편, 『2012년 국회의원 선거 분석』, 나남, 295-335

신두철, 2011, “제4공화국의 선거”, 한국선거학회 편, 2011, 『한국 선거 60년: 이론과 실제』, 오름, 117-139

신병현, 1995, 『문화, 조직, 관리』, 한울

안청시, 2008, 『한국 지방 선거에는 지방이 안 보인다』, 집문당

오현주·길정아, 2013, “유권자의 이념과 투표 선택: 보수의 결집과 진보의 분열”, 박찬욱·강원택 편, 『2012년 대통령 선거 분석』, 나남, 185-217

온만금, 1997, “역대 대통령 선거 결과에 나타난 지역주의 추이와 양상”, 한국사회학회, 『한국사회학』, 제30집 겨울호, 737-757

위키백과, 대한민국 역대 정당(http://ko.wikipedia.org/w/index.php?title=대한민국의_역대_정당&oldid=12172433)

유재일, 2009, “서문: 18대 총선의 과정과 결과, 그리고 정치적 의미”, 한국정당학회, 『18대 총선 현장 리포트』, 푸른 길, 11-36

윤광일, 2011, “선거 주기에 대한 이론적 고찰: 미국 사례를 중심으로”, 한국의회발전연구회, 『의정연구』, 제17권 제1호, 5-31

윤광일, 2012, “지역주의와 제19대 총선”, 대한정치학회, 『대한정치학회보』, 제20집 제2호, 113-138

윤광일, 2013, “지역주의 투표”, 박찬욱·강원택 편, 『2012년 대통령 선거

분석』, 나남, 75-109

윤종빈, 2001, "16대 총선에서 나타난 현직 의원의 득표율 증감 분석: 지역구 활동 효과를 중심으로", 한국정치학회, 『한국정치학회보』, 제35집 제4호, 129-146

윤종빈, 2002, "현직 의원의 지역구 대표 활동과 16대 총선: 초선 요인 및 득표 차 변수를 중심으로", 진영재 편, 『한국의 선거 Ⅳ: 16대 총선을 중심으로』, 133-172

윤종빈, 2006, "한국에서의 현직 의원 지지에 관한 연구: 17대 총선을 중심으로", 한국정치학회, 『한국정치학회보』, 제40집 제3호, 145-164

윤종빈, 2007, 『한국의 선거와 민주주의: 17대 국회의원 선거를 중심으로』, 집문당

윤종빈, 2010, "18대 총선의 현직 의원 득표율 분석", 경남대학교 출판부, 『한국과 국제 정치』, 제26권 4호, 27-55

이갑윤, 1998, 『한국의 선거와 지역주의』, 오름

이갑윤, 2011, 『한국인의 투표 행태』, 후마니타스

이갑윤·박경미, 2011, "지역 발전과 지역적 정당 투표", 서강대학교 사회과학연구소, 『사회과학연구』, 제19집 2호, 138-170

이갑윤·이지호·김세걸, 2013, "재산이 계급 의식과 투표에 미치는 영향", 서울대학교 한국정치연구소, 『한국정치연구』, 제22집 제2호, 1-25

이갑윤·이현우, 2000, "국회의원 선거에서 후보자 요인의 영향력: 14-16대 총선을 중심으로", 한국정치학회, 『한국정치학회보』, 제34집 제2호, 149-170

이곤수, 2011, "시도지사 선거의 현직 효과", 이내영·임성학 공편, 『변화하는 한국 유권자 4: 패널 조사를 통해 본 2010 지방 선거』, 동아시아연구원, 125-150

이남영, 1999, "1998년 지방 선거와 지역주의: 제15대 대통령 선거와 비교의 관점에서", 조중빈 편, 『한국의 선거 Ⅲ: 1998년 지방 선거를

중심으로』, 푸른 길, 13-42

이내영, 2009a, “18대 총선의 정당 지지 재편: 일시적 현상인가, 구조적 변화인가?”, 김민전·이내영 공편, 『변화하는 한국 유권자 3: 패널 조사를 통해 본 18대 국회의원 선거』, EAI, 33-67

이내영. 2009b. “한국 유권자의 이념 성향의 변화와 이념 투표”, 고려대학교 평화와 민주주의 연구소, 『평화연구』, 제17권 제2호, 42-72

이내영, 2011, “6.2 지방 선거와 세대 균열의 부활.” 이내영·임성학 공편, 『변화하는 한국유권자 4: 패널 조사를 통해 본 2010 지방 선거』, 동아시아연구원, 179-200

이대근, 경향신문 2013년 10월 10일자 칼럼 “한국 사회의 비극성”

이동윤, 2009, “사회적 균열과 투표 행태, 그리고 정당 체제: 정치 사회학적 관점”, 전용주·임성학·이동윤·한정택·엄기홍·최준영·이소영·조진만·조성대, 『투표 행태의 이해』, 한울, 45-73

이라영, 한겨레신문 2013년 9월 5일자 칼럼 “불온한 ‘전라도’의 힘”

이소영, 2009, “인지 구조와 투표 행태, 그리고 대중매체: 인지심리학적 관점”, 전용주·임성학·이동윤·한정택·엄기홍·최준영·이소영·조진만·조성대, 『투표 행태의 이해』, 한울, 156-187

이재열, 2009, “무너진 신뢰, 지체된 투명성”, 정진성·이재열·박경숙·정재기·남은영·장진호, 『한국 사회의 트렌드를 읽는다: 국민 의식 조사를 통해서 본 외환 위기 10년』, 서울대학교 출판문화원, 13-32

이재열·강희경·설동훈, 2004, 『충청 지역의 사회 의식과 지역 정체성』, 백산서당

이정덕, 1998, “지역 축제와 지역 정체성: 풍남제와 춘향제의 사례를 통해”, 전남 대학교 사회과학연구소·지역사회학회, 『축제, 민주주의, 지역 활성화』, 105-120.

이준한·임경훈, 2005, “과연 ‘중대 선거인가?: 제17대 국회의원 선거에서의 유권자 투표 결정 요인 분석”, 박찬욱 편, 『제17대 국회의원 총

선거 분석』, 푸른 길, 211-242
이현우, 1996, "경제 문제와 정당 선택: 미국이 경우, 1960-1992", 한국정치학회, 『한국정치학회보』, 제30집 제4호, 343-362
이현우, 1999, "동시 선거 제도와 유권자의 선택", 조중빈 편, 『한국의 선거 Ⅲ: 1998년 지방 선거를 중심으로』, 푸른 길, 247-292
이현우, 2011, "김영삼 정부 시기의 선거", 한국선거학회 편, 2011, 『한국 선거 60년: 이론과 실제』, 오름, 219-252
이현출, 2005, "한국 국민의 이념 성향: 특성과 변화", 한국정치학회, 『한국정치학회보』, 제34집 제2호, 321-343
임성학, 2009, "18대 총선과 현직 효과", 김민전·이내영 공편, 『변화하는 한국 유권자 3: 패널 조사를 통해 본 18대 국회의원 선거』, EAI, 281-301
임성호, 2011, "김대중 정부 시기의 선거", 한국선거학회 편, 2011, 『한국 선거 60년: 이론과 실제』, 오름, 253-291
임성호·채진원, 2012, "2012년 양대 선거 정책 선거 추진 방안 연구", 2011년 중앙선거관리위원회 정책 연구 과제
임혁백, 2012, "대의 민주주의와 소셜 미디어 민주주의: 2012 선거에서 한국 정당은 소셜 미디어를 통한 다중(multitude)의 폭발적 참여를 대의제 내로 흡수, 포용할 수 있는가", 2012년 3월 20일 한국정치학회 특별 학술회의 〈제19대 총선과 한국 정치〉 발표문, 7-46
장성훈, 2011, "제2공화국의 선거", 한국선거학회 편, 2011, 『한국 선거 60년: 이론과 실제』, 오름, 61-89
장승진, 2012, "19대 총선의 이슈와 유권자의 선택", 2012년 3월 20일 한국정치학회 특별 학술회의 〈제19대 총선과 한국 정치〉 발표문, 49-72
장승진, 2013, "2012년 양대 선거에서 나타난 계층 균열의 가능성과 한계", 한국정치학회, 『한국정치학회보』, 제47집 제4호, 51-70

전용주, 2005, "후보 공천 과정의 민주화와 그 정치적 결과에 관한 연구: 제17대 국회의원 선거를 중심으로", 한국정치학회, 『한국정치학회보』, 제39집 제2호, 217-236

전용주, 2009, "투표 행태, 어떻게 이해할 것인가", 전용주·임성학·이동윤·한정택·엄기홍·최준영·이소영·조진만·조성대, 『투표 행태의 이해』, 한울, 11-21

전용주, 2012, "19대 총선 결과가 대선에 미칠 영향력 분석: 선거 주기론과 유권자 투표 행태에 근거한 시론적 분석", 2012년 3월 20일 한국정치학회 특별 학술회의 〈제19대 총선과 한국 정치〉 발표문, 96-115

전중환, 한겨레신문 2013년 10월 29일자 칼럼 "보수와 진보의 도덕"

정근식, 1997, "지역사회와 지역 의식, 지역 정체성", 성경륭 외 9명, 『지방자치와 지역 발전』, 민음사, 283-322

정대화, 2005, "제17대 국회의원 총선거 평가: 선거의 주요 쟁점에 대한 평가를 중심으로", 민주사회정책연구원, 『민주사회와 정책 연구』, 통권 7호, 195-232

정병은, 2004, "유권자의 사회 자본과 지역주의 투표: 17대 총선의 두 지역구 사례 비교", 연세대학교 사회학과 박사학위 논문

정진민, 2012, "한국 유권자들의 투표 행태와 세대: 2010년 지방 선거를 중심으로." 『한국정치연구』, 제21권 제2호, 1-21

정한울·권혁용, 2009, "경제가 선거에 미치는 영향: 17대 대선과 18대 총선에서의 경제 투표", 김민전·이내영 공편, 『변화하는 한국 유권자 3: 패널 조사를 통해 본 18대 국회의원 선거』, EAI, 205-239

정한울, 2011, "주민 투표 이후 복지 정국과 계급 정치의 부상: 여당 지지층의 박근혜 쏠림 현상과 문재인 신드롬", EAI 여론 브리핑 제102호(2011년 8월 29일)

정효명·오정은, 2008, "17대 대선 후보자 지지도와 경쟁 구도 변화: 회고

투표와 구도의 관점에서 본 이명박 압승의 정치적 분석”, 박찬욱 편, 『제17대 대통령 선거를 분석한다』, 생각의 나무, 37-70
조기숙, 2000, 『지역주의 선거와 합리적 유권자』, 나남
조기숙, 2009, “왜 지금 진보 담론이 필요한가?”, 한국미래발전연구원, 『진보 대안 담론 세미나 1』, 3-29
조명래, 1996, “지역 정체성과 지역 운동”, 한국공간환경학회, 『공간과 사회』, 제7호, 91-108.
조성대, 2009, “투표 참여와 기권”, 전용주·임성학·이동윤·한정택·엄기홍·최준영·이소영·조진만·조성대, 『투표 행태의 이해』, 한울, 222-259
조성대, 2011, “노태우 정부 시기의 선거”, 한국선거학회 편, 2011, 『한국 선거 60년: 이론과 실제』, 오름, 177-217
조성대, 2013, “민주화 이후 제3후보 현상과 선거 연합”, 민주통합당 대선 평가위원회·한국선거학회 공동 토론회(2013년 2월 27일), ‘민주통합당의 18대 대선 패배, 100년 정당의 길을 모색한다’, 19-37
조진만, 2005, “민주화 이후 한국 재·보궐 선거의 특징과 정치적 의미”, 한국정당학회, 『한국정당학회보』, 제4권 제2호, 95-122
조진만, 2011, “제5공화국의 선거”, 한국선거학회 편, 2011, 『한국 선거 60년: 이론과 실제』, 오름, 141-173
조진만·최준영·가상준, 2006, “한국 재·보궐 선거의 결정 요인 분석”, 한국정치학회, 『한국정치학회보』, 제40집 제2호, 75-98
중앙선거관리위원회, 1973, 『대한민국 선거사』, 제1집
중앙선거관리위원회, 2006, “제4회 전국 동시 지방 선거(2006. 5. 31)에 관한 유권자 의식 조사”
중앙선거관리위원회, 2008, 『제18대 국회의원 선거·공약 모음집』
중앙선거관리위원회, 2009a, 『대한민국 선거사 제4집(1980. 1. 1-1988. 2. 24)』

중앙선거관리위원회, 2009b, 『대한민국 선거사 제5집(1988. 2. 25-1993. 2. 24)』

중앙선거관리위원회, 2009c, 『대한민국 선거사 제6집(1993. 2. 25-1998. 2. 24)』

중앙선거관리위원회, 2009d, 『대한민국 정당사 제4집(1988. 2. 25-1993. 2. 24)』

중앙선거관리위원회, 2009e, 『대한민국 정당사 제5집(1993. 2. 25-1998. 2. 24)』

중앙선거관리위원회, 2012, 『제19대 국회의원선거(2012. 4. 11)에 관한 유권자 의식 조사』

중앙선거관리위원회, 2013, "제18대 대통령 선거 투표율 분석"

중앙선거관리위원회, 선거 통계 시스템

지병근, 2011, "노무현 정부 시기의 선거", 한국선거학회 편, 2011, 『한국 선거 60년: 이론과 실제』, 오름, 293-321

진영재·김민욱, 2007, "한국인의 이념 성향 인식과 후보자 및 정당 지지 행태와의 상관관계: 16대 대통령 선거와 17대 국회의원 선거 비교 분석, 경남대학교 극동문제연구소, 『한국과 국제 정치』, 제23권 제4호, 65-98

최영진, 1999, "한국 지역주의 논의의 재검토: 정치적 정체성 개념과 동기부여 구조를 중심으로", 한국정치학회, 『한국정치학회보』, 제33집 제2호, 135-155

최장집 외, 2008, 『우리는 무엇을 할 것인가: 민주화 20년, 한국 사회를 돌아보다; "지식인 7인의 성찰과 전망"』, 웅진씽크빅

최종숙, 2011, "한국 민주주의의 점진적 공고와 과정에 관한 연구: 정당과 사회운동의 관계를 중심으로(1987-2007), 서울대학교 대학원 사회학과 박사학위 논문

최준영, 2009, "선거 이슈와 투표 행태", 전용주·임성학·이동윤·한정택·

엄기홍·최준영·이소영·조진만·조성대, 『투표 행태의 이해』, 한울, 128-155

최준영·조진만, 2005, "지역 균열의 변화 가능성에 대한 경험적 고찰: 제17대 국회의원 선거에서 나타난 이념과 세대 균열의 효과를 중심으로", 한국정치학회, 『한국정치학회보』, 제39집 제3호, 375-394

최준영·조진만, 2011, "변화하는 국회의원 재·보궐선거: 중앙 정치 대 지역 정치", 한국정당학회, 『한국정당학회보』, 제10권 제2호, 133-156

충북대학교 사회과학연구소·중부매일·청주 CBS, 2008, "2008 충북의 선택: 제18대 국회의원 선거 후보자 정책 토론회", 충북대학교 사회과학연구소, 『18대 총선과 향후 정국 전망 정책 토론회』, 66-125

충청북도 충북통계정보시스템

충청북도 홈페이지, 인구 현황

충청리뷰, 1998년 1월 1일(제16호)

충청일보, 2012년 4월 3일

충청타임즈, 2012년 3월 23일

충청타임즈, 2012년 4월 13일

통계청, 2001, 『한국통계연감』

통계청, 2011, 『한국통계연감』

통계청, 국가통계 포털, 전출지/전입지별 이동자수

통계청, 국가통계포털, 인구·가구

통계청, 국가통계포털, 지역내총생산

통계청, 국가통계포털, 총조사인구 총괄

통계청, 국가통계포털, 5세별 주민등록인구 통계 자료

한겨레신문, 2013년 10월 5일, "르포: 기초 연금 공약 파기 노인 인심"

한국갤럽, 2012, "제18대 대통령 선거 결과 예측 조사"(2012년 12월 19일)

한국갤럽, 2013, 『제18대 대통령 선거 투표 행태』, 한국 갤럽

한국대학신문, 2014년 1월 24일

한상진, 1990, "탈지역 정치의 잠재력과 민주 발전: 학습 이론의 관점에서" , 한국사회학회 편, 『한국의 지역주의와 지역 갈등』, 357-369.

한정택, 2007, "한국 현직 국회의원의 재당선 요인 분석: 제14대부터 제17대까지 국회의원 선거를 중심으로", 21세기 정치학회, 『21세기 정치학회보』, 제17집 제3호, 73-99

한정택, 2009, "정당 일체감과 투표 행태: 사회심리학적 관점", 전용주·임성학·이동윤·한정택·엄기홍·최준영·이소영·조진만·조성대, 『투표 행태의 이해』, 한울, 74-99

한정훈, 2013, "유권자의 정치 사회화와 지지 후보 결정의 안정성", 박찬욱·강원택 편, 『2012년 대통령 선거 분석』, 나남, 247-281

홍종학, 2013, "대선 평가 보고서의 '소수 의견서'"(보도 자료)

황아란, 1998a, "1998년 6·4 지방 선거 분석, 한국지방행정연구원 보고서

황아란, 1998b, "국회의원 선거의 당선 경쟁과 선거구 요인: 제15대 총선 당사자의 선거 경쟁도를 중심으로, 한국정치학회, 『한국정치학회보』, 제32집 제3호, 165-186

황아란, 1999, "6.4 기초 단체장 선거와 현직 효과", 조중빈 편, 『한국의 선거 Ⅲ: 1998년 지방 선거를 중심으로』, 푸른 길, 345-398

황아란, 2012, "지방 선거와 현직 효과: 2010년 지방 선거를 중심으로", 한국지방행정연구원, 『지방행정연구』, 제26권 제4호, 3-25

Crenson Matthew A. and Benjamin Ginsberg, 2004, *Downsizing democracy: how America sidelined its citizens and privatized its public*, Baltimore, Johns Hopkins University Press(서복경 역, 2013, 『다운사이징 데모크라시: 왜 미국 민주주의는 나빠졌는가』, 후마니타스)

Downs, Anthony., 1957, *An Economic Theory of Democracy*, New York: Harper and Law(박상훈·이기훈·김은덕 역, 2013, 『경제 이

론으로 본 민주주의: 민주주의에서 정당 정치는 어떻게 이루어지는가』, 후마니타스)

Frank, Thomas, 2004, *What's the Matter with Kansas?: How Conservatives Won the Heart of America*, New York: Metropolitan Books(김병순 역, 2012, 『왜 가난한 사람들은 부자를 위해 투표하는가: 캔자스에서 도대체 무슨 일이 있었나』, 갈라파고스)

Frank, Thomas, 2012, *Pity the Billionaire: The Hard-times Swindle and the Unlikely Comeback of the Right*, New York, Metropolitan Books: Henry Holt and Company(함규진·임도영 역, 2013, 『실패한 우파가 어떻게 승자가 되었나』, 갈라파고스)

Gottdienrr, M. & Leslie budd, 2005, *Key oncepts in Urban Studies*, Sage(남영호·채윤하 역, 2013, 『도시 연구의 주요 개념』, 라움)

Lakoff, George, 1996, *Moral Politics: How Liberals and Conservatives Think?*, University of Chicago Press, Illinois(손대오 역, 2010, 『도덕, 정치를 말하다』, 김영사)

Lakoff, George, 2004, *Don't Think of an Elephant!: Know Your Values and Frame the Debate: the Essential Guide for Progressives*, White River Junction: Chelsea Green Pub. Co(유나영 역, 2006, 『코끼리는 생각하지 마: 미국의 진보 세력은 왜 선거에서 패배하는가?』, 삼인)

Lakoff, George, 2008, *The Political Mind: a Cognitive Scientist's Guide to Your Brain and Its Politics*(나익주 역, 2012, 『폴리티컬 마인드: 21세기 정치는 왜 이성과 합리성으로 이해할 수 없을까?』, 한울아카데미)

Stiglitz, Joseph E., 2006, *Making Globalization Work*, New York, W.W. Norton(홍민경 역, 2008, 『인간의 얼굴을 한 세계화』, 21세기 북스)

Stiglitz, Joseph E., 2012, *The Price of Inequality*, New York, W.W. Norton & Company(이순희 역, 2013, 『불평등의 대가: 분열된 사회는 왜 위험한가』, 열린 책들)

Therault, Reg, 2003, *The Unmaking of the Working Class*, New Press, New York(박광호 역, 2013, 『노동계급은 없다』, 실천문학사)

Wolin, Sheldon S., 2008, *Democracy Incorporated: Managed Democracy and the Specter of Inverted Totalitarianism*, Prinston University Press(우석영 역, 2013, 『이것을 민주주의라고 말할 수 있을까: 관리되는 민주주의와 전도된 전체주의의 유령』, 후마니타스)

Anderson, Mary R., 2010, *Community Identity and Political Behavior*, Palgrave Macmillan

Ansolabehere, Stephen and John Mark Hansen and Shigeo Hirano, 2007, "The Incumbency Advantage in U.S. Primary Elections", *Electoral Studies*, Vol. 26, 660-668

Barker, Chris., 1999, *Television, Globalization and Cultural Identities*, Open University Press.

Blackshaw, Tony, 2010, *Key Concepts in Community Studies*, Sage

Boyne, George A. and Oliver James and Peter John and Nicolai Petrovsky, 2009, "Democracy and Government Performance: Holding Incumbents Accountable in English Local Governments", *The Journal of Politics*, Vol. 71, No. 4, 1273-1284

Calhoun, Craig.(ed.), 1994, *Social Theory and the Politics of Identity*, Blackwell

Carson, Jamie L. and Erik J. Engstrom and Jason M. Roberts, May 2007, "Candidate Quality, the Personal Vote, and the Incumbency Advantage in Congress", *American Political Science Review*, Vol. 101, No. 2, 289-301

Carter, Erica. and James Donald and Judith Squires(eds.), 1994, *Space and Place: Theories of Identity and Location*, Lawrence and Wishart

Clegg, S. R., 1989, *Framework of Power*, London: Sage Publishers

Cohen, Anthony., 1985, *The Symbolic Construction of Community*, Routledge.

Donnan, Hastings and Thomas M. Wilson, 1999, *Borders: Frontiers of Identity, Nation and State*, Biddles Ltd, King's Lynn

Grossberg, Lawrence., 1996, "Identity and Cultural Studies: Is That All There Is?", 87-107 in Sturt Hall and Paul Du Gay(eds.), *Questions of Cultural Identity*, Sage Publications

Haidt, Jonathan, 2012, "Why Working-class Vote Conservative." *The Guardian*, http://www.guardian.co.uk/society/2012/jun/05/why-working-class-people-vote-conservative

Layder, Derek., 1994, "Power, Structure and Agency", in John Scott(eds.), *Power: Critical Concepts*, London: Routledge, 371-387

Jenkins Richard, 1996, *Social Identity*, Routledge

Norpoth, Helmut, 1984, "Economics, Politics, and the Cycle of Presidential Popularity", *Political Behavior*, Vol. 6, No. 3, 253-273

Poole, Ross., 1999, *Nation and Identity*, Routledge

Preffer, Jeffrey, 1992, *Managing with Power: Politics and Influence in Organizations*,,Boston: Harvard Business School Press

Prior, Markus, 2006, "The Incumbent in the Living Room: The Rise of Television and the Incumbency Advantage in U.S. House Elections", *The Journal of Politics*, Vol. 68, No. 3, 657-673

Rabinowitz, George A. and Struart Elaine Macdonald, 1989, "A Directional Theory of Voting", *American Political Science Review*, Vol. 83, No. 1, 93-121

Salazar, Jose Miguel, 1998, "Social Identity and National Identity", 114-123 in Stephen Worchel, J. Francisco Morales, Dario Paez and Jean-Claude Deschamps(eds.), *Social Identity: International Perspectives*, Sage Publications Ltd.

Shugart, Matthew S., 1995. "The Electoral Cycle and Institutional Sources of Divided Presidential Government.", *American Political Science Review*, Vol. 89, No. 2, 327-343

Singleman and Knight, 1983, "Why Does Presidential Popularity Decline?: A Test of the Expectation/Disillusion Theory", *Public Opinion Quarterly*, Vol. 47, No. 3, 310-324

Vincent, John A., 1999, "Symbols of Nationalism in Bosnia and Hercegovina", 46-63 in Keith Cameron(ed.), *National Identity*, Intellect, Exeter, England

"이 저서는 2013학년도 충북대학교 학술 도서 지원 사업에 의하여 발행되었음
(This work was supported by the academic books of the Chungbuk National University in 2013)"

충북의 선거와 지역 정체성

저 자 : 강 희 경
발행처 : 충북대학교 출판부
발행인 : 김 옥 균
주 소 : (361-763) 충북 청주시 흥덕구 내수동로 52(개신동)
전 화 : (043) 261-2952, 3014
팩 스 : (043) 274-1256
이메일 : presscbu@chungbuk.ac.kr
등 록 : 제1983-2001-7호
초판1쇄 : 2014. 7. 25.
인쇄처 : 도서출판 다해(02-2266-9247)

ISBN 978-89-7295-218-3 93340

값 25,000원